RÉFLEXIONS
SUR LA PHILOSOPHIE MORALE

DU MÊME AUTEUR
EN ÉDITION SCIENTIFIQUE À LA MÊME LIBRAIRIE

Anthropologie du point de vue pragmatique, trad. fr. M. Foucault précédée de M. FOUCAULT, *Introduction à l'Anthropologie de Kant*, 272 p., 2008.

Considérations sur l'optimisme (1759). L'unique fondement possible d'une démonstration de l'existence de Dieu (1763). Sur l'insuccès de tous les essais de théodicée (1791). Pensées successives sur la théodicée et la religion, trad. fr. A.-J. Festugière, 236 p., 1972.

Critique de la raison pure – De l'amphibologie des concepts de la réflexion, trad. fr. M. Haumesser, 288 p., 2010.

Histoire et politique : Idée pour une histoire universelle du point de vue cosmopolitique. Conjectures sur le commencement de l'histoire humaine. Le conflit de la faculté de philosophie avec la faculté de droit, trad. fr. G. Leroy, introduction et notes M. Castillo, 192 p., 1999.

Histoire générale de la nature et théorie du ciel (1755), trad. fr. J. Seidengart, 320 p., 1984.

L'unique argument possible d'une démonstration de l'existence de Dieu, trad. fr. R. Theis, 240 p., 2001.

Manuscrit de Duisbourg 1774-1775, Choix de réflexions des années 1772-1777, trad. fr. F. Chenet, 199 p., 1989.

Qu'est-ce que s'orienter dans la pensée ?, trad. fr. A. Philonenko, 112 p., 2001.

Quelques opuscules précritiques : La monadologie physique (1756). Nouvelle définition du mouvement et du repos (1758). De la fausse subtilité des quatre figures du syllogisme (1762). Du premier fondement de la différence des régions dans l'espace (1768), trad. fr. S. Zac, 140 p., 1983.

Recherches sur l'évidence des principes de la théologie naturelle et de la morale, Annonce du programme des leçons de Kant durant le semestre d'hiver 1765-1766, trad. fr. M. Fichant, 124 p., 1966.

Réflexions métaphysiques (1780-1789), trad. fr. S. Grapotte, 304 p., 2011.

Remarques à propos des Observations sur le sentiment du beau et du sublime, trad. fr. B. Geonget, 280 p., 1994.

Réponse à Eberhard, trad. fr. J. Benoist, 176 p., 1999.

Vers la paix perpétuelle. Projet philosophique, texte allemand et trad. fr. M. Marcuzzi, 272 p., 2007.

BIBLIOTHÈQUE DES TEXTES PHILOSOPHIQUES
Fondateur : Henri GOUHIER   Directeur : Jean-François COURTINE

E. KANT

RÉFLEXIONS SUR LA PHILOSOPHIE MORALE

précédé de

A.G. BAUMGARTEN

PRINCIPES DE LA PHILOSOPHIE PRATIQUE PREMIÈRE

Introduction et traduction
par
Luc LANGLOIS

En collaboration, pour la traduction, avec
Mathieu ROBITAILLE et Émilie JADE-POLIQUIN

PARIS
LIBRAIRIE PHILOSOPHIQUE J. VRIN
6, Place de la Sorbonne, V^e

2014

Imprimé en France
ISSN 0249-7972
ISBN 978-2-7116-2600-7

www.vrin.fr

PRÉSENTATION

Les *Réflexions sur la philosophie morale* de Kant (R. 6456-7322), dont on trouvera ici la traduction française, regroupent les notes et remarques rédigées par Kant en lien avec son enseignement en philosophie morale qui s'est étendu sur plus de trente ans. La majorité de ces notes a été écrite en marge (mais aussi sur des feuillets séparés) du manuel dont Kant s'est constamment servi pour ses cours, soit les *Initia philosophiae practicae primae* d'Alexander Gottlieb Baumgarten (édition de 1760). Cet ouvrage est si intimement lié à l'enseignement de Kant et à l'évolution de sa pensée morale que nous avons choisi de le traduire et d'en faire une partie intégrante de ce travail d'édition[1]. Pour identifier encore plus précisément le corps du texte, il convient de rappeler que les *Réflexions sur la philosophie morale* (incluant la réimpression des *Principes* de Baumgarten) forment environ la moitié du tome XIX de l'Édition de l'Académie (p. 3-317), lequel, dans la tomaison assez complexe de cette Édition, correspond au tome VI de l'*Handschriftlicher Nachlass* rassemblant les notes, brouillons et esquisses d'ouvrages de Kant, et dont Erich Adickes (1866-1928) fut le grand maître d'œuvre.

C'est d'ailleurs Adickes qui avait initié l'établissement du texte des *Réflexions sur la philosophie morale*, conformément à ses hypothèses générales de datation des *Reflexionen*, reposant principalement sur le principe des « indices de position » (*Stellungsindicien*) des notes de Kant

1. À Berlin et Leipzig, Walter de Gruyter & co., 1934, p. 7-91. A.G. Baumgarten, *Initia philosophiae practicae primae*, Halle, 1760, trad. fr., en ces pages : *Principes de la philosophie pratique première* (désormais : *Principes*), réimprimé dans le tome XIX de la *Kant's Gesammelte Schriften, Preussische Akademie der Wissenschaften* (désormais : Ak), Walter de Gruyter et co., Berlin et Leipzig, 1934, p. 7-91.

dans les manuels utilisés pour ses cours (en marge de gauche, de droite, dans les interlignes du texte ? Chacune de ces positions était associée à des hypothèses de datation) et des différentes nuances de couleurs des encres utilisées par Kant [1]. Mais Adickes, qui avait mené presque à son terme cette entreprise, mourra en 1928. C'est Friedrich Berger, en parfaite fidélité avec la ligne éditoriale de son prédécesseur, qui prendra la relève et fera paraître le tome XIX en 1934, sous le titre *Moralphilosophie, Rechtsphilosophie und Religionsphilosophie*.

Les *Réflexions sur la philosophie morale* ne recoupent pas parfaitement les années d'enseignement de Kant en philosophie morale. Selon le relevé classique d'Emil Arnoldt, on sait en effet que Kant aurait fait cours sur la philosophie morale une trentaine de fois entre 1756-57 et 1793-94 [2]. « Aurait », car les cours annoncés ne furent pas toujours dispensés [3]. Il est par ailleurs intéressant de noter que si la philosophie morale fut un thème régulier de l'enseignement de Kant (28 annonces de cours), c'est la logique (55 annonces), la métaphysique (52 annonces) et la géographie physique (49 annonces) qui furent ses matières principales. L'anthropologie, que Kant enseigne à partir de 1772, donc assez tardivement, est annoncée 24 fois et la physique, 21 fois.

L'essentiel de l'enseignement de Kant en philosophie morale ne nous a pas été livré de sa propre plume mais nous est rapporté par les cahiers de

1. Erich Adickes, qui a consacré presque trente ans de sa vie à ce travail colossal d'édition de l'*Handschriftlicher Nachlass*, a exposé les principes de son travail d'édition dans un texte d'introduction au tome XIV de l'Ak : *Einleitung in die Abtheilung des handschriftlichen Nachlasses*, XVII-LXII. Rappelons que le projet d'édition critique des œuvres de Kant, lancé en 1895 par Dilthey, comprenait quatre sections : I. les œuvres publiées de Kant, II. les lettres et la correspondance, III. les réflexions et remarques manuscrites formant le *Nachlass* et IV. les cahiers de notes de cours des étudiants de Kant. C'est l'entreprise du *Nachlass*, que Dilthey confia à Adickes, qui était la plus difficile et la plus périlleuse, car elle devait se heurter à l'important problème de la datation des notes de Kant. Voir à ce sujet l'excellente introduction de Sophie Grapotte dans sa traduction des *Réflexions métaphysiques (1780-1789)* de Kant (Paris, Vrin, 2011, p. 7-31).

2. Voir Emil Arnoldt, *Kritische Exkurse im Gebiete der Kantforschung, Gesammelte Schriften* (édité par Otto Schöndörffer), tome 5, Berlin, 1909.

3. Dans son relevé des activités d'enseignement de Kant, Arnoldt distingue en effet les cours annoncés, mais dont on n'a pas l'assurance qu'ils aient été donnés, et les cours effectivement offerts. Pour les cours de philosophie morale et/ou d'éthique de Kant, voici comment s'établit l'historique : 1756-57 (?), 1757-58 (?), 1759 (?), 1759-60 (?), 1760-61, 1761-62 (?), 1763-64 (?), 1764-65, 1765-66 (?), 1766, 1766-67, 1767-68, 1768-69, 1770, 1771, 1771-72, 1773-74, 1774-75, 1775-76, 1776-77, 1777 (?), 1778-79, 1780-81, 1782-83, 1784-85, 1786-87, 1788-89, 1793-94.

notes de ses étudiants. Il semble que Kant avait l'habitude de confier à l'un ou l'autre d'entre eux la tâche de retranscrire avec le plus de minutie possible ses exposés, n'excluant pas qu'un jour ils puissent être publiés, alors que sa réputation de philosophe, à partir des années 1770, était déjà considérable. Les cahiers de notes de ces étudiants copistes circulaient abondamment à l'Université de Königsberg, ce qui montre l'immense prestige dont jouissait déjà le Professeur Kant à cette époque[1]. En comparant les versions de ces notes de cours, comme le fit par exemple Paul Menzer dans son édition de 1924 (*Eine Vorlesung Kants über Ethik*)[2], on peut s'assurer de la relative constance et fiabilité des retranscriptions. Ces cahiers de notes sont pour la plupart rassemblés dans le tome XXVII de l'Édition de l'Académie. Ils comprennent la *Praktische Philosophie Herder* (début des années 1760), la *Praktische Philosophie Powalski* (datation contestée, décennie 1770), la *Moralphilosophie Collins* (1784-85 : ce manuscrit est très proche de celui établi par Menzer reproduisant les cours que ce dernier estime avoir été donnés par Kant entre 1775 et 1780), la *Metaphysik der Sitten Vigilantius* (semestre d'hiver 1793-94), le *Naturrecht Feyerabend* (semestre d'été 1784), la *Moral Mrongovius I* (1784-85), auxquels s'ajoutent, au tome XXIX, la *Moral Mrongovius II* (1784-85) et la compilation des variations dans les cahiers de notes à la fin du tome XXVII (p. 1205-1316).

Il n'est tout simplement pas possible de reconstituer la genèse de la pensée morale de Kant sans une étude attentive des cahiers de notes de ses cours, en tout cas des plus anciens d'entre eux, des réflexions manuscrites et de la correspondance. Ces documents sont en effet un véritable laboratoire d'idées livrant souvent bien plus que ce qu'ont exprimé les tout premiers ouvrages ou opuscules publiés. Pour ne mentionner que quelques exemples, (1) on trouve dans les écrits non publiés des indications précieuses sur l'apparition du concept d'obligation ou d'impératif commandant catégoriquement (dès le milieu des années 1760 !), mais aussi (2) sur la distinction, au départ mal assurée, entre les domaines de la

1. Sur l'importance des leçons de Kant et la fiabilité de leur retranscription, voir Clemens Schwaiger, *Kategorische und andere Imperative. Zur Entwicklung von Kants praktischer Philosophie bis 1785*, Stuttgart-Bad Cannstatt, Fromman-Holzboog Verlag, 1999, p. 96-99 et p. 142-159. Voir aussi Werner Stark, *Die Formen von Kants akademischer Lehre*, dans *Deutsche Zeitschrift für Philosophie*, 40, 1992, p. 543-562.

2. P. Menzer, *Eine Vorlesung Kants über Ethik*, Berlin, Pan Verlag Rolf Heise, 1924 ; trad. fr. Luc Langlois, *Emmanuel Kant. Leçons d'éthique*, Paris, Librairie Générale Française, coll. Le Livre de Poche, 1997.

prudence et de la morale. Kant a en effet longtemps soutenu que le principe moral devait non seulement éclairer la forme de l'agir mais aussi les fins mêmes du bonheur, alors que dans les *Fondements de la métaphysique des mœurs* de 1785, les impératifs hypothétiques de la prudence ne relèveront plus que des moyens (des conseils) pour parvenir au bonheur. On y voit aussi s'affirmer très tôt (3) sa position sur l'origine rationnelle des commandements moraux, corrigeant la thèse théologique de leur origine dans le décret divin. En outre, (4) les *Réflexions sur la philosophie morale*, dans le sillage des leçons, montrent hors de tout doute que la question du souverain Bien, pratiquement absente des *Fondements de la métaphysique des mœurs*, mais développée dans le *Canon de la raison pure* de la *Critique de la raison pure*, était pour ainsi dire un thème obsédant de la réflexion de Kant dans les années 1770. Enfin, (5) on réalise que le concept de l'accord universel des volontés fut la véritable matrice du concept de l'impératif catégorique, plus, pour ainsi dire, que le concept de loi ou de loi de la nature. Et l'on pourrait donner d'autres exemples démontrant que les réflexions manuscrites et les leçons ont presque toujours devancé, comme autant d'hypothèses, l'expression de la pensée de Kant dans ses écrits publiés.

Il faut aussi ajouter que le façonnement de l'éthique kantienne doit plus qu'on ne le pense aux leçons d'anthropologie, rassemblées dans l'immense tome XXV (presque 1700 pages !), édité par Reinhard Brandt et Werner Stark en 1997[1]. Contrairement à la séparation étanche entre la morale et l'anthropologie déclarée dans les *Fondements de la métaphysique des mœurs*[2], tout l'enseignement de Kant montre en fait l'entrelacement et la complémentarité de ces deux champs de réflexion. L'être raisonnable fini dont parle Kant dans sa morale est évidemment toujours l'homme, avec toutes les vicissitudes de sa condition, avec ses capacités d'élévation et ses faiblesses. Ce n'est que parce que les *Fondements de la métaphysique des mœurs* s'étaient imposés comme première tâche d'énoncer les formules de l'impératif catégorique qu'ils ont exclu l'anthropologie de leur champ d'investigation. Or Kant avait surtout insisté auparavant sur la nécessité de conjuguer ces deux ordres de réflexion, comme le

1. Ak, XXV, *Vorlesungen über Anthropologie*, R. Brandt et W. Stark (ed), 1997.

2. Ak, IV, 389; OP, II, 245 : « Comme mes vues portent ici proprement sur la philosophie morale, je limite à ces termes stricts la question posée : ne pense-t-on pas qu'il soit de la plus extrême nécessité d'élaborer une bonne fois une philosophie morale pure qui serait complètement expurgée de tout ce qui ne peut être qu'empirique et qui appartient à l'anthropologie ? ».

montre le programme de ses cours, prévoyant dans le même semestre la philosophie morale et l'anthropologie[1].

Tous ces éléments et ces particularités se retrouvent à des degrés divers dans les *Réflexions sur la philosophie morale*. Mais avant de revenir plus longuement sur ceux-ci, il convient de s'arrêter sur l'un des traits marquants de ce cycle de réflexions, surtout dans ses premières phases, soit le dialogue qu'y noue Kant avec l'auteur au programme de ses cours de philosophie morale : A.G. Baumgarten.

ALEXANDER GOTTLIEB BAUMGARTEN : L'AUTEUR DE PRÉDILECTION DE KANT DANS SES LEÇONS DE PHILOSOPHIE MORALE (ET DE MÉTAPHYSIQUE)

Parmi les figures qui ont le plus influencé l'évolution de la pensée morale de Kant – Christian Wolff (1679-1754), Christian August Crusius (1715-1775), Francis Hutcheson (1694-1746), Jean-Jacques Rousseau (1712-1778), etc. – celle d'Alexander Gottlieb Baumgarten (1714-1762) est généralement la grande oubliée. Dans son important ouvrage, *Die Ursprünge der Ethik Kants* (1961), Josef Schmucker va jusqu'à affirmer que les manuels de Baumgarten dont Kant se servait pour ses leçons, l'*Ethica philosophica* (1740, 1751, 1763) et les *Initia philosophiae practicae primae* (1760)[2], n'ont joué aucun rôle significatif dans la formation de sa pensée, le second écrit n'étant selon lui qu'un résumé de la première partie de la *Philosophia practica universalis* de Wolff[3].

Cette thèse n'est guère convaincante, pour dire le moins, dans la mesure où elle ne tient pas compte de la fidélité de Kant aux compendiums de Baumgarten durant tout son enseignement en philosophie morale et en

1. Kant tenait en effet à ce que ses leçons de philosophie morale soient données concurremment avec ses leçons d'anthropologie, de manière à rejoindre autant que possible les mêmes auditeurs inscrits à ses cours à un semestre donné. Ainsi les cours de philosophie morale avaient-ils lieu la plupart du temps les lundis, mardis, jeudis et vendredis, alors que les cours d'anthropologie étaient offerts les mercredis et samedis. Voir C. Schwaiger, *op. cit.*, p. 98-99.

2. A. G. Baumgarten, *Ethica philosophica*, Halle, 1740, 1751, 1763, Hildesheim, 1969 (désormais : *Éthique*), réimprimé dans Ak, XXVII, 735-869 (édition de 1751) et 871-1015 (édition de 1763). Pour l'indication bibliographique des *Initia philosophiae practicae primae*, voir *supra*.

3. Josef Schmucker, *Die Ursprünge der Ethik Kants dans seinen vorkritischen Schriften und Reflektionen*, Meisenheim am Glan, Verlag Anton Hain KG, 1961, p. 279.

métaphysique[1]. Ainsi, toutes les fois que Kant précise l'auteur à partir duquel il donnera cours sur la morale, c'est Baumgarten qui est expressément mentionné, à l'exception du cours du semestre d'hiver de 1763/64 qui réfère plutôt aux *Elementa philosophiae recentioris* de Friedrich Christian Baumeister[2], un manuel dont l'inspiration est clairement wolffienne. Déjà dans les *Essais de quelques considérations sur l'optimisme* (1759), Kant annonce que ses leçons du semestre d'hiver porteront entre autres sur la métaphysique et l'éthique « d'après Baumgarten » [3], lui que la *Nouvelle explication des premiers principes de la connaissance métaphysique* de 1755 avait désigné comme le « coryphée de la métaphysique » (*metaphysicorum coryphaeum*)[4]. Dans la *Praktische Philosophie Herder* rassemblant les notes prises par Herder, qui a séjourné à Königsberg entre août 1762 et novembre 1764, Kant parle du « livre le plus riche en contenu et peut-être le meilleur » de son auteur : il fait référence à l'*Éthique,* mais manifestement aussi aux *Principes* paru en 1760[5].

Il faut rappeler qu'à l'époque, l'enseignement dans les universités allemandes devait reposer sur des compendiums reconnus, afin d'éviter les « égarements » et « les dérives subjectives » dans la transmission des savoirs. Cet usage devint même une obligation expresse pour les professeurs de l'Université de Königsberg avec l'ordonnance du ministre von Zedlitz du 16 octobre 1778 : « le pire des compendiums est assurément meilleur qu'aucun compendium du tout », pouvait-on y lire; les professeurs peuvent certes tenter d'améliorer ces manuels, mais ils ne peuvent pas s'en

1. En ce qui concerne l'enseignement de Kant sur la métaphysique à partir de la *Metaphysica* de Baumgarten, voir en particulier Ak, XVII, *Erläuterungen zu A.G. Baumgartens Metaphysica*, 5-226, et *Reflexionen zur Metaphysik*, 227-745, où l'on retrouve l'ensemble des notes et réflexions de Kant sur ce thème, souvent en lien avec son manuel de référence. Voir aussi le tome XVIII, qui rassemble les réflexions métaphysiques de Kant à partir de 1776. L'édition de 1757 de la *Metaphysica* de Baumgarten a été reproduite aux pages 5 à 226 du tome XVII. On trouve par ailleurs dans le tome XV (p. 5-54), les paragraphes de la *psychologia empirica* tirés de la *Métaphysique* de Baumgarten, un texte essentiel pour comprendre la genèse de l'anthropologie de Kant.

2. Voir Emil Arnoldt, *Kritische Exkurse, op. cit.*, p. 196.

3. Voir Ak, II, 35; OP, I, 174.

4. Kant, *Nouvelle explication des premiers principes de la connaissance métaphysique*, Ak, I, 408; OP, I, 149. Étrangement, le « *metaphysicorum coryphaeum* » est neutralisé dans la traduction française et est rendu par « [...] Baumgarten *est au premier rang des métaphysiciens* qui [le soutiennent] », ce qui ne rend pas compte de la mention élogieuse de Kant envers son auteur.

5. Kant, *Praktische Philosophie Herder*, Ak, XXVII, 16.

dispenser pour donner libre cours à leurs pensées du moment[1]. Kant se conformera à cette contrainte mais fera aussi preuve d'une grande indépendance dans le choix et l'usage de ses manuels, en étant pratiquement le seul à Königsberg à enseigner la logique à partir de G. F. Meier et la métaphysique et l'éthique à partir de Baumgarten[2].

Qu'est-ce qui explique cet engouement de Kant pour Baumgarten, pourtant généralement considéré comme un simple commentateur de Wolff, à l'exception – mais ce n'est pas peu ! – de sa contribution comme fondateur de l'Esthétique[3] ? La *Critique de la raison pure* louait l'« excellent analyste » qu'est Baumgarten[4], ce qui de fait était reconnu assez largement comme l'une des forces de cet auteur : son talent pour décomposer, analyser, distinguer, comparer les concepts, dans l'esprit du rationalisme wolffien de l'époque, est en effet incontestable. Mais cette qualité ne saurait expliquer à elle seule pourquoi Kant s'en est tenu aussi longtemps aux manuels de Baumgarten, réputés arides et difficiles à comprendre[5].

La première question à laquelle on est confronté est celle de la connaissance qu'avait Kant de l'auteur dominant de la scène philosophique allemande de son époque : Christian Wolff. On ne se demandera pas ici si Wolff, comme le veut une certaine vulgate, ne fut que le « systématisateur » de la pensée de Leibniz, livrée au compte-gouttes par de très

1. J. Schmucker, *Die Ursprünge*, *op. cit.*, p. 278-279.

2. *Cf.* l'introduction de Michael Oberhausen et Riccardo Pozzo (éd.) à *Vorlesungsverzeichnisse der Universität Königsberg (1720-1804)*, Bd. 1, Stuttgart-Bad Cannstatt, 1999, p. XXVI : « Kant scheint der einzige gewesen zu sein, der dans Königsberg die Logik tatsächlich nach Georg Friedrich Meier gelesen hat; er ist ferner der erste und lange Zeit auch der einzige, der Metaphysik und Ethik nach dem schwierigen Baumgarten liest ». Il faut par ailleurs ajouter à cela les nombreux témoignages des étudiants de Kant qui s'entendent pour dire que celui-ci entretenait un rapport très libre avec les manuels mis au programme, les laissant souvent de côté durant la majeure partie de ses exposés.

3. Baumgarten, *Aesthetica*, 2 tomes, Frankfurt a.d. Oder, 1750-1758, Hildesheim 1986. La pensée esthétique de Baumgarten avait déjà trouvé sa première amorce dans les *Meditationes philosophicae de nonnullis ad poema pertinentibus*, Halle, 1735.

4. Kant, *Critique de la raison pure*, A21/B35 ; OP I, 783.

5. Julian Schmidt, *Geschichte des geistigen Lebens in Deutschland von Leibniz bis auf Lessing's Tod, 1681-1781*, tome 1, Leipzig, 1862, p. 516 : « seine Compendien [seien] steif, trocken und schwerverständlich ». Passage cité dans C. Schwaiger, *Alexander Gottlieb Baumgarten, Ein intellektuelles Porträt*, Stuttgart-Bad Cannstatt, Fromman-Holzboog, 2011. Cet ouvrage récent est une mine d'informations sur le développement de la pensée de Baumgarten : nous nous y référons régulièrement.

rares publications[1], ou s'il a proposé une philosophie originale. Certes, Wolff a entretenu une abondante et fidèle correspondance avec Leibniz à partir de 1705, et sa propre réflexion est manifestement marquée par ces échanges[2]. Le fait est aussi que l'enseignement philosophique en pays germaniques gravitait lourdement autour des innombrables écrits latins (et subsidiairement allemands) de Wolff, mais une historiographie rigoureuse ne saurait réduire ceux-ci, loin s'en faut, à une perpétuelle interprétation des idées leibniziennes. Wolff ne relaie en fait que certaines de celles-ci, tenant finalement assez peu compte de l'intuition monadologique de Leibniz et insistant surtout, à partir des principes d'identité et de non-contradiction, sur la discipline logico-déductive de la connaissance *a priori* comme expression rationnelle de la réalité.

À l'*Aufklärung* rayonnante, optimiste mais finalement peu religieuse de Wolff (malgré son ambition métaphysique d'une connaissance transcendant la seule science de la nature, qui distingue sa philosophie des Lumières françaises et de l'*Enlightenment* anglo-écossais), s'oppose principalement de son vivant, en plus de la théologie institutionnalisée et devenue rigide de la Réforme, le courant piétiste, soucieux de s'inscrire dans la mouvance du débat philosophique de l'époque, et dont le plus illustre représentant fut sans nul doute Christian August Crusius[3]. La discussion attentive sur les avancées des sciences, les échos épars mais constants que trouvent les philosophies anglo-écossaises et françaises en Allemagne viennent à peu près compléter le portrait. Tel est en gros l'horizon philosophique de Kant, par ailleurs encore passablement mal informé en tout ce qui concerne l'histoire de la philosophie[4], puisque le

1. Rappelons en effet que les principaux ouvrages de Leibniz (sauf la *Théodicée*, parue en 1710) furent publiés longtemps après leur rédaction : par exemple les *Nouveaux essais sur l'entendement humain*, terminés vers 1704, ne paraissent qu'en 1765, la *Monadologie*, écrite en 1714, ne fut publiée qu'en 1840, même si le manuscrit avait circulé.

2. Échanges dont le coup d'envoi sera la réaction de Leibniz à la dissertation de Wolff de 1703, *Philosophia practica universalis,mathematica methodo conscripta*.

3. Christian August Crusius, *Die philosophischen Hauptwerken* (éd. Giorgio Tonelli, Sonia Carboncini et Reinhardt Finster), 4 tomes, Hildesheim, 1964 *sq.* Pour la philosophie morale, l'ouvrage central de Crusius est l'*Anweisung vernünftig zu leben*, Leipzig, 1744 ; trad. fr. Lukas K. Sosoe, *Instruction pour une vie raisonnable*, Paris, Les Belles Lettres, 2007.

4. L'ouvrage le plus significatif à cet égard est l'*Historia critica philosophiae a mundi incunabilis ad nostram usque aetatem deducta* de Johann Jakob Brucker (6 tomes, 1742-44, 1767), Hildesheim, 1975. Kant connaît l'histoire de la philosophie principalement à travers cette œuvre, même s'il ne se gêne pas pour la critiquer, par exemple lorsqu'il s'oppose, dans la *Critique de la raison pure* (A316 *sq.*/B372 *sq.*), à la lecture moqueuse de Brucker de la

renouveau des études historiques qui va bientôt imprégner les études philosophiques et théologiques en Allemagne est encore très inchoatif.

Deux thèses s'affrontent quant à la connaissance qu'avait Kant de la philosophie de Wolff. Jean École conclut que Kant n'a pas lu directement les traités de Wolff, surtout ses ouvrages de métaphysique, car il lui attribue et lui reproche souvent des thèses qu'il n'a jamais défendues ; sa connaissance de cet auteur se serait donc limitée pour une large part aux manuels de vulgarisation [1]. À l'inverse, Dieter Henrich soutient, s'agissant plus spécifiquement de la philosophie morale, que Kant, bien qu'il fût conscient des différences d'accents entre les manuels de Baumgarten et les traités de Wolff, a trouvé très tôt en celui-ci le leitmotiv, auquel il n'a jamais renoncé, *d'une fondation rationnelle de l'éthique* [2]. Le rationalisme wolffien s'inscrit selon lui dès le départ dans l'horizon de pensée de Kant.

Il est peu probable qu'une preuve strictement philologique puisse venir trancher le débat, tellement les indications restent sommaires dans le texte de Kant. Mais le contexte intellectuel de l'époque devrait nous convaincre que Kant avait une connaissance, au bas mot, moyenne des principales idées de Wolff, incluant les idées qui traversent sa *philosophia practica*. Même s'il ne fut jamais un « leibnizo-wolffien » (si cette appellation a un sens) de stricte obédience, on peut néanmoins supposer qu'il fut au départ un wolffien éclectique et réticent, surtout que l'« École wolffienne » relevait plutôt à l'époque d'une ambiance que d'un corps de doctrines fermement établies [3].

République et de l'Idéal platonicien, ce qui laisse entendre que la connaissance qu'avait Kant de Platon ne se limitait pas à cet ouvrage.

1. Jean École, *De la connaissance qu'avait Kant de la métaphysique wolffienne, ou Kant avait-il lu les ouvrages métaphysiques de Wolff?*, dans *Archiv für Geschichte der Philosophie*, 73, 1991, p. 261-276.

2. Dieter Henrich, *Über Kants früheste Ethik. Versuch einer Rekonstruktion*, dans *Kant-Studien*, 54 (1963), p. 404-431 (p. 422). Dans le même sens, voir aussi : Christian Schröer, *Naturbegrif f und Moralbegründung. Die Grundlegung der Ethik bei Christian Wolff und deren Kritik durch Immanuel Kant,* Stuttgart, Berlin, Köln, Mainz, Münchener philosophische Studien, Neue Folge, Bd. 3, 1988, p. 177.

3. *A contrario*, voir l'article de Giorgio Tonelli, *Eccletismo di Kant precritcico*, dans *Filosofia*, 10, 1959, p. 560-573, qui soutient que le jeune Kant fut plutôt dès le départ un « anti-wolffien » éclectique. Cette lecture paraît pourtant difficilement conciliable avec la *Nova dilucidatio* de 1755 où Kant s'emploie à défendre la conception leibnizo-wolffienne de la nécessité et de la liberté contre Crusius, même s'il la réinterprète de manière peu orthodoxe par ailleurs.

Il faut avoir tenu entre ses mains les deux lourds volumes de la *Philosophia practica universalis* de Wolff [1] pour réaliser que ce traité ne pouvait pas constituer un instrument pédagogique efficace pour inculquer aux jeunes étudiants les principales notions de la philosophie morale. Cela mérite d'être rappelé, car si Kant avait été un anti-wolffien, il est peu probable qu'il aurait mis Baumgarten au programme de ses cours, lui qui déclare dès la préface des *Principes* avoir voulu « aux fins de l'enseignement, [...] condenser la science si utile que Christian L. B. de Wolf a été le premier à nous livrer sous le nom de "philosophie pratique universelle", ouvrage incomparable, en une somme d'écrits moins lourde que celle qui semble en embarrasser un grand nombre dans les ouvrages latins de l'illustre savant [et] l'exposer de la façon dont j'avais espéré y parvenir le plus près possible de la vérité » [2].

Mais outre des motifs pédagogiques, plusieurs autres raisons ont incité Kant à faire de l'*Éthique* et surtout des *Principes* de Baumgarten les ouvrages de référence quasi-exclusifs durant tout son enseignement en philosophie morale. Elles se présentent ainsi. 1. *Baumgarten fut un Aufklärer piétiste* soucieux de réconcilier les convictions de la foi et le rationalisme ambiant de son époque. Il y a là une parenté d'origine avec le jeune Kant, dont la tendance à l'irénisme s'est toujours mal accommodée de l'opposition frontale entre Wolff et son adversaire philosophique le plus célèbre et le plus acharné, Crusius. 2. *La synthèse du piétisme et du rationalisme recherchée par Baumgarten va l'inciter à faire de l'obligation le thème central de la philosophie morale.* L'orientation nettement eudémoniste de la philosophie pratique de Wolff s'en trouve par là atténuée et suspendue à la tâche de penser de manière plus rigoureuse la signification du devoir, la contrainte que représentent l'obligation morale et son lien avec le libre arbitre. 3. Même s'il reste fidèle au perfectionnisme et à l'eudémonisme de la philosophie pratique de Wolff, *Baumgarten propose une théorie non sensualiste du bonheur, qui accorde une large place au mérite moral,* ce qui va influencer la conception kantienne du souverain Bien. 4. *Baumgarten comprend de manière plus exigeante que Wolff la contrainte propre à l'obligation.* Celle-ci ne saurait être réduite à une simple représentation par laquelle s'éclaire le lien entre ma recherche du bonheur, ma perfection, et le moyen pour y atteindre. L'obligation est un

1. C. Wolff, *Philosophia practica universalis, methodo scientifica petractata*, 1738-1739, dans *Gesammelte Werke*, II. Abt., 10-11, Georg Olms, Hildesheim-New York, 1971 et 1979.

2. Voir, plus loin, le texte complet de la Préface des *Principes* de Baumgarten.

travail sur soi du libre-arbitre ; si elle est un moyen de parvenir au bonheur, elle peut être considérée en elle-même comme une quasi-fin, tellement toute la vie morale s'y concentre. C'est ce qui va conduire au renchérissement moral du concept de nécessité, qui va devenir pour Baumgarten un principe de nécessitation (*Nötigung*) concernant essentiellement ma liberté. Enfin, 5. *Baumgarten est l'auteur d'une riche théorie de l'imputation et de la responsabilité morale* qui va trouver ses répercussions jusque dans la tardive *Métaphysique des mœurs* de Kant.

Baumgarten, l'Aufklärer piétiste

Baumgarten, tout comme Kant, a reçu une éducation piétiste, mais ouverte aux idées nouvelles de l'*Aufklärung*. Son frère aîné, Siegmund Jacob, s'était fait fort comme théologien de rapprocher le wolfianisme et le piétisme, en réponse à la crise provoquée par l'expulsion de Wolff de l'Université de Halle en 1723 qui avait laissé philosophes et théologiens, partisans des Lumières et du primat de la Révélation, dans un état de méfiance et d'hostilité réciproques. Il s'agit pour Siegmund Jacob Baumgarten de dépasser ce qui apparaît en son temps comme un conflit moral de la raison et de la foi [1]. Son frère cadet, Alexander Gottlieb, partage cette aspiration conciliatrice et va lui aussi tenter d'y contribuer à travers ses propres travaux philosophiques. L'arrière-fond wolffien de cette recherche est indéniable, mais on voit qu'il suppose dès le départ la tentative de montrer que les vérités nécessaires de la raison, accessibles à la discipline de l'analyse et du raisonnement, n'excluent aucunement leur accord avec la foi, et donc que la nécessité rationnelle n'est en rien opposée à la libre volonté divine.

Plus sobrement, A. G. Baumgarten défendra l'autonomie du questionnement et de la recherche philosophiques comme science des propriétés fondamentales (ontologiques, épistémiques, morales, esthétiques, etc.) des choses, sans mélange avec la foi. Mais tous ses traités philosophiques insisteront pour désamorcer le conflit des vérités nécessaires et de la liberté divine, en suggérant que les deux plans ne sont en fait que deux perspectives complémentaires. En philosophie morale par exemple, les vérités peuvent être démontrées sans le recours à la foi, bien que celle-ci leur donne plus de force, une plus grande impulsion et vitalité dans la conduite de l'agir. Dans les *Principes*, cette distinction de niveaux se traduira par la

1. Siegmund Jacob Baumgarten, *Unterricht von dem rechtmässigen Verhalten eines Christen, oder Theologische Moral*, Halle, 1738.

figure de « l'athée théorique », qui peut par lui-même accéder aux vérités morales, mais sur un mode en quelque sorte déficient, en déficit de force vitale, de conviction, d'élan pour agir que confère la conviction de la foi. On peut certes se demander si Baumgarten honore jusqu'au bout ce pari d'autonomie de la philosophie par rapport à la foi. Mais sa position d'*Aufklärer* piétiste a en définitive trouvé une forte résonance auprès de Kant, lui aussi exposé dès sa jeunesse aux tensions entre le rationalisme et la religion.

Une philosophie de l'obligation morale

S'il est un trait saillant et original de la philosophie morale de Baumgarten, manifesté surtout dans les *Principes*, c'est bien le rôle primordial qu'y joue le concept d'obligation. En cela Baumgarten n'adhère pas à la définition, donnée par Leibniz, Gottsched, Wolff, etc., de l'éthique en tant que science du bonheur humain, *scientia felicitatis*. L'eudémonisme rayonnant de l'*Aufklärung* trouve sous la plume de Baumgarten une réserve de principe qui lie l'atteinte du bonheur au respect des obligations. Si le véritable bonheur est une fin fondée en raison, alors les obligations rationnelles qu'il faut observer pour y atteindre sont le premier objet d'investigation de la philosophie morale. Sans faire éclater le cadre eudémoniste et perfectionniste de la philosophie pratique de Wolff, Baumgarten le soumet à une condition, à savoir que la perfection qu'exprime et réalise le bonheur suppose la visée de perfection qu'exprime l'ordre de l'obligation pour tout être libre. Si bien que pour Baumgarten, l'éthique sera d'abord et avant tout une *scientia obligationum*, une science des obligations.

Ce tournant vers une morale des impératifs est l'écho d'un jeu d'influences entrecroisées qu'exercèrent sur Baumgarten, durant ses années d'étude, le jusnaturalisme et le piétisme, et ce bien avant que ce dernier ne prenne connaissance des traités éthiques de Wolff. Alors que le piétisme, en une sorte de prolongement du concept juridique d'obligation, conçoit la morale comme un *commandement* divin, le jusnaturalisme moderne cherche à donner une signification morale, donc non exclusivement juridique, à l'idée d'obligation. C'est par le truchement d'Heinrich Köhler, qui publie en 1729 ses *Exercitationes juris naturalis*, et dont Baumgarten avait suivi les leçons à Iéna durant un semestre, que celui-ci est amené progressivement à faire de l'obligation le concept central de la philosophie morale. Même si plus tard, dans ses manuels, Baumgarten situera son exposé dans le prolongement de la grande *philosophia practica* de Wolff, il est clair qu'il aborde celle-ci sous un angle neuf : son projet est moins d'insister, dans le sillage de la psychologie wolffienne, sur le lien de la volonté et du bonheur, mais d'établir ce qu'on pourrait appeler une grammaire de l'obligation morale, celle-ci posant justement les règles et les conditions de pensabilité d'un possible bonheur humain.

Une théorie non sensualiste du bonheur

L'inflexion déontologique donnée à la philosophie pratique ne signifie pas, loin s'en faut, que Baumgarten conçoit l'obligation comme une prescription inconditionnelle, exprimant une loi intrinsèque de notre liberté, et donc qu'il serait parvenu avant Kant à la conception d'un impératif catégorique. On le verra à la lecture des *Principes*, l'obligation continue chez Baumgarten de tirer son caractère rationnel et universel de son lien avec la fin humaine universelle du bonheur. Elle est finalement interprétée de manière conséquentialiste, c'est-à-dire quant à sa propriété de générer d'heureuses conséquences. Et pourtant, le lien entre la vertu et le bonheur, pour parler comme Kant dans la *Dialectique de la raison pure pratique*, ne peut pas être qualifié d'analytique, comme si la vertu menait d'elle-même au bonheur (la position stoïcienne) ou comme si la recherche du bonheur véritable conduisait à la vertu (la position de l'épicurisme). S'il n'y a pas identité entre bonheur et vertu, c'est qu'une part du bonheur humain échappe toujours peu ou prou à nos efforts. C'est ce que le terme allemand de *Glückseligkeit*, pour désigner le bonheur, laisse subtilement entendre, mais que la *felicitas* latine, son équivalent, laisse dans l'ombre. La part du bonheur qui nous nous échappe est celle qui ressortit au *Glück*, à la fortune et à la chance. On peut être chanceux ou malchanceux dans la vie sans que cela ait le moindre lien avec notre valeur morale. Ainsi faut-il distinguer dans la *felicitas* (le bonheur accompli), la *prosperitas*, soit l'ensemble des biens physiques qui dépendent plus du hasard, de la « loterie de la vie », que de nos efforts, et la *beatitudo*, la béatitude, qui est une perfection inhérente aux biens moraux résultant de l'exercice de notre liberté, et qui correspond, dans le terme composé allemand, à la *Seligkeit*, à cette satisfaction de soi qui ne dépend que du bon usage de sa liberté. Aussi Baumgarten va-t-il proposer une lecture beaucoup plus nuancée du bonheur que celle de l'*Aufklärung* optimiste de Wolff. Dans la recherche du bonheur, il faut surtout insister sur cette part qui dépend de nous et relève du travail de la liberté sur elle-même dans son effort de perfection. Entre la perfection de la vertu et la perfection du bonheur, encore une fois, il n'y a pas d'identité, ce qui veut dire que la morale, réfléchissant sur la fin du bonheur, se doit d'abord d'être une réflexion sur la perfection de l'usage de notre liberté, d'où la prééminence, chez Baumgarten, du thème de l'obligation. Comment ne pas voir dans cette configuration complexe, qui redéfinit la perspective du bonheur dans une optique qui sera finalement plus religieuse que sensualiste, une anticipation de la conception kantienne du souverain Bien ?

Nécessité, nécessitation : le registre de l'obligation

Wolff comprenait l'obligation comme une nécessité d'agir ancrée psychologiquement dans un motif. Ce qui me pousse à agir doit moralement être adéquat à la perfection de ma nature, ce dont je ne puis m'assurer que dans une représentation claire et universelle, donc délestée de l'emprise des désirs singuliers. En tant que l'âme est pour Wolff une *vis representativa universi*[1], une capacité dynamique de tout se représenter, elle doit, dans le domaine moral comme dans celui de la connaissance des objets, s'élever des représentations les plus obscures aux plus claires. Ce critère d'évidence est décisif pour Wolff (en quoi il se montre ici plus cartésien que leibnizien) : plus la nécessité rationnelle d'une représentation s'impose à l'esprit et plus se révèlent à l'esprit une perfection de notre nature, l'agencement optimal des moyens et de la fin et les conditions d'un bonheur durable proportionné à notre nature d'être raisonnable.

Or Baumgarten ne s'en tient pas à cet ordre de considérations purement théorique, découlant de la seule faculté de connaître. C'est par la voix active d'un nouveau terme, qui est de sa propre frappe, qu'il exprime la relation entre l'agir bon et sa fin: l'obligation est d'abord et avant tout selon lui une *Nötigung*, une *nécessitation,* qui est la contrainte intériorisée consistant à rendre nécessaire une chose contingente : « *Necessitatio (coactio), est mutatio alicuius ex contingenti in necessarium* »[2]. Baumgarten ne précise pas vraiment ce qui rend nécessaire une chose contingente, mais il faut comprendre que le concept de nécessitation, au-delà de la simple représentation théorique d'un lien de nécessité, vise une discipline et un travail sur soi de la volonté, laquelle ne doit pas seulement s'en remettre aux représentations du meilleur, mais s'engager, se décider, se *contraindre* en fonction du bien supérieur. La vie morale s'en trouve par là davantage intériorisée et centrée sur la qualité de la volonté, et moins

1. C. Wolff, *Psychologia rationalis*, dans *Gesammelte Werke*, II. Abt., 6, § 68, p. 46 : « Vis repraesentativa universi est natura animae, quatenus repraesentationes istas actuat ; essentia vero, quatenus ad tales potius, quam alias, tali potius, quam alio ordine actuandas restringitur ».

2. A.G. Bamgarten, *Metaphysica*, § 701.

axée sur le simple examen du rapport des moyens et des fins. Ce que Kant n'oubliera jamais lorsqu'il fera de la bonne volonté le seul bien inconditionné.

Une philosophie de la responsabilité

Ce recentrement de la philosophie morale sur la qualité de la volonté trouve aussi un fort écho dans les développements des *Principes* sur les peines et les récompenses, l'imputation et la conscience. Dans ces paragraphes, qui forment plus de la moitié de l'exposé de Baumgarten, se trouve élaborée une véritable théorie de la responsabilité, non pas forcément nouvelle, mais systématique, et dont Kant reprendra maints éléments dans sa *Métaphysique des mœurs*. De quoi suis-je responsable et imputable ? Il y a d'abord la question de l'imputation légale : mon action est-elle ou non conforme à la prescription de la loi ? Et celle de l'imputation de l'acte : étais-je conscient de mon fait, celui-ci peut-il être relié à ma liberté ou dépend-il d'autres facteurs étrangers à la volonté ? Kant, dans ses *Réflexions*, resserrera cette théorie de la responsabilité qui s'esquisse chez Baumgarten à partir de la distinction du droit et de l'éthique : je n'ai de mérite qu'en regard d'une action éthique, donc non extérieurement contrainte, et de démérite qu'en regard d'une action juridique, extérieurement contrainte, à laquelle j'ai fait défaut. Je mérite une récompense pour mon action éthique, mais non pas pour l'action qui ne fait que se conformer à mon obligation juridique. Il y a une différence entre le salaire et la récompense. Le salaire est un dû après la prestation contractuelle d'un service, la récompense, ce à quoi je peux m'attendre, sans pouvoir l'exiger, suite à une action éthique hors de toute contrainte strictement juridique. Ces distinctions, précisées par Kant à la suite de Baumgarten, sont loin d'être des truismes. Elles définissent les termes d'une philosophie pratique élargie et intégrée, comprenant à la fois, mais en les distinguant nettement, le langage du droit et de la bienveillance, de la justice et de la charité, de la contrainte juridique et de la contrainte morale, et qui comprend dans sa réflexion systématique les dimensions du droit et de la vertu, qui vont définir plus tard le programme kantien d'une *Métaphysique des mœurs*.

Il reste que le rôle primordial de l'obligation, l'origine de ce concept dans le droit romain et son appropriation théologique ultérieure confèrent à la philosophie morale de Baumgarten une tonalité juridique qui imprégnera également l'éthique kantienne. Non pas parce que la distinction entre obligation juridique et obligation éthique se révélerait mal fondée (il y a bel et bien une différence entre un devoir de droit et un devoir éthique), mais parce que le terme même d'obligation découle d'une symbolique juridique : celle du tribunal, de l'accusation et de la défense, de l'inculpation et du jugement, de la condamnation et de la relaxe, etc., toute la théorie de la responsabilité développée par Baumgarten (et reprise en partie par Kant) porte en fait la trace de cette symbolique juridique, qui va s'insinuer jusque dans le jugement intérieur de la conscience, du tribunal qu'elle est pour elle-même et dont la figure sera reprise dans les *Réflexions* de Kant et au-delà.

Les traces de l'esthétique dans les Principes

Baumgarten, c'est connu, doit sa place dans l'histoire de la philosophie moderne à la fondation de l'esthétique, une discipline dont il a tracé les premiers contours avec son fidèle élève, collaborateur et ami, Georg Friedrich Meier. Alors que celui-là persistait à publier ses recherches en latin, celui-ci a notamment contribué à diffuser les concepts de l'esthétique en allemand et à en répandre l'influence dans l'ensemble du monde philosophique. Telle qu'ils la comprennent, l'esthétique est pour eux la science des facultés dites inférieures [1], celle des sens, de l'imagination, du désir et de l'aversion, toutes dimensions singulièrement dévalorisées par l'orientation massivement mathématique de la science moderne. Il serait juste de rappeler que Wolff lui-même, longtemps réduit à la caricature du rationaliste total, avait déjà, dans sa *psychologia empirica*, reconnu la place de l'expérience dans la constitution de la science, au point qu'il aspirait à produire une méthodologie autonome de la connaissance empirique [2].

S'il y a une perfection propre à la connaissance sensible et que celle-ci n'est pas étrangère à l'ordre de la vérité, comme Baumgarten cherche à le montrer, il serait faux d'identifier le savoir au mode d'évidence *more geometrico* et logico-démonstratif. Cette dimension esthétique, qui est inassimilable à la concaténation des concepts, ne désigne pas un mode particulier, mais un trait lui aussi universel de la connaissance humaine. Aussi on ne s'étonnera pas que Baumgarten ait cherché, dans les *Principes*, à adoucir l'intellectualisme de la *philosophia practica* wolffienne, qui tend à concentrer la morale sur la recherche de représentations, de raisonnements et de concepts parfaitement évidents par eux-mêmes. Le

1. Ainsi G.F. Meier, dans son *Exercitatio theologica de discrimime ejus quod naturale et morale dicitur dans theologia* (1738), § 31 : « Aesthetica [...] est scientia facultatum inferiorum earumque perfectionis ».

2. Voir là-dessus l'excellent exposé de C. Schwaiger, *Alexander Gottlieb Baumgarten. Ein intellektuelles Porträt*, p. 58 *sq*.

paragraphe 28 des *Principes* soutient en effet que la connaissance des obligations ne relève pas exclusivement d'une certitude complète, mais s'échelonne selon les divers niveaux de la certitude au sens large : du probable jusqu'à l'improbable. La morale n'est donc pas une science logico-mathématique. Elle comprendra des compléments « esthético-pratiques », fera souvent appel à des *analoga rationis*, lorsque l'évidence des démonstrations fait défaut.

Il n'est pas sûr que Kant ait été particulièrement frappé par cet aspect de l'exposé de Baumgarten après l'affirmation, dans la *Dissertation* de 1770, d'une raison pratique renfermant le fondement de toutes nos obligations. Plus que l'apport de l'esthétique à l'élucidation de la vie morale, c'est la découverte du champ autonome de la raison pratique, de son pouvoir législatif sur la liberté et la volonté, qui prendra le dessus pour marquer l'irréductibilité de la morale au procédé logico-démonstratif de la raison théorique. Le jugement moral peut défaillir, mais son principe sera pour Kant totalement *a priori* : ce sera le principe formel de l'impératif catégorique.

Baumgarten le professeur

Avec tout leur lot d'inventions terminologiques, leurs tournures stylistiques difficiles et périlleuses, leur manie des énumérations et des répétitions, on a bien du mal à comprendre le retentissement qu'ont connu les manuels latins de Baumgarten dans l'enseignement universitaire de son époque. De son vivant, bien plus que ses recherches innovatrices sur l'esthétique, c'est en tant que professeur que Baumgarten a acquis une renommée. La plupart des meilleurs esprits de l'époque en Allemagne (Eberhard, Garve, Herder, Lambert, Lessing, Maimon, Mendelssohn, Nicolai, Tetens, Winckelmann, etc.) s'étaient frottés à ses arides manuels. Dans la biographie posthume qu'il consacre à son vieil ami, Meier évalue à quelques milliers le nombre d'étudiants qui ont été formés en philosophie par les compendiums de Baumgarten [1].

Il semble que Baumgarten, contrairement à Leibniz et Wolff, n'ait jamais envisagé que la philosophie puisse s'exprimer dans une autre langue que le latin. En philosophie moderne, il figure à cet égard comme l'un des derniers grands latinistes scientifiques. Les traductions de ses ouvrages par Meier, les écrits de Wolff en allemand, sans compter ceux de

1. G.F. Meier, *Alexander Gottlieb Baumgartens Leben*, Halle, 1763, p. 39. Réimprimé dans *Aufklärung*, 20, 2008, p. 351-373.

Kant, ont pourtant contribué à établir l'allemand comme langue philosophique. Le latin de Baumgarten était réputé difficile, mais plusieurs de ses lecteurs les plus insignes reconnaissaient qu'il était l'un des meilleurs latinistes de son temps. On célèbre son esprit d'analyse, son souci de la définition et de la distinction des concepts.

Baumgarten peut être considéré comme un wolffien éclectique. Il n'a jamais eu de contacts directs avec Wolff, même si l'on sait qu'il en connaissait bien les œuvres, tout comme celles de Leibniz d'ailleurs, ce qui en fait peut-être, en définitive, le seul véritable leibnizo-wolffien de son époque.

LA SIGNIFICATION DES *RÉFLEXIONS SUR LA PHILOSOPHIE MORALE* DANS LE CHEMIN DE PENSÉE DE KANT

Les *Réflexions sur la philosophie morale* colligées et ordonnées par Adickes et Berger couvrent une période d'environ quarante ans. Les premières réflexions remontent au début des années 1760 et seraient antérieures à 1764-66, et les dernières, parfois rédigées sur des feuilles volantes[1], datent de 1800-01. Dans le système de datation qui préside à l'édition de l'*Handschriftlicher Nachlass*, Adickes avait réparti l'immense matériau des notes manuscrites de Kant selon un ordre chronologique comprenant 33 phases rédactionnelles (dont certaines se recoupent), qui s'étendent de 1753-54 à 1804[2]. Les *Réflexions sur la philosophie morale* s'échelonnent sur une trentaine de ces phases. En voici la liste :

1. L'éditeur a en effet ajouté aux réflexions de Kant en lien avec le manuel de Baumgarten un certain nombre de feuilles volantes (désignées ici par la mention L. Bl. : *Lose Blätter*), soit des notes manuscrites de Kant qui ont été colligées et classées à la fin du XIXe siècle, avant les premières parutions de l'Édition de l'Académie. On doit à Friedrich W. Schubert le classement et la numérotation de ces feuilles volantes conservées à la Bibliothèque de Königsberg et à Rudolf Reicke leur édition subséquente en trois volumes intitulés *Lose Blätter aus Kants Nachlass* (1889, 1895 et 1898).

2. La minutie de ce travail de datation est proprement phénoménale et constitue l'un de sommets de la recherche kantienne. Mais le système d'Adickes a depuis fait l'objet de certaines critiques (bien qu'on attende toujours une hypothèse de datation systématique meilleure que la sienne, allant au-delà de la contestation ponctuelle de la datation de certains groupes de réflexions). Pour un résumé des principales critiques adressées au travail philologique d'Adickes, voir la présentation de Sophie Grapotte, dans E. Kant, *Réflexions métaphysiques 1780-1789*, Paris, Vrin, 2011, p. 20-22.

δ (delta) : autour de 1762-63

ε (epsilon) : début des années 1760, avant ζ

ζ (dzêta) : autour de 1764-66

η (êta) : 1764-68

θ (thêta) : autour de 1766-68

ι (iota) : autour de 1766-68

κ (kappa) : 1769

λ (lambda) : fin 1769-automne 1770

μ (mu) : vers 1770-71

ν (nu) : vers 1771

ξ (ksi) : vers 1772

ο (omicron) : peu après ou en même temps que ξ

π (pi) : *marginalia*, entre ξ et ρ

ρ (rho) : autour de 1773-75

σ (sigma) : vers 1775-77

τ (tau) : autour de 1775-76

υ (upsilon) : autour de 1776-78

φ (phi) : autour de 1776-78

χ (khi) : 1778-79

ψ^1 (psi 1) : vers 1780-83

ψ^2 (psi 2) : vers 1783-84

ψ^3 (psi 3) : vers 1785-88

ψ^4 (psi 4) : vers 1788-89

ω^1 (oméga 1) : 1790-91

ω^2 (oméga 2) : 1792-94 (premier tiers)

ω^3 (oméga 3) : 1794-95

ω^4 (oméga 4) : 1796-98

ω^5 (oméga 5) : été1798-1804

C'est dire qu'elles sont une masse variée qui ne forme aucune unité forte au-delà de la résurgence des thèmes d'une phase à l'autre, laquelle fait en réalité écho aux principaux chapitres des *Principes* de Baumgarten, soit : l'obligation, la contrainte, la loi, les récompenses et les peines, et l'imputation. Outre le fait que plusieurs des réflexions, surtout dans les phases initiales, ne sont que des annotations brèves et elliptiques, écrites par Kant sans grand souci de style – ce qui est moins vrai cependant au fur et à mesure que l'on avance dans le temps, les réflexions plus tardives de Kant étant au contraire beaucoup plus rédigées – que certaines des annotations sont interrompues sans qu'on puisse en saisir la conclusion, que la syntaxe et la ponctuation (déroutante !) de ces passages en rend la lecture souvent difficile, c'est l'étalement dans le temps qui rend à toutes fins utiles impossible la reconstitution d'une unité de pensée des *Réflexions*. On ne cherchera donc pas ici ce qui n'existe pas, et on évitera surtout de faire des *Réflexions sur la philosophie morale* une œuvre de Kant. Il est tout de même possible de repérer quelques lignes directrices dans cette masse textuelle qui vont marquer la pensée de Kant.

Une morale de l'obligation : à la suite de Baumgarten mais au-delà de Baumgarten

Comme Baumgarten, Kant comprend d'abord la morale comme une philosophie de l'obligation. L'obligation est le concept primitif de la morale et son élucidation est la première tâche du philosophe. Les réflexions 6456 à 6576, dont plusieurs sont écrites en latin, commentent pour la plupart les différents développements des *Principes*. On y constate d'abord une certaine proximité de Kant avec son auteur. La réflexion philosophique sur l'obligation doit permettre de reconnaître une valeur propre à l'agir moral, qui ne se résume pas à la valeur d'un simple moyen en vue de la fin du bonheur. Cette qualité spécifique de l'agir moral ne peut pas être interprétée dans les termes de l'eudémonisme wolffien, car elle représente une perfection qui ne se confond pas avec la perfection achevée du bonheur, tout en étant la source d'une satisfaction et d'un plaisir (*lubitus*) propres, intimement liés au sentiment de notre liberté. Il faut donc distinguer les registres pragmatique et moral, rechercher le principe objectif de l'obligation, qui ne peut être qu'un principe rationnel obligeant par lui-même.

Mais déjà se marque une distance entre Kant et Baumgarten. C'est que celui-ci a beau reconnaître dans l'agir moral une perfection et distinguer, bien plus nettement que Wolff, les deux dimensions pratiques de la vertu et du bonheur, il n'en interprète pas moins l'obligation morale en fonction de ses bonnes et de ses mauvaises conséquences. Il y a certes un bien moral irréductible aux biens de la fortune, mais sa finalité et sa mesure reste l'atteinte du bonheur, d'un bonheur qui soit cependant autant que possible attribuable à notre liberté et à notre mérite, et non le fruit du hasard. Il est plausible que la définition kantienne de la vertu comme « ce qui nous rend dignes d'être heureux » ait été très influencée par Baumgarten. Mais ce que Kant n'a pas trouvé chez ce dernier, c'est l'affirmation du caractère *catégorique* et inconditionnel de l'obligation morale (R. 6463), une distinction sans équivoque entre la valeur intrinsèque de l'agir moral et la fin du bonheur. L'obligation reste par exemple liée chez Baumgarten à des causes d'impulsion plus ou moins fortes qui incitent à agir, les plus fortes l'emportant sur les plus faibles. Or rien de tel pour Kant (R. 6462-6463), pour qui l'obligation primitive n'a pas de cause d'impulsion, ce qui laisse entendre qu'elle vaut par elle-même, *simpliciter*, antérieurement à toute relation de conséquence. Reste à savoir comment cette valeur inconditionnée se communique à la volonté. Kant est encore loin de pouvoir l'expliquer, mais ce sera l'un des problèmes fondamentaux de sa philosophie morale : comment penser la morale à la fois comme *principiium diiudicationis* et *principiium executionis*, comme principe objectif du jugement et d'exécution de l'agir ? La solution essentielle reposera sur le principe de l'autonomie de la volonté, expressément formulé pour la première fois dans les *Fondements de la métaphysique des mœurs*, mais passera au préalable par la reconnaissance, dans la *Dissertation de 1770*, d'un pouvoir en lui-même pratique de la raison et par la conception, dans les *Fondements*, du *respect* comme d'un sentiment généré spontanément par la raison et qui peut seul être le mobile de l'agir moral.

Une obligation sans auteur, qui est une loi nécessaire de la raison

Quels sont en effet l'origine et le fondement de l'obligation morale ? Au paragraphe 100 des *Principes*, Baumgarten affirme que puisque Dieu est l'auteur de toutes les réalités, et puisque les obligations sont quelque chose de réel et de positif ayant leur raison suffisante dans la nature universelle, c'est Dieu même qui en est l'auteur, tout comme il est l'auteur des lois naturelles.

Or Kant entrevoit très tôt la difficulté de cette position qui tente, comme on l'a dit plus haut, de désamorcer le conflit entre rationalisme et religion. En faisant s'équivaloir les fonctions d'auteur et de législateur, Baumgarten esquive en quelque sorte l'aporie de la conception leibnizienne de Dieu, laquelle, tout en faisant de celui-ci un maximum de perfection dans l'essence et l'existence, le lie à un ordre de vérités nécessaires dont il n'est pas le créateur mais auquel il est parfaitement conforme. Les premiers lecteurs de Leibniz vont donc soupçonner que son système n'est finalement que le système de la nécessité intégrale ne laissant plus aucune place à la liberté. S'agissant des vérités morales, Baumgarten cherche à surmonter ce dilemme en affirmant que Dieu peut être à la fois et sans contradiction considéré comme l'auteur et le législateur des lois de l'obligation. Mais cette solution ne convainc pas Kant. Dès la R. 6513 (*in fine* : « *Celui qui ratifie une loi ne crée pas une obligation, mais l'impose* »), il aperçoit la nécessité de distinguer les figures du législateur et de l'auteur. Il est pour lui impensable qu'il puisse y avoir une liberté de la volonté antérieure à la loi qui en exprime la qualité morale, et donc qui serait antérieure au bien et au mal, et qu'il y ait une antériorité de principe du décret divin sur le principe universel du bien moral. Dieu n'est pas l'auteur, mais uniquement le législateur de cette loi (c'est-à-dire qu'il promulgue cette loi et s'en fait le garant, parce qu'elle est juste en elle-même et que sa volonté lui est entièrement identique), et affirmant ceci, Kant insiste moins sur la puissance créatrice que sur la sainteté de Dieu. Son leitmotiv sera constant à ce sujet : ce n'est pas parce que Dieu la veut que la loi est morale, mais c'est parce que la loi est morale que Dieu la veut. Cette position, très ancienne dans son parcours, est en fait immensément riche de promesses, car pour échapper à l'accusation (notamment de la théologie luthérienne de son temps) que la philosophie mène à l'affirmation d'un ordre implacable de nécessité excluant toute liberté, Kant sera amené, dans ce qui va constituer le cœur de sa réflexion critique, à distinguer la nécessité de l'ordre sensible des phénomènes, qui répond en effet à des lois formelles, nécessaires et universelles de l'entendement, de la nécessité de l'ordre intelligible de la morale, qui repose sur une loi *intrinsèque* de la liberté, dont Dieu est la *personnification* dans sa sainteté, sans en être l'auteur, mais tout en en étant le premier législateur. C'est dans cette découverte progressive d'une dimension non pas théorique, mais par elle-même pratique de la raison, que Kant cherchera à réconcilier la nécessité pratique de la loi morale et la liberté de Dieu, au-delà de la solution finalement « dogmatique » de Baumgarten.

Le bonheur et la vertu : Kant et l'éthique des philosophies anciennes

Admettons qu'il y ait une loi rationnelle de l'obligation et qu'elle soit pour tout homme une exigence s'imposant immédiatement à sa volonté. Mais pour quelle autre raison que l'atteinte du bonheur, ou du bonheur de tous, devrait-on obéir à une pareille loi ? On a vu plus haut que si Kant fut impressionné par la reconnaissance, chez Baumgarten, de la valeur proprement morale de l'obligation, il a cherché plus radicalement que lui à en saisir la signification originale, indépendamment de toute considération conséquentialiste ou eudémoniste. Or s'il suspend dans la morale toutes les évidences naturalistes et les représentations moyennes et communes du bonheur qui l'ont jusqu'ici déterminée, pour affirmer progressivement la prééminence d'une loi morale immanente à la volonté, la question lancinante d'une synthèse possible du bonheur et de la vertu ressurgit inévitablement. Elle occupe d'ailleurs une large place dans les *Réflexions* à partir des phases η (êta) et κ (kappa)-λ (lambda).

C'est désormais l'interprétation des Anciens et de leurs conceptions de l'éthique qui retient l'attention de Kant. À partir de là, les références aux *Principes* de Baumgarten deviennent plus éparses : au lieu d'en commenter directement les paragraphes, Kant réfère plus largement aux pages du compendium (*Pr* et numéro de page, pour les *Prolegomena philosophiae practicae*, qui organisent toute la table des matières des *Principes*) et développe plus librement sa pensée. On peut s'étonner de voir surgir soudainement Épicure, Diogène, Zénon, Aristippe, Platon et Aristote dans les notes de Kant qui, jusqu'ici, n'avaient guère accordé d'importance à la perspective historique de l'éthique. En fait, ce ne sont pas seulement les Anciens qui sont évoqués dans ces réflexions, mais bon nombre de philosophes modernes (Hutcheson, De La Mettrie, Helvétius, Mandeville, Wolff, etc.). Ce qui ressort de ces développements, c'est que Kant propose dès le début des années 1770 une lecture d'ensemble très précise (du moins, de son point de vue) des différentes positions morales des philosophies anciennes et modernes, qu'il insiste fréquemment pour en présenter le panorama, certainement pour marquer l'originalité de sa propre position.

On ne saurait parler pour autant d'un « dialogue » de Kant avec les Anciens, car d'entrée de jeu, son interprétation est bien arrêtée et est assez sévère : « Les Anciens n'ont pas coordonné le bonheur et la moralité, mais les ont plutôt subordonnés » (R. 6607). Ce qui revient à dire, dans les termes plus tardifs de la philosophie critique, qu'ils n'ont pas pensé les conditions d'une liaison *synthétique a priori* du bonheur et de la vertu, parce qu'ils ont méconnu *la différence de principes* entre les deux, en faisant découler *analytiquement* le bonheur de la vertu, ou vice versa. Dans cette foulée, la morale de Platon est (curieusement) associée à un Idéal mystique de communication avec Dieu (R. 6584, R. 6611, R. 6842, R. 6882) reposant sur l'intuition intellectuelle du Bien. La morale d'Aristote (R. 6625, R. 6760) n'a droit qu'à un traitement laconique : elle est une doctrine du milieu, définissant la vertu comme un moyen terme entre deux extrêmes, dont Kant ne pense pas grand-chose, car comment déterminer ce juste milieu ? Quant à Diogène, la moralité se résume à la seule absence du vice, et le bonheur, à l'absence de douleur, ce qui confère à son idéal moral un caractère négatif (R. 6583, R. 6584, R. 6624), comme idéal de la simplicité.

Mais ce sont les positions de Zénon et d'Épicure, du stoïcisme et de l'épicurisme, qui retiennent le plus l'attention de Kant, car il y voit la preuve la plus éclatante de l'incapacité des Anciens à penser les conditions rationnelles de la coordination de la vertu et du bonheur. Pour Zénon, le bonheur repose uniquement sur la vertu, indépendamment du plaisir. Pour Épicure, c'est la recherche du vrai bonheur qui mène d'elle-même à la vertu. Dans les deux cas, bonheur et vertu sont subordonnés l'un à l'autre, ce qui masque l'hétérogénéité de leurs principes dont Kant est pour sa part conscient dès les premières phases de ses *Réflexions.*

En fait, la seule figure qui trouve grâce dans le panorama kantien de l'histoire de l'éthique est celle du Christ, le Saint de l'Évangile. Ce qu'il en retient, c'est que la vertu enseignée par le Christ est ce qui nous ouvre à la promesse du bonheur et nous en rend dignes. En somme, le souverain Bien relèvera davantage pour Kant d'une espérance légitime que d'une prestation reposant sur les seules et frêles épaules de l'homme. C'est la morale qui inaugure cet horizon d'espérance, mais ce n'est pas elle qui l'accomplit, car les forces de l'homme n'y suffiront jamais. Le souverain Bien n'est d'abord pensable pour Kant qu'à partir du concept de *dignité humaine*, mais il suppose aussi une garantie divine de l'accord possible, et d'un accord en plénitude, des prétentions subjectives du bonheur et des exigences objectives de la vertu.

L'importance capitale du souverain Bien dans les Réflexions

Il est frappant de voir à quel point l'interrogation sur le souverain Bien retient l'attention de Kant dans les *Réflexions*. Dans les phases de rédaction postérieures à 1775, cette question occupe à toutes fins utiles autant de place que les développements sur l'origine rationnelle et pure du principe moral. C'est dire que Kant a reconnu très tôt la nécessité de penser ensemble l'*archè* et le *telos* de la raison pratique. Cette équation est difficile, car elle demande de concilier ce qui paraît inconciliable, soit l'inconditionnalité du principe de la vertu (qui vaut par soi, sans égard à quelque fin) et l'objet total de la raison pratique, son horizon possible d'effectuation et de réalisation. L'arrière-plan historique à partir duquel Kant aborde le problème de la conciliation complète du bonheur et de la vertu – l'opposition entre l'épicurisme et le stoïcisme – est probablement inspiré par le *De finibus bonorum et malorum* (en particulier les livres III et IV) de Cicéron, où celui-ci soulève les limites et le caractère antithétique des conceptions stoïciennes et épicuriennes du but final de l'homme en cette vie. Kant reprend cette opposition en ses propres termes pour la définir progressivement, dans les années 1780, comme le problème de l'unité synthétique *a priori* du bonheur et de la vertu, qui sera au cœur de la *Dialectique de la raison pure pratique* dans la *Critique de la raison pratique*.

Les réflexions des années 1776-78 (en particulier R. 6819-6915) montrent que le souverain Bien ne fut pas un ajout tardif ou un simple appendice de la morale de Kant, mais que ce thème devint assez tôt une partie intégrante de sa pensée. On peut même considérer que certaines des réflexions de cette période, rédigées durant la « décennie silencieuse » de Kant précédant la parution de la *Critique de la raison pure*, dessinent les premiers traits d'une métaphysique de la raison pratique dont le *Canon de la raison de la raison pure* offrira la première version. D'une part, Kant se montre en effet soucieux (peut-être plus que dans le *Canon*) d'affirmer la validité intrinsèque du principe moral, annonçant même, à R. 6890, l'une des thèses les plus célèbres des *Fondements de la métaphysique des mœurs* : « Il n'est rien qui soit absolument bon à part une bonne volonté ». D'autre part, il reconnaît d'emblée que la pureté du motif moral laisse en suspens la question de l'espérance en un souverain bonheur. Que la morale repose sur des impératifs valant catégoriquement et sur une loi inconditionnelle de la raison pratique, ne doit pas non plus nous faire oublier que cette raison pratique ne saurait être sans fin et sans objet. Le souverain Bien est cet objet et le *bonum consummatum* de la raison pratique. Or si la vertu est seule ce qui me rend digne d'être heureux (un leitmotiv récurrent des *Réflexions*), il saute aux yeux de Kant qu'elle est une condition insuffisante de la synthèse du mérite et du bonheur, tellement les principes de ceux-ci sont hétérogènes. Le souverain Bien apparaît à ce point improbable en cette vie, du moins pour l'individu, que seule sa projection dans un monde à venir, sous la garantie divine d'une juste rétribution, peut conserver sa cohérence à cet objet d'espérance. Les R. 6838, 6858 et 6882 annoncent le prolongement de la morale dans la religion, qui fera du *Venunftglauben*, dans la *Critique de la raison pure*, la seule issue possible aux inquiétudes métaphysiques de la condition humaine. Certes, les *Réflexions* antérieures à la *Critique de la raison pure* n'évoquent pas directement l'enjeu métaphysique soulevé dans le chef-d'œuvre de Kant, mais elles laissent déjà entrevoir, dans l'évocation d'un autre monde (R. 6838) et d'un complément (divin) à nos insuffisances (R. 6882), les prémisses d'une métaphysique de la raison pratique plongeant ses racines non pas dans la spéculation théorique, mais dans le principe moral de la dignité intrinsèque de tout homme.

Précisions sur la présente traduction

Nous reproduisons dans cette traduction des *Réflexions* de Kant les conventions de référence établies par l'éditeur : la ou les périodes probables de rédaction, désignées par les lettres grecques, d'après l'hypothèse de datation d'E. Adickes, les renvois aux feuilles volantes (L. Bl.) qui complètent le texte et la référence au manuel de Baumgarten, soit au numéro de paragraphe, soit à la page des *Prolegomena* (Pr). Les mots ou phrases en italiques signalent les termes ou passages écrits par Kant en latin.

Certains développements du texte sont suivis des lettres « g » et « s » mises en exposant. Ces lettres désignent, dans l'édition d'Adickes, des ajouts ou modifications apportés par Kant, « g » pour *gleichzeitig* (ajouts datant de la même phase de rédaction que la réflexion principale) « s » pour *später* (ajouts ultérieurs à la phase de rédaction). Les réflexions dont la rédaction est inachevée sont suivies de la mention *interruption* entre crochets. Sauf en de rares occasions, nous n'avons pas signalé les différentes variantes possibles du texte – fort nombreuses – que l'éditeur évoque dans ses notes de bas de page. Enfin, on trouvera en marge du texte la pagination de l'Édition de l'Académie, et en plus, concernant le texte de Baumgarten, la pagination de l'édition de 1760 des *Principia*.

REMERCIEMENTS

Ce projet de traduction et d'édition des *Réflexions sur la philosophie morale de Kant*, comprenant la traduction des *Principes de la philosophie pratique première* de Baumgarten, a été rendu possible par une subvention du *Fonds québécois de recherche-Société et culture* (FRQ-SC), dans le cadre du projet *Transformations des Lumières allemandes : de Kant à Hegel* (Soutien aux équipes de recherche).

Je remercie mes deux précieux collaborateurs, Mathieu Robitaille pour la traduction du texte allemand de Kant, et Émilie-Jade Poliquin pour la traduction du texte latin de Baumgarten.

Je suis aussi reconnaissant envers André Daviault, professeur émérite de latin de l'Université Laval, qui a patiemment révisé la traduction des *Principes* de Baumgarten et l'a améliorée par ses nombreux commentaires.

Merci enfin à Jean-François Courtine d'avoir accueilli ce travail dans sa prestigieuse collection.

Luc LANGLOIS
Québec, novembre 2013

BAUMGARTEN

PRINCIPES DE
LA PHILOSOPHIE PRATIQUE PREMIÈRE

| ALEXANDER GOTTLIEB BAUMGARTEN, **7 IV**
PROFESSEUR DE PHILOSOPHIE,
A ÉCRIT POUR L'ENSEIGNEMENT
LES PRINCIPES DE LA PHILOSOPHIE PRATIQUE PREMIÈRE,
À LA MAISON D'ÉDITION DE KARL HERMANN HEMMERDE
À HALLE DE MAGDEBOURG EN 1760

| PRÉFACE VI

Il n'est pas permis de doter un petit manuel d'une longue préface. J'avais parfois, aux fins de l'enseignement, la double ambition d'une part de condenser la science si utile que Christian L. B. de Wolf a été le premier à nous livrer sous le nom de « philosophie pratique universelle », ouvrage incomparable, en une somme d'écrits moins lourde que celle qui semble en embarrasser un grand nombre dans les ouvrages latins de l'illustre savant [1],
d'autre part | de l'exposer de la façon dont j'avais espéré y parvenir le plus VII
près possible de la vérité. Le but premier de mon travail, parmi les plus impératifs, était alors d'apporter un appui à l'enseignement sur les droits de la nature, apanage du philosophe. Comme la dure nécessité m'avait imposé de confier mes écrits aux presses d'un autre lieu que celui où je vivais, des retards prévisibles se succédèrent. S'ensuivirent une maladie, des occupations plus pressantes, une seconde maladie qui, sinon fatale, fut toutefois pendant plusieurs années de nature à menacer très souvent de bouleverser profondément le cours ordinaire de ma vie publique et de mes études, qui dépassent le domaine d'enseignement qu'on m'a confié. À ce mal déjà bien assez grand s'ajouta le fracas des armes qui se rapprochait peu à peu et qui fit à la fin retentir tout autour de la ville la terreur de la guerre, impressionnant même les athlètes et les lutteurs de grande valeur. Il fallut admettre, non seulement à nos portes, mais dans nos murs et dans nos foyers, l'ennemi Hannibal qui s'était plus d'une fois couvert du sang de nos

1. On notera l'hommage rendu à Christian Wolff dans cette préface, ce qui n'empêche évidemment pas que Baumgarten ait développé dans son écrit des positions personnelles sur la philosophie pratique. La *Philosophia practica universalis, methodo scientifica pertractata* (Gesammelte Werke, II. Abt., 10-11, G. Olms) de Wolff fut publiée en 1738-1739, en deux forts volumes en effet assez lourds et rébarbatifs. Le manuel de Baumgarten supposait donc forcément une reconstruction et une synthèse autonomes de la masse textuelle (1400 pages !) de son auteur de référence.

concitoyens. Qui ignore les maux de la guerre qui s'ensuivirent [1] ? C'est le
VIII propre du stoïcien, j'en conviens, de n'être ni touché, | ni ébranlé, ni
renversé par tous ces malheurs, mais non du philosophe. C'est déjà pour
moi une victoire assez riche, que ma santé, après toutes ces épreuves,
malgré un retard certes excessif, avec des rechutes répétées qui la laissaient
quelque peu chancelante et vacillante, me permettant cependant de
m'acquitter de mes devoirs, que ma santé

ait enfin regardé vers moi et soit revenue après un long moment [2].

[8] | Les forces de mon corps amoindri et épuisé reviennent peu à peu, mais
non, dispositions qui sont pourtant miennes, ma volonté d'agir. Parce que
je n'avais jamais renoncé à celle-ci, cette volonté commence toutefois à
revivre et est stimulée par l'espoir que mes efforts ne sont plus entièrement
vains. Parmi mes études particulières, pour lesquelles je déclare librement
devoir rendre grâce au Dieu Sauveur, je suis revenu afin de continuer mes
leçons, autant que mes poumons me le permettront, avec la confiance
d'autrefois ; je reviens donc à ce petit ouvrage interrompu qui était resté en
suspens. En retournant à ces premières lignes de la philosophie pratique, je
vois qu'elles contiennent déjà la plupart des idées que je voulais inculquer
au préalable à l'étudiant qui s'intéresse aux droits de la raison et de la
nature, avant qu'il n'accède à l'apprentissage de la philosophie même du
IX droit, authentique | et non artificielle. Entre-temps, je remarque que nous
avons été mis en réserve pour ces jours où les philosophes doivent veiller à
protéger les acquis avant d'entreprendre de nouvelles recherches. Par
conséquent, contentons-nous de ces *principes de la philosophie pratique
première* qui, écrits depuis un certain temps, ne sont publiés que

1. Les circonstances défavorables qu'évoque Baumgarten se résument ainsi. Peu après sa nomination comme *Privatdozent* à l'Université de Halle, en 1737, il a contracté une tuberculose pulmonaire qui a longtemps affecté sa santé et a ralenti ses activités. D'où la référence, plus loin dans le texte, à l'état de ses poumons, cette maladie l'ayant accablé jusqu'à sa mort, en 1762, à l'âge de 47 ans. Quant aux horreurs de la guerre, Baumgarten rappelle ici les invasions successives, russe et autrichienne, de la ville de Francfort-sur-l'Oder en 1759, durant la guerre de Sept Ans. La bataille de Kunersdorf, en août 1759, remportée par la coalition austro-russe, fit quelque 20 000 morts, et constitua le plus grand échec militaire de Frédéric II le Grand. Baumgarten avait été nommé professeur à Francfort-sur-l'Oder en 1740.

2. Phrase manifestement inspirée d'un passage des *Bucoliques* de Virgile (I, 29), qui parlait plutôt de la liberté : « La liberté, qui, bien que tardive, me regarda, dans mon insouciance, d'un œil favorable, quand ma barbe tombait déjà blanchie sous le rasoir ; enfin, après une longue attente, elle m'a souri, et elle est venue, depuis qu'Amaryllis me tient sous sa loi et que Galatée m'a quitté » (Traduction Charpentier, 1859).

maintenant, parce qu'à mon avis il n'y a pas du tout lieu de désespérer d'acquérir une connaissance suffisamment solide des droits de la nature, par exemple en approfondissant soigneusement ces principes. D'autre part, ceux à qui ces principes sembleraient superflus, je leur permets d'abonder en ce sens, à la condition qu'on me conserve librement le droit de dire de manière avisée ce que je veux et ce que je pense. À partir de ce droit, j'exprime mon opinion : l'intelligence, qui s'est familiarisée avec les règles de la logique concernant la forme de la démonstration, qui a reçu une formation complète par les exercices de la logique, même si la métaphysique ainsi que cette philosophie pratique première la laissent encore moyennement féconde, aspire à la science du droit philosophique. En ces matières, le dilettante aura beau claironner le droit de la nature, se targuer du droit des gens, il ne peut pas les connaître. Il est très facile d'ignorer tout cela de même que d'en rire, comme si on avait bien réglé la question. Quant à nous, qui professons la science de la philosophie, | guidons le plus loin X
possible ceux qui voudront nous suivre, pourvu que nous prenions garde de ne pas faire comme ces gens qui recherchent plutôt les éclats de verre brisé pour les recoller, se persuadant eux-mêmes à tort qu'ils ont en plus élaboré leur propre science, et de ne pas nous laisser confondre avec la pire espèce d'individus, c'est-à-dire celle des vendeurs de fumée.

Donné à Francfort-sur-l'Oder, le 5 mars 1760[1].

1. Littéralement dans le texte latin : « Trois (jours) avant les nones de mars, 1760 ».

XI | PLAN

1 | Les numéros des paragraphes précédés de la lettre *M.* renvoient à la *Métaphysique* de l'auteur.

PROLÉGOMÈNES À LA PHILOSOPHIE PRATIQUE

§ 1

De même que la PHILOSOPHIE est la science des qualités des choses connaissables sans la foi, de même la PHILOSOPHIE PRATIQUE est la science des obligations de l'homme connaissables sans la foi [1].

1. D'entrée de jeu, Baumgarten définit donc la philosophie pratique comme une *science des obligations*, en rupture plus ou moins nette avec l'éthique classique des vertus. On peut déjà déceler dans cette définition une certaine correction du thème eudémoniste qui anime la *Philosophia practica universalis* de Wolff, ce dernier n'ayant consacré, dans les quelque 1400 pages de son traité, qu'un chapitre (quoique substantiel) à la notion d'*obligatio* : voir Pars I., Caput II, *De obligatione ac lege naturali*, p. 100-214. Wolff définissait plutôt la philosophie pratique comme « *scientia dirigendi facultatem appetitivam in eligendo bono et fugiendo malo* » (*Discursus praeliminaris*, § 62, p. 31). A quoi doit-on attribuer ce tournant ? Sans doute à l'influence ancienne qu'exercèrent sur Baumgarten, bien avant la parution de la *Philosophia practica*, les leçons et le manuel d'Heinrich Köhler (*Exercitationes juris naturalis*, 1729). Bien qu'il fût un disciple de Wolff, Köhler tendait à concevoir la philosophie pratique selon le langage du droit naturel, le concept d'obligation étant pour lui le concept commun du droit et de l'éthique (alors que Wolff tiendra à distinguer ces deux registres). Mais ce tournant est aussi explicable par les origines piétistes de Baumgarten. Le piétisme a en effet contribué à importer le concept d'obligation en morale. Baumgarten s'emploiera pour sa part à concilier le motif théologique du piétisme avec l'*Aufklärung* d'inspiration wolffienne, afin notamment de désamorcer le conflit de la raison et de la foi. Cette posture originale d'*Aufklärer* piétiste devait le mener à faire de l'obligation la question centrale de la philosophie pratique. Il est indéniable que la réflexion morale de Kant fut dès le départ marquée par cette centralité du thème de l'obligation dans le manuel de Baumgarten. Toute la table des matières des *Principes*, de fait, est organisée selon deux grandes sections : *Obligatio* (*L'obligation*) et *Obligentia* (*Ce qui oblige*, ou *Des choses qui obligent*).

§ 2

La philosophie pratique doit se développer selon une méthode apodictique, exclusivement à partir de principes certains, et non à partir de témoignages, des autorités soit divine soit humaines, ou de récits historiques (§ 1).

2 | § 3

La philosophie pratique, 1) élaborant de diverses manières la théorie de nos obligations, 2) rendant leur pratique et leur exécution plus faciles grâce à ce type de connaissance, 3) fournissant à la théologie morale, aux droits positifs et aux délibérations particulières des principes féconds et des notions directrices, sera extrêmement utile (*M.* § 337, 787).

§ 4

10 | La richesse et l'abondance, la dignité et la majesté, la vérité, l'exactitude ainsi que la bonne méthode (§ 2.), la clarté et la distinction, la certitude et l'évidence, enfin la vie et la force motrice sont les premiers parmi les attributs de la philosophie pratique (§ 1 ; *M.* § 669)[1].

§ 5

L'étroitesse d'esprit et la petitesse, la bassesse et la légèreté, les perceptions trompeuses et grossières dues à la précipitation, l'obscurité et la confusion, l'incertitude des questions non approfondies et l'imprécision, enfin surtout l'inertie et la spéculation stérile sont des défauts pour la philosophie pratique (§ 4 ; *M.* § 82).

1. À lire avec le paragraphe précédent. C'est un motif constant de l'*Aufklärung* : la philosophie est *ad usum vitae* (Leibniz), elle doit être utile à la vie, accroître celle-ci et la rendre meilleure. Un savoir mort et stérile est celui qui n'a aucune répercussion sur la vie. Sur l'opposition entre connaissance vivante et connaissance morte, voir Wolff, *Philosophia practica universalis*, II, § 244, p. 220. Cette idée de connaissance vivante accuse aussi une origine piétiste : le savoir trouve sa perfection dans sa puissance transformatrice m'unissant toujours de plus près à la volonté de Dieu. À l'évidence, les deux influences sont télescopées dans ce passage de Baumgarten.

| PROLÉGOMÈNES À LA PHILOSOPHIE 3
PRATIQUE UNIVERSELLE

§ 6

La PHILOSOPHIE PRATIQUE (universelle) PREMIERE est la science première propre au reste des disciplines pratiques, mais contenant les principes communs à plusieurs de celles-ci.

§ 7

La philosophie pratique première se situe de la même manière face au reste des disciplines pratiques que la métaphysique face au reste de toutes les disciplines (§ 6 ; *M.* § 1).

§ 8

| Ce qui a été dit aux § 1 à 5 vaut aussi pour la philosophie pratique 11
première (§ 6) puisque la méthode apodictique place les principes devant ce qui en découle ; celle-ci est, avec la raison, mise à la tête du reste des disciplines pratiques et des sciences morales (§ 6, 2).

§ 9

La philosophie pratique première, outre ses relations avec la philosophie (§ 1) et la philosophie pratique (§ 3, 8), 1) accroît l'évidence dans les notions de toutes les disciplines pratiques, de la théologie, des deux branches du droit, du droit universel aussi bien que du droit particulier, et des délibérations sur l'équité relevant de ces deux branches du
droit, | 2) détermine avec plus de soin les propositions premières de toutes 4
ces disciplines et, ensuite, les développe, 3) favorise la progression des preuves et, partant, la certitude (§ 7 ; *M.* § 3).

CHAPITRE I

L'OBLIGATION

SECTION I
L'OBLIGATION EN GÉNÉRAL

§ 10

Bien que les choses moralement nécessaires soient moralement possibles (*M.* § 723 ; § 81), elles sont des déterminations libres qui ne se produisent que dans une substance libre (*M.* § 719), autrement dit dans la PERSONNE ; l'OBLIGATION est attribuée aux déterminations libres ou aux personnes qui sont nécessitées (*M.* § 723), soit à la personne qui oblige, soit à la personne qui est obligée. De là vient que l'obligation est ou bien ACTIVE, ou bien PASSIVE [1].

1. Deux choses doivent être retenues de ce paragraphe. Premièrement, le lien entre l'obligation et le concept de nécessitation (*necessitatio, Nötigung)*, déjà affirmé au § 723 de la *Métaphysique* de Baumgarten *:* « La nécessitation morale est l'obligation ». Ce terme a probablement été forgé par Baumgarten lui-même et marque une différence non négligeable avec la conception wolffienne. Pour Wolff, l'obligation est une *nécessité* d'agir se manifestant psychologiquement dans un motif, une motivation, dont la représentation rationnelle offre l'élucidation. Sans renier cette assise psychologique de la représentation de l'obligation, Baumgarten soutient plutôt qu'elle ressortit à une *nécessitation*, c'est-à-dire à une contrainte consistant à rendre nécessaire une chose contingente (« *Necessitatio (coactio), est mutatio alicuius ex contingenti in necessarium* », *Métaphysique*, § 701). Car si je peux me représenter une action comme nécessaire, je peux aussi, par la faiblesse de ma volonté, me dérober à mes obligations (contrairement à l'Être saint dont toute la volonté est nécessairement bonne). Je dois donc encore *m'y contraindre*, agir sur moi-même pour en honorer la prescription (voir cependant le § 55). L'idée de nécessitation vient ainsi renforcer la dimension éminemment

12 | § 11

Il ne peut y avoir d'obligation là où il n'y a pas de liberté. Par conséquent, celle-là ne supprime pas celle-ci, ni n'est son contraire, mais en est le *rationatum*[1] et la conséquence (§ 10). Les actions auxquelles nous pouvons obliger et être obligés, non seulement peuvent être libres, mais sont même nécessairement telles (*M.* § 724). Nous ne pouvons donc ni obliger ni être obligés aux déterminations | qui ne sont pas libres, quelles qu'elles soient. Les choses absolument impossibles (*M.* § 15) et situées

pratique de l'obligation, ce qui n'échappera pas à Kant et trouvera écho dans sa théorie des impératifs.

Deuxièmement, il faut insister sur la différence entre obligation active et obligation passive, qui sera déterminante pour Kant. Déjà Pufendorf et Leibniz avaient réinterprété cette distinction en un sens pratique qui allait au-delà de sa compréhension originaire dans le droit romain. En celui-ci, l'*obligatio* est consacrée par un *vinculum juris*, un lien de droit unissant un sujet passif (débiteur) à un sujet actif (créancier), en vue d'un objet ou d'une prestation (= matière de l'obligation). L'obligation est passive lorsque je suis obligé de fournir l'objet ou la prestation, elle est active lorsque je peux juridiquement obliger autrui à s'exécuter en ce sens. Mais on va réaliser qu'il y a aussi des obligations en dehors de ce contexte juridique (des obligations envers Dieu, notamment, car le christianisme va féconder en un sens théologique la notion d'obligation issue du droit romain). La question restera de savoir s'il y a des obligations qui valent rationnellement par elles-mêmes (=Leibniz), ou si toute obligation morale suppose le rapport à une autre volonté, divine ou humaine (=Pufendorf). Entre les conceptions rationaliste et volontariste, le débat sera âpre. Baumgarten y prendra part à sa façon en tentant, par son penchant à l'irénisme, de concilier les positions rationalo- et théologico-centristes. Nous y reviendrons plus loin.

Dans ce paragraphe, on doit comprendre ainsi la distinction entre obligation active et passive. La première exprime un motif qui m'oblige sans que je puisse y être extérieurement contraint : faire l'aumône au pauvre, par exemple. La seconde exprime plutôt un dû ou une dette que j'ai contracté envers autrui et qui me lie passivement à lui. Je suis obligé de rembourser ma dette et je puis même y être extérieurement contraint si je refuse moralement de m'exécuter en ce sens. Cette distinction va inspirer la compréhension kantienne de la différence entre le devoir de droit et le devoir éthique, entre la justice et la bonté, et aussi, plus tard, entre le devoir strict et le devoir large. Même si cette différenciation était déjà à l'œuvre dans la philosophie pratique de Wolff, c'est sans doute le traitement que lui a donné Baumgarten dans ses *Principes* qui a amené Kant à en faire un élément conceptuel central de sa propre philosophie morale.

1. *Rationatum :* l'effet ou la conséquence. Pas d'obligation morale sans liberté. Wolff en était tout à fait conscient, mais on peut encore une fois affirmer que la liaison des concepts d'obligation et de nécessitation chez Baumgarten fait de la morale *un travail sur soi de la volonté*, et non une simple représentation du bien à atteindre. Kant sera très sensible à cette idée du lien interne de l'obligation et de la liberté, que Christian August Crusius, le principal représentant du piétisme à la même époque, avait aussi affirmée avec force dans son *Instruction pour une vie bienheureuse* (1744).

simplement hors de notre pouvoir ne sont pas libres (*M.* § 719, 712). Par conséquent, une impossibilité absolue ou simplement physique ne constitue aucunement une obligation, ni active, ni passive (§ 10 ; *M.* § 469).

§ 12

L'obligeant rend la détermination libre moralement nécessaire et donc son contraire moralement impossible (§ 10). D'autre part, le contraire de la
détermination libre | est libre sur le plan de l'exécution (*M.* § 726). Ce qui 13
est libre sur le plan de l'exécution est moralement possible plus que son contraire aussi longtemps que ce dernier porte en lui un plaisir nul ou médiocre (*M.* § 723, 719), mais il est aussi moralement possible ou impossible que son contraire, si on suppose qu'un plaisir égal se trouve dans l'un et l'autre (*M.* § 673). Donc, si on doit rendre moralement impossible le contraire de ce à quoi on veut obliger, on doit éveiller un plaisir plus grand dans la détermination libre à laquelle on veut obliger. Les CAUSES D'IMPULSION d'une détermination libre et de son contraire, si elles étaient calculées de part et d'autre (*M.* § 697), sont considérées comme étant PLUS PUISSANTES pour la détermination où il y en a le plus. Si on suscite un plaisir plus grand à une détermination libre qu'à son contraire, les causes
d'impulsion | les plus puissantes doivent être liées à la détermination libre 6
(*M.* § 712, 342). Par conséquent, l'obligeant lie les causes d'impulsion les plus puissantes à la détermination libre [1].

1. Pour Wolff, l'obligation est la liaison d'un motif à une action, donc une incitation à l'agir selon une représentation rationnelle du bien qui éclaire la finalité universelle du bonheur, en quoi celle-ci consiste et ce qu'il faut faire pour y atteindre. Or la pensée de Baumgarten est ici un peu différente. C'est que la position intellectualiste de Wolff se limite à affirmer la prépondérance du motif rationnel, sans tenir compte du fait que celui-ci n'est parfois pas connaissable ou discernable. Elle ne considère donc pas la force respective des *divers motifs possibles*, leur comparaison et leur possible pondération. Les causes d'impulsion au nom desquelles on agit peuvent pourtant être variées. Baumgarten, dont la principale contribution philosophique fut de faire valoir, dans son *Esthétique*, l'apport autonome de la connaissance sensible face à l'ordre intellectuel du concept, signale dans ce paragraphe que l'obligation véritable est indissociable de la réflexion sur *le poids relatif des causes d'impulsion* (entendre : des motifs). Rien n'exclut par exemple qu'une cause d'impulsion sensible ne puisse aussi contribuer à l'intelligence du bon et du mauvais, lorsque par exemple la cause d'impulsion purement intellectuelle ne se laisse pas clairement reconnaître. Il s'agira donc désormais, pour déterminer en quoi réside l'obligation véritable, de faire le calcul, la comparaison des causes d'impulsion qui nous y incitent ou nous en écartent, en retenant que l'obligation ne peut résulter que de la cause d'impulsion la plus puissante et la mieux fondée, sans exclusion intellectualiste des causes informées par la connaissance sensible. Toutes les fois que Baumgarten en appellera dans cet examen à un

§ 13

Ce qui lie les causes d'impulsion les plus puissantes à une détermination libre rend son contraire moralement impossible (§ 12) et, par conséquent, rend cette détermination libre moralement nécessaire, tant et si bien qu'on y est obligé (*M.* § 723).

§ 14

Les causes d'impulsion les plus puissantes sont liées à une détermination libre de celui qui est obligé (§ 12, 10). Est obligé celui dont les causes d'impulsion les plus puissantes sont liées à ses déterminations libres (§ 13, 10) [1].

§ 15

L'OBLIGATION tant active (§ 12, 13) que passive (§ 14) peut être définie par le lien, ou bien actif, ou bien passif, des causes d'impulsion les plus puissantes avec la détermination libre.

§ 16

Les causes d'impulsion les plus puissantes ont une force et une
14 efficacité d'obliger (§ 15), tantôt plus forte, | tantôt plus faible (*M.* § 75,
723). C'est pourquoi l'obligation elle-même est dite, lorsqu'elle est plus grande, PLUS FORTE, lorsqu'elle est plus petite, PLUS FAIBLE.

7 | § 17

L'obligation la plus petite, à savoir la plus faible, est le lien qui unit la plus petite cause d'impulsion la plus puissante à la détermination libre la plus petite (§ 15 ; *M.* § 161). Il s'ensuit que plus les mobiles surpassent le contraire en nombre, en importance et à plus forte raison en connaissance véritable, claire, certaine et éclatante (*M.* § 669), et plus ils sont liés étroitement avec de plus nombreuses et de plus importantes déterminations

analogon de la raison, c'est pour signaler la possible contribution du jugement esthétique au jugement moral. Le critère de ce calcul réfléchi des causes d'impulsion est celui, on le notera, du plus grand plaisir et de la plus grande satisfaction, qu'il faut comprendre comme un contentement de soi.

1. J'agis donc librement, et à la fois conformément à mon obligation, lorsque j'agis selon la cause d'impulsion la plus puissante que ma volonté peut reconnaître comme sienne.

libres, alors plus importantes et plus fortes seront l'obligation ainsi que la force et l'efficacité d'obliger des causes d'impulsion (§ 16).

§ 18

Comme les causes d'impulsion sont des perceptions de choses diverses (*M.* § 341, 342), dont certaines sont habituellement examinées au sein de telle discipline, certaines au sein de telle autre, d'où elles tirent souvent leur nom et le partagent avec leur obligation, de ce fait les obligations sont matériellement divisées et nommées en fonction de la diversité des choses – que les causes d'impulsion de celles-ci établissent – et en fonction de la diversité des disciplines dans lesquelles elles sont habituellement traitées (§ 15).

§ 19

Les causes d'impulsion liées toutes et chacune à une détermination libre donnée forment une CAUSE D'IMPULSION TOTALE, dont les parties sont des CAUSES D'IMPULSION PARTIELLES. L'OBLIGATION TOTALE appartient à la cause d'impulsion totale, l'OBLIGATION partielle aux causes d'impulsion partielles. Les causes d'impulsion | partielles et même la cause 8
d'impulsion totale n'engendrent aucune obligation si elles ne sont pas les plus puissantes (§ 15, 12) [1].

§ 20

Si les causes d'impulsion partielles pour une détermination libre *A* sont plus nombreuses que pour son contraire *non-A*, mais que, d'autre part, les causes pour *non-A* sont tellement lourdes qu'une fois le calcul fait, la cause d'impulsion totale pour *non-A* est plus puissante (*M.* § 697), alors il n'y a aucune obligation envers *A* (§ 19).

§ 21

Si une cause d'impulsion est ainsi liée à une détermination libre donnée, mais qu'elle ne l'était pas auparavant, alors une NOUVELLE OBLIGATION NAIT (est introduite). Si une cause d'impulsion, qui était auparavant liée à une détermination libre, ne l'est désormais plus, alors

1. Encore une fois, l'obligation paraît répondre ici à une composition, voire à une sommation des causes d'impulsion, et non à une unité impérative valant purement et simplement.

l'OBLIGATION DISPARAÎT (est supprimée, est dissoute, est éteinte, cesse). Augmentée, elle CROÎT (est affermie) ; diminuée, elle DECROÎT (est atteinte, est affaiblie, dépérit). Si l'obligation, totale ou partielle, après avoir été supprimée, est à nouveau introduite, alors elle RENAÎT.

15 | § 22

Lorsque l'obligation totale s'accroît, il naît une nouvelle obligation partielle ; lorsque l'obligation totale décroît, une obligation partielle est supprimée (§ 21, 19). L'ACTE par lequel l'obligation est introduite est OBLIGATOIRE et celui par lequel est accompli ce à quoi nous étions obligés SATISFAIT A L'OBLIGATION.

9 | § 23

Aussi longtemps que le calcul des causes d'impulsion pour les contraires – comprenant le compte et la pondération (*M.* § 697) – n'a pas été fait, la cause d'impulsion totale pour l'un ou pour l'autre contraire peut sembler la plus puissante, et de là vient l'apparent conflit entre les obligations pour l'un ou pour l'autre contraire (§ 15 ; *M.* § 97). Or, une fois le calcul fait, si l'on voit avec évidence laquelle des causes d'impulsion totales pour les contraires est la plus puissante, alors il n'y a aucune obligation pour son contraire (§ 19, 20) et le conflit des obligations disparaît. C'est pourquoi les obligations véritables n'entrent jamais en conflit (§ 15 ; *M.* § 12). Cependant, tant que les causes d'impulsion totales pour l'un et l'autre contraires semblent des obligations et si les deux sont dites en conflit, c'est l'obligation la plus grande qui est appelée véritable (§ 17) [1].

16 | § 24

1) Là où il n'y a pas de déterminations libres, là donc où il n'y a personne à obliger (§ 10), 2) là où il n'y a pas de causes d'impulsion, 3) là

1. La question du conflit des obligations, on le sait, sera de première importance pour Kant. Si les obligations se fondent sur une loi de la raison pratique, comme Kant l'affirmera à partir de la *Dissertation de 1770*, on doit alors exclure la possibilité d'un conflit des obligations, qui serait en fait un conflit de la raison avec elle-même. Baumgarten affronte quant à lui ce problème à partir du calcul des causes d'impulsion plus ou moins puissantes des obligations, et donc à partir d'un exercice de pondération qui doit permettre d'écarter le conflit et la contradiction. A lire avec les § 85 et 86, qui n'excluent pas qu'il puisse y avoir une exception à la règle, mais qui considèrent l'exception comme une lacune morale. Nul doute que Kant fut inspiré par cette conception exigeante de l'obligation.

où il y en a, mais pas de plus puissantes, ou 4) là où celles-ci sont présentes, mais ne sont pas liées à des déterminations libres : il n'y a pas d'obligation (§ 15).

§ 25

Introduire une obligation nouvelle ou en confirmer une ancienne requiert :

1) une détermination libre qui est tout à fait nouvelle ou, | du moins, 10
dont la connaissance doit s'accroître, et à laquelle on puisse obliger (*M.* § 166) ;

2) des causes d'impulsion ou bien tout à fait nouvelles, ou augmentées, ou mieux connues, ou plus vraies, ou plus claires, ou plus certaines, ou plus vives, en bref plus grandes que celles qui existaient auparavant ;

3) des causes d'impulsion plus puissantes, ou bien de par leur augmentation, ou bien de par la diminution des causes d'impulsion pour le contraire, qui dominent maintenant celles-ci pour la première fois ou qui les dépassent plus qu'auparavant ;

4) de relier d'abord ou davantage des causes d'impulsion données avec des déterminations libres données, c'est-à-dire de montrer parfaitement le lien et la conséquence, et ce pour quoi, après avoir établi ces causes d'impulsion, cette détermination libre doit être posée. Voilà les devoirs généraux du docteur de la philosophie pratique (§ 1).

§ 26

Plus quelqu'un est capable de déterminations libres nombreuses et mieux connues et d'une connaissance parfaite des causes d'impulsion, du compte et de la pondération de celles-ci et de leur lien avec les déterminations libres, mieux il peut être obligé (§ 25, 17). Juge à partir de là ceux qui s'appliquent à l'étude de la philosophie pratique (§ 1).

§ 27

Si l'on aperçoit 1) des déterminations libres, auxquelles on oblige, qui n'existent pas ; 2) des causes d'impulsion qui n'existent pas ; 3) ou, à tout le moins, des causes plus puissantes qui n'existent pas ; 4) ou, à tout le moins
encore, | des causes aussi bien liées que non liées à une détermination libre, 11
alors naît une OBLIGATION FAUSSE (erronée, apparente, fictive, prétendue) (§ 24). Par conséquent, nous pouvons en même temps être faussement

obligés à ce à quoi nous sommes, par ailleurs, véritablement obligés, et inversement, nous pouvons être faussement obligés à partir d'éléments vrais [1].

17 | § 28

La CERTITUDE au sens large est ou bien COMPLÈTE (au sens strict et rigoureux : mathématique, géométrique) lorsqu'elle suffit à distinguer de tout la vérité de la chose (et lorsqu'elle nous libère de toute crainte du contraire) ; ou bien INCOMPLÈTE, lorsqu'elle est insuffisante pour distinguer de toutes les autres la vérité de la chose (où la crainte du contraire n'est pas absente) (*M.* § 531).

L'INCERTITUDE AU SENS LARGE est le contraire de la certitude complète. Dans l'incertain au sens large, ou bien les raisons connues à l'égard de la vérité, autrement dit pour prétendre quelque chose de vrai, c'est-à-dire de RECONNU comme vrai, sont plus nombreuses que pour l'écarter, et dans ce cas l'incertain est PROBABLE ; ou bien les raisons pour et contre sont égales, et dans ce cas l'incertain est DOUTEUX (incertain au sens strict) ; ou bien les raisons en faveur de la chose reconnue sont moins nombreuses que les raisons contre, et dans ce cas l'incertain est IMPROBABLE. On dit des raisons en faveur de la chose reconnue comme vraie qu'elles sont plus nombreuses, moins nombreuses ou égales seulement après calcul (*M.* § 697).

On peut dire d'un même objet, considéré sous divers égards, qu'il est certain ou incertain au sens large. Ce qui est rigoureusement certain pour un même objet n'est incertain d'aucune façon. Les choses incertaines au
12 sens large et les choses douteuses ne coïncident d'aucune manière | : autrement dit, de ce qui ne nous est pas complètement certain, il ne convient pas nécessairement de douter. La probabilité et la vraisemblance, quelles qu'en soient la qualité et la quantité, ne coïncident d'aucune manière : autrement dit, une chose vraisemblable, peu importe sa qualité et sa quantité, n'est pas nécessairement probable. Une certaine vraisemblance peut aussi appartenir à des choses douteuses ou improbables, mais aucune probabilité, pas même la plus petite, ne peut leur être accordée [2].

1. La validité de l'obligation ne se confond donc pas avec la connaissance de celle-ci, qui peut être plus ou moins exacte. Le § 95, faisant écho au § 72, va d'ailleurs distinguer le *champ* (*campus*) objectif de la philosophie pratique du *territoire* (*territorium*) *subjectivement connu* de celle-ci.

2. Il faut donc commencer par opposer, sous le chapitre de la certitude au sens large, la certitude complète (celle des vérités mathématiques et géométriques) et la certitude

Si l'on rendait l'un des contraires probable, par le fait même on rendrait l'autre improbable, et vice versa. Les contraires ne sont jamais tous deux probables pour un même sujet. Ni les choses improbables, ni les choses probables ne sont douteuses, et les choses douteuses ne sont ni probables, ni improbables. Toute chose probable est plus largement certaine et toute
| chose improbable est d'une fausseté plus largement certaine. Les choses 18
complètement certaines sont toutes vraies. Mais les choses certaines au sens large, les choses probables, douteuses ou improbables peuvent être vraies ou fausses. Quelle qu'en soit l'appellation, une chose certaine n'est pas douteuse. Mais il peut y avoir une chose incertaine qui cependant n'est pas douteuse. Deux contraires ne peuvent jamais être en même temps improbables à l'égard d'une même chose, mais ils peuvent être incertains ou douteux. On peut appliquer ce qui précède à l'obligation, ou bien complètement certaine, ou bien incertaine au sens large – celle-ci pouvant être ou probable (plus largement certaine), ou douteuse (plus strictement incertaine), ou improbable (d'une fausseté plus largement certaine) (§ 15)[1].

| § 29 13

Le lien entre certaines causes d'impulsion plus puissantes et certaines déterminations libres peut être suffisamment connu à partir de la nature de
l'action et de l'agent. | Ce lien peut aussi être suffisamment connu à partir 19
du libre arbitre de quelqu'un. Dans le premier cas, l'OBLIGATION est NATURELLE (objective, intrinsèque, intérieure) ; dans le second cas, elle est POSITIVE (arbitraire, subjective, formelle, extrinsèque, extérieure)[2].

incomplète. Celle-ci est l'incertitude au sens large, ou la vraisemblance, et connaît trois niveaux descendants de certitude : le probable, le douteux et l'improbable.

1. Il pourra donc y avoir des obligations complètement certaines ou incomplètement certaines, ces dernières étant probables, douteuses ou improbables. C'est dire que pour Baumgarten, la connaissabilité de l'obligation n'est pas réductible au seul critère de l'évidence mathématique. Le jugement moral se forme selon une diversité de registres épistémiques, et non simplement *more geometrico*.

2. Cette seconde distinction (après celle de l'obligation active et de l'obligation passive) est très importante, car elle affirme la possibilité d'obligations valant objectivement et intrinsèquement, et connaissables « à partir de la nature de l'action et de l'agent ». Mais que signifie cette validité objective de l'obligation ? Il serait exagéré d'affirmer que Baumgarten a conçu, avant Kant, l'idée d'un devoir moral valant inconditionnellement et catégoriquement en soi, car dans la suite de son traité, celui-là s'emploiera à penser la qualité objective de l'obligation en rapport avec la finalité de la perfection, l'examen des conséquences de l'agir, et la

§ 30

Comme certaines obligations peuvent être connues – de plus près et suffisamment – à la fois à partir de la nature et de l'arbitre, l'obligation à une même chose peut être en même temps objective et subjective, naturelle et arbitraire. Mais lorsqu'elle est posée à partir d'une obligation naturelle en vue d'exclure une obligation arbitraire, ou lorsqu'elle est posée à partir d'une obligation arbitraire, autrement dit positive, en vue d'exclure une obligation naturelle, la conséquence ne vaut pas (§ 29).

§ 31

Les actions sont ou bien négatives, ou bien réelles (*M.* § 135). Les premières déterminations libres, chaque fois vues comme telles, sont appelées OMISSIONS ; les secondes, chaque fois vues comme telles, sont appelées ACCOMPLISSEMENTS. L'OBLIGATION d'omettre est NÉGATIVE ; celle d'accomplir est AFFIRMATIVE et ne doit pas être confondue avec la positive (§ 29)[1].

14 | § 32

Toutes les déterminations libres de l'homme sont soit bonnes, soit mauvaises (*M.* § 790) ; toutes ont des conséquences *in indefinitum* (*M.* § 23) qui sont soit bonnes, soit mauvaises (*M.* § 790). Les premières, les biens moraux (§ 29 ; *M.* § 787), sont des réalités (*M.* § 145, 146) qui, comme telles, n'ont pour conséquences *in indefinitum* que des réalités,
20 | c'est-à-dire des biens (*M.* § 147). Les secondes, les fautes (§ 29 ; *M.* § 787), sont des négations (*M.* § 146, 147) qui, comme telles, n'ont pour conséquences *in indefinitum* que des négations (*M.* § 139, 23), c'est-à-dire des maux (*M.* § 146). Les BIENS et les MAUX MORAUX dont les conséquences, respectivement bonnes ou mauvaises, subsistent toujours après la

perspective des peines et des récompenses, ce qui montre que la conception baumgartienne de l'obligation demeure en son fond eudémoniste, conséquentialiste et perfectionniste.

1. La moralité n'implique pas nécessairement l'accomplissement d'une action. Elle concerne tout autant l'omission d'agir, par exemple lorsque je renonce, malgré une forte tentation, à faire du tort à autrui. On a donc une troisième distinction dans la « grammaire des obligations », soit celle entre obligations affirmative et négative. On comprend aussi l'avertissement de Baumgarten *dans fine :* il ne faut pas confondre l'obligation affirmative (qui est une obligation d'accomplissement) et l'obligation positive (qui est une obligation découlant de l'arbitre d'autrui).

mort de celui qui agit bien ou mal, sont appelés IMMORTELS. Tous les biens moraux, toutes les fautes sont immortels [1].

§ 33

Ce qui a de bonnes CONSÉQUENCES est dans cette mesure un bien et ce qui en a de mauvaises est dans cette mesure un mal (§ 32). Or, ces conséquences, lorsqu'elles sont reliées de plus près et suffisamment à une détermination libre par la nature de celle-ci et du sujet auquel elle appartient, sont NATURELLES ; et lorsqu'elles sont reliées à une détermination libre par le libre arbitre de quelqu'un, elles sont ARBITRAIRES ; elles peuvent aussi être reliées à la détermination libre par les deux (§ 29). De là, on conclut faussement que, si la conséquence est naturelle, pour cette raison, elle n'est absolument pas arbitraire et que, si elle est arbitraire, pour cette raison, elle n'est absolument pas naturelle (§ 30).

| § 34 15

Les conséquences des déterminations libres peuvent être connues suffisamment et de plus près :

I) certaines à partir d'elles-mêmes : 1) grâce à leurs éléments essentiels, 2) grâce à leur essence, 3) grâce à leurs autres éléments, féconds et variés, c'est-à-dire grâce à la nature de la détermination libre (*M*. § 4 30, 197) ;

II) certaines à partir de la NATURE : 1) du corps, 2) de l'âme, 3) des deux réunis, autrement dit de la nature HUMAINE de l'agent, c'est-à-dire de celui qui se détermine librement.

Il y a donc des conséquences de certaines déterminations libres qui sont naturelles (§ 33). Plus encore, puisque la nature de l'action et de l'agent

1. Les § 32-34 introduisent la notion de conséquence dans l'évaluation de la qualité des déterminations libres. Le bien et le mal, comme va l'affirmer le § 33, ne se laissent pas juger sans l'évaluation des conséquences : « Ce qui a de bonnes conséquences est dans cette mesure un bien et ce qui en a de mauvaises est dans cette mesure un mal ». Cette position conséquentialiste, qui trahit l'influence de Wolff, n'est pas aisément conciliable avec les premières affirmations du § 36 sur les actions « bonnes ou mauvaises en elles-mêmes », mais ce qui permet de mieux la saisir est l'idée que « les lois obligeant l'homme sont des règles de la perfection humaine (§ 85) », le bien étant toujours fonction de cette finalité de perfection : accroître ma perfection, pour parvenir au bonheur le plus haut, telle est la finalité de l'éthique, qui peut être aussi prolongée en direction d'autrui : contribuer à la perfection d'autrui, pour favoriser son bonheur véritable et par là le bonheur commun.

n'est jamais entièrement stérile ni sans *rationatum* (*M.* § 23), les conséquences de toutes les déterminations libres sont données comme naturelles (§ 33), et celles-ci sont toujours ou des biens ou des maux (§ 32).

§ 35

Puisque le § 34 est évident indépendamment des propositions que l'athéisme théorique écarte (*M.* § 999), un athée théorique peut, même en tant que tel, être convaincu au sujet du bien et du mal moral (§ 32) et des conséquences, bonnes du premier et mauvaises du second [1].

21 | § 36

Les ACTIONS, dites BONNES OU MAUVAISES EN ELLES-MÊMES, peuvent être connues, comme telles, en faisant abstraction de tout arbitre voulant qu'elles soient l'une ou l'autre. Les actions sont donc données en elles-mêmes comme bonnes ou mauvaises (§ 33, 34). Les bonnes actions libres se rapportent à la perfection en tant que remèdes (*M.* § 100, 341), les
16 mauvaises en tant qu'obstacles | (*M.* § 221, 146) [2]. La relation et la manière d'être [3] de l'action libre vis-à-vis de la perfection sont la MORALITÉ de
22 celle-ci. | La moralité est donc attribuée aux actions : dans la mesure où elles sont regardées comme bonnes ou mauvaises en elles-mêmes, elle est OBJECTIVE (la perséité avant la volonté de Dieu, etc.) ; dans la mesure où

1. Cette figure de l'athée théorique est résurgente dans l'exposé de Baumgarten. Elle vise à montrer qu'il peut y avoir un accord de fond sur la morale entre le croyant et l'athée, même si, sous la condition commune de l'analyse rationnelle, le croyant jouit d'un avantage : sa vie pratique est plus riche, plus pleine, plus abondante en motivations morales, et sa connaissance est plus claire. À lire avec les § 36-38 et le § 71. On devine déjà le souci de Baumgarten de penser ensemble, pour en désamorcer le conflit, les positions volontariste (l'obligation naît de la volonté de Dieu, ainsi la position de Crusius) et rationaliste (l'obligation est rationnellement fondée, ainsi la position de Wolff).

2. Les bonnes actions sont des *moyens* en vue de la perfection, les mauvaises, des obstacles à cette perfection. La valeur d'une action est donc la mesure dans laquelle elle contribue à la perfection.

3. La relation et la manière d'être : le *respectus* et l'*habitudo*. Ces deux termes latins sont empruntés à la logique médiévale des relations. Une traduction paresseuse aurait incité à les rendre par deux synonymes (la relation et le rapport), mais aurait renoncé à en suggérer la nuance. Le *respectus*, c'est le regard jeté en arrière sur la chose, re-spectivement à ce qu'elle est; l'*habitudo*, c'est le rapport, mais surtout l'aptitude, la manière d'être de X par rapport au référent Y. Nous n'avons pas trouvé d'autre manière de rendre ces mots que par « relation » et « manière d'être ».

elles sont bonnes ou mauvaises à cause du libre arbitre de quelqu'un, elle est SUBJECTIVE.

§ 37

La moralité objective doit être attribuée aux déterminations libres (§ 36) par les athées théoriques eux-mêmes (§ 35). Les défenseurs de celle-ci ne sont cependant pas tenus d'avancer : 1) que les actions, hors de tout lien, même avec la perfection et ses conséquences, sont déjà considérées bonnes ou mauvaises (§ 36, 33) ; 2) que toute moralité existe seulement dans l'intellect, comme dans je ne sais quel être de raison (*M.* § 62) ; 3) que l'existence de la moralité dans les actes peut avoir une raison suffisante, simplement telle, hors de la volonté de Dieu (*M.* § 933) ; 4) que toutes les conséquences des actions libres sont déterminées par la seule nature de l'action ou de l'agent (§ 33 ; *M.* § 408) ; et par là, 5) que nulle moralité n'est subjective (§ 36).

§ 38

La moralité subjective n'est pas supprimée par la moralité posée comme objective dans les actions bonnes ou mauvaises en elles-mêmes, ni n'élimine la moralité objective dans ces mêmes actions libres (§ 37, 33).
Tantôt chacune des deux, tantôt une seule d'entre elles peut être connue | ou 17
ignorée par celui-ci ou celui-là (*M.* § 515). De là vient le fait qu'à partir peut-être de notre ignorance de l'une ou de l'autre, ou des deux, jusqu'à la négation ou bien des deux, ou bien de l'une, ou bien de l'autre, la conséquence ne vaut pas. Comme, dans certaines déterminations libres, tantôt la moralité objective, tantôt la moralité subjective peut être mieux connue par certains sujets, et que Dieu avec certitude veut le bien, (*M.* § 899) et quelques hommes, probablement : la conséquence vaut lorsqu'elle est considérée comme certaine en regard de l'arbitre de Dieu à partir de la moralité subjective connue d'ailleurs ; lorsqu'elle est considérée comme probable en regard de l'arbitre de quelques hommes jusqu'à une moralité objective semblable (§ 35) ; lorsqu'elle est considérée comme certaine en regard de l'arbitre de Dieu à partir de la moralité objective connue d'ailleurs jusqu'à la moralité subjective ; lorsqu'elle est considérée comme probable en regard de l'arbitre de quelques hommes jusqu'à la moralité subjective (§ 28).

23 | § 39

Les causes d'impulsion sont plus puissamment liées chez les hommes au fait d'accomplir le bien que d'y renoncer (§ 31, *M.* § 665). Or celui qui accomplit le bien renonce au mal (§ 31, *M.* § 146). Par conséquent, chez les hommes, les causes d'impulsion sont aussi plus puissamment liées au fait de renoncer au mal que de l'accomplir, c'est-à-dire que l'homme est obligé d'accomplir le bien, et de là, de renoncer au mal (§ 15). Les impératifs dans les disciplines pratiques signifient que l'homme est obligé. Dès lors, accomplis, autrement dit *fais le bien* et, à plus forte raison, *renonce au*
18 *mal*[1]. Cette obligation | peut être suffisamment connue par nature, par les forces naturelles de la raison et de son *analogon* (§ 15, *M.* § 640), et à partir de la nature de l'homme et de l'âme humaine qui est libre d'accomplir le bien et le mal ou d'y renoncer (*M.* § 758). Par conséquent, elle est naturelle (§ 29). De là vient le fait qu'on dit que la nature nous oblige à accomplir des actes bons, à renoncer aux mauvais et à plus forte raison à accomplir des actes bons en soi et, de là, à renoncer aux actes mauvais en soi (§ 36).

§ 40

Si un bien et un bien meilleur, ou, parmi plusieurs biens, le meilleur d'entre eux deviennent mutuellement des contraires (*M.* § 81) ou des obstacles (*M.* § 221), les causes d'impulsion seront liées plus puissamment
24 | au fait d'accomplir ce qui est mieux et ce qui est le meilleur et de renoncer au bien moindre. Les obstacles empêchant un plus grand bien sont aussi eux-mêmes des maux plus que des biens (*M.* § 146) et, de là, doivent être mis au nombre des maux *a potiori* (*M.* § 790, 697). Par conséquent, entre des biens véritablement contraires à eux-mêmes, à tel point qu'ils ne peuvent être réalisés en même temps (*M.* § 81), *accomplis ce qui est mieux et ce qui est le meilleur, renonce au bien qui est moindre* (§ 39).

Si un mal et un mal pire ou, parmi plusieurs maux, le pire d'entre eux s'opposent vraiment entre eux-mêmes comme des obstacles mutuels (*M.* § 221) et de sorte que tu aies à en choisir un parmi eux qui soit le meilleur à faire, pour cette même raison, *commets*, autrement dit *fais le mal*

1. À partir de ce paragraphe jusqu'au § 49, Baumgarten va s'employer à produire les formules de l'obligation naturelle qui peuvent être reconnues par la raison, lesquelles, on le verra, sont toutes mutuellement compatibles (bien que le § 84 fera la distinction entre loi primitive et loi dérivée). La première est la plus simple et pour ainsi la plus immédiate : « Fais le bien et renonce au mal ». C'est dans ces paragraphes que le registre impératif des obligations est le plus clairement affirmé.

qui est moindre. Tant que ces maux moindres empêchent des maux plus grands et qu'ils doivent être mis au nombre des biens *a potiori*, renonce aux maux qui sont pires et au pire des maux (§ 39) [1].

| § 41 19

La commission d'un mal qui en entraverait un pire qui ne peut être entravé autrement et l'omission d'un bien qui en entraverait un meilleur qui ne peut être atteint autrement, est l'ABNÉGATION. Par conséquent, l'obligation d'abnégation est naturelle (§ 40, 29). L'OBLIGATION RATIONNELLE est celle qui peut être connue ou par la raison, ou par la raison sans la foi. Et selon chacune de ces deux significations, l'obligation d'abnégation est rationnelle (§ 40, 39).

§ 42

L'obligation de commettre le mal comme tel, de renoncer au bien comme tel, d'accomplir un bien moindre et de renoncer à un mal moindre, n'est, suivant le § 41, ni naturelle, ni rationnelle (§ 41) mais, bien au contraire, nulle (§ 23).

§ 43

Celui qui accomplit des actes bons parce qu'ils sont bons, les accomplit parce qu'une fois ceux-ci posés est aussi posée la perfection (*M*. § 100). Celui qui accomplit quelque action parce qu'une fois celle-ci posée est aussi posée la perfection, RECHERCHE LA PERFECTION. Par conséquent, *recherche la perfection* (§ 39). D'autre part, l'obligation des actes moralement impossibles est également nulle ainsi que celle des actes simplement impossibles de manière absolue et naturelle | (§ 11, 23). Par 25
conséquent, recherche la perfection, *autant que tu le peux*, c'est-à-dire à ce degré d'intensité qui, pour toi, est en soi possible, qui n'est pas totalement

1. À lire avec le § 33. Le bien et le mal répondent à des degrés allant de la réalité la plus pleine au total défaut d'être = 0. Baumgarten suit en cela Leibniz et Wolff qui n'accordent de réalité qu'au bien et ne conçoivent le mal que comme défaut, manque ou négation. Dans son *Essai pour introduire en philosophie le concept de grandeurs négatives* (1763), Kant rejettera cette conception pour faire valoir l'opposition non pas logique, mais réelle, entre les deux termes, le réel n'étant que par les oppositions qu'il renferme. Il y a une réalité du mal qui ne peut être réduite à la simple négation du bien, qui trahit déjà par ailleurs, dans l'exposé kantien, la solution de continuité entre le logique et le réel (le réel ne se laissant pas déduire de la possibilité logique).

au-delà de tes capacités et qui n'est pas rendu moralement impossible par des lois plus fortes (*M.* § 723, 446). La raison déterminante, autrement dit le
20 foyer le plus remarquable de la perfection | que tu pourras rechercher, sera une réalité qui doit être posée en toi ou en un autre (*M.* § 341). La première sera tienne en tant que perfection de la fin, la seconde sera tienne en tant que perfection du remède (*M.* § 341). Par conséquent, recherche *ta* perfection, par laquelle tu deviendras ou une fin plus parfaite, ou un moyen plus parfait, autant que tu le peux. *Renonce à ce qui te rend plus imparfait* ou comme fin, ou comme moyen, ou sous les deux rapports, *autant que tu le peux* (§ 31) [1].

§ 44

Comme la perfection ne doit pas être seulement recherchée, mais peut aussi être atteinte par nous en diverses quantités (§ 43) et que nous sommes obligés d'accomplir non seulement des actes bons, mais aussi les meilleurs des nombreux actes bons qui nous sont possibles, *fais ce qui est pour toi la meilleure chose à faire* (§ 39). Cette obligation est naturelle et rationnelle ; à son sujet, même les athées théoriques en tant que tels peuvent être convaincus (§ 41, 35).

§ 45

Celui qui recherche sa perfection tend vers l'accord total des éléments variés en lui, dans son âme, son corps et son état extérieur (§ 43 ; *M.* § 94) et vers la perfection interne autant entre ceux-ci qu'avec les autres

1. Le concept de perfection, faut-il le rappeler, est le concept clé de l'*Aufklärung* allemande classique, et c'est à partir de lui que se laisse comprendre toute l'orientation de la philosophie morale. Même Crusius, l'adversaire le plus acharné de Wolff, allait dans le même sens : la destination de l'homme est de chercher toujours à se perfectionner et à devenir meilleur. La perfection est une réalisation et un accroissement d'être, mais en quoi consiste-t-elle au juste et comment peut-elle s'appliquer concrètement à la détermination de l'agir ? Cette question ne trouvera jamais de réponse convaincante et claire. Wolff définit la perfection comme un « *consensus in varietate* » (*Deutsche Metaphysik*, § 152), c'est-à-dire comme unité et accord au sein d'éléments variés. Mais c'est une définition vague à souhait, dont Baumgarten ne sera jamais satisfait, même s'il la reprend au § 45, sans être par ailleurs parvenu à en produire une meilleure. Sur l'importance et l'évolution du concept de perfection de Wolff à Kant, voir l'étude très éclairante de C. Schwaiger, *Alexander Gottlieb Baumgarten. Ein intellektuelles Portrait*, Frommann-Holzboog, 2011, p. 155-165. Entre autres, on retiendra ici que la recherche de la perfection n'est pas simplement pour Baumgarten une fin pour moi, mais qu'elle est aussi un moyen de contribuer à la perfection d'autrui.

constituants de la nature universelle (*M.* § 98, 466), et par conséquent, il tend vers l'accord de ses actions purement naturelles et de tous les autres éléments en lui et hors de lui qui ne sont pas placés en son pouvoir, avec ses déterminations libres (*M.* § 708). De là, il tend vers les mêmes fins que celles qui sont posées pour elles (*M.* § 341). Or celui qui tend vers les
mêmes fins | que celles fixées d'avance pour la nature, VIT CONFOR- 21
MÉMENT A LA NATURE. Celui qui recherche sa perfection, autant qu'il le peut, vit conformément à la nature.

§ 46

Celui qui vit conformément à la nature tend vers les mêmes fins que
celles qui ont été prescrites à la nature | (§ 45). Or, celles-ci sont la plus **26**
grande perfection de soi-même et des autres choses (*M.* § 945) qui peut être obtenue dans le monde (*M.* § 935). Par conséquent, celui qui vit conformément à la nature, autant qu'il le peut, recherche sa perfection (§ 43). Par conséquent, l'obligation de rechercher sa perfection est l'obligation de vivre conformément à la nature, et vice versa. *Vis conformément à la nature, autant que tu le peux* (§ 43)[1].

§ 47

Si on voulait dire que celui qui vit ainsi vit conformément à la nature, en tant que cela peut être connu d'après la nature et par nature, il est encore une fois évident que celui qui recherche en ce sens la perfection, autant qu'il le peut, vit conformément à la nature et vice versa (§ 39, 44).

§ 48

Celui qui recherche la perfection, autant qu'il le peut, la désire le plus fortement (§ 43). De là, il se réjouit au plus haut point des perfections du meilleur (*M.* § 682, 187). Par conséquent, il aime le meilleur (*M.* § 684). Celui qui aime le meilleur le désire le plus fortement et à plus forte raison recherche la perfection, autant qu'il le peut (§ 43 ; *M.* § 187). Par
conséquent, celui qui est obligé de rechercher la perfection | autant qu'il le 22

1. « Vis conformément à la nature » est le commandement stoïcien par excellence. Cette conformité à la nature désigne un accord et une unité du multiple, c'est-à-dire le bonheur, alors que la division et la dysharmonie sont pour Zénon l'indice du malheur. L'ancienne tradition stoïcienne trouve ici un écho, mais dans l'optique perfectionniste et finaliste réaffirmée avec force par l' « école » leibniziano-wolffienne.

peut, est obligé d'aimer le meilleur, autant qu'il le peut, et vice versa. *Aime le meilleur, autant que tu le peux* (§ 43).

§ 49

L'obligation qui oblige chacun individuellement, ou dans chacune de ses actions, ou chacun individuellement dans chacune de ses actions libres, est l'OBLIGATION UNIVERSELLE. Celle qui, quant à elle, oblige ou seulement certains d'entre nous, ou seulement dans certaines déterminations libres, ou seulement certains d'entre nous dans certaines de leurs déterminations libres, est l'obligation PARTICULIÈRE. De là, la même obligation, sous différents rapports, peut être universelle et particulière.
27 D'autre part, toutes les déterminations libres de tous les hommes sont | ou bien bonnes ou bien mauvaises (§ 32) ; soit elles posent la perfection, soit elles la suppriment (§ 36). Par conséquent, les obligations mentionnées aux § 39 à 48 et celles qui peuvent être tirées universellement de celles-ci sont universelles, puisqu'elles concernent chacune des actions libres de chacun des hommes [1].

SECTION II
LA CONTRAINTE MORALE

§ 50

La contrainte absolue (*M.* § 702) et la contrainte extérieure simplement telle (*M.* § 707), autrement dit celle qui est produite par une force extérieure saisie simplement (*M.* § 714), que certains disent être la seule contrainte,
23 n'appartiennent pas aux actions, autrement dit aux déterminations | libres. De là, ce ne sont ni des obligations (§ 11, 15) ni des contraintes morales (*M.* § 723) [2].

1. Nouvelle distinction, cette fois entre obligation universelle et obligation particulière, qui vise surtout à rappeler que les formules générales et mutuellement compatibles des obligations énoncées dans les § 39-48 sont les seules véritables obligations universelles rationnellement connaissables par tous, mais qu'elles sont aussi déclinables dans des obligations particulières.

2. Parce que pour qu'il y ait obligation, il faut une détermination libre.

§ 51

La CONTRAINTE MORALE INTÉRIEURE, par laquelle une personne est dite se contraindre elle-même (*M.* § 714), est l'obligation de soi-même, soit véritable, soit prétendue (§ 27), laquelle non seulement n'est pas contraire à la liberté saisie simplement, mais aussi la suppose comme condition *sine qua non* (§ 11) ; elle se produit chaque fois qu'à une certaine détermination libre qui nous appartient – à l'opposé de laquelle | de nombreux et grands **28**
motifs paraissent nous pousser –, nous unissons néanmoins des causes d'impulsion plus puissantes (§ 15 ; *M.* § 713). Cette contrainte est alors un plaisir (*M.* § 712), à l'égard duquel une détermination libre assumée en un certain sens malgré elle (*M.* § 713), demeure pourtant arbitraire et libre (*M.* § 715, 727).

§ 52

La CONTRAINTE MORALE EXTÉRIEURE, par laquelle une personne est dite en contraindre une autre *secundum quid*[1], (§ 714), ou bien la contraint par la séduction et la persuasion à l'ACTION, QUI EST ALORS CONTRAINTE PAR LA DOUCEUR, ou bien la contraint par la menace et la dissuasion (*M.* § 728) à l'ACTION, QUI EST ALORS CONTRAINTE PAR LA CRAINTE (par la force extérieure *secundum quid*, mixte). Elle est une obligation d'autrui, soit véritable, soit prétendue (§ 27), qui, en obligeant, ne supprime pas la liberté simplement dite, mais la suppose comme condition *sine qua non* (§ 51). Elle se produit chaque fois qu'à une certaine détermination libre d'une autre personne – à l'opposé de laquelle de nombreux et grands motifs
paraissent la pousser –, | nous unissons néanmoins des causes d'impulsion 24
plus puissantes (§ 15. *M.* § 713). Cette contrainte produit alors un plaisir (*M.* § 712), à l'égard duquel une détermination libre assumée en un certain sens malgré elle (*M.* § 713), demeure pourtant arbitraire (*M.* § 715) et libre (*M.* § 727)[2].

1. Littéralement, *secundum quid* peut être rendu par « selon quelque chose », mais le sens philosophique de cette expression est « sous un certain rapport », « à un certain égard », par opposition à *simpliciter*, « simplement », « purement et simplement », ou *absolute* « absolument », c'est-à-dire sans limitation.

2. Les § 51 et 52 visent en quelque sorte à penser la contrainte au-delà de son acception juridique originaire. La contrainte *morale* dépasse ce cadre strictement juridique d'une double façon. On peut d'abord songer à une contrainte morale intérieure qui est une obligation de soi, ou à une contrainte morale extérieure qui est une obligation par autrui. La contrainte exprimée dans ces deux cas n'est pas une coercition supprimant la détermination libre, mais au contraire la présuppose pour que j'agisse conformément à mon obligation.

§ 53

La contrainte morale, tant intérieure (§ 51) qu'extérieure, celle-ci contraignant tantôt par la douceur, tantôt par la crainte (§ 52), peut obliger à une action involontaire, au sens donné dans *M.* § 721 [1]. Toutefois, d'après ce sens, les actions involontaires ne sont pas toutes contraintes moralement (*M.* § 723). À l'action volontaire – au sens donné dans *M.* § 721 –, nous pouvons être moralement contraints (§ 52), bien que la volonté ne puisse être contrainte par les contraintes énumérées au § 50.

§ 54

En ce qui concerne les actions volontaires au sens donné dans *M.* § 722 [2], aucune contrainte morale n'a lieu (*M.* § 723), ni intérieure (§ 51), ni extérieure (§ 52). L'obligation, quant à elle, a cependant lieu (§ 15) par le biais d'une aversion presque pure, d'un plaisir presque pur, ou d'une très grande prépondérance (*M.* § 713). Les actions involontaires au sens donné dans *M.* § 722 sont toutes moralement contraintes, ou bien intérieurement (§ 51), ou bien extérieurement par la douceur ou par la crainte (§ 52 ; *M.* § 723), et par une obligation (§ 15) ou bien véritable, ou bien prétendue (§ 27).

1. *Cf.* Baumgarten, *Métaphysique* § 721 : « On appelle ACTIONS VOLONTAIRES : 1) toutes celles qui sont déterminées par la faculté supérieure de désirer, et par conséquent sont INVOLONTAIRES celles qui ne sont pas déterminées par la faculté supérieure de désirer. Et, en ce sens, toutes les actions volontaires sont libres, bien que toutes les actions libres ne soient pas volontaires (§ 719). En effet, supposons que, moi, je me détermine moi-même par un arbitre sensitif, quand le fait de me déterminer par la liberté était en mon pouvoir ; ce sera une action de ce type, involontaire, bien que libre (§ 719) ». Une action est donc véritablement libre lorsqu'elle résulte de la faculté supérieure de désirer capable de diriger et de corriger la faculté inférieure de désirer. Les actions involontaires sont celles que j'accomplis à contrecœur, bien que je puisse m'y contraindre librement par la faculté supérieure de désirer. Notons au passage que la distinction entre faculté inférieure et supérieure de désirer sera reprise par Kant dans la *Critique de la raison pratique*.

2. *Métaphysique* § 722 : « On appelle ACTIONS VOLONTAIRES : 2) toutes celles qui, aucunement contre mon gré, sont déterminées par la faculté supérieure de désirer, et par conséquent sont INVOLONTAIRES celles que je veux malgré moi. En ce sens, toutes les actions volontaires et involontaires sont des actions libres (§ 719). Mais ce ne sont pas toutes les actions libres qui sont, selon cette signification, tantôt volontaires, tantôt involontaires (§ 721) ».

§ 55

Ce n'est que dans un sens trop large et inapproprié que toute obligation
| est parfois appelée contrainte (*M.* § 723, 701). Il peut y avoir une obli- 25
gation sans contrainte, même sans contrainte morale (§ 54). Quelqu'un
peut ou s'obliger lui-même sans se contraindre, ou se contraindre de telle
sorte qu'il demeure toutefois libre de la contrainte extérieure, même
secundum quid. Quelqu'un peut aussi être extérieurement contraint à une
certaine détermination libre *secundum quid* sans qu'on puisse cependant
dire avec suffisamment de justesse qu'il a été contraint par la crainte (§ 52).
À l'opposé, quelqu'un peut aussi être moralement contraint par la crainte
sans qu'une action contrainte selon ce mode ne lui soit cependant
extorquée. La contrainte morale et l'extorsion diffèrent comme le
supérieur et l'inférieur, le plus large et le plus étroit. Cependant, l'extorsion
ne supprime pas la liberté simplement dite, mais la suppose comme
condition *sine qua non* (*M.* § 728).

§ 56

Puisque quelqu'un peut être obligé à quelque chose sans qu'un autre
homme ne puisse cependant le lui | extorquer, ni absolument, ni physi- **30**
quement, ni moralement, mais puisqu'il peut aussi être obligé de sorte
qu'un autre homme puisse extorquer absolument, physiquement, mora-
lement ce à quoi il était tenu avant lui, l'extorsion moralement possible
concédée à l'autre est, en obligeant, parfois une cause d'impulsion liée à
certaines déterminations libres, parfois non (§ 55). L'OBLIGATION à une
détermination libre | par extorsion permise à un autre homme est EXTÉ- 26
RIEURE (complète, parfaite) ; les autres obligations sont des OBLIGATIONS
INTÉRIEURES (moins complètes, imparfaites). Par conséquent nous
sommes obligés extérieurement, si et dans la mesure où une DÉTERMI-
NATION LIBRE nous est présentée comme EXTORQUABLE, c'est-à-dire telle
que son extorsion est moralement possible, autrement dit licite, pour un
autre homme. D'autre part, NOUS SOMMES OBLIGÉS INTÉRIEUREMENT, si et
dans la mesure où une détermination libre, à laquelle nous sommes obligés,
ne nous est pas présentée comme extorquable [1].

1. Autre façon de présenter la différence entre obligation passive et obligation active. Dans l'obligation passive, celui envers qui je suis en dette (celui qui a travaillé pour moi, qui m'a consenti un prêt, avec qui j'ai contracté, etc.) peut exiger moralement l'exécution de mon obligation. Dans l'obligation active, il n'y a pas de dette, mais tout de même un devoir moral

§ 57

Comme les autres causes d'impulsion, outre l'extorsion permise à autrui, peuvent non seulement être plus nombreuses, mais aussi être connues plus facilement, plus véritablement, plus clairement, plus
31 sûrement, plus ardemment | que cette extorsion, on aurait tort de considérer que l'obligation extérieure est toujours plus forte que l'obligation intérieure (§ 56, 17) ; or celle-là ne peut jamais exister sans obligation intérieure (§ 49), alors que l'obligation intérieure, elle, a plus souvent lieu sans obligation extérieure (§ 56) [1].

§ 58

Quand l'extorsion permise à autrui en rapport avec une détermination libre n'est qu'une cause d'impulsion partielle, de sorte qu'il n'y a qu'une obligation extérieure partielle qui en résulte (§ 19, 56) mettant sous les yeux une obligation totale, avec les autres obligations intérieures, comme complément en vue du tout, alors cette obligation, partiellement intérieure, partiellement extérieure, est forcément, comme un tout, toujours plus
27 grande et plus forte que n'importe laquelle | de ses parties et, de là, plus grande et plus forte que sa partie extérieure considérée séparément (§ 17 ; *M.* § 160).

Quand on requiert d'une certaine personne une obligation d'une certaine force, alors plus cette personne peut être intérieurement obligée selon le § 26 et moins l'obligation extérieure est nécessaire ; mais plus cette personne est inapte à des obligations intérieures nombreuses et connues, plus il est nécessaire de lui inculquer des obligations extérieures et de les cumuler afin d'obtenir le degré d'obligation requis (§ 17).

d'agir : aider le pauvre, contribuer au bonheur d'autrui, etc. Sauf que dans ce dernier cas, l'action n'est pas « extorquable ».

1. Cette remarque est importante, car elle rappelle encore une fois l'irréductibilité de l'obligation au seul langage du droit. Mon obligation extérieure a beau être un dû envers autrui, elle ressortit d'abord à une exigence morale qui sollicite ma libre détermination. À cet égard, l'obligation extérieure est toujours aussi une obligation intérieure faisant appel à la détermination morale de ma liberté. Dans les réflexions de Kant, on verra que le remboursement de ce qui est dû l'emporte sur la bienfaisance, la justice sur la bienveillance, mais dans les deux cas, il s'agit de comprendre la signification proprement *morale* de l'obligation tant extérieure qu'intérieure, autrement dit la possibilité d'une libre réponse à l'exigence de l'obligation.

§ 59

De même qu'une obligation intérieure peut quelquefois être plus forte qu'une obligation extérieure, de même une obligation extérieure peut aussi parfois être plus grande qu'une autre obligation seulement intérieure (§ 17), comme il a été mentionné en partie aux § 57 et 58 au sujet des autres obligations intérieures partielles. Si on voit alors des obligations qui obligent à des contraires entrer en conflit (§ 23), celle qui semble être une obligation, mais plus faible, est nulle (§ 19, 20). Mais si une obligation extérieure et une intérieure lient une même détermination libre, il faut chercher la distinction entre celles-ci (*M.* § 67, 515) et leur union, autrement dit leur conjonction, pour donner une obligation totale unique et plus forte (§ 58, 40). On doit éviter la confusion et le MÉLANGE par lesquels on attribue à l'un des contraires ce qui appartient à l'autre (§ 56), et la séparation (*M.* § 72) qui réduit et affaiblit erronément l'obligation totale (§ 21, 40)[1].

1. À lire en particulier avec le § 23, sur le conflit des obligations.

|CHAPITRE II 32 28

CE QUI OBLIGE

SECTION I
LA LOI

§ 60

Les RÈGLES [1] (lois) énoncent une détermination conforme à la raison (*M.* § 83), détermination qui est liée ou bien non liée de près à la liberté, autrement dit non morale – ces lois sont alors PHYSIQUES (naturelles) AU SENS LARGE, telles que les lois du mouvement, les lois astronomiques du ciel, les lois hydrodynamiques, physiques au sens strict, et certaines lois de la psychologie – ou bien morale (*M.* § 723).

Parce que 1) ces dernières règles nécessitent moralement des déterminations libres (*M.* § 723) et 2) qu'elles les lient à leurs raisons, c'est-à-dire à leurs causes d'impulsion les plus puissantes (§ 12, *M.* § 726), elles obligent (§ 15, *M.* § 723), autrement dit, elles sont des propositions obligatoires. Chaque fois que les propositions obligatoires énoncent une détermination conforme aux causes d'impulsion les plus puissantes (*M.* § 80, 342) et que cette détermination est morale (§ 24), ces règles (lois) sont morales (*M.* § 723). De là, les RÈGLES (lois) MORALES peuvent être définies par des propositions obligatoires.

1. Le texte latin parle des *normae*, qu'il aurait été tentant de traduire par « normes », sauf que ce terme n'a été francisé qu'au XIXe siècle, soit après son intégration à la langue allemande.

29 | § 61

Puisque les obligations sont ou bien intérieures, ou bien extérieures (§ 56) et que les RÈGLES (lois) MORALES sont des propositions obligatoires (§ 60), celles-ci seront également ou bien INTÉRIEURES (moins complètes, imparfaites, persuasives, des conseils) aux déterminations libres qui et dans la mesure où elles ne peuvent pas être extorquées, ou bien EXTÉRIEURES (complètes, parfaites, contraignantes) aux déterminations libre qui et dans la mesure où elles peuvent être extorquées. Comme la force de la règle (loi) morale est la force de l'obligation qu'elle énonce (§ 16, *M.* § 180), les règles (lois) morales extérieures ne sont pas toujours plus fortes que les intérieures (§ 57). Mais lorsqu'elles s'accordent avec les règles intérieures, elles sont toujours affermies (§ 58). Elles doivent donc être distinguées de celles-ci, mais non pas séparées à la légère, et doivent être jointes à celles-ci, mais non pas être confondues ni mêlées avec elles (§ 59).

§ 62

Les propositions définies comme RÈGLES (*normae*) en *M.* § 83 pourraient certes seulement être appelées RÈGLES (*regulae*) lorsqu'elles sont des règles morales, et LOIS lorsqu'elles sont des règles contraignantes : mais puisque l'usage reçu les appelle toutes lois, les premières seront les LOIS AU SENS LE PLUS LARGE ; les secondes, les lois au sens large, qu'à l'avenir, en traitant des questions morales, nous appellerons simplement « lois » ; les troisièmes, les lois au sens strict. La LOI AU SENS STRICT est par
30 conséquent la loi d'une détermination | libre qui et dans la mesure où elle peut être extorquée (§ 56) [1].

§ 63

Celui qui satisfait à l'obligation que la loi énonce, SATISFAIT À LA LOI (obéit à la loi). Puisque les obligations sont soit naturelles, soit positives, et celles-ci, ou bien divines, ou bien humaines (§ 29), et que les lois sont des
33 propositions obligatoires (§ 60), ces lois, | lorsqu'elles appartiennent à

1. Ce paragraphe reflète bien l'esprit analytique de Baumgarten, toujours soucieux, jusqu'à l'obsession, de définir et de distinguer finement les notions. Tout l'ordre « normatif » peut être rattaché au concept de loi. Mais celui-ci est entendu triplement : au sens le plus large, lorsqu'on a affaire aux *normae* (voir le § 60 sur la signification très large des *normae*), au sens large, lorsqu'il s'agit des *regulae* ou des règles morales, et au sens strict, lorsqu'il est question d'une détermination libre extorquable.

l'obligation naturelle, autrement dit lorsqu'elles peuvent être connues suffisamment par la nature de l'action et de l'agent, sont NATURELLES (objectives) ; lorsqu'elles appartiennent à l'obligation positive, autrement dit à une raison pouvant être connue par le libre arbitre d'autrui, elles sont POSITIVES (subjectives, formelles, arbitraires) ; celles-ci sont DIVINES lorsqu'elles appartiennent à une obligation qui peut être suffisamment connue à partir de l'arbitre de Dieu, ou HUMAINES lorsqu'elles appartiennent à une obligation qui peut être suffisamment connue à partir du libre arbitre de l'homme.

§ 64

Le droit au sens le plus large signifie (*M.* § 971) : 1) l'action conforme à la loi, 2) la loi, 3) l'ensemble, au sens le plus large, de lois similaires (*M.* § 472), 4) l'ensemble de lois similaires entendues au sens strict, le droit STRICT (extérieur, contraignant, complet, parfait), 5) une faculté morale quelle qu'elle soit. Cette faculté morale peut être permise ou bien par des lois morales intérieures, et alors elle est l'APTITUDE MORALE (ἀξία, mérite), ou bien par des lois au sens strict (§ 62) ; 6) la faculté morale permise par des lois au sens strict est LE DROIT AU SENS STRICT. De la première, deuxième et cinquième | significations, nous nous abstiendrons complè- 31
tement de parler par la suite.

§ 65

Le droit naturel, au sens le plus large qui soit, embrasse toutes les lois naturelles (§ 64, *M.* § 472) qui peuvent être connues suffisamment d'après la nature et par nature (§ 29, 63) : les lois absolument nécessaires, physiques, psychologiques, quelles qu'elles soient (§ 60, 62), et les lois morales, intérieures et extérieures (§ 61, 62). Le DROIT NATUREL EN UN SENS PLUS LARGE est ainsi l'ensemble des lois naturelles et morales. L'ensemble des lois naturelles obligeant l'homme est le DROIT NATUREL AU SENS LARGE, qui, seul, sera examiné dans notre traitement des questions morales (§ 62). On dit – de manière plus appropriée – que la philosophie pratique objectivement considérée comprend les lois morales naturelles, tant intérieures qu'extérieures. Une part de ce droit, à savoir l'ensemble des lois naturelles extérieures, autrement dit des lois contraignantes, est le DROIT NATUREL AU SENS STRICT (contraignant, extérieur), qui se distingue des conseils ainsi que des lois intérieures et persuasives, dans la mesure où ceux-ci sont naturels (§ 63) et doivent aussi être présentés par la philosophie pratique (§ 1, 61) [1].

§ 66

L'ensemble des lois positives est le DROIT POSITIF (§ 63, 64) : lorsqu'il est l'ensemble des lois à la fois intérieures et extérieures, il est dit DROIT POSITIF AU SENS LARGE ; lorsqu'il est l'ensemble des seules lois extérieures, il est dit DROIT POSITIF AU SENS STRICT (§ 65). L'un et l'autre se partagent de nouveau : l'ensemble des lois positives divines constitue le
32 droit positif DIVIN ; l'ensemble des lois positives humaines | constitue le droit positif HUMAIN. Toutefois, la loi et le droit positifs, tant divins qu'humains, peuvent être en même temps naturels, si et dans la mesure où ils peuvent en même temps être connus à partir de la nature de l'action et de l'agent, tout comme la loi et le droit naturels peuvent aussi être positifs, tantôt divins, tantôt humains, si et dans la mesure où ils peuvent à leur tour être suffisamment connus à partir du libre arbitre de Dieu ou des hommes (§ 30, 65).

§ 67

Le droit compris comme faculté morale (§ 64) est ou bien NATUREL, lorsque permis par la loi naturelle, ou bien POSITIF, lorsque permis par la loi positive, et ce dernier DIVIN, lorsque permis par la loi divine, ou HUMAIN, lorsque permis par la loi humaine. De plus, le droit est selon cette signification ou bien DIT AU SENS LARGE, lorsqu'il est permis par des lois soit naturelles, soit positives, et celles-ci, ou divines ou humaines, et même
34 intérieures ; ou bien il est DIT AU SENS STRICT, | lorsque, comme faculté morale, il est permis par des lois contraignantes, tantôt naturelles, tantôt positives, et celles-ci, ou divines ou humaines (§ 64). Et selon cette signification, il n'est pas contradictoire que le même droit naturel d'un homme, si et dans la mesure où il lui est permis par une loi positive, soit en même temps positif, ou divin ou humain, ou les deux ; tout comme, enfin, encore selon cette signification, il n'est pas contradictoire que le droit positif de

1. Pour la philosophie pratique, c'est le droit naturel *au sens large* qui est l'objet d'étude, soit « les lois morales naturelles », tant intérieures qu'extérieures. Il faut ainsi distinguer les trois niveaux de sens du droit naturel, *le sens le plus large* (qui englobe toutes les lois de la nature), *le sens large* (qui concerne proprement la spécification morale, intérieure ou extérieure, du droit naturel), et *le sens strict* (qui concerne la seule contrainte sous des lois extérieures).

quelqu'un, si et dans la mesure où il peut être suffisamment connu par la nature de l'agent et de l'action, soit en même temps naturel (§ 30, 66) [1].

§ 68

Les LOIS obligeant affirmativement, autrement dit obligeant à accomplir un acte (§ 31), sont IMPÉRATIVES (impératifs) ; le droit qui en découle (§ 64) est le DROIT DE COMMANDEMENT. | Les lois obligeant néga- 33
tivement, autrement dit obligeant à renoncer à un acte illicite (*M.* § 723), sont PROHIBITIVES (prohibitions) et le droit qui en découle est le DROIT D'INTERDICTION. Les prohibitions et le droit d'interdiction sont des empêchements moraux (§ 60, *M.* § 967). Et puisqu'un non-empêchement moral est une permission morale au sens large (*M.* § 969), ce qui n'est prohibé par aucune loi est TACITEMENT PERMIS, licite (en un sens plus large) (*M.* § 723). Mais la LOI PERMISSIVE (la permission strictement dite) est une loi déclarant qu'une certaine action, qui n'a pas été prescrite, ne doit toutefois pas être empêchée ; elle est une espèce particulière de loi prohibitive obligeant les autres, en faveur de quelqu'un qui est peut-être sur le point d'agir, à renoncer à lui faire obstacle, empêchement qui pourrait autrement s'opposer à une telle détermination libre. L'ACTION licite selon la loi permissive est dite EXPLICITEMENT PERMISE.

§ 69

Après avoir établi qu'une certaine loi est naturelle, il n'est pas exclu par là qu'elle soit aussi positive (§ 66). Telle est la doctrine du droit (§ 66, 67). De même qu'à propos d'une certaine loi quelqu'un peut ignorer qu'elle est aussi bien naturelle que positive, de même peut-il, à propos de quelques lois, reconnaître les deux caractères et, à propos d'autres lois, seulement l'un des deux, ou du moins le plus facile à reconnaître (*M.* § 527). En tout cas, parmi les lois humaines, il peut y avoir une loi positive qui n'est pas naturelle et, même parmi les lois divines, une loi dont nous ne pouvons pas connaître | la raison suffisante par la nature de l'action et de l'agent. Mais 34
puisque la volonté de Dieu, autrement dit l'arbitre le plus libre qui soit (*M.* § 898), suit avec une absolue perfection la science souveraine (*M.* § 893), toutes ses lois positives ont en même temps une raison suffisante dans la nature de l'action et de l'agent, autrement dit sont en même

1. Il s'agit pour Baumgarten de penser la convertibilité possible du droit positif et du droit naturel, les deux termes n'ayant pas à être mutuellement exclusifs, puisqu'ils peuvent exprimer une simple distinction de rapports.

temps naturelles (§ 63). Et puisque Dieu veut tout bien (*M.* § 899), toutes les lois naturelles (§ 39) sont également arbitraires et divines[1]. La conséquence vaut, au sujet des déterminations libres des hommes, depuis la loi naturelle jusqu'à la volonté de Dieu et depuis la volonté de Dieu jusqu'à la loi naturelle. Quant à nous, nous connaissons seulement parfois l'une et souvent l'autre avec quelque certitude, mais par notre ignorance nous concluons erronément à la négation de la chose (§ 38).

§ 70

Les propositions, *accomplis le bien, autant que tu le peux* (§ 39), avec ses conséquences (§ 40), *recherche la perfection* à la mesure de tes forces (*cf.* § 43), *fais ce qui est pour toi la meilleure chose à faire* (§ 44), et à partir de là, celles démontrées aux § 45 à 48, celles à démontrer et démontrables sont des propositions obligatoires (§ 15) ; par conséquent, les lois (§ 60), auxquelles la nature oblige (§ 39) et qui peuvent être suffisamment connues à partir de la nature même des actions ou des agents (§ 40), sont donc natu-
35 relles (§ 63). | Mais concernant celles-ci, il peut être démontré sans difficulté qu'elles sont en même temps divines et positives (§ 66, 69).

35 | § 71

Les lois naturelles, dont fait mention le § 70, doivent être admises par les athées théoriques eux-mêmes, si, abstraction faite de leur erreur à propos de l'existence divine, ils veulent pour le reste suivre la saine raison dans leur réflexion (§ 35, 41). De là, si le droit naturel de l'athée, qui nie l'existence divine, est ainsi affirmé, on doit poser en tout cas que ce dernier peut néanmoins être convaincu des nombreuses assertions justes du droit naturel dit au sens large, ou plutôt de la philosophie pratique (§ 65), indépendamment de son athéisme ou des prémisses qu'il nie en tant qu'athée.

Mais une fois cela posé, il n'est cependant pas admis : 1) que le droit naturel dit au sens large, autrement dit la philosophie pratique, serait ou existerait, même si Dieu n'était pas donné (*M.* § 824) ; 2) qu'il soit tout à

1. Ces lignes sont sans doute celles qui expriment le plus clairement la préoccupation de Baumgarten (comme *Aufklärer* piétiste) de concilier le droit naturel, en sa nécessité qui ne saurait découler d'aucun décret de la volonté, même divine, et la perfection de la volonté divine, qui ne peut rien vouloir d'autre que ce qui est conforme à l'ordre moral. Comme on le verra dans les réflexions de Kant, celui-ci tiendra plutôt à réaffirmer la primauté de l'ordre rationnel sur l'idée d'une perfection originaire de l'arbitre : c'est parce que la loi morale est sainte et inconditionnelle que Dieu la prescrit, et non l'inverse.

fait indépendant de Dieu (*M.* § 868) ; 3) qu'il ne puisse être dérivé d'aucune manière de la volonté de Dieu (§ 69, 70) ; 4) qu'il puisse être aussi bien connu par l'athée que par celui qui reconnaît l'existence divine. Car le droit naturel de l'athée, autrement dit la philosophie pratique qu'il peut connaître tout en persévérant dans son erreur, est privé de ceci : 1) l'étendue et la richesse, 2) la dignité de la matière, 3) la vérité, 4) la lumière, 5) la certitude, 6) la vie, dont est capable le droit naturel dit au sens large, autrement dit la philosophie pratique de celui qui admet l'existence divine (§ 4).

| § 72 36

La LOI de l'obligation universelle est UNIVERSELLE, celle de l'obligation particulière, PARTICULIÈRE. Mais la loi naturelle (§ 70) est
parmi les hommes non seulement universelle au sens plein| (§ 49), mais 36
aussi, pour des raisons similaires, déterminante pour toutes les déterminations libres de toutes les personnes (§ 10, 29). De là, chacune des actions de chaque personne est ou bien moralement nécessaire, ou bien illicite (*M.* § 724, 940), puisqu'aucune n'est absolument, ni même relativement ou totalement indifférente, autrement dit *adiaphoron* (*M.* § 654, 935). L'ensemble des déterminations libres au sujet desquelles une loi énonce quelque chose est appelé le CHAMP (sphère, extension, étendue) DE LA LOI. De là, le champ le plus vaste est celui de la loi naturelle (§ 70).

§ 73

Le DROIT de l'ensemble des lois universelles, et permis par les lois universelles, est UNIVERSEL ; celui de l'ensemble des lois particulières, et permis seulement par les lois particulières, est PARTICULIER. D'autre part, parce que les lois naturelles, qui peuvent être suffisamment connues ou bien à partir de la nature humaine en général, ou bien à partir de la nature de la condition de tel ou tel homme en particulier, obligent toujours chaque homme, soit en général, soit en particulier lorsque celui-ci est placé dans une telle condition particulière (§ 47), ces lois sont elles-mêmes universelles de même que leurs droits (§ 72). De là, nous qualifierons les DROITS naturels qui doivent être prescrits tant aux hommes en général qu'à
| certaines de leurs conditions, de PHILOSOPHIQUES, dans la mesure où ils 37
peuvent être connus sans la foi, et d'UNIVERSELS, dans la mesure où ils obligent tous les hommes individuellement.

§ 74

Comme les lois et les droits naturels sont en même temps positifs divins (§ 69), il est dès lors évident que les lois et les droits positifs divins sont aussi donnés comme universels (§ 72, 73). Puisque Dieu est le législateur universel des esprits (*M.* § 973), son arbitre, le plus libre qui soit, au sujet des hommes en général ou de certaines de leurs conditions en particulier, oblige chacun d'eux de telle sorte qu'à partir de là, les lois peuvent de nouveau être connues et que les droits divins positifs sont donnés comme universels (§ 72,73). Cependant, si la question concernant le droit divin positif implique 1) de savoir si Dieu a un jour émis des lois arbitraires telles que l'homme ne puisse les connaître autrement que par une révélation strictement dite, mais qui obligeraient l'ensemble du genre humain, alors cela ne concerne pas la philosophie (§ 1) ; 2) de savoir s'il y a des lois divines positives universelles telles qu'elles n'aient absolument aucune raison suffisante dans la nature de l'action ou de l'agent (§ 69), alors cela, on le nie. Les lois et les droits humains positifs sont seulement particuliers (§ 73) – la plupart d'entre eux au sens plein du terme (§ 72 et 49) ou, du moins, chacun d'entre eux en un certain sens.

§ 75

Comme rien n'est sans une raison suffisante (*M.* § 22), et que toute
38 proposition possède | son hypothèse, ses PRÉMISSES, autrement dit ses principes de vérité et ses autres jugements, il s'ensuit que, de toute loi, il y a une raison suffisante, une certaine hypothèse, des prémisses, et un enchaînement de cette loi, comme d'une conclusion, avec ces mêmes prémisses, c'est-à-dire une CONSÉQUENCE (§ 60). Toute loi peut être considérée comme la conclusion d'un syllogisme auquel ressortissent des principes matériels ; formellement, la conséquence, comme elle est l'esprit de l'ensemble du syllogisme et l'enchaînement de la loi avec ses prémisses – autrement dit avec les propositions contenant la raison suffisante de la vérité elle-même –, est l'ESPRIT DE LA LOI. Celui qui sait distinguer la raison suffisante et légitime, celle qui est et celle que chacun peut observer, ne sera pas dans l'embarras (*M.* § 548).

SECTION II
L'EXPÉRIENCE DU DROIT

§ 76

La connaissance des lois peut être historique ou philosophique – et cette dernière est soit indéterminée quant à sa certitude (§ 28), soit une science (§ 75). Il en va de même de la doctrine du droit (§ 64). De là, il peut y avoir une EXPERIENCE DU DROIT [*jurisperitia*], à savoir une connaissance du droit ou bien seulement historique, ou bien philosophique – et celle-ci est encore une fois ou bien indéterminée quant à sa certitude, ou bien certaine à partir d'éléments certains : elle est alors la SCIENCE DU DROIT [*juris-scientia*]. | Celui qui n'aura appris les termes de la loi qu'historiquement, 39
mais voudra malgré tout paraître expert en droit, est un PROCÉDURIER [*leguleius*] [1]. L'aptitude à subsumer les actes sous les lois est la JURISPRUDENCE. L'expert en droit et celui qui a la science du droit sont tous deux JURISCONSULTES ; celui-là est un jurisconsulte théorique, celui-ci, un jurisconsulte pratique. Si donc quelqu'un peut être un jurisconsulte théorique sans être un jurisconsulte pratique, personne ne peut cependant être un jurisconsulte pratique sans être un jurisconsulte théorique. De même que partout la connaissance intuitive surpasse la connaissance uniquement symbolique, que la connaissance philosophique surpasse celle qui est purement historique et que la science surpasse la connaissance incertaine, même philosophique (*M.* § 669), de même, l'expert en droit surpasse le procédurier, le jurisconsulte philosophique surpasse l'expert en droit d'un point de vue seulement historique, et celui qui a la science du droit surpasse celui qui le connaît de manière incertaine. Le procédurier et l'expert en droit d'un point de vue seulement historique ignorent l'esprit des lois et les principes du droit. L'expert philosophique du droit prouve, celui qui a la science du droit démontre. La jurisprudence du procédurier est nulle, celle de l'expert en droit d'un point de vue seulement historique est précaire, celle du jurisconsulte philosophique est certaine, et celle des savants du droit est plus certaine encore (§ 75) [2].

1. Le *leguleius* est ainsi le spécialiste du détail du droit, dont il ne connaît que la lettre, et non l'esprit et les principes.

2. L'expérience du droit renvoie donc à une connaissance des lois qui est soit historique, soit philosophique. La connaissance simplement historique est celle de la lettre de la loi : c'est celle qui caractérise le procédurier et, à un degré supérieur, l'expert du droit du point de vue historique (qui accède à un plus haut niveau de généralité). Quant à la connaissance philosophique du droit, elle sera elle-même de deux sortes, soit d'une certitude incomplète, (c'est

§ 77

Les RAISONS DES LOIS qui doivent être recherchées dans les questions de fait sont HISTORIQUES ; lorsqu'elles résident dans les premiers principes moraux de la nature ou dans d'autres lois intérieures, elles sont MORALES, et lorsqu'elles résident dans les autres lois au sens strict, elles sont LÉGALES. Les lois des raisons historiques qui peuvent être connues par le témoignage humain ne peuvent être en tant que telles ni sues, ni
40 démontrées complètement ; | elles peuvent cependant être prouvées et connues philosophiquement. Du droit de ce genre, une science complète n'est pas donnée. C'est pourtant à tort que, du manque supposé des raisons morales et légales, on conclut au manque de raison dans la loi (§ 75). Ce ne sont pas les seules raisons morales, quelles qu'elles soient, qui obligent nécessairement de manière extérieure (§ 56, 61) ; de là, c'est à tort qu'elles sont tenues pour la raison suffisante de la loi ou du droit au sens strict, à moins que ne soit ajoutée une raison particulière expliquant pourquoi la conclusion oblige extérieurement (§ 64 ; *M.* § 22). Les raisons légales tirées d'une loi que nous ne pouvons connaître comme telle que par le témoignage humain, sont également historiques ; à partir de ces seules raisons, les autres lois ne peuvent être ni sues, ni démontrées complètement, mais elles peuvent cependant être prouvées (§ 75).

38 | § 78

L'EXPÉRIENCE DU DROIT NATUREL [*jurisperitia naturalis*] est la connaissance des droits naturels (§ 65), philosophiques et universels (§ 73) qui est ou bien seulement historique ou bien philosophique – et celle-ci est encore une fois ou bien indéterminée quant à sa certitude, ou bien certaine à partir d'éléments certains : elle est alors la SCIENCE DU DROIT NATUREL [*jurisscientia naturalis*]. Celui qui connaîtrait les termes des lois naturelles d'un point de vue seulement historique et qui voudrait cependant paraître expert en droit naturel, serait UN PROCÉDURIER DU DROIT NATUREL [*leguleius naturalis*], s'adonnant peut-être plus honteusement encore aux droits philosophiques de ce genre (§ 73, 1), non écrits, qu'aux autres. La JURISPRUDENCE NATURELLE [*jurisprudentia naturalis*] est l'aptitude à subsumer les actes sous les lois naturelles. S'il peut y avoir un jurisconsulte
41 | théorique du droit naturel qui ne soit pas pratique, il ne peut toutefois pas y

celle du jurisconsulte théorique), soit une authentique science juridique (celle que possède le jurisconsulte pratique, qui est le véritable savant du doit, puisqu'il en connaît au mieux à la fois les principes, l'esprit et les règles d'application).

avoir un jurisconsulte pratique du droit naturel qui ne soit pas théorique. Plus la science du droit naturel est facile à acquérir à partir de sa nature même et par sa nature, plus elle est utile pour donner une solidité également aux autres droits et plus elle est nécessaire face au manque d'autorité extérieure légitime, alors plus grand est le manque dans la connaissance, seulement historique ou même philosophique, mais plus incertaine, des droits de ce genre (§ 5). Depuis l'incertitude subjective du procédurier du droit naturel à l'égard des lois naturelles – même si celui-ci était un expert du droit positif et particulier – jusqu'à l'incertitude de ces droits et de la jurisprudence naturelle, prise ou absolument en regard de tout le genre humain ou objectivement, la conséquence ne vaut pas (§ 76).

§ 79

De même qu'il y a un droit naturel au sens large et au sens strict (§ 65), de même il y a une EXPÉRIENCE et une SCIENCE DU DROIT NATUREL AU SENS LARGE lorsqu'elles s'intéressent aux lois naturelles, quelles qu'elles soient, et AU SENS STRICT lorsqu'elles s'intéressent seulement aux lois extérieures. La JURISPRUDENCE NATURELLE AU SENS LARGE est l'aptitude à subsumer les actes sous les lois naturelles, quelles qu'elles soient. Mais lorsqu'elle les subsume seulement sous des lois extérieures, elle est AU SENS STRICT[1]. Aucune de ces sciences du droit naturel ne peut démontrer aucune de ses lois à partir de raisons historiques. Les questions de fait, les histoires, les conseils des sages, l'autorité des orateurs, des poètes, des philosophes, | de la révélation au sens strict, les fictions, les hypothèses 42
philosophiques ne peuvent être ici des principes de démonstration. Mais ils peuvent à bon droit être mis au compte des déclarations, en guise d'illustrations, et des compléments heuristiques, autrement dit des moyens de découvrir ou bien de rappeler à la mémoire certaines conclusions qui pourront ensuite être démontrées autrement (§ 2). Il est bon de porter attention aux raisons morales du droit naturel au sens strict, pris tantôt dans son ensemble, tantôt dans certaines de ses lois (§ 58, 59) ; il ne faut toutefois pas, à partir de ces raisons prises au hasard et pêle-mêle, quelles qu'elles soient, tenter de démontrer ces lois, dans la mesure où elles appartiennent au droit naturel au sens strict, c'est-à-dire qu'elles obligent extérieurement (§ 65). Les raisons légales du droit naturel qui sont tirées du droit positif seraient ici en même temps historiques et seraient donc également inutiles à la démonstration (§ 77).

1. Sur le sens de cette distinction, voir *supra* la note relative au § 65.

§ 80

La philosophie pratique, les lois et les droits naturels et philosophiques : 1) dans la mesure où ils sont de l'ordre de la science (§ 1, 73), ont, avec le reste des sciences et des vérités absolument nécessaires, une immuabilité absolue (*M.* § 130), 2) ou même hypothétique, dans la mesure où une loi est dite changer quand elle cesse d'obliger à agir et donc elle est par là hypothétiquement immuable quand il est hypothétiquement impossible que cesse son obligation. Et alors en ce sens, la loi ne peut changer à
39 moins que ne cesse son obligation ; or l'obligation ne peut cesser | à moins que ne cesse sa raison suffisante (*M.* § 30, 299). La raison de la loi, des
43 droits | naturels et de la philosophie pratique dans les obligations est suffisante de par sa nature même (§ 63). Par conséquent, ces droits pris en ce sens, sous l'hypothèse d'une nature durable, sont immuables (*M.* § 127, 128). En ce même sens, la mutabilité des lois humaines positives dépendant de l'arbitre humain mutable de diverses façons, quoiqu'elle ne se rapporte pas aux lois déjà mentionnées et aux droits naturels, leur acquiert une nouvelle immuabilité hypothétique au regard des lois humaines, car les lois, les droits naturels et philosophiques ne peuvent pas être changés du fait que l'arbitre d'un homme, quel qu'il soit, ait changé (§ 65).

§ 81

Comme les lois naturelles sont en même temps des lois divines positives et vice versa (§ 69), il est dès lors évident que l'immuabilité est autant le propre des lois et des droits divins positifs que des lois et des droits naturels (§ 80). On doit inférer la même chose de l'immuabilité de la volonté divine qui est la raison suffisante de ces lois (§ 63 ; *M.* § 839). Or, de même que les lois naturelles elles-mêmes, dont la raison suffisante est la nature des choses transitoires (*M.* § 299), paraissent changer après que leurs objets ont été changés ou cesser après que ces derniers ont cessé (§ 80), de même aussi qu'un homme, voulant que quelque chose soit d'une certaine façon à un moment donné seulement, paraît, une fois ce moment passé, avoir changé sa volonté aux yeux de celui qui confond vouloir temporaire et vouloir découlant des circonstances, de même LES LOIS DIVINES POSITIVES paraissent INVARIABLES seulement lorsqu'elles sont
44 fondées | dans l'arbitre divin dont le motif le plus observable par nous est la nature des choses constantes ; au contraire, elles paraissent VARIABLES lorsqu'elles sont fondées dans l'arbitre divin dont le motif le plus observable par nous est la nature des choses transitoires. Cette distinction, si elle

impliquait la perception tenace d'une volonté divine changée (*M.* § 530), ne serait pas exempte d'un anthropomorphisme subtil (*M.* § 848).

§ 82

La raison (*ratio*) et la relation (*respectus*) que nos déterminations libres entretiennent avec la perfection est la manière d'être (*habitudo*) de ces mêmes déterminations avec la loi (§ 70) ; et leur manière d'être avec la loi (§ 70) est la relation que ces mêmes déterminations entretiennent avec la perfection. À partir de là, la MORALITE d'une détermination libre peut aussi être définie par la raison, la relation, autrement dit par la manière d'être de cette détermination avec la loi, de sorte qu'est OBJECTIVE la raison que la détermination libre a avec la loi naturelle, et SUBJECTIVE la manière d'être de la détermination libre avec la loi positive (§ 36, 63). Dès lors, comme les lois naturelles sont en même temps des lois divines positives et vice versa (§ 69), il peut aussi être inféré de cette notion de moralité que la moralité objective non seulement n'exclut pas la moralité subjective, ni n'est exclue par celle-ci, mais encore que depuis la moralité objective jusqu'à une certaine moralité subjective, la conséquence vaut (§ 37, 38).

| § 83 40

Celui qui satisfait à l'obligation de la loi observe la loi (§ 63). L'action conforme à la loi est un DEVOIR. | Par conséquent, l'action de celui qui 45
observe la loi est un devoir, et l'aptitude à observer les lois est le RESPECT[1] (observance) DES LOIS. Par conséquent, l'aptitude aux devoirs est le respect des lois. L'action à l'opposé de laquelle la loi oblige est la TRANSGRESSION (violation) DE LA LOI et le contraire du devoir, autrement dit une OFFENSE AU SENS LARGE. L'aptitude à transgresser les lois est la NÉGLIGENCE (mépris) DES LOIS. De là, les actions libres contraires aux devoirs envers Dieu, envers soi-même ou envers autre chose (s'il y en a) sont des offenses en un sens plus large envers Dieu, envers soi-même ou envers autre chose. Que soient appliqués à l'observance de la loi, aux devoirs, au respect, à l'offense largement dite, à la transgression et à la négligence des lois naturelles, ces concepts qui sont eux-mêmes NATURELS. La loi mentionnée au § 70, *accomplis le bien*, et ses conséquences à propos de l'accomplissement sont des lois naturelles impératives ; le droit de celles-ci est le

1. Le terme latin rendu par « respect » est *custodia*, qui signifie dans ce contexte l'observation, la protection et la sauvegarde des lois, en opposition à leur mépris (*contemptus*).

droit naturel de commandement. La loi mentionnée au § 70, *renonce au mal*, et ses conséquences à propos de l'omission sont des lois naturelles prohibitives ; le droit de celles-ci est le droit naturel d'interdiction (§ 68).

§ 84

La LOI NATURELLE tirée de la nature de l'agent humain et de l'action,
démontrable par d'autres lois naturelles, est DÉRIVÉE. Quand elle est tirée
de la nature, mais est démontrable sans le concours des autres lois
naturelles, elle est PRIMITIVE. Ainsi la loi *accomplis le bien* du § 70 est une
loi naturelle primitive (§ 39), alors que la LOI PERFECTIVE *accomplis le*
meilleur des biens véritablement opposés entre eux (§ 40) et les lois
46 impératives | et prohibitives que l'on peut démontrer à partir d'une loi anté-
rieure sont des lois naturelles dérivées (§ 83).

§ 85

Les lois morales contraires entrent en conflit (*M.* § 97) et le conflit de
celles-ci est l'ANTINOMIE. Et comme la contradiction est ou bien véritable,
41 ou bien apparente (*M.* § 12), les antinomies | seront ou bien véritables, ou
bien apparentes. Pour une contradiction véritable, l'affirmation et la
négation précisément de la même chose et précisément sur le même sujet
sont requises (*M.* § 7, 12). Par conséquent, entre des lois 1) qui ne parlent
pas précisément du même sujet, 2) qui n'énoncent pas précisément la
même détermination morale à propos de leur sujet, et encore 3) qui
énoncent l'une affirmativement, l'autre négativement, de sorte que l'une
est impérative, l'autre, prohibitive (§ 68), il n'y a pas de véritable anti-
nomie. Entre les lois impératives, il n'y a pas de véritable antinomie, à
moins que l'une n'implique nécessairement l'interdiction d'un devoir
imposé par la seconde. Entre les lois prohibitives, il n'y a pas de véritable
antinomie, à moins que l'une n'implique nécessairement le comman-
dement de ce qui est interdit par la seconde. Entre les lois permissives
– surtout entre celles permettant seulement de manière tacite et d'autres qui
prescrivent ou interdisent des choses licites par des lois permissives –, il
n'y a pas de véritable antinomie (§ 68). De plus, puisque les lois obligeant
l'homme sont des règles de la perfection humaine (§ 82, 70) et puisqu'on ne
peut satisfaire à chacune des deux lois entrant en conflit (§ 63, 23), une
exception morale naîtra du conflit entre celles-ci (*M.* § 97). La LOI à
47 laquelle on doit satisfaire | est alors dite VAINCRE, et la loi contraire, à
laquelle il faut faire exception, CÉDER À LA VICTORIEUSE. Puisque cepen-
dant l'obligation de la loi cédant dans un cas de conflit est en vérité nulle

(§ 23), celui qui fait exception à celle-ci ne la transgresse pas véritablement (§ 83), de sorte qu'on ne peut pas dire précisément qu'il a commis une faute moindre pour en éviter une plus grande (*M.* § 788).

§ 86

Puisque toute exception à une loi morale suppose le non-accord d'une détermination libre avec cette raison déterminante de la perfection, dont une loi donnée énonce la conformité avec la détermination libre (*M.* § 97, 82), une certaine imperfection découle de toute exception morale (*M.* § 121). De là, toute exception morale est quelque chose de mal (*M.* § 146), sauf si : 1) elle est inévitable (§ 80), 2) elle est la plus petite, préférable aux plus grandes (§ 40). *Que les exceptions morales soient les plus rares et les plus petites possibles.* Par conséquent, si des lois plus fortes et supérieures entraient en conflit avec de plus faibles et avec celles qui doivent leur être subordonnées, l'exception se ferait au détriment des plus faibles (*M.* § 181, 182) et | des inférieures (*M.* § 186). Si donc entrait en 42
conflit une loi naturelle perfective du meilleur (§ 70, 84) avec n'importe quelle loi, ou bien naturelle, ou bien positive, qui lui serait subordonnée, elle vaincrait celle qui cède (§ 85)[1].

1. Les § 85 et 86 reviennent sur le thème du conflit des obligations abordé au § 23, mais sous l'angle du problème de l'exception morale. De même qu'au § 23 l'opposition entre les obligations disparaissait à toutes fins utiles dans la prise en compte et l'analyse des causes d'impulsion les plus puissantes, de même ici le conflit est atténué lorsque les lois les plus faibles de l'obligation sont subordonnées aux lois les plus fortes. Le conflit des devoirs ne peut donc être qu'un cas rare et une lacune. Baumgarten ne l'affirme pas clairement, mais ce conflit est en fait attribuable à la défaillance de notre jugement et de notre connaissance, car en soi des obligations rationnelles ne sauraient s'opposer. Lorsque le jugement est confronté à une opposition de devoirs, il faut alors faire en sorte que l'exception à la loi morale qui passe en second soit la plus petite possible.

48 | Section III
Les principes du droit

§ 87

Le PRINCIPE OBJECTIF d'une discipline est la proposition à partir de laquelle les dogmes pertinents à cette discipline peuvent être déduits ; et le principe SUBJECTIF est cette faculté de l'âme qui doit être utilisée avant tout pour connaître une telle discipline. Les PRINCIPES OBJECTIFS d'une discipline sont à leur tour ou bien ÉTRANGERS (extérieurs, communs, importés) lorsqu'ils ne se rapportent pas à la discipline donnée en tant que conclusions, autrement dit en tant que parties qui peuvent être enseignées seulement dans cette discipline ; ou bien DOMESTIQUES (intérieurs, propres, inhérents) lorsque, encore en tant que conclusions, ils se rapportent à la discipline donnée, autrement dit en tant que parties de cette discipline qui avant tout peuvent être enseignées seulement en son sein. Le principe domestique PREMIER est celui qui n'est pas tiré à son tour d'un autre principe domestique ; celui qui est tiré d'autres principes domestiques est DÉRIVÉ (§ 84). Les principes étrangers sont, quant à eux, ou bien PROPÉDEUTIQUES (préliminaires) lorsqu'ils sont employés pour prouver un principe domestique premier, ou bien ÉPISODIQUES lorsque, après avoir saisi un principe domestique premier, il faut cependant parfois, afin d'en déduire d'autres de lui, les lui adjoindre à partir d'autres séries de doctrines, en tant que lemmes. Seule la métaphysique a un principe objectif domestique absolument premier (*M.* § 1, 7) ; dans toutes les autres disci-
49 plines, | ce principe est à la fois propédeutique et, assez souvent, épisodique avec ses conséquences. Les principes domestiques des autres disciplines sont, pour toutes, seulement relativement premiers, de sorte que ceux-ci supposent toujours dans les sciences des principes propédeutiques. Et les principes objectifs domestiques premiers seront appropriés à leur discipline si de ceux-ci découlent des conclusions ni plus ni moins nombreuses que celles qui et dans la mesure où elles se rapportent à la discipline donnée comme ses parties (*M.* § 311). Que cela soit appliqué aux principes du droit, de la philosophie pratique et des droits naturels et philosophiques, dans la mesure où ils sont considérés comme des disciplines ou des sciences (§ 1 ; 65).

§ 88

Dans l'examen des principes du droit, il ne faut pas confondre les droits – par exemple les droits naturels et positifs, les droits divins et humains (§ 67) – ni confondre les principes communs du droit avec les principes propres à chacun, etc. Dans l'examen du principe premier du droit naturel :

1) il ne faut pas confondre principe objectif et subjectif ;

2) il ne faut pas invoquer un principe extérieur lorsque l'examen concerne un principe intérieur et domestique ;

3) si quelque principe dans notre système de démonstration du droit naturel est le premier des principes domestiques, il ne faut pas inférer de là que nul autre ne peut également et justement être posé comme principe
premier dans | quelque autre série de démonstrations de ce même droit. Car 43
ce qui est le premier | des principes domestiques dans une certaine série de 50
démonstrations pourrait peut-être, pour un court moment, être déduit d'un autre principe domestique par un enchaînement détourné de raisonnements, et cela ensuite seulement à partir de principes propédeutiques ;

4) il ne faut pas que le premier des principes domestiques soit confondu avec un principe PRÉCAIRE, autrement dit avec un principe démonstratif absolument non prouvé. C'est ce que l'on dit à ces gens qui, négligeant tout à fait de rechercher une preuve ultérieure, s'emploient cependant avec insouciance à bâtir là-dessus une science entière avec des principes qui, bien qu'on en comprenne les limites, sont pris gratuitement sans toutefois être encore complètement certains tels que le sont les principes premiers. Et même si quelque assertion était un principe premier du droit naturel – à savoir le premier des principes domestiques –, cependant pour les autres principes propédeutiques extérieurs et communs, la preuve de cette assertion remonterait néanmoins jusqu'au principe de contradiction.

5) Ne sont pas exclus par un premier principe domestique adéquat du droit naturel les principes épisodiques, mais seulement les principes domestiques qui ne découleraient pas de celui-ci.

6) Sont encore beaucoup moins exclus par ce même principe les principes formels, les assertions de la logique qui procurent aux démonstrations du droit naturel la certitude de la forme et de la conséquence (§ 87).

§ 89

Comme la limite du droit naturel admet diverses significations de son étendue (§ 65), on doit prendre garde :

7) de ne pas discuter du premier principe domestique adéquat du droit naturel avant que les experts qui s'opposent se soient mis d'accord sur la
51 question de savoir | s'ils veulent une dénomination comprise dans la même extension, parce que nécessairement, par exemple, une dénomination adéquate au droit naturel au sens large doit être excessive et trop large par rapport au droit naturel au sens strict, et en revanche une dénomination adéquate au droit naturel au sens strict doit être trop étroite pour le droit naturel au sens large (§ 88), même si :

8) on ne doit pas nier que la constitution ou le choix d'un principe premier de ce genre, dans les autres disciplines aussi bien également que dans le droit naturel, est, en ce sens, quelque chose d'ARBITRAIRE et qu'à cause de cela, on le dit non déterminé par certaines lois, par exemple, extérieures ou générales (§ 62). Cependant, de même que les définitions nominales, du fait qu'elles sont arbitraires, ne sont pas laissées à un ARBITRE AVEUGLE, parce qu'il va à l'encontre de la raison et qu'il ne peut pas dire pourquoi, mais à un ARBITRE PRUDENT, qui poursuit la meilleure connaissance du meilleur possible, de la même façon aussi, si l'on présente plusieurs principes de n'importe quelle discipline et du droit naturel, dont l'un d'eux peut être établi comme principe premier selon son plaisir, on doit, selon son plaisir avisé, préférer au reste celui qui est meilleur (§ 70).

§ 90

Si on donne à l'arbitre prudent (§ 89) le choix entre plusieurs principes, parmi lesquels, dans une certaine discipline, par exemple dans la philo-
52 sophie pratique | ou dans le droit naturel, il doit en établir un comme principe premier, est alors préféré au reste :

1) ce qui est approprié à toute la discipline que l'on étudie, par exemple à la philosophie pratique ou au droit naturel, et qui expose en quelque sorte le plus facilement sous nos yeux l'ensemble du champ de la discipline (§ 72) ;

2) ce qui peut exposer d'entrée de jeu à la vue le côté digne et noble de cette discipline, par exemple de la philosophie pratique et du droit naturel ;

3) ce qui peut être non seulement vrai, mais aussi suffisamment exact et pur de fausses conceptions s'y rattachant et d'amphibologies trompeuses ;

4) ce qui peut devenir clair et évident, également vif et distinct, non seulement de manière absolue, mais qui peut aussi déjà l'être ou facilement le devenir de manière relative pour ceux qui doivent recevoir l'enseignement de cette discipline, par exemple de la philosophie | pratique et du 44
droit naturel, après en avoir reçu au moins une modeste préparation dans la mesure de leurs moyens ;

5) ce qui peut être non seulement certain en soi ou tenu pour tel par l'effet de quelque persuasion, mais aussi complètement certain, si cela relève de la science, et encore, puisque cela a besoin d'une preuve, démontrable par des principes qui peuvent à bon droit être tenus comme principes propédeutiques dans une telle science. À partir de là, le principe premier de la philosophie pratique et du droit naturel, parce qu'il est une partie de la philosophie, doit être démontrable sans l'aide de la foi (§ 1) ;

6) ce qui peut être en général PRAGMATIQUE au plus haut degré, c'est-à-dire fertile de ce fait en déductions de corollaires pratiques, autrement dit PORISMATIQUE [1], et en particulier, si l'on recherche le principe d'une discipline pratique, par exemple de la philosophie et du droit naturel, principe qui présente les plus nombreuses et les plus grandes causes d'impulsion envers ce que réclame | la discipline dont le principe doit être établi (§ 87 ; 53
M. § 669).

§ 91

Comme un bon nombre de principes ainsi appelés principes premiers du droit naturel apparaîtront inappropriés par suite des paragraphes qui s'y opposent (§ 87 à 90), on pourra en vertu des mêmes paragraphes défendre, en tant que premier principe objectif domestique du droit naturel au sens large, autrement dit de toute la philosophie pratique (§ 65), ce principe qui n'est pas établi indûment : *accomplis le bien, autrement dit recherche la perfection, autant que tu le peux* (§ 39, 43), auquel cet autre sera équivalent : *accomplis le bien, qui peut être connu avec certitude sans la foi, autant que tu le peux* (§ 1, 87) [2]. Donc, ce même principe ne peut pas

1. De *porismos :* qui est source de gain (gain entendu en un sens large).

2. Le premier principe objectif domestique du droit naturel au sens large ne laisse planer aucun doute sur le rapport du bien et de la perfection : accomplir le bien, c'est *rechercher* la perfection de son être (et celle d'autrui) de toutes ses forces. En quoi cette perfection consiste-t-elle ? Le court manuel de Baumgarten est à ce sujet assez laconique, mais cette perfection ne peut être dans le champ pratique que celle du bonheur. Tout comme Wolff, Baumgarten comprend le bonheur comme un progrès incessant dans l'ordre de la perfection, même si,

être établi comme principe adéquat au droit naturel au sens strict (§ 89, 65). Il est en tout cas la loi naturelle primitive, qui ne doit cependant pas pour autant être admise en dehors de toute preuve ultérieure ; les autres lois sont dès lors dérivées sans qu'on puisse nier pour autant qu'aucune d'entre elles ne puisse jamais être considérée comme primitive (§ 84, 88).

§ 92

Les DEVOIRS sont considérés conformes soit aux lois intérieures, soit aux lois extérieures (§ 83, 61). Ceux-là sont INTÉRIEURS (au sens large, imparfaits, devoirs de complaisance, d'amour, moins complets), ceux-ci EXTÉRIEURS (parfaits, complets, devoirs de nécessité, de droit, au sens strict)[1]. Par conséquent, les OFFENSES seront aussi, lorsqu'elles sont contraires aux devoirs intérieurs, considérées comme INTÉRIEURES (au sens large, imparfaites, offenses d'amour, moins complètes) ou, lorsque
54 contraires aux devoirs de nécessité, comme EXTÉRIEURES | (au sens strict, parfaites, offenses de droit, complètes ; § 83) ; en droit strictement et simplement dit (§ 64), elles sont appelées simplement « offenses ». Et comme le droit naturel au sens strict dans son ensemble embrasse les lois au sens strict et les devoirs extérieurs (§ 65), tout pourra être déduit du principe : *ne fais de tort à personne* (extérieurement)[2], lequel sera le premier principe domestique objectif du droit naturel au sens strict (§ 87) ;

peut-être à cause de ses origines piétistes, il tend davantage à l'associer à une correction et à une amélioration continuelle de l'usage de la liberté. Voir à ce sujet, *infra*, la note relative au § 106.

1. On y reviendra dans l'étude des *Réflexions sur la philosophie morale* de Kant, mais cette division entre devoirs éthiques intérieurs et imparfaits et devoirs juridiques extérieurs et parfaits, sur laquelle insiste beaucoup Baumgarten, ne sera pas reprise par Kant sans une importante correction. C'est qu'il lui apparaîtra très tôt qu'il y a *aussi* des *devoirs éthiques parfaits et stricts envers soi-même*, ceux qui interdisent à l'homme de contredire l'humanité en sa personne, et qui va par exemple entraîner l'interdiction absolue du suicide. Ce registre des devoirs stricts envers soi-même repose sur la reconnaissance d'une valeur intrinsèque de la dignité de l'homme comme être libre, indépendamment de toute visée perfectionniste ou eudémoniste. On ne retrouve pas cette idée dans l'éthique de Baumgarten.

2. Le droit naturel au sens strict reposera donc sur ce principe : « ne fais de tort à personne », qui est l'un des préceptes cardinaux du jurisconsulte romain Ulpien (170-228), auteur du *Corpus Juris Civilis*. Les deux autres principes du droit naturel au sens strict (« Attribue à chacun le sien », « Vis honnêtement ») sont également tirés du *Corpus*. Tout comme les formules universelles de l'obligation des § 39-49, ils forment un système de renvois et sont convertibles l'un dans l'autre. Ils réapparaîtront d'ailleurs comme les principes fondamentaux des devoirs de droit, mais dans un ordre différent, dans la *Métaphysique des mœurs* de Kant (*Doctrine du droit*), Ak, VI, 236-237.

ce principe lui sera équivalent, comme | principe de la science, s'il est 45
restreint de la façon suivante : *renonce aux offenses qui peuvent être connues avec certitude sans la foi* (§ 87, 76). En attendant, la proposition *ne fais de tort à personne* (ou bien intérieurement, ou bien extérieurement), qui s'étend au-delà du droit au sens strict, donc aussi au-delà du droit naturel au sens strict, peut être comptée parmi les premiers principes de la philosophie pratique dans son ensemble (§ 91, 83).

§ 93

Le SIEN DE QUELQU'UN (le mien, le tien) est l'ensemble de ses biens. Ses biens lui reviennent soit par des lois intérieures, soit aussi par des lois extérieures (§ 61, 43). L'ensemble de ceux-là est le SIEN MORAL (au sens large, dû intérieurement), l'ensemble de ceux-ci, le SIEN DE DROIT (dû extérieurement, au sens strict) qui, en droit, d'où également en droit naturel au sens strict, est dit simplement « le SIEN » (§ 64, 65). L'un et l'autre sont ATTRIBUÉS À QUELQU'UN : 1) NÉGATIVEMENT : s'ils ne sont pas supprimés et si celui dont c'est le bien n'est pas entravé dans l'usage de celui-ci (*M.* § 338, 339) ; 2) POSITIVEMENT : si l'usage de ce bien est favorisé, autrement dit rendu plus facile par une aide (*M.* § 321). Celui qui n'attribue
pas à un autre homme son bien | de droit, pas même négativement, lui fait 55
du tort extérieurement, et celui qui fait du tort extérieurement à un autre homme ne lui attribue pas son bien de droit, pas même négativement. D'où la proposition, *attribue à chacun* (à chaque homme, à tout le moins négativement) *le sien* (de droit), peut être établie comme premier principe du droit naturel au sens strict, lequel sera équivalent à celui de la science s'il est restreint ainsi : *attribue à chacun* (à chaque homme, à tout le moins négativement) *le sien* (de droit) *qui peut être connu avec certitude sans la foi* (§ 92). En attendant, la proposition *attribue* (non seulement négativement, mais aussi positivement, et de quelque manière que ce soit) à chacun (non seulement à un homme) *le sien* (quel qu'il soit, même dû seulement intérieurement), proposition qui s'étend à des limites entendues vaguement et largement, au-delà du droit au sens strict, d'où aussi au-delà du droit naturel au sens strict, peut être comptée parmi les premiers principes de la philosophie pratique dans son ensemble (§ 91, 87).

§ 94

L'observation des lois, dans la mesure où elle doit être honorée (§ 82 ; *M.* § 942), est appelée HONNÊTETÉ. Or l'observation des lois est ou bien seulement celle des lois extérieures, ou bien également celle des lois

intérieures (§ 83, 61) : de là, lorsque doit être honorée l'observation des lois
extérieures, l'honnêteté sera EXTÉRIEURE ; lorsque doit être honorée aussi
celle des lois intérieures, elle sera INTÉRIEURE. Celui qui ne fait de tort
46 (extérieurement) à personne et qui attribue à chacun | (à chaque homme, au
moins négativement) le sien (de droit) est honnête (extérieurement),
autrement dit vit honnêtement ; et celui qui est honnête (extérieurement),
56 autrement dit celui qui vit honnêtement, ne fait de tort | (extérieurement) à
personne et attribue à chacun (à chaque homme, du moins négativement) le
sien (de droit ; § 92, 93). D'où la proposition *vis honnêtement* (extérieu-
rement), qui peut être établie comme premier principe du droit naturel au
sens strict, lequel sera équivalent à celui de la science s'il est restreint ainsi :
pratique l'honnêteté (extérieure) *qui peut être connue avec certitude sans
la foi* (§ 92). En attendant, la proposition *vis honnêtement* (tant extérieu-
rement qu'intérieurement), qui s'étend au-delà du droit au sens strict, et par
là aussi au-delà du droit naturel au sens strict, peut être comptée parmi les
premiers principes de la philosophie pratique dans son ensemble (§ 87, 91).

Comme la science du droit naturel au sens strict est une partie de la
philosophie pratique (§ 76, 1), le premier principe domestique de la
première (§ 92, 93) est correctement déduit du premier principe domes-
tique de la seconde (§ 91). Ce principe a en lui des raisons morales, pourvu
que lui soit adjointe une raison spéciale expliquant pourquoi le principe *ne
fais de tort* (extérieurement) *à personne etc.* oblige extérieurement (§ 92,
77). Ce principe lui-même et ses conséquences ne peuvent pas plus être
démontrés à partir des raisons légales des droits positifs qu'à partir des
raisons historiques (§ 79). Même si les conséquences du principe de ne
faire de tort (extérieurement) à personne pouvaient être démontrées de
nombreuses façons comme étant des conseils tirés du premier principe de
la philosophie pratique dans son ensemble, indépendamment du principe
d'éviter les offenses (extérieures) (§ 91), et bien qu'il ne faille pas négliger
du tout de telles démonstrations (§ 79) – une fois cependant qu'est
57 démontrée | l'obligation extérieure de ce principe d'éviter l'offense (exté-
rieure) et que celui-ci est établi comme premier principe du droit naturel au
sens strict (§ 92) dans chacune des lois pouvant être rapportées au droit
naturel au sens strict – celui qui a l'intention de démontrer (§ 79) l'obli-
gation extérieure de ces lois, quand il requiert le droit au sens strict (§ 64),
devrait en appeler à ce qui en donnera comme une raison légale (§ 77).

§ 95

Le droit naturel au sens large – autrement dit la philosophie pratique considérée objectivement comme la philosophie la plus universelle du champ le plus évident (§ 72) –, s'il est considéré subjectivement, dans la mesure où il est examiné par tel ou tel sujet, ou par tel ou tel homme, aboutit au TERRITOIRE CONNU DU DROIT NATUREL AU SENS LARGE, à sa partie qui est vue clairement par un sujet donné (par un homme donné ou même par tout le genre humain), ou au territoire inconnu, à sa partie qu'un sujet donné ne voit pas clairement. Le territoire connu du droit naturel au sens large – autrement dit de la philosophie pratique considérée subjectivement – appartient à son tour ou bien À LA RAISON lorsqu'une partie de celui-ci est connue de manière distincte et philosophique par un sujet donné, ou À L'ANALOGON DE LA RAISON – qu'ici, certains appellent également expérience (saisie au sens large) –, lorsque la partie du droit naturel au sens large est certes connue clairement par un sujet donné, mais seulement de manière sensitive. Enfin, le territoire de la raison appartient ou bien à la SCIENCE (au sens strict), lorsque cette partie du droit naturel mentionné plus haut
convainc complètement un sujet donné, | ou bien à la PROBABILITÉ RATION- 58
NELLE (à la certitude morale), lorsque cette partie du droit naturel mentionnée plus haut est connue par un sujet donné, par exemple par un certain homme certes distinctement, mais sans complète conviction, de sorte qu'il discerne cependant plus de raisons en faveur de son assentiment qu'à son encontre (§ 28)[1].

1. Il faut distinguer dans ce paragraphe le *champ* (*campus*) objectif du droit naturel au sens large (autrement dit, de la philosophie pratique) du *territoire* (*territorium*) *subjectivement connu* de celui-ci. Le § 72 précisait que le champ objectif du droit naturel est l'ensemble des déterminations libres au sujet desquelles une loi énonce quelque chose : « De là, le champ le plus vaste est celui de la loi naturelle ». La connaissance cherche à recouper complètement ce champ objectif, mais elle s'en distingue par le territoire qui est le sien, dont la limite est le territoire connu ou inconnu. Si le territoire de la connaissance recouvrait complètement le champ du droit naturel au sens large, celui-ci serait pour ainsi dire une science géométrique. Or le § 28 (voir les dernières lignes) suggérait déjà que le registre de l'obligation ressortit à une connaissance plus ou moins certaine. Ce paragraphe va dans le même sens : le territoire connu du droit naturel au sens large n'équivaut pas à la seule connaissance rationnelle claire et distincte, mais comprend aussi une connaissance sensitive, comme analogon de la raison. Certes, il faut ramener autant que faire se peut la connaissance du droit naturel au plus haut niveau d'évidence, comme va y insister le § 97, mais cet effort nous avertit déjà qu'il ne faut pas confondre l'ordre objectif du droit naturel à l'ordre subjectif de la connaissance, la *ratio essendi* et la *ratio cognoscendi*.

§ 96

À partir de l'étendue, de la richesse, du champ et de la sphère du droit naturel et de la philosophie pratique considérée objectivement, on conclurait de manière erronée à l'étendue du territoire connu par n'importe
47 quel | sujet pris indistinctement, par exemple par tout le genre humain ; on conclurait de manière encore plus erronée à l'étendue du territoire qui appartient à la raison chez un sujet donné et, de la manière la plus erronée qui soit, à l'étendue du territoire qui appartient à la science chez un sujet donné. Du fait qu'une loi du droit naturel ne concerne pas le territoire connu par un homme donné ou par l'ensemble du genre humain, conclure que cette loi n'appartient absolument pas au droit naturel (§ 95) serait une erreur ; conclure de la même manière, du fait qu'une telle loi ne concerne pas le territoire de la raison d'un certain homme ou de tout le genre humain, serait une plus grande erreur ; conclure de la même manière, du fait qu'une telle loi ne concerne pas le territoire de la science des sujets déjà mentionnés, serait la pire erreur.

§ 97

Du droit naturel considéré subjectivement, il faut étendre, dans la mesure où cela peut être fait, les limites du territoire connu dans le territoire inconnu, les limites du territoire qui appartient à la raison dans le territoire de son *analogon*, les limites du territoire de la science dans le territoire qui
59 appartient à la probabilité rationnelle | (§ 76 ; *M.* § 669)[1]. Comme ce qui est obscur pour l'un peut être clair pour l'autre, ce qui est confus pour l'un être distinct pour l'autre, ce qui est incertain pour l'un être complètement certain pour l'autre, et vice versa, et, bien plus, comme une même chose pour un même sujet peut être tantôt obscure, tantôt claire, tantôt confuse, tantôt distincte, tantôt incertaine, tantôt certaine, – bien que la très grande immuabilité du droit naturel considéré objectivement ait été conservée tout à fait intacte (§ 80) –, est aussi très grande la variation du droit naturel considéré subjectivement chez des sujets différents ou, chez un même sujet, à des moments différents, d'où aussi la mutabilité, l'augmentation et la diminution (*M.* § 162). Il s'ensuit que depuis la perfection ou l'imperfection du droit naturel considéré chez un sujet donné jusqu'à la perfection

1. Nous corrigeons, à nos risques et périls, ce qui est à l'évidence un contresens dans le texte de Baumgarten, où on lit plutôt : « [...] *territorii, quod est rationalis probabilitatis, limites in territorium scientiae* ».

ou l'imperfection de celui-ci chez d'autres sujets, la conséquence vaut seulement si elle est tirée avec la plus grande prudence (§ 95, 96).

§ 98

On appelle DROIT COMPLET le droit qui suffit à trancher toutes les controverses à propos de la moralité des actes (ou bien simplement de tous les actes, ou bien des actes d'un certain genre). Par conséquent, bien qu'on puisse appeler « droit le plus complet » le droit naturel au sens large, autrement dit la philosophie pratique, parce qu'il suffit à trancher toutes les controverses à propos de la moralité des actes, quels qu'ils soient (§ 70, 82), il n'est cependant pas permis pour cette raison d'affirmer aussitôt la même chose à propos du droit naturel considéré subjectivement – ou bien de tel ou tel homme, ou bien même de tout le genre | humain –, ni même à propos de 60
tout le territoire connu de celui-ci, encore beaucoup moins à propos du territoire de la raison, et pas du tout à propos du territoire de la science (§ 95). De là, bien que la complétude souveraine du droit naturel au sens large et de la philosophie pratique considérés objectivement ait été préservée, il peut pourtant malgré tout y avoir un supplément à ce droit naturel considéré subjectivement, ou bien un complément au droit intérieur de la perfection humaine – autrement dit à l'ensemble des lois intérieures de la perfection chez les hommes, par exemple le droit divin positif, la théologie morale révélée –, et un supplément ou un complément au droit extérieur de la perfection humaine – par exemple le droit humain positif et particulier. Celui-là parachève l'obtention de la FÉLICITÉ INTÉRIEURE par des lois intérieures, celui-ci, l'obtention de la félicité EXTÉRIEURE par des lois extérieures (§ 96, 61). Et plus étroit, plus imparfait se trouve le droit naturel considéré subjectivement en quelque endroit, plus évidents et plus nécessaires seront alors ces compléments en tant que tels (§ 95 ; *M.* § 155)[1].

1. L'imperfection de notre connaissance du droit naturel au sens large (de la philosophie pratique) appelle des compléments qui doivent animer la volonté dans sa recherche du bien : la révélation divine, les repères du droit positif. Ces paragraphes marquent bien les réserves de Baumgarten face à l'intellectualisme logico-déductif de Wolff : la philosophie pratique n'a pas l'évidence de la connaissance mathématique, elle ressortit à une diversité de connaissances (certaine, probable, sensitive, etc.) et à des « suppléments » qui viennent pallier ce déficit d'évidence.

48 | § 99

Le principe subjectif du droit naturel au sens large est, sur l'ensemble du territoire de la raison, la raison, et sur l'ensemble du territoire de l'*analogon* de la raison, son *analogon*, que certains appellent aussi ici « expérience » (§ 87, 95). Et puisqu'il vaut mieux connaître les droits naturels confusément que les ignorer entièrement, d'où aussi puisque, chez les
61 autres personnes à instruire qui | ou bien ne peuvent pas ou bien ne veulent pas admettre ces droits sous l'autorité de la raison et de la science, il vaut mieux porter ces droits sur le territoire de l'*analogon* de la raison que les laisser entièrement dans l'inconnu (§ 97), un double mariage de la raison et de son *analogon* est ici à conseiller (*M.* § 640) : 1) mariage par lequel, après avoir appris autant de droits naturels que possible par la science et la probabilité rationnelle, nous ne manquerions cependant pas d'en appréhender sensitivement d'autres plutôt que de les ignorer entièrement, 2) et mariage par lequel nous pourrions aussi dépeindre esthétiquement à ceux qui sont incapables de science et d'argumentation rigoureuse ces mêmes droits que nous connaissons ou comprenons au moins par une raison probable (*M.* § 533) [1]. De là vient un nouvel usage des compléments relatifs au droit naturel, au-delà de la découverte de la science (§ 79), bien que ceux-ci soient exclus du territoire de la science des droits naturels, ne faisant que nous y conduire par la main (§ 76, 95).

SECTION IV
LE LÉGISLATEUR

§ 100

L'auteur d'une obligation, que la loi énonce, est dit FAIRE CETTE LOI. Celui qui a le droit de faire des lois, APPELÉ LÉGISLATEUR AU SENS LARGE, est le législateur de la loi qu'il a faite. Dès lors, Dieu est l'auteur de la nature

1. Si, comme Baumgarten le soutient dans son *Esthétique*, l'on peut attribuer à la sensibilité humaine une capacité de perfection et de vérité distincte de la connaissance purement conceptuelle, la philosophie pratique, qui n'est pas une science mathématique, aurait tort de ne pas recourir à ces ressources esthétiques de la connaissance sensible pour la connaissance des obligations. L'on voit dès lors à quel point l'esthétique, chez Baumgarten, loin d'être une simple discipline particulière, vient nuancer dans les autres domaines du savoir la prépondérance du modèle logico-démonstratif, qui est au centre de la conception wolffienne de la connaissance.

universelle (*M.* § 940, 466) et de là, de toutes les réalités qui surviennent
| (*M.* § 959). Or, les obligations naturelles sont quelque chose de réel et de 62
positif (§ 12 ; *M.* § 36) et ont une raison suffisante dans la nature universelle. Par conséquent, Dieu est l'auteur des obligations et à plus forte raison également des lois naturelles (*M.* § 940, 317)[1]. Comme il a le droit souverain pour faire ces lois, il est le législateur des lois naturelles et de l'ensemble du droit naturel au sens large. L'OBLIGATION, le DROIT et la LOI sont DIVINS lorsqu'ils ont Dieu pour auteur et législateur. Par conséquent, le droit naturel, les lois particulières et les obligations naturelles sont divins, bien qu'ils puissent être dits en même temps humains en raison de leur objet personnel, autrement dit en raison de ceux qu'ils obligent ; ils sont connus par une révélation divine naturelle (*M.* § 986) dans la mesure où ils sont eux-mêmes naturels. S'ils sont connus ou bien en même temps par une révélation au sens plus strict (*M.* § 986) ou bien seulement par une révélation au sens le plus strict (*M.* § 989), ils sont dans cette mesure divins positifs (§ 63).

§ 101

La nature divine des lois positives, dans la mesure où celles-ci sont arbitraires, ne doit pas être comprise de manière exclusive. Si les lois naturelles, même prises en tant que telles, n'étaient pas jugées divines (§ 100),
| leur nature divine, du fait d'ailleurs que toutes les lois naturelles sont aussi
divines positives, se manifesterait pour une nouvelle raison (§ 69). De là, 49
elles prouvent aussi cette nature divine, puisque le droit naturel avec toutes les autres choses nécessairement vraies dépend de l'intellect divin, en qui il
est éternel (*M.* § 868). De même que l'athée peut être convaincu | au sujet 63

1. Comme on le verra à la lecture du texte des *Réflexions sur la philosophie morale*, les positions de Kant et de Baumgarten semblent ici divergentes. Dans ce paragraphe (et les suivants), les deux figures de l'auteur et du législateur sont pour ainsi dire confondues. Or est-ce qu'il y a une antériorité de la liberté créatrice de l' « auteur » sur l'ordre des vérités de raison, incluant celles de la morale ? Le § 102 va venir en quelque sorte rectifier le tir (« Dieu ne peut pas moralement, en vertu de sa sagesse souveraine, de sa sainteté et de sa liberté, ni n'aurait pu, à cause de l'immuabilité du droit naturel, établir une autre loi naturelle, et c'est ce qu'il a fait »), mais l'image d'ensemble reste assez floue. Kant sera pour sa part on ne peut plus clair : la nécessité morale des obligations ne pourra s'expliquer que par une loi de raison valant intrinsèquement pour tous les êtres libres (et qui sera en fait comprise plus tard comme une loi *de et pour* ces êtres libres eux-mêmes). De cette loi, Dieu n'est pas l'Auteur (l'*auctor*), mais le Législateur, puisque sa volonté sainte ne peut rien vouloir d'autre que ce que commande cette loi morale. Si Dieu est saint, ce n'est pas parce qu'il est l'auteur de cette loi, mais parce que tout son Être s'y conforme et en exprime la perfection.

de l'existence du monde et de la nature indépendamment de son erreur (*M.* § 999) bien qu'il nie l'auteur du monde et de la nature, et de même que l'existence de quelque effet peut être généralement connue bien que non seulement on ignore, mais qu'on nie aussi l'existence d'une certaine cause efficiente de celui-ci, de même, si l'athée voulait, à partir de la négation du législateur divin du droit naturel, inférer que l'existence du droit naturel doit être niée, alors seraient fausses non seulement la prémisse mineure, mais aussi la conséquence de la majeure, l'athée lui-même devant cependant être réfuté par la mineure qu'il a laissée de côté (§ 71).

§ 102

Comme toutes les lois naturelles sont conformes à la volonté divine et peuvent être connues suffisamment à partir de celle-ci, et que toutes les lois divines positives faites pour les hommes sont conformes à la nature humaine, de sorte qu'elles ont aussi une raison suffisante dans cette nature humaine (§ 69), la volonté de Dieu, autrement dit le principe : *Agis selon la volonté divine*, peut être comptée parmi les premiers principes du droit naturel au sens large, autrement dit parmi les premiers principes de la philosophie pratique rassemblés aux § 88 à 94 (§ 91). Parce que toutes les actions et, par là les lois divines et, à plus forte raison, également les lois naturelles (§ 100, 101), moralement les plus sacrées et les plus libres, sont en même temps moralement nécessaires (*M.* § 902), Dieu ne peut pas moralement, en vertu de sa sagesse souveraine, de sa sainteté et de sa liberté, ni n'aurait pu, à cause de l'immuabilité du droit naturel, établir une autre loi naturelle, et c'est ce qu'il a fait (§ 72 ; *M.* § 724).

64 | § 103

L'action par laquelle on peut rendre quelque chose clairement connu à autrui, autrement dit toute DÉCLARATION, ou bien se fait par un discours et est EXPRESSE, et alors si ce discours est dit, il s'agit d'une déclaration VERBALE (orale), et si ce discours est écrit, il s'agit d'une déclaration LITTÉRALE, ou bien la déclaration se fait à l'aide d'autres signes suffisants, et alors il s'agit d'une déclaration TACITE. En outre, toute déclaration faite par le législateur d'une LOI qui est destinée à obliger est appelée PROMULGATION de celle-ci. De par sa nature même, le droit naturel fut, est et sera alors promulgué par l'auteur de celui-ci. Autrement, une déclaration seulement expresse et faite par le législateur d'une loi destinée à obliger est désignée par le nom de promulgation, et alors la loi naturelle ainsi que le droit naturel, celui de l'obligation déclarée par d'autres signes suffisants et en tout cas par chacun des éléments qui peuvent être obligés par ce droit, n'ont pas besoin d'une promulgation (expresse) comme telle (§ 63).

§ 104

Entre les lois divines positives strictement et très strictement révélées et celles qui sont révélées naturellement par le droit naturel, il n'y a pas de véritable antinomie (§ 85 ; *M.* § 991)[1]. C'est pourquoi dans un tel conflit apparent, il faut faire attention aux points suivants :

1) si la loi naturelle est véritablement, et même exactement (*M.* § 515), telle qu'on la considère et non pas moins ;

2) si elle est véritablement révélée par un discours qui est considéré strictement révélé (*M.* § 986), auquel cas il faut encore chercher à savoir :

a) si les mots et les termes de la loi, qui sont considérés, sont véritablement révélés ;

b) dans l'hypothèse où la loi dont il est question serait supposée se
manifester expressément et explicitement (§ 103) par les mots | et les 65
termes de cette loi, si le sens supposé | des mots et des termes est vrai, **50**
lorsque l'herméneutique sera nécessaire (*M.* § 349) ;

c) dans l'hypothèse où la loi dont il est question serait supposée REVELÉE IMPLICITEMENT – c'est-à-dire comme pouvant être dérivée, par une conséquence légitime, du sens vrai et légitime des mots strictement révélés –, on devrait alors rechercher au-delà de l'examen herméneutique du sens pour savoir si la conséquence supposée est vraie, ce que la logique enseignera, ou si ne sont pas associées à ces choses, qui sont contenues expressément dans les mots, d'autres prémisses dont il faudra examiner encore particulièrement la vérité ;

1. L'enjeu est ici de réaffirmer la compatibilité des deux modes d'expression du droit naturel, celui de la révélation (de sa proclamation) divine, plus ou moins explicite, dans les Écritures, et celui de la connaissance (avec ses divers niveaux). Cette question est du ressort de l'herméneutique des textes bibliques, mais aussi de l'analyse logique, la tâche étant de s'assurer qu'il n'y a aucune rupture de continuité entre le Livre et l'ordre naturel du droit. Or la confiance de Baumgarten à ce sujet est totale, puisqu'il est exclu en principe que la révélation contredise l'ordre naturel dont Dieu est à la fois l'auteur et le législateur. Aussi toutes les apparentes contradictions se résoudront par une interprétation appropriée du texte biblique et du droit naturel lui-même.

3) si les lois parlent toutes deux exactement des mêmes sujets, par exemple en observant ceux-ci dans la même situation ;

4) si l'une prescrit et l'autre interdit exactement la même détermination libre et aussi à quel degré ;

5) si l'on ne peut satisfaire aux impératifs de l'une et l'autre ;

6) si l'on ne peut satisfaire à l'interdiction de l'une et l'autre, par exemple dans des circonstances différentes, et notamment :

7) si ce n'est pas par suite de l'ignorance du sujet – ce pour quoi il n'a pas la preuve, ou ne voit pas clairement par sa raison, ou ignore totalement que quelque chose est commandé ou défendu par le droit naturel (§ 96) –, qu'on conclut à la négation de la chose, à savoir qu'une telle détermination libre ou bien n'est pas interdite par le droit naturel, mais est plutôt permise, ou bien n'est pas commandée par le droit naturel, et que par l'assemblage de ses préjugés on décide ensuite qu'une loi naturelle mal interprétée
66 permet et s'oppose ainsi à une loi strictement révélée qui interdit et | qu'une loi naturelle mal interprétée ne commande pas et s'oppose ainsi à une loi strictement révélée qui commande (§ 85).

§ 105

Le LÉGISLATEUR AU SENS STRICT est un homme qui a le droit de faire pour les autres hommes des lois au sens strict. À l'égard des lois et des hommes qui peuvent être obligés, il est un SUPÉRIEUR AU SENS STRICT (commandant, maître) tandis qu'un supérieur AU SENS LARGE est tout homme qui est plus honoré. L'homme qui est sous un supérieur au sens strict est par rapport à lui un INFÉRIEUR AU SENS STRICT (assujetti, subordonné, serviteur) tandis qu'un inférieur AU SENS LARGE est un homme qui est moins honoré. Le DROIT et la PRUDENCE du législateur, en tant que telles, sont NOMOTHÉTIQUES. Et les LOIS strictement dites, lorsqu'elles sont faites selon les règles nomothétiques, sont BIEN VISIBLES ; lorsqu'elles sont faites en opposition à ces mêmes règles, elles sont OBSCURES. Le droit du supérieur sur son inférieur (au sens strict) est le POUVOIR (supériorité, domination) ; l'obligation parfaite de l'inférieur envers son supérieur est la SOUMISSION (servitude, infériorité). Les degrés de la servitude sont donnés au § 17. Le fait d'être, autant qu'un homme peut l'être vis-à-vis d'un autre homme, assujetti à autrui, est la DÉPENDANCE.

SECTION V
LES RÉCOMPENSES

§ 106

Comme les récompenses sont des biens physiques (*M.* § 907) et que de
leur côté les biens sont soit | physiques au sens large ou au sens strict, soit 67
moraux (*M.* § 787), les biens moraux peuvent également être les récompenses d'autres biens. En tout cas, il y a les récompenses *rationata* des biens moraux ainsi que leurs récompenses conséquentes, d'où le bien
moral est par nature antérieur à ces récompenses et c'est pourquoi | elles 51
sont conférées à celui qui agit bien (*M.* § 907) ; cependant, dans la mesure où certains biens moraux sont prévus, certaines récompenses en raison de cette prévision peuvent, avant même que ces biens existent, être conférées par anticipation en temps opportun et pour ainsi dire être escomptées. Le bien, parce qu'il renferme la raison de la récompense à recevoir, est le MÉRITE AU SENS LARGE[1] (au sens actif, alors qu'au sens passif, la récompense elle-même est le mérite). Par conséquent, seuls les biens moraux peuvent être des mérites (*M.* § 907) ; ni les biens métaphysiques (*M.* § 147), ni les biens physiques au sens strict (*M.* § 787), ni les biens fortuits en tant

1. Le bien renferme en lui la raison d'une récompense : c'est dire que pour Baumgarten, le bien ne saurait être compris hors de cette relation à un bonheur futur. Sa valeur de perfection se comprend précisément par sa capacité de générer un plus grand bonheur. Il n'est pas inutile ici de rappeler les traits saillants de la conception baumgartienne du bonheur. Baumgarten est d'accord avec Wolff pour concevoir le bonheur comme un accroissement du plaisir et de la joie résultant de l'accroissement de notre perfection, mais plus que Wolff, il insistera sur la dimension du mérite et du travail sur soi que doit être toute liberté. Ainsi pour lui, le bonheur (la *felicitas*, la *Glückseligkeit*) comprend une double dimension, celle de la *prosperitas*, du *Glück*, qui désigne l'ensemble des biens physiques de la fortune, lesquels sont aléatoires, et celle de la *beatitudo*, ou de la *Seligkeit*, qui renvoie à une perfection liée aux biens moraux, et qui ressortit au mérite. Le bonheur (*Glückseligkeit*) est l'accord, la synthèse accomplie des biens physiques (*Glück*) et des biens moraux (*Seligkeit*) : « *Perfectio ex bonis moralibus est beatitudo.* [...] *Perfectio ex bonis physicis stricte dictis est prosperitas. Complexus prosperitatis et beatitudinis est felicitas* » (*Metaphysica*, 1739, § 787). La béatitude concerne donc les biens qui dépendent de notre liberté, alors que la prospérité est du ressort de la chance, de la fortune. Le véritable bonheur serait la synthèse accomplie du bien moral et du bien physique, mais comme il est irréductible à la simple chance ou au simple mérite, tout ce que l'on peut moralement faire est d'y contribuer au mieux par le bon usage de notre liberté. On devine combien cette conception, malgré qu'elle soit encore très inchoative, a pu influencer la pensée kantienne du souverain Bien qui définira plus tard la vertu comme « la dignité d'être heureux ». Dans ce paragraphe et les suivants, c'est en effet le lien étroit entre la récompense et le mérite qui est mis en relief.

que tels, autrement dit les biens de la fortune (*M.* § 912), ne sont des mérites. La prospérité n'est pas un mérite (*M.* § 787), tout comme le bien métaphysique n'est pas une récompense. (*M.* § 147, 907).

§ 107

Le bienfait conféré à ses semblables par un homme qui leur procure en faisant le bien ce à quoi il n'était pas obligé extérieurement, est le MÉRITE AU SENS STRICT (action méritoire). Par conséquent, tout ce qui 1) n'est pas une détermination libre (*M.* § 903), ou 2) n'est pas une bonne détermination
52 libre, ou | 3) n'est pas une détermination libre plus utile à celui pour qui elle
68 est supposée être un mérite |, ou 4) n'est pas une détermination libre entreprise par amour envers le bénéficiaire, mais pour d'autres raisons, ou 5) est une détermination libre procurant seulement ce à quoi celui qui agit avait été obligé extérieurement, n'est pas un mérite au sens strict. Le mérite au sens strict, à la récompense duquel est obligé extérieurement celui envers qui on a bien agi, est le MÉRITE AU SENS LE PLUS STRICT, et la récompense du mérite au sens le plus strict est le SALAIRE. Celui qui entreprend librement quelque chose soit en vue du salaire, soit seulement en vue du salaire, est un MERCENAIRE.

§ 108

En l'homme auquel nous ne pouvons pas être utiles ou même encore plus utiles par nos déterminations, quelles qu'elles soient, les mérites au sens strict n'ont pas lieu d'être et celui-ci ne peut être obligé extérieurement à conférer à autrui des récompenses ; en cet homme, les mérites au sens le plus strict n'ont pas lieu d'être et on ne peut attendre de lui un salaire. Il s'ensuit qu'en lui l'esprit mercenaire, moralement à tout le moins, est impossible. Toutefois, à celui qui entreprend, parmi d'autres causes d'impulsion notamment, une action en vue d'une récompense qu'il reconnaît comme GRATUITE, autrement dit non comme un salaire, on ne peut attribuer pour cette raison un esprit mercenaire (§ 107). Bien plutôt : 1) à partir d'une bonne détermination libre quelle qu'elle soit, tout homme qui agit bien, même si non seulement il n'atteint pas le plus haut degré de bonté et de rectitude, mais qu'il est encore d'une bonté si infime qu'elle
69 semble infiniment petite aux hommes, | 2) tout homme qui agit bien, même s'il est le plus grand pécheur (*M.* § 909), 3) s'attend qu'on lui confère les récompenses les plus proportionnelles qui soient (*M.* § 907).

| § 109 53

Les récompenses arbitraires sont ou bien divines ou bien humaines (*M.* § 69). De même que les récompenses humaines, dans la mesure où elles ne sont pas surnaturelles, peuvent être dites naturelles, de même sont aussi naturelles toutes les récompenses divines arbitraires (*M.* § 911). Quoique les biens de la fortune puissent être des récompenses divines arbitraires (*M.* § 912), l'insondabilité de la volonté divine nous défend de déterminer (*M.* § 900) si toutefois certains biens de ce genre sont 1) à cause des biens moraux passés, présents et même futurs (§ 106), ou 2) à cause desquels de ces biens précisément, et 3) si un certain nombre de biens de la fortune est proportionnel à un certain nombre de biens moraux selon le jugement de Dieu qui les octroie[1]. Au lieu de laisser une bonne détermination libre simplement sans récompense ou sans récompense très proportionnelle, Dieu prodiguerait plutôt des récompenses miraculeuses (§ 108 ; *M.* § 913). Toutefois, il n'attribuera jamais de récompenses miraculeuses à ce qui peut recevoir des récompenses naturelles et arbitraires, mais non miraculeuses, de manière à la fois juste et très proportionnelle (*M.* § 497).

§ 110

Toute bonne détermination libre a ses bonnes conséquences, d'où ses
récompenses naturelles | (§ 34 ; *M.* § 907), récompenses que doit admettre 70
l'athée lui-même, bien qu'il nie qu'elles soient également divines arbitraires (§ 109) ; et parce que le bien existe et qu'une fois qu'il est posé est posée la perfection (*M.* § 100), une détermination libre sera bonne dans la mesure où elle produit de bonnes conséquences, autrement dit dans la mesure où elle a des récompenses naturelles, de sorte que les récompenses naturelles d'une action bonne en elle-même expriment la moralité objective comme les récompenses arbitraires expriment la moralité subjective (§ 36) ; de là, les récompenses naturelles expriment, en regard de Dieu, à la fois la moralité objective et la moralité subjective (§ 109).

1. Ce paragraphe laisse deviner que la synthèse des biens de la fortune et des biens moraux est en cette vie toujours imparfaite. L'orientation eudémoniste de la philosophie pratique ne pourra plus se comprendre comme une simple théorie des affections (le bonheur directement lié au degré de progression dans la perfection), mais devra se projeter dans une « métaphysique de l'espérance », ayant à son fondement l'idée de liberté. Baumgarten en entrevoit déjà confusément les termes, mais c'est Kant qui en exposera le premier les véritables enjeux. On peut néanmoins soupçonner que la perspective sotériologique l'emporte finalement, dans la perspective de Baumgarten, sur la visée purement eudémoniste de Wolff.

Comme l'une et l'autre de ces récompenses sont des causes d'impulsion poussant à réaliser telle détermination libre plutôt que son contraire (*M.* § 342), elles conféreront quelque chose à l'obligation (§ 10, 12) : des récompenses naturelles à l'obligation naturelle, des récompenses arbitraires à l'obligation positive (§ 29 ; *M.* § 908) et par là, des récompenses naturelles à l'obligation à la fois naturelle et divine arbitraire (§ 109), des récompenses certaines à l'obligation certaine, des récompenses incertaines à l'obligation incertaine (§ 28) et surtout des récompenses immortelles (§ 32). Bien plus, ces récompenses peuvent contraindre moralement (§ 52) à des actions même involontaires (§ 53) et aux devoirs extérieurs eux-mêmes, mais non dans la mesure où ceux-ci peuvent être extorqués ; autrement dit, elles peuvent contraindre aux devoirs même extérieurs, mais sans pouvoir obliger extérieurement (§ 56 ; *M.* § 728). De là, toutefois, on conclut à tort que ces récompenses obligent toujours plus faiblement que l'extorsion (§ 57) ou qu'elles sont ajoutées en vain aux obligations extérieures (§ 58) puisqu'il vaut mieux joindre aux obligations extérieures l'obligation liée à ces récompenses que les séparer (§ 59).

54 71 | § 111

Les lois peuvent obliger par des récompenses (§ 60, 110), également les lois extérieures elles-mêmes, mais non comme telles (§ 61, 62). Les lois naturelles peuvent obliger par des récompenses à la fois naturelles et divines arbitraires (§ 63. *M.* § 908), les lois positives par des récompenses arbitraires, les lois divines par des récompenses divines arbitraires qui sont également naturelles (§ 109), par des biens moraux (§ 106), des biens de la fortune, des récompenses miraculeuses et immortelles (§ 109, 110) et les lois humaines par des récompenses humaines ; si ces lois humaines visibles (§ 105) sont à la fois naturelles et divines arbitraires, elles affermiront sensiblement leur obligation par des récompenses à la fois naturelles et divines arbitraires (§ 110, 63). Par conséquent, c'est le propre du droit naturel au sens large, autrement dit de la philosophie pratique, d'obliger par des récompenses naturelles qui découlent des bonnes déterminations libres (§ 65). Le droit naturel au sens strict ne néglige pas ces récompenses, bien que, comme tel, il n'oblige pas par celles-ci (§ 110). La loi naturelle est : *Accomplis ce qui te garantit de très nombreuses et de très grandes récompenses, renonce à son contraire* (§ 70, 110). Bien que cette loi soit aussi évidente pour l'athée (§ 110), cependant, dans la mesure où celui-ci 1) nie de nombreuses récompenses, et 2) nie en partie la grandeur et la dignité de quelques-unes qu'il a même admises (§ 109), on découvre de nouveau un défaut qui n'est pas mince dans le droit naturel de l'athée, autrement dit dans sa philosophie pratique (§ 71, 5).

§ 112

Confondre les récompenses naturelles et celles qu'un certain sujet reconnaît comme telles, est une erreur ; | confondre les récompenses natu- 72
relles et celles qu'un sujet donné juge par sa raison être telles, est une erreur plus grave ; confondre les récompenses naturelles et celles dont ce même sujet aurait la certitude qu'elles sont telles, serait la plus grave erreur et ces récompenses seraient supposées de la façon la plus erronée avoir la même étendue (§ 96 ; *M.* § 908). Il faut pourtant veiller à créer progressivement des récompenses plus nombreuses et plus importantes avec de plus en plus de clarté, de raison et de certitude (§ 97). Mais en attendant, le très immense défaut de cette connaissance – notamment chez les nombreuses personnes qui peuvent être obligées – commandera à son tour de recourir aux suppléments de la philosophie pratique (§ 96) et à des fictions présentant différentes couleurs esthéticopratiques (§ 99). Bien que les récompenses naturelles, qui doivent être suffisamment comprises d'après l'essence de l'action contingente et d'après la nature contingente de l'agent, ne puissent être absolument nécessaires (*M.* § 468), elles sont toutefois physiquement nécessaires une fois l'action accomplie (*M.* § 469) et moralement nécessaires, dans la mesure où elles sont également arbitraires en regard de Dieu (§ 102). Alors que la loi naturelle oblige à travers ces récompenses (§ 111), la révélation vraie au sens strict ou au sens le plus strict ne peut pas réellement supprimer l'obligation au moyen de celles-ci (§ 104). Les hommes qui légifèrent peuvent aussi | déclarer une obligation dans les lois, même au 55
sens strict, non seulement au moyen de récompenses humaines arbitraires, mais aussi au moyen de récompenses divines et naturelles. Mais dans la mesure où on oblige seulement par des récompenses, quelles qu'elles soient, ces lois ne seront pas des lois au sens strict et aucun homme n'est ici au sens strict supérieur et législateur (§ 105. 111). La SAGESSE DU DROIT
| concernant la détermination des récompenses est RÉMUNÉRATRICE. 73

§ 113

En observant toutes les récompenses, en particulier les récompenses divines et naturelles, il faut prendre garde aux VICES DE SUBREPTION et aux jugements par lesquels les choses discursives sont tenues pour intuitives et qui, par facilité, naissent de ces PRÉJUGÉS, autrement dit de ces faux jugements issus de la précipitation : 1) ce pour quoi, moi, je ne fais pas l'expérience de récompenses, cela n'a et n'aura aucune récompense, ou ne peut absolument pas en avoir ; 2) parce que cela convient à maints égards au bien, parce que cela est ou fut à un autre moment une récompense, alors cela est, et encore avec certitude, une récompense ; 3) parce que l'on voit un bien physique succéder à une certaine détermination libre, alors celui-là est la récompense de celle-ci, de sorte que, depuis le résultat et l'issue de cette détermination jusqu'à la bonté de ce bien physique, la conséquence vaut (*M.* § 548).

§ 114

De l'élément matériel lointain d'une certaine détermination libre et de ce qui est réel et positif dans son élément matériel immédiat, ne découlent que des biens, et ce pour toujours (§ 32 ; *M.* § 914). Ces derniers peuvent être en partie concevables déjà par la seule essence de cette détermination et par la nature de l'agent, peuvent être des biens de la fortune et ne peuvent être liés à une telle détermination que par l'arbitre d'autrui (*M.* § 912). La représentation de ceux-ci peut devenir la cause d'impulsion d'une obli-
74 gation (§ 15 ; *M.* § 728). | Toutefois, si l'élément formel de cette action ou de cette détermination libre est si mauvais (*M.* § 914) que les causes d'y renoncer sont plus puissantes (§ 12, 40), alors l'obligation, par le rappel de ses bonnes conséquences, sera réellement nulle (§ 42) ; le seront également une telle détermination libre déjà commise, le bien moral qui lui est associé (§ 40), et à plus forte raison, ses conséquences – lesquelles, bien que bonnes, n'ont toutefois pas été produites à cause d'un bien moral –, et, de là, ses récompenses (M. § 907).

SECTION VI
LES PEINES

§ 115

Les maux métaphysiques d'une personne ne peuvent pas être appelés avec exactitude ses peines (*M.* § 146, 908); toutefois, les fautes peuvent être les peines d'autres fautes. Par nature, le mal moral est toujours antérieur à la peine, mais ne l'est pas nécessairement toujours dans le temps (§ 105). Le mal contenant une raison d'infliger une peine est le DÉMÉRITE. Par conséquent, seuls les maux moraux méritent une peine, autrement dit sont des démérites ; ne le sont ni les maux métaphysiques (*M.* § 146), ni les maux physiques au sens strict (*M.* § 788), ni les infortunes en tant que telles (*M.* § 912), ni la misère en tant que telle (*M.* § 788).

| § 116 **56**

On appelle PEINE MÉDICINALE celle qui est infligée dans l'intention de faire naître un certain bien plus grand de par son administration contre le démérite ou contre tout ce qui concerne le démérite, | et elle est un mal de 75
peine ; et on appelle seulement CORRECTION (châtiment) la peine qui est infligée dans l'intention de CORRIGER celui qui a démérité lui-même, c'est-à-dire d'éliminer ses imperfections. C'est à tort qu'on nie que cette dernière est une peine (*M.* § 908). Les peines décrétées avec sagesse selon le premier sens sont toutes médicinales, mais pas nécessairement celles qui sont décrétées selon le second. Ce n'est pas n'importe quelle peine qui peut être décrétée avec sagesse au sens seulement de la correction.

| § 117 **57**

L'action de se détourner d'une certaine détermination libre en raison des seules peines prévues dans ce cas est la CRAINTE SERVILE. Par conséquent, quiconque se détourne, pour éviter des peines, d'une certaine détermination libre, mais ce parmi d'autres causes d'impulsion, n'est pas pour cette raison accusé de crainte servile. Mais bien plutôt, et véritablement : 1) toute personne ayant commis un mal moral, si ce mal, même au dernier degré, n'est qu'un défaut si petit qu'il semble aux hommes infiniment petit, est accusée de peccadille (faute philosophique), 2) toute personne qui a démérité, si elle est, même au denier degré, innocente de nombreuses accusations d'autres défauts (*M.* § 909), 3) prévoit les peines les plus proportionnelles qui soient à sa faute (*M.* § 910).

§ 118

Les peines arbitraires sont ou bien divines, ou bien humaines. De même que les peines humaines sont naturelles si elles se distinguent des peines surnaturelles, de même, en regard de Dieu, les peines arbitraires sont aussi naturelles. Quoique les infortunes puissent être des peines divines arbitraires, l'insondabilité de la volonté divine ne permet toutefois pas aux
76 hommes de déterminer au hasard si 1) à cause de certaines fautes, | 2) les peines, issues du jugement de Dieu qui les attribue, sont proportionnelles à une certaine quantité de maux moraux qui peuvent être calculés ; ou 3) si elles sont seulement des punitions ou non (§ 116). Dieu punit les maux moraux par des peines miraculeuses plutôt que par aucune. Toutefois, aussi longtemps que suffisent proportionnellement les peines naturelles et arbitraires, qui ne sont pas surnaturelles, il ne donnera jamais de peines miraculeuses (§ 109 ; *M.* § 910) [1].

§ 119

Toute faute a ses mauvaises conséquences et, par là, des peines naturelles – ce que doit admettre l'athée lui-même bien qu'il nie que ces
58 peines soient arbitraires en regard de Dieu (§ 110) – et | parce que le mal existe et qu'une fois posé, est posée l'imperfection (*M.* § 146), une détermination libre est mauvaise dans la mesure où elle produit de mauvaises conséquences – autrement dit dans la mesure où elle entraîne à sa suite des peines naturelles – de sorte que les peines de cette action mauvaise en elle-même expriment la moralité objective comme les peines arbitraires expriment la moralité subjective [2]. À plus forte raison, les peines naturelles expriment, en regard de Dieu, la moralité à la fois objective et subjective. Comme l'une et l'autre de ces peines sont des causes d'impulsion poussant à omettre une action plutôt qu'à l'accomplir, elles confèrent quelque chose à l'obligation : des peines naturelles à l'obligation naturelle, des peines arbitraires à l'obligation arbitraire, des peines certaines à l'obligation certaine, des peines incertaines à l'obligation incertaine et surtout des

1. Ce chapitre sur les peines est bien sûr le pendant négatif du chapitre sur les récompenses. On lira ce paragraphe avec le § 109.

2. Tout le schéma conséquentialiste et perfectionniste de la philosophie morale se trouve ici résumé : tout comme les biens génèrent de bonnes conséquences et méritent des récompenses naturelles, les fautes produisent de mauvaises conséquences et s'exposent à des peines naturelles. Bien-bonne conséquence-mérite, et faute-mauvaise conséquence-peine sont les deux ensembles auxquels s'articulent les paragraphes sur les récompenses et les peines.

peines immortelles (§ 110). Bien qu'elles puissent aussi accroître l'obligation intérieure (§ 117), | elles seules donneront toutefois une obligation 77
extérieure en tant que telle (§ 56 ; *M.* § 728).

§ 120

Les lois peuvent obliger par des peines, même les lois intérieures, autrement dit les conseils (§ 119, 111) : les lois naturelles par des peines à la fois naturelles et divines arbitraires, les lois positives par des peines arbitraires, les lois divines par des peines divines, par d'autres maux moraux, par des infortunes, des peines miraculeuses et immortelles, et les lois humaines par des peines humaines. Si ces lois sont elles-mêmes à la fois naturelles et divines arbitraires, c'est avec justesse qu'elles affermiront leur obligation par des peines à la fois naturelles et divines arbitraires. La loi naturelle est : *renonce à ce qui te menace de très nombreuses et de très grandes peines et accomplis son contraire.* Bien que cette loi puisse être évidente même pour l'athée, toutefois 1) puisqu'il nie de nombreuses peines, et 2) qu'il nie en grande partie la gravité de celles qu'il a aussi admises, on découvre de nouveau un défaut dans son droit naturel (§ 111). La SANCTION PÉNALE est la déclaration d'une peine, par laquelle une certaine loi, à laquelle elle est ajoutée, est destinée à obliger. Par conséquent, toutes les lois n'ont pas besoin de sanction pénale (§ 111), mais toutes les lois au sens strict en ont besoin (§ 119). Elle est requise pour la promulgation non de toutes les lois, mais des lois au sens strict ; entretemps, elle peut cependant aussi être dans celles-ci soit expresse, soit tacite. Par là, on juge soit que les lois naturelles au sens strict n'ont pas besoin d'une sanction pénale, soit que celle-ci a déjà été ajoutée à ces lois par sa nature, elle-même dérivée de la nature (§ 103).

| § 121 **59** 78

Les peines naturelles peuvent être nombreuses – celles qu'un certain sujet ne connaît pas –, plus nombreuses – celles qu'il ne perçoit pas par sa raison – et très nombreuses – celles que ce même sujet ne peut démontrer. C'est pourquoi est à nouveau rendue évidente l'utilité des suppléments du droit naturel et de la philosophie pratique ; elle doit être attendue du mariage de l'*analogon* de la raison avec la science, dans les choses pertinentes qu'il faut apprendre et faire connaître en vue d'une philosophie pratique considérée objectivement. Aucune des peines naturelles n'est absolument nécessaire, néanmoins une fois le mal moral accompli, elles sont physiquement et moralement nécessaires dans la mesure où elles sont également divines arbitraires ; par là la révélation vraie au sens strict ou au sens le plus strict ne peut pas véritablement supprimer l'obligation au moyen de ces peines (§ 112). Les sanctions pénales des peines humaines arbitraires doivent certes être ajoutées aux lois humaines positives (§ 120), toutefois, si ces lois humaines visibles sont à la fois naturelles et divines (§ 112), leur obligation aussi peut être affermie par des peines à la fois naturelles et divines arbitraires. La SAGESSE DU DROIT en ce qui concerne la détermination des peines est PUNITIVE.

§ 122

En observant toutes les peines, en particulier les peines divines et naturelles, il faut prendre garde aux vices de subreption tirés, par exemple, de ces préjugés : 1) ce pour quoi, moi, je ne fais pas l'expérience de peines, ou ce pour quoi, moi, je ne fais pas l'expérience de peines durant un certain
79 temps, | ou ce pour quoi, moi, je ne fais pas l'expérience de peines d'un certain genre, me convainc par expérience qu'il n'y a aucune peine pour cela et qu'aucune peine ne s'ensuivra ou, pour tout dire, qu'il ne peut y avoir aucune peine pour cela ; 2) parce que cela convient à maints égards au mal et parce que cela à un autre moment a entraîné une peine, alors cela entraîne, et même sans aucun doute, une peine et non une simple correction (§ 116) ; 3) parce qu'un mal physique que l'on voit succède à une détermination libre, il est alors la peine de cette détermination, de sorte que, depuis l'issue et le résultat mauvais et malheureux de ce mal, ou mieux depuis la gravité du mal qu'il comporte jusqu'à la dépravation de la détermination, ou mieux jusqu'au degré de ce même mal, la conséquence vaut exactement (§ 113).

60 | § 123

Toute action finie – telle que le sont toutes les déterminations libres des hommes (*M.* § 743) – en partie mauvaise (*M.* § 264) recèle formellement en elle un certain mal (*M.* § 914, 146) d'où ne découlent à l'infini que des maux (§ 32). Parmi ceux-ci, certains ne peuvent être suffisamment compris que par l'essence de la détermination et par la nature de l'agent, certains peuvent être des infortunes et certains ne peuvent être liés à une telle détermination que par l'arbitre d'autrui. Les représentations de tous ces maux peuvent devenir des causes d'impulsion d'une obligation. Toutefois, si les éléments matériels d'une détermination libre de ce genre sont si bons que les causes pour l'accomplir sont plus puissantes, alors l'obligation d'omettre une telle détermination libre par le rappel de ses conséquences

sera réellement nulle ; | le seront également la détermination elle-même, le 80
mal moral et à plus forte raison ces mauvaises conséquences causées par le mal moral et partant les peines (§ 114 ; *M.* § 908).

§ 124

Toutes les peines, d'un point de vue formel, ne sont que des privations (*M.* § 908, 146), mais les unes, vues comme telles, sont les PEINES DU DAM et les autres, vues comme positives et réelles, les PEINES DU SENS (*M.* § 36) selon que la peine est vue comme infligée après avoir omis d'agir ou après avoir accompli une action (§ 31)[1]. Par conséquent, ce serait une grave erreur que de tenir les peines privatives (du dam) pour nulles ou de les juger sans aucune portée (*M.* § 534). Dans les peines, il ne faut vouloir que ce qui est réellement en elles : par exemple, les rappels (§ 116. *M.* § 915), la longanimité sans procrastination (*M.* § 916), l'impartialité (*M.* § 917) et l'équité (*M.* § 918) sont le propre de la sagesse punitive (§ 121) – comme l'impartialité et l'équité sont également le propre de la sagesse rémunératrice (§ 112) – pour tout législateur, même au sens strict (§ 105, 48). L'IMPUNITÉ est l'état de celui qui commet une faute sans recevoir de peine : elle est ABSOLUE si l'absence de peine est totale et RELATIVE s'il y a absence d'une certaine peine pour celui qui est déméritant. La première est nulle (§ 117). L'absence de PEINES 1) iniques, 2) partielles, 3) données hâtivement et de manière intempestive, 4) CRUELLES, autrement dit émanant de la joie de celui qui punit concernant les maux de celui qu'il doit punir, 5) qui semblent, pour telle ou telle personne, positives quand les
peines considérées comme privatives suffisent, 6) miraculeuses | quand 81
des peines naturelles et non miraculeuses suffisent (§ 118), 7) évidentes pour tous (§ 122), n'est pas pour autant l'impunité. La conséquence ne vaut pas depuis une certaine impunité relative, et encore moins depuis une impunité seulement apparente, jusqu'à la rectitude de l'action (*M.* § 901).

1. La distinction entre peine du dam et peine du sens est empruntée à la théologie. La peine du dam est la privation, pour les damnés, de la vision béatifique de Dieu, alors que la peine du sens renvoie aux douleurs dont souffrent les damnés livrés aux tourments de l'enfer. La peine du dam et la peine du sens sont évoquées par Baumgarten pour montrer la distinction entre la peine privative et la peine réelle positive.

61 | SECTION VII
L'IMPUTATION DE L'ACTE

§ 125

L'APPLICATION est le jugement par lequel sont énoncées les affirmations relativement à quelque élément universel (la notion) et sont énoncées les négations relativement à l'énoncé inférieur contenu sous le même universel (sous la même notion). L'IMPUTATION AU SENS LARGE est 1) le jugement par lequel quelqu'un est jugé être l'auteur d'un certain acte, 2) l'application d'une loi à un acte, autrement dit la subsomption d'un acte sous une loi. Nous pouvons appeler la première l'IMPUTATION (physique) DE L'ACTE et la seconde l'IMPUTATION (morale) LÉGALE. Cette dernière est l'affirmation ou la négation d'un prédicat relativement à un certain acte, prédicat qu'une certaine loi a affirmé ou nié selon l'énoncé supérieur, autrement dit la notion sous laquelle un acte donné est contenu.

L'IMPUTABILITÉ (imputativité) est l'assignation d'une certaine détermination 1) qui peut être attribuée à un certain auteur, 2) qui peut être subsumée sous une certaine loi. La première est l'IMPUTABILITÉ (physique) DE L'ACTE, autrement dit la dépendance de la détermination envers le libre
82 pouvoir. | La seconde est l'IMPUTABILITÉ (morale) LÉGALE, autrement dit la dépendance de la détermination libre envers la loi, l'applicabilité d'une loi à un acte donné et l'assignation de celui-ci à la loi – assignation par laquelle l'acte est contenu sous une certaine notion relativement à laquelle une certaine loi affirme ou nie quelque chose, de sorte que la même chose au sujet de l'acte donné peut être affirmée ou niée au moyen du *dictum de omni et nullo* (*M.* § 154) [1].

1. L'imputation de l'acte et l'imputation légale (qui sera abordée à la section X), en tant qu'elles sont les deux volets de l'imputation au sens large, forment ce qu'on pourrait appeler une théorie de la responsabilité morale et juridique. Les développements des *Principes* sur ce thème auront de profondes répercussions sur la philosophie pratique de Kant, sur sa conception du mérite et du démérite, de la responsabilité et de la non-responsabilité. Par ailleurs, le *dictum de omni et nullo* auquel il est fait référence à la fin du paragraphe renvoie à un principe cardinal de la logique syllogistique d'Aristote. Il signifie que ce qui est affirmé à propos d'un ensemble logique peut également être affirmé à propos de la partie logique de cet ensemble, et que ce qui est nié à propos du tout, peut également être nié à propos de la partie de ce tout.

§ 126

Ou bien celui qui impute se juge lui-même, selon l'imputation de l'acte, comme l'auteur d'un certain acte et, selon l'imputation légale, subsume son acte propre sous la loi ; ou | bien il juge autrui, selon l'imputation de 62
l'acte, comme l'auteur d'un certain acte et, selon l'imputation légale, subsume l'acte d'autrui sous la loi (§ 125). Le second cas est l'IMPUTATION AU SENS STRICT tant DE L'ACTE que LÉGALE. Le premier cas est la CONSCIENCE (morale et au sens strict) tant DE L'ACTE que LÉGALE, nom par lequel cependant on désigne souvent aussi la faculté de ces dites actions et l'aptitude à celles-ci (*M.* § 219)[1].

§ 127

Les actes n'ont comme cause efficiente ou déficiente que la substance libre (*M.* § 940, 319) et de là, la personne (§ 10). Ainsi, celui qui a à imputer un acte doit connaître : 1) l'acte, 2) la personne, 3) la dépendance de celui-là envers celle-ci (*M.* § 313). Meilleure sera cette triple connaissance, meilleure sera l'imputation de l'acte (§ 125). Dès lors, l'acte est l'exécution (*M.* § 940), la cause alléguée de cette exécution (*M.* § 319), la cause réelle
| (*M.* § 307) et de là, ce qui est causé de manière tout à fait déterminée 83
(*M.* § 54) dans le passé, le présent ou le futur pris séparément (*M.* § 298), ce qui est déterminé dans tous ses aspects (*M.* § 148), le résultat (*M.* § 323). Comme la richesse et l'étendue sont la perfection de la connaissance (*M.* § 515, 94), celui qui veut imputer un acte de la manière la plus heureuse est tenu d'être attentif aux si nombreuses variations de ses circonstances (*M.* § 323), dont la moindre modifie souvent l'acte dans les moindres détails (*M.* § 324) ; il peut le faire une fois assuré le reste des perfections de l'imputation (*M.* § 669).

§ 128

Les éléments variés intérieurs et extérieurs, autrement dit relatifs à l'acte, qui doivent être examinés dans l'imputation de celui-ci, sont LES MOMENTS DE L'ACTE (les circonstances au sens impropre), dont les parties sont l'occasion et les circonstances (au sens propre) (*M.* § 323).

1. Par où l'on voit que la théorie de l'imputation ne se réduit pas à un seul exercice juridique extérieur, mais concerne tout autant la vie même de la conscience morale et sa capacité d'examen. C'est ce sur quoi insisteront les tout derniers paragraphes des *Principes*, consacrés à la conscience. Kant devra beaucoup à la pensée de Baumgarten sur ce point.

L'ignorance ou l'erreur totale ou partielle concernant les éléments variés de l'acte, quels qu'ils soient, sont L'IGNORANCE ET L'ERREUR DE FAIT ; concernant les éléments variés de l'acte qui ne doivent pas être examinés dans l'imputation, elles sont NON ESSENTIELLES ; concernant les moments de l'acte, elles sont ESSENTIELLES. Les recherches concernant les éléments variés de l'acte sont les QUESTIONS DE FAIT ; concernant les éléments variés qui ne doivent pas être examinés dans l'imputation de l'acte, elles sont NON ESSENTIELLES ; concernant les moments de l'acte, elles sont ESSENTIELLES. L'énumération des moments de l'acte est LE CARACTÈRE SPÉCIFIQUE DE L'ACTE (l'acte). Par conséquent, le caractère spécifique de l'acte est utile à celui qui a à l'imputer puisqu'il ne s'étend pas aux questions non essen-
84 tielles de l'acte ; mais, étant plus riche, | il lui permet de savoir : 1) si la détermination donnée est tout à fait en rapport avec l'acte – l'existence du délit avec ses signes est le CORPS DU DÉLIT ; 2) si la détermination donnée a eu lieu ; 3) quelle est sa nature ; 4) quelle est sa valeur ; 5) de qui elle est ; 6) dans quelle mesure elle dépend de celui-ci ; 7) dans quelle mesure elle dépend de la liberté de celui-ci ; 8) de quelles lois elle dépend ; 9) sous quelles lois elle doit être subsumée. Aussi longtemps qu'on ignore totalement 1) l'existence de l'acte, par exemple le corps du délit, ou 2) la personne qui en est l'auteur, ou 3) la dépendance de l'acte envers son auteur, l'imputation de l'acte est impossible (§ 127).

§ 129

Tous les actes humains admettent des degrés et des quantités (*M.* § 940), et une connaissance non seulement philosophique – par les preuves, même celles qui établissent entre autres la réalité de l'acte, et par les témoins –, mais aussi mathématique (*M.* § 249), partie bien connue de la mathématique des grandeurs inextensives [1]. De là, il est toujours bien (§ 127) pour celui qui a à imputer un acte de déterminer si cet acte est un mérite ou un démérite (§ 106, 115) et surtout d'apprécier la valeur du mérite (*M.* § 337) ainsi que le degré du démérite relativement au tort, autrement dit au dommage (au dam [2]), (*M.* § 336) – cette valeur, puisqu'elle
63 est aussi importante | que celle du bien supprimé par l'élément nuisible, est

1. Le terme latin utilisé par Baumgarten est *mathesis intensorum* qui renvoie au calcul infinitésimal : c'est la mathématique des grandeurs inextensives concernant le degré et l'intensité. Voir aussi Baumgarten, *Metaphysica* (1779), § 170 de la nouvelle édition de 1783.

2. Le dam a dans ce paragraphe un sens strictement juridique (et non théologique, comme au § 124) et est l'équivalent du dommage, du tort et du préjudice.

quelquefois appelée valeur du tort, du dommage, du dam – ; cela est assez souvent nécessaire, quand évidemment le degré est le moment de l'acte (§ 128), cela est nécessaire en raison de la loi, c'est-à-dire que cela concerne les déterminations | du sujet ou du prédicat à propos desquelles 85
parle la loi applicable à un certain acte (§ 125).

§ 130

Tous les actes humains ont certes entre eux une certaine similitude et convenance, autrement dit une certaine identité (*M.* § 265). Cependant quand deux personnes commettent le même acte, celui-ci n'est jamais totalement le même (*M.* § 269) et l'acte de l'un n'est jamais totalement égal à l'acte de l'autre (*M.* § 272). Par conséquent, loin que toutes les fautes soient totalement égales, au contraire, aucun des actes mauvais ou bons accomplis par plusieurs ou par la même personne ne sera totalement égal, puisqu'ils seront toujours dissemblables ou hétérogènes en quelque chose (*M.* § 267). Mais, par ailleurs, comme toutes les fautes admettent des degrés (§ 129), elles admettront aussi entre elles certaines de leurs raisons, des identités de raisons (*M.* § 265) ou des proportions (*M.* § 572) et disproportions dans ces fautes (M. § 573), pour la recherche desquelles (§ 129) celui qui a à imputer aura besoin de beaucoup de perspicacité (*M.* § 573) et même parfois d'une indispensable subtilité (*M.* § 576).

§ 131

Les déterminations qui ne sont pas libres ne sont pas des actes (*M.* § 940). Par conséquent, ni l'imputation de l'acte ni l'imputation légale n'ont lieu pour elles, ni au mérite, ni au démérite (§ 125). Ce qui est absolument nécessaire, ce qui est contraint par une force violente extérieure simplement telle, ce qui est contraint par une force intérieure et physique, mais simplement telle, ce qui est physiquement nécessaire | et impossible, 86
mais simplement ainsi, l'impuissance purement naturelle (*M.* § 469) et les actions purement naturelles (*M.* § 708) ne sont pas des actes, et par là ne sont pas imputés (§ 50). LES CHOSES TOUT A FAIT INÉVITABLES (inéluctables) sont celles dont il est absolument impossible d'empêcher l'existence ou dont cet empêchement se trouve simplement au-delà du pouvoir de quelque auteur. Comme celles-ci ne sont pas ni n'ont été absolument libres pour cet auteur sur le plan de leur exécution | (*M.* § 708), ce dernier 64
n'a pu ni se diriger vers elles ni s'y opposer selon son plaisir (*M.* § 712) et donc n'a pu agir librement (*M.* § 719). Il s'ensuit que ces choses absolument inévitables ne sont pas des actes et ne sont pas imputables.

§ 132

Les situations dues à la fortune, autrement dit les situations fortuites en tant que telles (*M.* § 912), comme la prospérité (*M.* § 787), la misère (*M.* § 788), l'infortune (*M.* § 912), dans la mesure où elles ne sont pas des actes du sujet à qui elles arrivent, ne lui sont pas imputables (§ 131). Par contre, le DÉLIT DE LA FORTUNE, si on désigne par là un mal moral, autrement dit une faute à laquelle l'auteur a été poussé par la seule mauvaise fortune, et le MÉRITE DE LA FORTUNE, si on désigne par là un bien moral à l'exécution duquel quelqu'un est parvenu par la seule bonne fortune, impliquent une imputabilité (*M.* § 788, 787).

§ 133

Tout acte a ses conséquences *in indefinitum* à travers la succession de tous les états du monde (§ 32 ; *M.* § 489), qui sont soit bonnes, soit
87 mauvaises (*M.* § 790). Celles-ci – dans la mesure où | il est dans le pouvoir de l'auteur de se déterminer librement pour les produire par l'accomplissement de l'acte ou pour les empêcher par son omission – sont les libres CONSÉQUENCES DE L'ACTE (*M.* § 719) que nous appelons MORALES (*M.* § 723). Or, elles seules sont imputables aux auteurs de l'acte (§ 131 ; *M.* § 940). Donc, on ne peut imputer aux auteurs des actes ni aucune ni toutes les conséquences de ceux-ci, mais seulement les conséquences morales. Dès lors, il n'est pas en notre pouvoir de nous déterminer librement à produire ou à empêcher une conséquence, s'il n'est pas en notre pouvoir 1) de la prévoir, 2) d'anticiper la conséquence qui doit être produite ou empêchée par notre effort, 3) de la reconnaître comme bonne ou mauvaise et, de plus, dans les deux cas, 4) de les reconnaître, du moins en partie, clairement (*M.* § 712, 719).

Donc, les conséquences des actes ne sont pas morales, si ne sont pas en notre pouvoir 1) leur prévision, 2) l'anticipation des conséquences qui doivent être produites ou empêchées par nos forces quelles qu'elles soient, 3) leur reconnaissance comme bonnes ou mauvaises et, dans les deux cas, 4) leur reconnaissance, du moins en partie, claire.

Donc, les conséquences des actes, 1) qu'il était simplement hors du pouvoir de l'auteur de prévoir, 2) que l'auteur aurait peut-être pu prévoir, mais dont il était simplement hors de son pouvoir d'anticiper s'il devait les produire ou les empêcher, 3) pour lesquelles il aurait peut-être pu parvenir
88 à une telle anticipation, mais non simplement | à la reconnaissance de leur caractère bon ou mauvais, 4) pour lesquelles enfin l'auteur pourrait peut-être avoir cette reconnaissance, mais non satisfaire à ces quatre conditions

avec toute la clarté requise, de telle sorte qu'une quelconque satisfaction de ces conditions est tout simplement hors de son pouvoir, ne peuvent être imputées à l'auteur des actes dont elles sont les conséquences (§ 131, 125).

§ 134

On impute à bon droit à l'auteur d'un acte l'effet de l'acte (§ 125 ; *M.* 940), partant, non seulement l'effet immédiat et évident pour tous, mais aussi les effets médiats et cachés et tous ceux qui sont compris dans toute intention, autrement dit les pleins effets (*M.* § 330), mais non les autres – à moins qu'ils ne soient moraux et par là prévisibles de la manière décrite au § 133 – puisqu'ils découlent certes d'un acte, mais pas en tant qu'il est une détermination libre, et découlent également par là d'un auteur, mais pas en tant qu'il est un libre agent (*M.* § 940). Dès lors, supposons qu'une certaine personne a une détermination A, | qui, dans un certain état (comme 65
s'il s'agissait de la réalité actuelle), est physiquement impossible *secundum quid* et au-delà du pouvoir de cette personne. Supposons en outre qu'en tant que telle cette impuissance physique *secundum quid* précisément est la conséquence morale d'un acte B d'autrui qui l'a précédée (§ 133), impuissance en fonction de laquelle la personne en question pouvait prévoir – selon § 133 – l'omission future de la détermination A. Alors, une telle impuissance naturelle *secundum quid* | de la première personne et, à partir de là, l'omission qui s'ensuit de la détermination A 89
sont imputées à bon droit à l'auteur de l'acte B (§ 134).

§ 135

Supposons pour une certaine personne un événement inévitable A dans un certain état (comme s'il s'agissait de la réalité actuelle), de telle sorte que le fait d'empêcher *secundum quid* son existence est au-delà de son pouvoir. Cependant, supposons en outre que cette impuissance naturelle *secundum quid* est la conséquence morale d'un acte B d'autrui qui l'a précédée et qu'en fonction de cette impuissance le non-empêchement futur de l'événement A a pu être prévu par l'auteur de l'acte B dans les conditions décrites au § 133. Alors, l'impuissance naturelle de la première personne et, à partir de là, le non-empêchement qui s'ensuit de l'événement A sont imputés à bon droit à l'auteur de l'acte B (§ 134).

§ 136

Du fait que quelqu'un n'a pas prévu selon le § 133 certaines conséquences de ses actes et qu'il peut dire avec vérité : « Je n'y avais pas pensé », il ne s'ensuit pas que ces conséquences ne lui sont pas imputables ; s'il a eu le pouvoir de les prévoir selon la manière décrite, cela est suffisant pour qu'elles le soient. En revanche, supposons qu'une certaine conséquence A d'un acte soit réglée de telle sorte que sa prévision, telle que requise au § 133, est *secundum quid* au-delà du pouvoir d'un certain auteur dans un certain état (comme s'il s'agissait de la réalité actuelle). Toutefois, supposons en outre que cette impuissance naturelle *secundum quid* concernant la prévision en question est la conséquence morale d'un acte B d'autrui qui l'a précédée, conséquence en fonction de laquelle l'auteur
90 aurait pu prévoir, selon les conditions exigées, | ce qui allait s'ensuivre, à savoir que la conséquence A serait imprévue. Alors cette impuissance même concernant la prévision et la conséquence imprévue de l'acte A à cause de l'impuissance sont imputées à bon droit à l'auteur de l'acte B antérieur (§ 133).

§ 137

Comme tout jugement, l'imputation, tant légale que de l'acte, est ou bien vraie ou bien erronée (§ 125). Cependant, de même que ce n'est pas toute imputation vraie, si elle est désignée *a potiori*, qui est exacte, de même beaucoup de vrai peut aussi se trouver dans l'imputation erronée. L'imputation est soit méthodique, soit précipitée (*M.* § 515) ; elle est soit plus obscure, soit plus vive, soit plus distincte, soit précaire (§ 88) ; elle est soit une PERSUASION, et alors, elle est dans son SENS POSITIF une certitude des sens ou dans son SENS NÉGATIF une opinion prise pour une certitude, soit une CONVICTION, une certitude intellectuelle et rationnelle qui est SOLIDE lorsqu'elle prouve de manière précise, autant que cela peut et doit être fait à l'égard de sa matière subordonnée, ou SUPERFICIELLE lorsqu'elle ne prouve pas à un si haut degré de précision. Elle est ou bien certaine, ou bien incertaine, et alors, tantôt probable, tantôt douteuse, tantôt improbable (§ 28). Elle est ou bien évidente, ou bien non évidente (*M.* § 531) ; ou bien inerte et vaine, ou bien motrice et pragmatique. Plus elle est vraie, exacte, claire, distincte, certaine, solide, évidente, vive et moins elle est précipitée, alors meilleure est l'imputation (*M.* § 669).

| § 138 66 91

Dans l'imputation de l'acte, comme l'une des premières questions est la question de l'acte, à savoir si elle est tout à fait en rapport avec l'acte donné ou porte sur son existence singulière (§ 128, 127), celui qui veut éviter une imputation erronée (§ 137), doit se garder :

1) d'imputer comme des actes des actions intérieurement impossibles à chacun, si la multitude même la plus grande, l'habileté ou la sincérité des témoignages semblaient concilier la probabilité de la croyance avec ce genre de choses absolument incroyables (§ 129) ;

2) de rejeter d'emblée comme si n'étaient pas des actes des actions qu'il juge lui-même par précipitation intérieurement impossibles, encore bien moins des actions qu'il pense être physiquement impossibles à une certaine personne ou du moins être au-delà de son pouvoir *secundum quid* – alors qu'en réalité elles ne seraient peut-être que difficiles (*M.* § 527) – et, moins encore, les actions qu'il considère de la même manière être moralement impossibles à une personne donnée ; et par conséquent, il doit se garder d'écarter ces actions d'une imputation future (*M.* § 469, 724).

§ 139

Celui qui veut éviter une imputation erronée (§ 137) doit se garder :

3) de conclure d'emblée à l'existence d'un acte à partir de la possibilité de celui-ci, quelle qu'elle soit, même hypothétique, physique ou morale (*M.* § 723) – nous n'entreprenons pas, de quelque manière que ce soit, toutes les actions qui sont en notre pouvoir, ni toutes celles qui sont permises, ni surtout celles qui ne sont permises que par quelques lois. De la possibilité interne | de toutes ces actions, on ne peut se fonder sur rien de 92
suffisant pour en déduire qu'elle a été réalisée (*M.* § 59) – ;

4) d'estimer vraie l'intégralité de son imputation à partir de la vérité déjà connue de certains moments de l'acte, puisqu'il n'en peut pas moins se tromper quant au reste des questions essentielles de l'acte qui n'ont pas encore été examinées (§ 128).

§ 140

Celui qui veut effectuer une imputation avec le plus de chances de succès doit, outre les observations qui ont été faites jusqu'ici (§ 138, 139), se garder :

5) de confondre l'imputation de l'acte et l'imputation légale, et il commencera bien par la seconde sans quoi la première sera souvent une action vaine quand la seconde, examinée seulement par la suite, fait défaut (§ 125) ;

6) comme l'obscurité de la confusion est la mère de l'erreur, de ne pas avancer avec la plus grande prudence au milieu des ténèbres et dans une mauvaise lumière ;

7) de ne pas bien distinguer, car, en distinguant bien, il imputera bien ;

8) de confondre, par fausse persuasion, la vividité[1], l'éclat, voire la distinction elle-même – caractéristiques au moyen desquelles le fait que l'on suppose être un acte est décrit ou même exposé – avec la conscience, la clarté et la lumière de la vérité elle-même ;

9) parce que l'imputation d'un acte donné ne peut pas devenir complètement ni scientifiquement certaine, autrement dit parce qu'elle n'est pas démontrable mathématiquement, d'en négliger, par superficialité, toute la solidité (§ 137).

§ 141

Lorsque nous sommes destinés à être obligés, nous sommes obligés de tendre vers une détermination libre (§ 15 ; *M.* § 342), c'est-à-dire vers celle qu'il nous faut établir comme devant être produite en vue d'une fin
93 | (*M.* § 341). Par conséquent, celui qui est obligé est obligé d'exécuter ce à
67 quoi il est obligé, à savoir la détermination, quelle qu'elle soit | (*M.* § 148),
autant que celle-ci lui est physiquement et moralement possible (§ 10). Par conséquent, celui qui est obligé à quelque chose est en même temps obligé à tout ce qui lui est physiquement et moralement possible : les antécédents, les éléments concomitants, les conséquences, sans lesquels un devoir donné ne peut exister (§ 83). Dès lors, les actes sans le désir agissant de la personne qui y est obligée, ne peuvent exister (*M.* § 675), ni aucune détermination libre (*M.* § 723). Par conséquent, toutes les obligations des lois obligeant une personne à quelque chose l'obligent aussi au désir agissant de cette chose. Et comme celui qui est obligé de produire librement quelque chose est obligé au désir de cette chose autant que l'obligé lui-même le juge requis pour sa production (*M.* § 719, 712), les obligations des lois exigent

1. La vividité (*vividitas*) est un terme de la psychologie empirique et de l'esthétique désignant la force avec laquelle les images mentales s'imposent à notre esprit.

que les désirs des actes qu'elles obligent d'accomplir soient complets (*M.* § 671). De plus, en obligeant à vouloir, elles obligent aux décisions, aux volitions conséquentes et à l'intention (*M.* § 696). Par conséquent, la simple complaisance, les simples désirs, voire les volitions moins complètes et seulement antécédentes (velléités) de ce à quoi la loi oblige ne satisfont pas à l'obligation de la loi (§ 22 ; *M.* § 695).

| § 142 94

Celui qui est obligé est obligé de désirer complètement ce à ce quoi il est obligé (§ 141). Or, dans une obligation douteuse, il serait cependant obligé de désirer également et complètement des contraires. Comme cela est physiquement et tout simplement impossible (*M.* § 673), personne ne peut être obligé à des choses physiquement impossibles si elles sont tout simplement telles (§ 24, 27). On ne doit satisfaire à aucune obligation douteuse (§ 22) ni, à plus forte raison, à la loi de cette obligation douteuse (§ 63). Cette loi (§ 60), puisqu'elle est évidente d'après la nature et par nature, est naturelle (§ 39, 63). Par conséquent, celui qui suit une obligation douteuse (véritablement telle) transgresse la loi naturelle (§ 83).

§ 143

L'obligation est soit complètement certaine, soit probable, soit
douteuse, soit improbable | (§ 28). Il n'est dès lors pas permis de suivre 68
l'obligation douteuse (§ 142). Or, celle-ci est meilleure que l'obligation improbable (*M.* § 669). Par conséquent, il est beaucoup moins permis – à la vérité il ne l'est pas du tout – de suivre l'obligation improbable (§ 70), parce que son contraire, l'obligation probable, est toujours plus fort (§ 23, 17). De là, il ne faut satisfaire qu'à l'obligation complètement certaine ou à l'obligation probable. Est MORALEMENT CERTAIN non pas certes ce qui l'est
complètement, mais ce qui est certain à ce degré où | l'assentiment peut 69
moralement naître d'une telle assertion. Par conséquent, il ne faut satisfaire
qu'à l'obligation certaine, du moins moralement, et celui qui | accomplit ou 95
omet quelque chose sans être certain, pas même moralement, d'être obligé de l'accomplir ou de l'omettre, commet une faute (§ 142).

§ 144

L'imputation de l'acte ou de la loi (§ 125) qui est douteuse ou improbable n'est jamais juste (§ 137, 143). De là, celui qui veut imputer justement un acte doit, encore une fois :

10) chercher la certitude, du moins morale (§ 70), en ne se contentant pas de n'importe quelle vraisemblance qui pourrait être le fait de choses même douteuses, voire improbables (§ 28), ni de CONJECTURES renfermant une raison insuffisante de son assentiment (*M.* § 901).

Les données complètes, les moments de l'acte, sont dès lors suffisants pour une imputation certaine, du moins moralement. Les données moins nombreuses et de moindre qualité que celles-ci sont les données incomplètes. Celui qui veut imputer justement n'imputera qu'à partir de données complètes (§ 128). On appelle CONCEPT SUFFISAMMENT DÉTERMINÉ DE LA DÉTERMINATION MORALE celui qui la présente par ces signes qui peuvent rendre certain, du moins moralement, de la nature bonne ou mauvaise de la détermination ; le concept qui ne présente pas de tels signes n'est pas encore suffisamment déterminé. Celui qui impute un acte, afin de pouvoir procéder à une imputation légale, ne considère avec justesse l'action première comme complètement achevée qu'à l'aide d'une idée suffisamment déterminée de l'acte (§ 125, 139).

§ 145

Que celui qui veut imputer justement, 11) soit impartial (§ 144 ; *M.* § 917).

96 Puisque non seulement | la raison, mais aussi l'usage abondant de la raison sont très utiles pour tout ce que nous considérons jusqu'ici requis par celui qui a à imputer (*M.* § 640, 646), que celui qui veut imputer avec succès 12) tire sa force de sa raison et de l'usage de celle-ci. Dès lors, les émotions ont l'habitude d'entraver fortement le libre usage de la raison (*M.* § 678, 693).

De là, est très utile à celui qui veut imputer plus justement : 13) le pouvoir sur lui-même, qui consiste à fuir comme il se doit la servitude morale (*M.* § 730) et à écarter toutes les circonstances susceptibles d'exciter les émotions, lesquelles sont contraires à une imputation juste.

§ 146

Puisque toute détermination libre est imputable (§ 125) avec ses antécédents, ses éléments concomitants et ses suites – physiquement et moralement possibles pour une personne et sans lesquels une détermination donnée n'aurait pas pu exister (§ 141) –, et avec toutes ses conséquences morales (§ 133), sont aussi imputables non seulement les actions émanant de l'âme, mais aussi toutes ses actions impératives (*M.* § 730), non seulement celles qui découlent directement de la liberté, mais aussi celles qui en découlent indirectement (*M.* § 731), les mouvements mêmes du corps, arbitraires ou volontaires, auxquels il était dans le pouvoir de l'homme de se déterminer librement (*M.* § 733).

§ 147

Toute pensée (*M.* § 505), ou plutôt les représentations elles-mêmes obscures et différentes à un certain degré (*M.* § 511), l'ignorance, l'erreur et la connaissance avec leurs degrés (*M.* § 515. 669), l'attention et
l'abstraction avec leurs espèces (*M.* § 529), | les sensations (*M.* § 543) et les 97
erreurs des sens (*M.* § 545), l'ébriété et ses effets (*M.* § 554), la mort elle-même (*M.* § 556), les fantasmes (*M.* § 569), les songes (*M.* § 593), ce qui est
engendré pendant le sommeil, | par les noctambules par exemple 70
(*M.* § 594), les souvenirs et les oublis (*M.* § 582), les fictions (*M.* § 590), les délires eux-mêmes (*M.* § 594), ce qui est accompli par délire, mélancolie ou fureur (*M.* § 688), les prévisions (*M.* § 602), les jugements quels qu'ils soient (*M.* § 606), les présages (*M.* § 610), les présomptions (*M.* § 612), les intuitions et les significations (*M.* § 620), toutes les opérations de l'intellect (*M.* § 624), l'intension, l'extension et la protension de l'attention (*M.* § 628), la santé, la corruption et la culture de la raison (*M.* § 646), l'indifférence (*M.* § 651), les voluptés et les aversions (*M.* § 655), les impulsions et les dérobades (*M.* § 677), les émotions (*M.* § 678), les caprices (*M.* § 712) sont imputables (§ 146) dans la mesure où :

1) les actions impératives de l'âme découlent, du moins indirectement, de la liberté (M. § 730) ;

2) les antécédents, les éléments concomitants et les conséquences – physiquement ou moralement possibles pour leur auteur (§ 141), sans lesquels la chose décidée ne pourrait exister et qu'à plus forte raison il a en même temps décidés en décidant l'existence de la chose (*M.* § 55) –, sont le fait d'une décision ;

3) les conséquences des actes sont prévisibles de la manière expliquée au § 133, bien qu'elles n'aient pas toujours été prévues (§ 136) ;

4) les conséquences des actes susceptibles d'être empêchées par certains actes commissifs ou omissifs pouvaient être prévues de la même manière (§ 133, 135).

| Tout ceci est donc imputable, mais non toutefois pour cette raison à 98
partir de n'importe quoi (§ 144).

§ 148

Les déterminations non libres – ou plutôt ce qui n'est pas moral dans les actes eux-mêmes, surtout dans ceux d'une composition plus grande (*M.* § 215) –, même si quelques-unes d'entre elles convenaient à l'acte puisqu'elles lui ressemblent davantage, ne doivent pas être tenues pour de vrais actes. De là, aucune bonne conséquence de ces déterminations n'est une vraie récompense (§ 113), ni aucune mauvaise conséquence une vraie peine (§ 122). Aucune loi (morale) n'énonce quelque chose à propos d'une telle détermination ou action (§ 61) et, pour cette raison, une action de ce genre ressemblant davantage à un devoir ne peut pas être dite avoir servi la loi, ni l'aptitude à cette action être appelée l'observation des lois, ni une détermination non morale ressemblant davantage à une offense, quelle qu'elle soit, être dite une vraie offense, une transgression ou une violation de la loi (§ 83). Par conséquent, la distinction entre ceux qui enfreignent moralement les lois et ceux qui les enfreignent non moralement est nulle. Si une loi décidait de donner même le pire châtiment à ceux qui accomplissent des actions ressemblant à une offense, mais qui sont non morales, une déclaration de ce genre ne serait toutefois pas une sanction pénale (§ 120).

99 | SECTION VIII

L'AUTEUR

§ 149

Dans l'imputation de l'acte, outre l'acte lui-même, l'auteur mérite aussi l'attention. Comme celui-ci doit être une personne (§ 127), à nul agent qui n'est pas une personne n'est imputable ce qu'il fera. De là, aucune action faite par des êtres bruts (*M.* § 795) ne leur est imputable. On ne peut d'aucune manière dire véritablement qu'ils observent ou violent les lois (morales), comme l'on ne peut pas dire avec justesse que pour eux les mauvaises conséquences de certaines de leurs actions sont, par la volonté
71 du législateur, | des peines et les bonnes, des récompenses (§ 148).

Toutefois, dans la mesure où les actions des êtres bruts 1) pouvaient être prévues par un homme de la manière mentionnée au § 133, et du moins à la condition qu'il fût en son pouvoir de se déterminer librement pour les produire ou les empêcher par son acte commissif ou omissif, et ce, même si les effets d'un tel acte étaient suffisamment indirects (§ 134), même si l'homme, en un certain état, se trouvait dans l'impuissance naturelle, mais imputable, de produire ces actions ou de les empêcher (§ 135) et enfin, même si ces actions n'ont pas été prévues, voire en un certain état n'ont pas même pu être prévues à cause de cette impuissance néanmoins imputable (§ 136),

et dans la mesure où ces actions 2) sont des antécédents, des éléments concomitants ou des conséquences d'une certaine décision |qu'il était 100
physiquement ou moralement possible pour l'auteur de cette décision de produire ou d'empêcher et sans lesquels la chose décidée n'aurait pas pu exister,

ces actions, donc, sont imputables à cet homme, à la personne dont l'acte est relié à celles-ci selon la raison mentionnée, alors que son propre concours, commissif ou omissif, à ces mêmes actions peut lui être imputé avec plus de justesse (§ 147).

§ 150

Un acte, surtout lorsqu'il est d'une composition plus grande, peut avoir un seul auteur ou plusieurs qui y collaborent. Parmi les auteurs qui collaborent à un acte, on observe un auteur principal et les autres qui sont ou bien secondaires ou moins importants (*M.* § 314) ; ces collaborateurs sont soit coordonnés entre eux, soit subordonnés, soit coordonnés et subordonnés à la fois. (*M.* § 315). Si la cause morale strictement dite tend absolument vers le même acte que l'auteur qui lui est subordonné (*M.* § 940), celui-ci lui est subordonné essentiellement, et quelqu'un qui fait ainsi faire un acte par un autre doit être considéré comme celui qui l'a fait lui-même (*M.* § 316, 317).

§ 151

Les auteurs sont des causes ou bien efficientes ou bien déficientes (*M.* § 940, 319). Les premiers sont vus comme des auteurs d'accomplissements, les seconds comme des auteurs d'omissions (§ 31). Les auteurs de devoirs ou de biens moraux sont vraiment les auteurs efficients ; les auteurs de fautes en tant que telles sont les auteurs déficients (§ 124). Un acte peut être imputé (§ 150) à un auteur associé et assistant (*M.* § 320, 321), mais aussi à une personne prise comme instrument, autrement dit subalterne 101
(*M.* § 322), et |occasionnelle (*M.* § 323).

§ 152

Si plus d'un auteur d'un même acte est jugé, alors ou bien chacun aussi des moments de l'acte est imputé à chacun d'eux, ou bien certains de ces moments sont imputés seulement à l'un des auteurs et certains à l'autre

(§ 125, 128). Dans le premier cas, L'ACTE EST IMPUTÉ PAR INDIVISION, dans le second cas, PAR DIVISION. Si quelqu'un concourt à un acte avec d'autres, mais seulement en tant que cause efficiente ou déficiente de l'événement et non en tant qu'auteur de l'acte, il peut être, dans la mesure où il y a événement, sa cause occasionnelle, instrumentale et auxiliaire, immédiate et même principale (§ 150, 151), sans toutefois que cet acte, en tant qu'acte (*M.* § 940), ne puisse également lui être imputé d'aucune façon, pas même par division (§ 125).

72 | § 153

Si quelqu'un est non seulement cause efficiente, mais aussi auteur de divers éléments d'un certain acte – non seulement extérieurs, autrement dit relatifs, mais aussi intérieurs –, mais que ceux-ci ne sont que non essentiels, dans ce cas un acte peut certes lui être imputé, mais cet acte ne peut être celui dont on est alors en train d'instruire l'imputation (§ 128). Si un des auteurs associés, quel qu'il soit, a été auteur physique d'uniquement certains moments de l'acte – dans la mesure où il se distingue de la cause morale strictement dite –, et auteur immédiat, à la condition toutefois qu'il
102 ait été en même temps la cause morale strictement dite | des autres moments de l'acte et qu'à plus forte raison les premiers moments soient les effets moraux immédiats de cet acte et les autres en soient les conséquences morales (§ 133, 134), alors l'acte est imputé à bon droit par indivision à chacun d'entre eux (§ 152). Mais dès qu'un seul des auteurs associés ou bien concourt moralement à tous les moments de l'acte, ou bien ne concourt plus moralement à un seul moment de l'acte, encore beaucoup moins en tant qu'auteur physique et immédiat (*M.* § 960), l'acte, selon l'imputation exacte, ne doit être imputé que par division (§ 137).

§ 154

Étant donné que dans tout acte humain, qu'il soit appelé bon *a potiori* ou mauvais selon la même désignation, il y a un bien matériel et un mal formel en ce qui concerne sa finitude (*M.* § 914), supposons que quelqu'un concoure immédiatement ou moralement, comme auteur, à un acte bon, mais qu'il concoure seulement aux éléments négatifs et aux maux qui sont liés à cet acte : l'acte doit alors aussi lui être imputé par division (§ 153) mais non en tant qu'acte bon. Supposons qu'un autre concoure immédiatement ou moralement à un acte mauvais, mais qu'il concoure seulement, autant que peut l'observer celui qui impute, aux moments bons de l'acte, qu'il faut rapporter à l'élément matériel de cet acte : l'acte doit alors aussi lui être imputé par division (§ 153), mais non en tant qu'acte mauvais. De là, celui qui impute peut parfois établir de manière exacte que celui qui a concouru, même moralement, à un mal dit *a potiori* a bien agi ou que celui qui a concouru, même moralement, à un bien dit *a potiori* a mal agi (§ 137).

| § 155 103

Celui qui ordonne est la cause morale strictement dite de l'acte qu'il a ordonné (§ 100 ; *M.* § 940). De là, l'acte qu'il a ordonné et dans la mesure où il l'a ordonné, lui est imputable (§ 150). De plus s'il a ordonné seulement quelques moments de l'acte, mais a en même temps visé les autres moments prévisibles et leurs conséquences, ceux-ci, avec toutes les conséquences de cet ordre qui ont été déterminables librement par ce dernier, lui sont imputés à bon droit (§ 133). Mais les moments de l'acte ordonné et leurs conséquences qu'il n'a pas ordonnées, qu'il n'a pas visées et qui n'étaient pas déterminables librement par lui, ne peuvent pas être imputés exactement à celui qui ordonne (§ 154, 153). Il en va de même pour celui qui consulte, POUR CELUI QUI CONSENT, c'est-à-dire prend la même décision qu'autrui, et pour celui qui incite (*M.* § 728, 940).

| § 156 73

Si quelqu'un est cause occasionnelle et qu'il se propose d'apporter sa participation au fait soumis à examen par suite de l'acte d'autrui (§ 93) ou qu'il se propose librement d'exécuter en même temps un acte à cette occasion, un acte même par lequel le fait aurait dû être examiné, alors cet acte peut aussi lui être imputé par indivision pour chacun de ses moments ou, du moins, lui être imputé par division pour certains moments (§ 153, 154) ; ou, enfin, s'il ne concourt pas de manière entièrement libre aux moments de l'acte, alors cet acte d'autrui – auquel il a fourni l'occasion et à cause duquel est soumis à examen le fait auquel il voudra participer –, ne peut pas lui être imputé (§ 153).

| § 157 104

Celui qui n'empêche pas un acte moralement ni physiquement (*M.* § 967, 968), par exemple en ne le révélant pas, soit omet l'acte dont il est question parce qu'il y consent – il doit alors être jugé selon ce qui a été dit au § 155 –, soit omet l'acte parce que, n'y consentant absolument pas ou étant en désaccord total avec les moments de l'acte, il n'a cependant pu entre-temps, physiquement ou moralement, l'empêcher ou le révéler.

Alors ces omissions-ci sont considérées à juste titre comme des actes (§ 72 ; *M.* § 901). De là, les actions non empêchées et non révélées sont considérées à tort comme des actes, car en tant que telles, elles ne peuvent dépendre à juste titre de ces actes (§ 32). Elles en dépendraient cependant, si ce qui est considéré à tort comme un acte en raison de ces omissions pouvait être imputé à juste titre à ceux qui omettent, en tant que causes morales strictement dites (*M.* § 940). Donc de telles actions considérées à tort comme des actes dans le cas mentionné ne peuvent pas être imputées à ceux qui ne les ont pas empêchées ou qui ne les ont pas révélées, en tant que causes morales au sens strict. Les fautes peuvent beaucoup moins être imputées à celui, comme à une telle cause, qui 1) les a toutes prévues, 2) a eu le pouvoir de toutes les empêcher physiquement, 3) les a toutes empêchées moralement, 4) en a même empêché physiquement la plupart, mais 5) n'a pas pu en empêcher physiquement ou moralement certaines en raison de la sagesse divine[1] (*M.* § 969, 970).

§ 158

Toutes et seulement les déterminations libres sont imputables (§ 125) et
105 l'obligation a lieu pour toutes et seulement les déterminations libres | (§ 15, 72). Par conséquent, les actes auxquels quelqu'un peut être obligé, peuvent aussi lui être imputés et dans la même mesure. Les actes qui ne peuvent pas être imputés à quelqu'un, ne peuvent pas l'obliger, et ce, dans la même mesure. Quant aux actes qui peuvent être imputés à quelqu'un, celui-ci peut y être obligé (obligé à les omettre ou à les accomplir) et dans la même mesure. Les actes auxquels quelqu'un ne peut pas être obligé, ne peuvent pas non plus lui être imputés et dans la même mesure. Les actions involontaires, faites par ignorance ou par erreur (*M.* § 716), 1) qui sont libres (*M.* § 719), et 2) sont les conséquences morales (§ 133) de l'ignorance ou de l'erreur elles-mêmes imputables (§ 147), peuvent être imputées justement à leur auteur (§ 125).

1. Selon les paragraphes de la *Métaphysique* donnés en référence, il faut conclure que la sagesse (*sapientia)* évoquée par Baumgarten dans ce passage ne peut être que la sagesse divine, même si le texte latin des *Principes* ne le précise pas.

| SECTION IX 74
LES DEGRÉS D'IMPUTABILITÉ

§ 159

Dans la mesure où un acte s'est produit (§ 127), n'est imputable en lui que ce qui est moral (§ 158). L'imputabilité de l'acte dont les divers éléments très peu nombreux et très petits dépendraient très faiblement de la liberté serait alors très petite (*M.* § 161). Par conséquent, plus les divers éléments de l'acte sont nombreux, plus ils sont grands et plus ils dépendent de la liberté, alors plus grande est son imputabilité (*M.* § 160). Puisqu'en toute personne, le lien entre les essences, les attributs, les modes, les qualités | ou les quantités et les degrés est universel (*M.* § 49, 50), plus 106
grandes sont sa liberté (*M.* § 725) et l'aptitude acquise au pouvoir sur elle-même (M. § 730), alors plus tous ses actes dépendent de sa liberté, donc plus ils lui sont imputables, toutes choses étant égales par ailleurs. On trouve dans les actes un nouveau champ de la connaissance mathématique (§ 130). Les actes libres quant à leur exécution et leurs contraires sont tantôt indifférents entre eux, en tant qu'exercice de l'acte (*M.* § 708), et alors ils sont imputables également, toutes choses étant égales par ailleurs ; tantôt l'un d'eux est plus difficile que l'autre (*M.* § 527) et alors l'accomplissement de l'acte le plus difficile est davantage imputable et son omission l'est moins, et l'accomplissement de l'acte le plus facile est moins imputable et son omission l'est davantage, toutes choses étant égales par ailleurs (§ 134).

§ 160

Si un acte a de bonnes conséquences morales moins nombreuses, plus petites et plus difficilement prévisibles, son accomplissement est alors davantage imputable et son omission l'est moins. Si un acte a de mauvaises conséquences morales moins nombreuses, plus petites et plus difficilement prévisibles, son accomplissement est moins imputable et son omission l'est davantage. Si un acte a de bonnes conséquences morales plus nombreuses, plus grandes et plus facilement prévisibles, son accomplissement est moins imputable et son omission l'est davantage. Si un acte a de mauvaises conséquences morales de ce genre, son accomplissement est davantage imputable et son omission l'est moins. | Plus il y a d'éléments 107
fortuits dans l'acte, moins celui-ci est imputable, et moins il y a en lui d'éléments fortuits, plus il est imputable (§ 159, 132). Un acte qui dépend seulement de manière obscure et plus médiate de la liberté est moins

imputable et un acte qui en dépend de manière manifeste et plus immédiate l'est davantage. D'un acte qui est naturellement impossible, mais seulement *secundum quid*, l'accomplissement est davantage imputable et l'omission l'est moins (§ 134). Mais tous ces actes sont imputables, toutes choses étant égales par ailleurs (§ 159).

§ 161

Un événement qui est inévitable *secundum quid*, mais néanmoins imputable selon les critères énoncés au § 135, est moins imputable que s'il n'avait pas eu un tel caractère inévitable (§ 160). Si les conséquences morales d'un certain acte n'ont pas été prévues ou encore n'ont pas pu être prévues naturellement *secundum quid*, cet acte est moins imputable que si ses conséquences avaient été prévues ou avaient pu, du moins, être prévues, également de la manière mentionnée (§ 136). Quant aux actes qui ne sont en rien imputables, on leur attribue mal à propos un haut degré de mérite ou de démérite et on discute inutilement de leur degré d'imputabilité. Les actes auxquels on refuse à juste titre un certain degré d'imputabilité ne doivent pas pour autant être aussitôt tenus pour des actes qui ne
75 sont | en rien imputables (§ 138). Depuis l'imputabilité de l'acte, quelle qu'elle soit, jusqu'à un certain degré plus élevé d'imputabilité, la consé-
108 quence ne vaut pas. De là, il ne faut pas prendre aussitôt | les preuves de la première comme des arguments en faveur du second (§ 139).

§ 162

Plus la mathématique des grandeurs inextensives est difficile et moins elle est jusqu'ici cultivée [1], plus il faut procéder avec prudence pour déterminer le degré d'imputativité :

1) afin de ne pas confondre à la légère le degré de moralité déterminé par une certaine loi, lequel est peut-être remarquable, avec le degré d'imputabilité de l'acte comparé à la loi donnée (*M.* § 626) ;

1. Il faut bien voir que la référence à la *mathesis intensorum*, à la mathématique des grandeurs inextensives, ne saurait équivaloir en matière morale à une application stricte du calcul différentiel, mais désigne plutôt une méthode de réflexion (tenant compte du plus et du moins, et qui n'est donc pas binaire) expressément consacrée à l'établissement du degré de l'imputabilité.

2) afin de ne pas confondre le degré de clarté dans la perception de l'acte, bon ou mauvais, avec le degré d'imputabilité qui doit lui être attribué ;

3) afin de ne pas confondre en général le degré de bien ou de mal d'un événement qui n'est que partiellement un acte, avec le degré d'imputabilité de l'acte ;

4) afin de ne pas confondre le degré de vividité, par laquelle nous considérons le degré supposé d'imputabilité, avec le degré de conscience concernant la vérité de l'acte, autrement dit avec le degré de certitude (§ 140).

§ 163

Si l'imputabilité de l'acte peut, du moins moralement, être certaine, il n'en va toutefois pas ainsi du degré de celle-ci (§ 162). De là, il n'est permis à personne qui impute justement un acte de porter un jugement définitif à son sujet (§ 144). Comme les émotions ont l'habitude d'accroître, par un faux éclat, leurs objets, celui qui veut établir le degré d'imputabilité doit surtout se défier de celles-ci, qui sont contraires à une juste imputation (§ 145). | Il sera alors évident, entre autres, que les actions imposées à l'âme 109
et découlant indirectement de la liberté sont moins imputables, toutes choses étant égales par ailleurs, que les actions émanant de l'âme et découlant directement de la liberté (§ 160, 146). Ce principe sera bien appliqué à ce qui a été détaillé au § 147.

§ 164

De même que le degré d'imputabilité des actions contraintes, de l'extérieur ou de l'intérieur, mais absolument, n'est pas même minimal [1] (§ 131, 161), de même les actes auxquels je dis me contraindre moi-même ou être contraint de l'extérieur, mais seulement *secundum quid* (*M.* § 727, 728), sont imputables (§ 125). L'accomplissement d'un acte pour lequel il est besoin que je me contraigne moi-même est davantage imputable et son omission l'est moins (§ 159, 160) parce que cette charge supplémentaire, produite par moi-même en me contraignant, demande de réaliser des choses nombreuses et lourdes par des actions qui émanent complètement

1. Le degré d'imputation est donc = à zéro, puisque les actes sont contraints *absolute* et non sous un certain rapport seulement (*secundum quid*).

de l'âme et sont des effets immédiats de la liberté ou, à tout le moins, des effets moins médiats (*M.* § 713, 714), et demande ainsi une plus grande liberté et un plus grand pouvoir de l'homme sur lui-même (§ 159; *M.* § 730). L'accomplissement d'un acte pour lequel est tentée une contrainte, extérieure, mais seulement *secundum quid*, est moins imputable et son omission l'est davantage, parce qu'il ne peut pas être omis sans une contrainte de moi-même (*M.* § 714). L'accomplissement d'un acte involontaire fait par ignorance ou par erreur est moins imputable et son omission l'est davantage (§ 159).

76 110 | § 165

Si quelqu'un a accompli un acte involontairement, le degré d'imputabilité n'est pas toujours diminué pour cela seul (§ 164) et encore moins l'imputabilité entière, supprimée (§ 161). De là, ce n'est pas parce qu'un événement est dit involontaire qu'on peut nier qu'il soit un acte et qu'il soit imputable (*M.* § 721). Il y a au contraire certains actes involontaires qui ne peuvent pas ne pas être imputables (*M.* § 722). Bien plus, le seul fait que quelque chose soit involontaire n'amoindrit pas toujours le degré d'imputabilité ; il peut même parfois l'augmenter (§ 164). *Un acte involontaire né d'un acte volontaire*, comme conséquence morale, est imputable (§ 133) et, dans cette mesure, *il est tenu pour volontaire*. Il en va de même pour les volitions et les nolitions, surtout pour les volitions et nolitions complètes et conséquentes (M. § 695), bien qu'elles soient sans effet (M. § 675). On peut les appeler MÉRITES ou DÉMÉRITES DE L'EFFORT. En ceux-ci, l'absence d'effet, bien qu'elle soit souvent purement fortuite, n'amoindrit pas toujours l'imputabilité (§ 132).

§ 166

Les aptitudes morales (*M.* § 723), les habitudes de ce genre (*M.* § 650) et les actes exécutés par leur entremise lorsqu'elles font défaut à cause de la libre omission de leur exercice, les conséquences morales de ces défauts étant des actes omissifs (§ 133), puisqu'ils sont les conséquences morales
111 de déterminations libres | et les conséquences sans lesquelles ne peuvent exister l'exercice d'actions de ce genre ou l'omission de cet exercice (*M.* § 577), sont imputables (§ 142). Plus les actes sont nombreux et graves et plus ils dépendent de la liberté, alors plus leurs conséquences sont imputables (§ 159). En outre, pour contracter une habitude morale est requis un exercice plus fréquent que pour acquérir quelque autre disposition ou aptitude moindre (*M.* § 650, 577). Par conséquent, il s'en faut tellement

que, dans un ACTE HABITUEL – ce qui est accompli par habitude – il y ait toujours la raison d'une imputabilité moindre – si ce n'est nulle –, qu'à l'inverse, il y a souvent en lui la raison pour son contraire.

| § 167 77

Comme les actes, tous ceux qui sont imputables et tous ceux auxquels se rapporte une obligation, sont des actions ou bien émanant de l'âme ou bien commandées (§ 146), appelons les premières DIRECTEMENT MORALES, les secondes INDIRECTEMENT (*M.* § 723, 731). Les premières SONT IMPUTÉES DIRECTEMENT, les secondes INDIRECTEMENT. Aux premières se rapporte l'OBLIGATION DIRECTE, aux secondes l'OBLIGATION INDIRECTE. De là, les APTITUDES morales naîtront ou bien, du moins principalement, d'actes directement moraux et seront appelées DIRECTEMENT MORALES, ou bien, du moins en très grande partie, d'actes indirectement moraux et seront appelées INDIRECTEMENT MORALES. Les premières sont davantage imputables que les secondes (§ 166) ; de même, toutes les actions qui sont directement morales sont davantage | imputables que 112
celles qui le sont indirectement, toutes choses étant égales par ailleurs (§ 160). Dès lors, l'habitude et les actes habituels, du moins en tant que meilleure et plus importante partie des exercices d'où ils sont issus, peuvent aussi être directement moraux. Par conséquent et pour cette raison, un degré moindre d'imputativité ne peut pas être attribué à l'habitude et aux actes habituels comme s'ils étaient toujours moraux ou l'avaient été, ne fût-ce qu'indirectement (§ 159).

§ 168

La FAIBLESSE HUMAINE est l'impuissance naturelle de réaliser un certain degré de rectitude dans ses déterminations libres. Par conséquent, elle est ou bien simplement et absolument telle, ou bien seulement *secundum quid* (*M.* § 469). La première, purement naturelle, et les défauts de rectitude découlant de celle-ci, en tant que tels, puisqu'ils sont tout à fait inévitables, ne peuvent pas être imputés (§ 131). Supposons toutefois qu'un défaut de ce genre naisse d'une faiblesse humaine | naturelle 78
secundum quid, qui est la conséquence morale d'un acte, commissif ou omissif, qui la précède, conséquence qui pouvait être prévue selon le § 133 ; alors précisément une telle faiblesse humaine et le défaut qui naît de celle-ci sont justement imputés (§ 134). Et plus une pareille faiblesse humaine est manifestée et maintenue par des actes omissifs ou commissifs nombreux, graves et qui dépendent de la liberté, plus elle entraîne derrière

elle (§ 159) de nombreux et graves défauts de rectitude en tant que consé-
113 quences | morales, alors plus elle est imputable (§ 159).

§ 169

La FRAGILITÉ (l'inconstance) DE LA NATURE HUMAINE est l'inclination (propension, penchant) naturelle pour le mal moral, autrement dit la condition de la nature humaine par laquelle il est aisé de pousser l'homme au mal moral. Celle-ci est ou bien absolue (*M.* § 964) et est ainsi non imputable (§ 131), ou bien hypothétique. La fragilité hypothétique ou bien est purement fortuite et est ainsi non imputable à la personne à qui elle est attribuée (§ 132 ; *M.* § 912), ou bien est la conséquence morale d'un certain acte ; cet acte est soit commissif, même s'il ne fut peut-être qu'indirectement moral (§ 167), soit omissif, alors que son accomplissement empêcherait au contraire l'impulsion pour le mal moral (*M.* § 22, 222) et, partant, la rendrait au moins plus difficile (*M.* § 527). Une fragilité de ce genre de la nature humaine est alors imputable à la personne à qui elle est attribuée (§ 133), selon les degrés énoncés au § 168.

§ 170

Comme les débuts de l'usage de l'intelligence sont habituellement infiniment petits et inobservables chez l'homme, les limites de l'enfance sont difficilement établies avec exactitude à partir de ceux-ci (*M.* § 639). Dès qu'il est simplement dans le pouvoir de l'enfant de se déterminer librement, du moins pour certaines choses, les actes de celui-ci (*M.* § 719) lui sont imputables (§ 125). Selon ces principes mêmes, bien que certaines
114 actions, en tant qu'actes (§ 147) accomplis par les enfants eux-mêmes | ou
par des êtres retardés psychologiquement, simples au mauvais sens du terme, mentalement dérangés, mélancoliques et déments (*M.* § 688), puissent être imputés (§ 133), les actes de ce genre sont toutefois moins imputables (§ 159) puisque la liberté de tels hommes est moindre (*M.* § 725, 730).

| SECTION X 79
L'IMPUTATION LÉGALE

§ 171

Celui qui subsume un acte sous une loi raisonne selon l'imputation légale (§ 125). Son évaluation, lorsqu'elle est exprimée (§ 103), est appelée SYLLOGISME IMPUTATOIRE. Afin de parvenir à une connaissance plus parfaite de cette imputation (§ 137), les règles syllogistiques de la logique génèrent un nouvel usage moral (*M.* § 723). Dans les prémisses de l'imputation légale, la loi est la majeure et l'acte, la mineure. De même que tous les éléments observables au sujet de cette mineure sont des questions de fait et que ce qui va à l'encontre de la mineure est l'ignorance ou l'erreur de fait (§ 128), de même tous les éléments observables au sujet des lois – autrement dit les majeures des syllogismes imputatoires – sont des QUESTIONS LÉGALES (de droit) ; l'erreur et l'ignorance à leur sujet est l'ERREUR ou l'IGNORANCE LÉGALE (de droit). Les questions légales auxquelles on ne doit pas prêter attention dans une imputation de ce genre, ainsi que l'erreur et l'ignorance à leur sujet, sont NON ESSENTIELLES ; en revanche, les questions auxquelles on doit prêter attention, | ainsi que 115
l'ignorance et l'erreur à leur sujet, sont ESSENTIELLES.

§ 172

Tout ce qui a été prouvé précédemment au sujet de l'imputation en général (par exemple au § 125) vaut aussi au sujet de l'imputation légale. Plus nombreuses, plus fortes et plus élevées sont les lois sous lesquelles un acte est subsumé, alors plus l'imputation est parfaite, toutes choses étant égales par ailleurs (§ 127). De là, ce qui peut être subsumé sous des lois en même temps naturelles et arbitraires, en même temps humaines et divines, est correctement subsumé sous chacune de ces lois (§ 63). L'imputation est alors non seulement vraie, mais aussi exacte, autant qu'elle peut l'être (§ 137). En outre, sera vraie l'imputation dont le syllogisme imputatoire est vrai ; mais ne sera pas vraie l'imputation qui dépend d'un syllogisme fautif quant à sa matière ou quant à sa forme, d'un paralogisme ou d'un sophisme. En ce qui concerne l'imputation légale, le sophiste est un MAUVAIS AVOCAT. En ce qui concerne l'imputation des lois naturelles, c'est un MAUVAIS AVOCAT NATUREL. Plus élevées et plus universelles sont ces lois (*M.* § 182 ; § 72), plus il est médiocre.

§ 173

Pour qu'une imputation légale soit vraie et non erronée (§ 172) : 1) il ne faut pas que l'acte soit subsumé sous de fausses lois, 2) ni sous des lois dans lesquelles une erreur essentielle de droit a été commise (§ 171) ; 3) il ne faut pas que l'acte soit faux, 4) ni qu'il soit un acte dans lequel une erreur essentielle de fait a été commise ; 5) il ne faut pas qu'un vice de forme y soit commis. Puisqu'à partir de prémisses (quasi) vraies peuvent être irrégulièrement tirées des faussetés, 6) il ne faut pas, à partir de la vérité de la loi et de l'acte, conclure à une imputation légale vraie sans aucune
116 recherche | de la conséquence. Puisque, en outre, des choses vraies peuvent légitimement résulter de faussetés, 7) il ne faut pas, à partir seulement de la vérité de la conclusion dans le syllogisme imputatoire, conclure avec assurance à la vérité de l'imputation légale (§ 172). En effet, une CONCLUSION peut être VRAIE PAR ACCIDENT, comme peut être vraie la conclusion d'un syllogisme faux (fautif quant à sa matière, quant à sa forme, ou quant aux deux).

§ 174

Afin de ne pas commettre de vices de forme dans l'imputation légale, 9)[1] il faut se garder, dans les syllogismes imputatoires, de quatre dérives
80 funestes en faisant en sorte : 10) que chacun des moments déterminés | dans le sujet de la loi le soit aussi dans l'acte et soit, en fonction de la raison de la loi, nécessaire sans être superflu (§ 139, 128) ; 11) que chacun des moments déterminés dans le prédicat de la loi le soit aussi dans la conclusion du syllogisme imputatoire sans être superflu ; 12) que les degrés déterminés dans la loi soient les mêmes dans l'acte et dans la conclusion (§ 129) ; 13) que l'acte dont parlent la prémisse mineure et la conclusion soit un et le même.

Il faut aussi faire attention : 14) que l'imputation légale ne tire pas sa conclusion à la légère à partir de simples éléments particuliers, par exemple à partir d'une loi particulière ; 15)) que l'imputation légale ne tire pas sa conclusion à la légère à partir de simples éléments négatifs, par exemple en attribuant aux actes un prédicat que la loi a nié sur des faits qui peuvent être niés sur l'acte en question ; 16) que la conclusion ne résulte pas d'une partie plus faible.

1. Étrangement, l'énumération qui commence au § 173 et se poursuit au § 174 passe de la septième à la neuvième condition. L'éditeur du tome Ak, XIX, Friedrich Berger, ne fournit pas d'explication pour cet oubli ou cette erreur d'édition.

| § 175 117

Afin d'éviter une imputation légale erronée (§ 173), il faut faire attention : 17) de ne pas laisser de côté, sans examen, dans les enthymèmes[1] imputatoires, une prémisse qui pourrait éventuellement être omise par les artifices des mauvais avocats, alors qu'elle peut être la prémisse principale ; 18) de ne pas trop se fier à des inductions incomplètes, par exemple lorsqu'on fait appel à l'observation ; 19) parmi des choses hypothétiques, de ne pas conclure à la légère à la fausseté de la seconde à partir de la fausseté de la première, 20) ni à partir d'une conséquence vraie conclure à un antécédent vrai ; 21) de ne pas omettre dans des éléments disjoints un membre possible de cette disjonction ; 22) de ne pas permettre de poser plusieurs éléments en même temps, etc. Comme un raisonnement imputatoire peut tout à fait découler d'une preuve composée, 23) la même attention que requiert la vérité des épisyllogismes doit être maintenue pour tous les prosyllogismes[2] (§ 173, 174).

§ 176

Pour que l'imputation légale soit méthodique (§ 137, 172), il faut notamment faire attention de ne pas confondre les questions légales et les questions de fait (§ 171). Puisque, pour obtenir la certitude de la conclusion à partir des prémisses, est requise la certitude à la fois de toutes les prémisses – ici des questions légales et de fait essentielles (§ 128, 171) – et de la forme, tous et chacun de ces éléments doivent être certains, du moins moralement, pour celui qui veut imputer justement une loi (§ 143). À cause d'une seule prémisse ou forme douteuse ou improbable, | l'imputation 118
légale ne pourra qu'être douteuse ou improbable, et de là moins juste (§ 144), parce que la conclusion résulte, en ce sens, d'une partie plus faible (§ 174). Il faut cependant faire attention de ne pas confondre ce qui est douteux et ce qui est de quelque manière incertain (§ 28).

1. L'enthymène est un syllogisme raccourci, passant directement de l'antécédent au conséquent, et en laissant sous silence l'une des deux prémisses (ou la conclusion).

2. L'épisyllogisme est un raisonnement qui repose sur la conclusion d'un raisonnement immédiatement antérieur (d'un prosyllogisme, dont la conclusion sert de proposition première à un autre syllogisme). Les deux termes renvoient donc l'un à l'autre.

§ 177

L'HERMÉNEUTIQUE (*M.* § 349) est ou bien PLUS GÉNÉRALE lorsqu'elle concerne la signification des signes, quels qu'ils soient, que l'on peut connaître ; ou bien GÉNÉRALE lorsqu'elle interprète un discours, quel qu'il soit ; ou bien SPÉCIALE lorsqu'elle applique les règles de l'herméneutique générale à certaines espèces de signes du discours : par exemple, l'herméneutique SACRÉE qui les applique à la révélation strictement dite ou JURIDIQUE qui les applique aux signes, dits et écrits, dont la signification et le sens doivent nécessairement être connus par le jurisconsulte en tant que tel, par exemple les signes des lois et des contrats. Le premier principe de
81 l'herméneutique générale | est : *sois un interprète équitable* (respectueux) ; autrement dit, parmi plusieurs SENS DE LA LETTRE – c'est-à-dire parmi des séries de représentations qui, par l'usage de la parole (par le lexique et la grammaire), peuvent être signifiées par un certain discours –, on doit tenir pour le VRAI SENS – c'est-à-dire pour cette série de représentations à laquelle le locuteur entend faire signifier quelque chose à travers son discours – ce sens de la lettre qui, une fois disposé, convient le mieux aux réalisations de l'auteur, jusqu'à preuve du contraire (§ 87). Ce principe, pour être adapté adéquatement à l'herméneutique plus générale, s'étend facilement et, pour pouvoir être adéquatement adapté à l'une ou l'autre espèce de l'herméneutique spéciale, il se restreint en fonction de sa matière sous-jacente [1] (§ 89).

119 | § 178

Comme l'aptitude à imputer légalement est la jurisprudence (§ 125, 76), il appartient au jurisconsulte pratique d'appliquer de la meilleure manière possible (§ 70), partant de la manière la plus solide (§ 137) – et surtout à partir des raisons des lois parfaitement examinées, à partir aussi des raisons morales (éthiques, économiques, politiques) et légales du droit naturel au sens strict (§ 77, 65), sans négliger les raisons historiques et légales des lois positives issues d'autres lois positives (§ 77) – les lois vraies et authentiques (§ 173) et de là, les lois positives comprises comme le législateur a voulu qu'elles soient comprises, c'est-à-dire de les

1. L'aptitude à bien imputer ne reposera donc pas seulement sur la maîtrise des règles syllogistiques (dans le syllogisme imputatoire), mais supposera aussi une tâche herméneutique d'interprétation des signes. L'herméneutique juridique, au même titre que la logique, est en cela une discipline essentielle à l'imputation juste. Le jurisconsulte pratique (voir le § 76) devra combiner les deux.

appliquer d'après l'herméneutique juridique (§ 177) aux actes imputés à bon droit à leur auteur (§ 125-170). En cela, il faut que toute l'expertise du droit, ou plutôt toute la science du droit du jurisconsulte théorique, s'efforce d'être plus parfaite (§ 76 ; *M.* § 669). La JURISPRUDENCE des actes à accomplir est CONSULTATOIRE ; cette jurisprudence consultatoire est à son tour nomothétique lorsqu'elle concerne les lois à faire, rémunératrice lorsqu'elle concerne les récompenses à conférer (§ 112) et punitive lorsqu'elle a trait aux peines à infliger (§ 121).

§ 179

De même que l'herméneutique juridique plus générale s'applique parfois à distinguer les signes d'un accord tacite (§ 155, 103, 177), de même, dans l'interprétation spéciale des lois positives (§ 177), naîtra à partir du § 177 ce premier principe (§ 87) : *Dans les lois positives, on doit tenir pour vrai et authentique le sens de la lettre qui convient le mieux aux règles nomothétiques, |s'il est vrai, jusqu'à preuve du contraire,* 120
autrement dit n'interprète pas sans nécessité comme obscure une loi positive. En effet, pourquoi doit-on être attentif à la raison de la loi et à l'analogie du droit, pourquoi doit-on examiner la loi entière, pourquoi doit-on être attentif au parallélisme des lois, pourquoi l'interprétation doit-elle être tantôt littérale [1], tantôt métaphorique – et cette dernière soit extensive, soit restrictive, soit simplement corrective –, pourquoi doit-on interpréter différemment les choses aimables et haïssables, etc., tout cela se déduit facilement. Mais en même temps, il est évident que le champ d'application de la jurisprudence nomothétique est plus étendu que celui qui se limite seulement à l'élaboration de nouvelles lois (§ 108).

1. Le latin dit *declarativa*, au sens de ce qui est dit explicitement, de manière manifeste et claire. Traduire ce terme par « déclarative » n'aurait guère de sens. D'où la suggestion, un peu forcée il est vrai, de rendre ce mot par « littéral », par souci de mettre en relief le contraste que veut établir Baumgarten avec « métaphorique ».

SECTION XI
LE TRIBUNAL

§ 180

L'IMPUTATION VALIDE est celle dont dépendent suffisamment les effets déterminés par la loi. L'IMPUTATION INVALIDE est celle dont ne dépendent
82 pas suffisamment les effets constitués par la loi. L'état | de la personne en lequel on peut validement imputer certains actes et certaines lois est le TRIBUNAL (tribunal). Les ACTES sont dits INTÉRIEURS (simplement intérieurs) dans la mesure où ils se produisent dans l'âme seule, sans aucun signe observable du corps, autrement dit aucun signe extérieur, et EXTÉRIEURS lorsqu'ils sont harmonisés de telle façon qu'ils se manifestent
121 aussi par des signes | extérieurs du corps. Le TRIBUNAL EXTÉRIEUR est celui où seuls les actes extérieurs peuvent être validement subsumés sous des lois seulement extérieures. Le TRIBUNAL INTÉRIEUR est, quant à lui, celui où les actes intérieurs peuvent aussi être validement subsumés sous des lois elles aussi intérieures.

§ 181

Le tribunal, en lequel la subsomption d'un acte donné sous des lois peut être validement faite est COMPÉTENT ; les autres sont INCOMPÉTENTS.

83 Si, dans un tribunal, 1) il y a des lois, 2) qui peuvent être | connues de manière certaine, du moins moralement (§ 176), 3) qui sont validement applicables à un certain acte, 4) dont la connaissance 5) certaine, du moins moralement (§ 144), 6) peut être validement établie dans ce même tribunal, et si l'acte donné concerne ce tribunal, celui-ci est alors compétent à l'égard de cet acte.

Dans un tribunal, quel qu'il soit, s'il n'y a pas du tout de lois, ou s'il y a des lois, mais que celles-ci ne sont pas moralement certaines ou qu'elles ne sont pas validement applicables à l'acte donné, ou si la connaissance, du moins moralement certaine, de cet acte donné est impossible, ou si elle ne peut être validement établie, ou si l'acte donné ne concerne pas ce tribunal, alors celui-ci est incompétent à l'égard de cet acte (§ 180).

§ 182

Le TRIBUNAL HUMAIN (terrestre) AU SENS LARGE est l'état des hommes par lequel ils peuvent appliquer validement certaines lois à certains actes :

1) lorsque ces actes sont les nôtres, autrement dit nous sont propres, il est le TRIBUNAL DE LA CONSCIENCE (§ 126, 180) ;

2) lorsqu'ils sont ceux d'autrui, il est le TRIBUNAL HUMAIN | AU SENS 122
STRICT.

Dans le tribunal de la conscience, les actes qui sont aussi intérieurs peuvent validement être subsumés sous des lois elles aussi intérieures. De là, le tribunal de la conscience est un tribunal intérieur qui concerne les actes, les devoirs et les obligations eux aussi intérieurs (§ 56, 83, 181). Le TRIBUNAL DE LA RAISON est l'état des hommes en lequel les actes connus par la raison sans la foi peuvent être validement subsumés sous des lois connaissables par la raison sans la foi. De là, le tribunal de la conscience peut être un tribunal de la raison, bien qu'il puisse aussi s'étendre aux lois non connaissables sans la foi. Le tribunal de la raison peut être un tribunal de la conscience, bien qu'il puisse s'étendre aussi aux actes d'autrui. Le tribunal de la raison est aussi un tribunal intérieur (§ 180) qui concerne les actes, les devoirs et les obligations eux aussi intérieurs (§ 181).

§ 183

Le tribunal de la raison est le tribunal de la jurisprudence (§ 178) naturelle au sens le plus large (§ 76, 65). De là, il peut être divisé en TRIBUNAL INTÉRIEUR DE LA RAISON – qui juge les actes qui sont aussi intérieurs selon des lois naturelles elles aussi intérieures – et en TRIBUNAL EXTÉRIEUR DE LA RAISON – qui juge seulement les actes extérieurs, uniquement selon les lois naturelles contraignantes, autrement dit selon les lois au sens strict ; ce dernier est le tribunal de la jurisprudence naturelle au sens strict (§ 180, 79). Le tribunal humain au sens strict peut être un tribunal de la raison aussi bien intérieur qu'extérieur, mais il peut également s'étendre aux lois non | connaissables sans la foi (§ 182). Parce 123
que nul ne peut connaître naturellement les actes intérieurs qui n'ont d'aucune façon été manifestés par le corps, si ceux-ci ont été le fait d'autrui (*M.* § 469), la connaissance d'un acte intérieur en tant que tel est naturellement impossible pour le tribunal humain au sens strict et par conséquent les actes intérieurs ne concernent pas le tribunal humain au sens strict ni le tribunal extérieur de la raison (§ 181, 182).

84 | § 184

Comme le tribunal humain au sens strict ne peut validement subsumer sous des lois que des actes extérieurs (§ 183), ou bien il les subsumera également sous des lois intérieures et persuasives, ou bien il ne les subsumera validement que sous des lois extérieures et contraignantes. Ce dernier est le TRIBUNAL HUMAIN (terrestre) AU SENS LE PLUS STRICT. De là, dans le tribunal naturel humain au sens le plus strict, autrement dit dans le tribunal de la raison au sens le plus strict, seules les lois naturelles contraignantes peuvent être appliquées aux seuls actes extérieurs [1] (§ 183).

1. Il n'est pas inutile de revenir sur cette distinction dense et subtile des différents tribunaux humains (ou terrestres). Ceux-ci relèvent de notre capacité humaine de formuler des jugements pratiques selon les conditions précédemment exposées de l'imputabilité, avec lesquelles ils forment un *continuum* conceptuel, sous l'égide de la théorie générale de la responsabilité. Avant d'évoquer, au § 185, les caractéristiques du tribunal divin (ou céleste), Baumgarten se penche sur *les différentes acceptions du tribunal humain* (§182-184). Comme c'est son habitude depuis le début, Baumgarten distingue ici *un sens large*, *un sens strict*, et *le sens le plus strict*. Au *sens large*, le tribunal humain est soit un *tribunal de la conscience* (examinant les actes intérieurs selon des lois elles-mêmes intérieures de la conscience), soit un *tribunal humain au sens strict* (qui juge seulement les actes extérieurs d'autrui, selon les lois naturelles contraignantes, autrement dit selon les lois naturelles au sens strict). Ces deux tribunaux, intérieur et extérieur, forment le *tribunal de la raison*, qui est en fait le *tribunal de la jurisprudence naturelle au sens le plus large*. Le *tribunal extérieur de la raiso*n est le *tribunal de la jurisprudence naturelle au sens strict*, qui juge selon les seules lois naturelles contraignantes (c'est-à-dire les lois au sens strict). Or ce tribunal extérieur peut subsumer de deux façons les actes extérieurs d'autrui sous les lois naturelles : soit sous des lois naturelles intérieures, soit sous des lois naturelles extérieures et contraignantes. Dans ce dernier cas, il est le *tribunal humain au sens le plus strict* (§184), puisqu'il juge uniquement d'après les lois naturelles contraignantes. Utilisons quelques exemples pour illustrer ces distinctions. (1) Je refuse, par égoïsme, de venir en aide à l'indigent. Ce manque ne peut que concerner le *tribunal intérieur de la conscience*, puisqu'il ne contredit aucune loi naturelle extérieurement contraignante : il relève d'une lacune morale qui accable ma conscience. (2) Autrui paie la prestation de services que j'ai réalisée en sa faveur avec de la fausse monnaie. C'est évidemment un acte contraire aux prescriptions du droit naturel et des lois extérieurement contraignantes, et par là, jugeable par un tribunal extérieur. Mais c'est aussi un acte (extérieur) moralement répréhensible et condamnable sous des lois intérieures.

Par où l'on voit que la théorie baumgartienne du droit, de la justice, de l'imputation et de la responsabilité est irréductible à un critère volontariste (de l'auteur ou du législateur), mais qu'elle exprime un *ordre de raisons*, celui du droit naturel, dont le droit positif n'est en fait que l'expression dernière et conditionnée, puisqu'il ne peut se qualifier comme juste qu'en justifiant sa continuité avec celui-ci. C'est cet ordre de raisons qui forme la trame commune du tribunal humain, du jugement moral intérieur au jugement de cour extérieur et exécutoire, malgré la différence de rapport des tribunaux intérieur et extérieur.

§ 185

On appelle TRIBUNAL DIVIN (céleste) :

1) au premier rang, l'omniscience divine, dans la mesure où elle peut imputer de la manière la plus distincte (*M.* § 889) et donc la plus juste qui soit tous les liens possibles (*M.* § 872) entre toutes les personnes, tous les actes, même les actes intimes (*M.* § 869), et toutes les lois, aussi nombreuses soient-elles ou puissent-elles être (*M.* § 901, 972) ;

2) au second rang,

a) les tribunaux intérieurs de la raison et de la conscience, dans la
mesure où | α) appliquant de plus près, même aux actes intérieurs, β) les lois 124
divines, soit naturelles (§ 100), soit positives, ils sont plus proches de l'omniscience divine que les tribunaux extérieurs qui ne subsument essentiellement que des actes extérieurs sous des lois seulement humaines ; b) tous les tribunaux, dans la mesure où ils dépendent finalement de Dieu (§ 180, *M.* § 954). Selon la première signification[1], le tribunal divin est intérieur (§ 180).

Et comme Dieu connaît et sait infiniment mieux que nous-mêmes et que les personnes dont on interroge les actes

1) les liens et les contacts moraux entre toutes les personnes, et même ceux que leurs agents ignorent eux-mêmes,

2) l'état de notre liberté et le lien, quel qu'il soit, entre nos actes, quels qu'ils soient, et nos déterminations libres, et même l'état et le lien dont nous n'avons jamais été conscients ou que nous avons oubliés,

3) même ces parties de tous les actes dont nous n'avons pas été conscients ou que nous avons oubliées,

4) toutes leurs conséquences morales, même celles que nous n'avons pas prévues ou celles que nous n'avons pas remarquées par la suite,

5) toutes les lois qui peuvent leur être appliquées, même celles auxquelles nous n'avons jamais pensé ou du moins que nous n'avons jamais mises en rapport avec les actes,

alors dans le tribunal divin peuvent nous être imputés, ainsi qu'aux personnes dont les actes sont interrogés, de très nombreux actes que même

1. « Selon la première signification » : c'est-à-dire 2) a).

notre propre conscience ne nous impute pas, pas plus que leur conscience ne les impute aux personnes évoquées.

125 | SECTION XII
LE TRIBUNAL EXTÉRIEUR

§ 186

Les tribunaux intérieurs (§ 180) – les tribunaux de la conscience, de la raison (§ 182) et divin (§ 185) – sont compétents pour décider des obligations, des devoirs et des offenses, eux aussi intérieurs (§ 181) ; de là
85 | vient leur nom. Mais les tribunaux extérieurs (§ 180), et humains au sens le plus strict (§ 184), ne sont compétents que pour les obligations, les devoirs et les offenses extérieurs (§ 92, 181). Aucune détermination libre ne concerne le tribunal extérieur qui ne concerne pas aussi en même temps le tribunal intérieur, mais de nombreuses déterminations libres se rapportent au tribunal intérieur sans concerner le tribunal extérieur (§ 57, 185). Plus le tribunal intérieur a de la force, moins le tribunal extérieur est nécessaire ; et plus le tribunal intérieur est faible, plus le tribunal extérieur est nécessaire (§ 58). Si un acte concerne l'un et l'autre de ces tribunaux, ou bien les tribunaux seront vus comme étant en conflit : sera alors juste l'imputation de celui dont les lois sont les plus fortes (§ 85) ; ou bien ils seront en accord : ils devront alors être conjugués, mais non pas confondus, et ils devront être distingués, mais non pas séparés (§ 59). La même procédure vaut pour les divers genres de tribunaux intérieurs – par exemple, ceux de la philosophie morale et de la théologie révélée – et les divers genres de tribunaux extérieurs – par exemple, les tribunaux naturel et civil. Les droits au sens strict sont seulement l'affaire du tribunal
126 extérieur ; les règles persuasives, les conseils et les aptitudes | morales sont l'affaire du tribunal intérieur, qui ne relève du droit complet qu'à un degré moindre (§ 180, 64). De là, le tribunal naturel extérieur ou tribunal extérieur de la raison ne suit que le droit naturel au sens strict et contraignant (§ 183, 65). Le tribunal extérieur de la nature, autrement dit le tribunal extérieur de la raison, et le tribunal intérieur de la raison ne peuvent avoir un seul et même premier principe domestique objectif qui soit adéquat aux deux (§ 183, 89).

§ 187

L'IGNORANCE et l'ERREUR peuvent ÊTRE VAINCUES lorsque quelqu'un aurait pu les éviter, de telle manière que le fait ne pas les avoir évitées peut lui être validement imputé au démérite. L'ignorance et l'erreur que quelqu'un n'aurait pas pu éviter de cette manière sont INVINCIBLES. Dès lors, comme toute ignorance et, bien davantage, toute erreur (*M.* § 515) que l'on aurait pu absolument, physiquement ou moralement éviter sont des imperfections, elles peuvent être vaincues dans le tribunal intérieur (§ 180, 39). Or, de même que le tribunal extérieur ne peut absolument pas juger au sujet de l'ignorance et de l'erreur intérieures (§ 183), de même celles-ci, lorsqu'elles sont manifestées, peuvent alors seulement être vaincues dans le tribunal extérieur si elles ont été à l'encontre des lois extérieures ou si on avait été obligé extérieurement à une ignorance ou à une erreur d'une nature et d'une importance qui les rendaient évitables. L'ignorance de ce que nous ne sommes pas obligés extérieurement de connaître et l'erreur à propos de ce que nous ne sommes pas obligés | extérieurement de connaître 127
comme vrai doivent être considérées invincibles dans le tribunal extérieur (§ 180).

§ 188

Comme le tribunal intérieur doit être attentif à de nombreux éléments variés de l'acte que le tribunal extérieur n'a pas à considérer – par exemple les actes mentaux, l'intention entièrement dissimulée, les causes d'impulsion profondément secrètes, les manquements tout à fait cachés, éléments au sujet desquels aucune loi au sens strict ne détermine quoi que ce soit d'applicable (§ 183, 184) –, l'ignorance et l'erreur de fait peuvent être essentielles dans le tribunal intérieur, mais non essentielles dans le tribunal extérieur (§ 128). Un certain degré de l'acte peut notamment être dans le tribunal intérieur un moment de l'acte et une question essentielle, mais, dans le tribunal extérieur, une question non essentielle (§ 129). De là, celui qui veut imputer selon le tribunal intérieur ne doit pas confondre les degrés auxquels il lui faut être attentif en fonction de la loi intérieure avec les degrés qui exigent son attention dans le tribunal extérieur en fonction de la loi contraignante (§ 174, 180). On trouve un nouvel exemple de la connaissance mathématique judiciaire dans les calculs des tribunaux intérieur et extérieur qu'il faut parfois distinguer subtilement, mais de manière utile (§ 130).

86 | § 189

Ce qui est vu comme inévitable et au sujet de quoi 1) la certitude qu'il s'agit d'un acte extérieur 2) qui, dans n'importe quel état, aurait pu être évité EXTÉRIEUREMENT, c'est-à-dire LICITEMENT par les lois extérieures,
128 3) ne peut être acquise, du moins moralement, | par autrui qui veut l'imputer, alors cela n'est pas justement imputé par celui-ci dans le tribunal extérieur (§ 131, 181).

Ce qui est vu comme une infortune et au sujet de quoi 1) la certitude qu'il s'agit d'un acte extérieur 2) qui est ILLICITE d'après des lois extérieures, c'est-à-dire EXTÉRIEUREMENT, 3) ne peut être acquise, pas même moralement, par autrui qui veut l'imputer, alors cela n'est pas justement imputé dans le tribunal extérieur (§ 132, 181).

Ce qui est vu comme la CONSÉQUENCE PAR ACCIDENT d'un acte, c'est-à-dire ce qui ne découle pas nécessairement de lui, autrement dit ce qui n'en dépend pas, et au sujet de quoi 1) la certitude que selon les lois extérieures cela aurait pu être prévu de la manière dite au § 133 2) ne peut être acquise, pas même moralement, par autrui qui veut l'imputer, alors cela n'est pas justement imputé dans le tribunal extérieur (§ 133, 181).

§ 190

Est aussi justement imputée dans le tribunal extérieur (§ 134, 181) l'omission de ces éléments qui, *secundum quid*, étaient situés au-delà ou en dehors du pouvoir de quelqu'un dans un certain état (comme s'il s'agissait de la réalité actuelle), si bien qu'un autre homme, disposé à l'imputer, peut être certain, du moins moralement, que la conséquence de l'acte qui précédait cette impuissance aurait pu être prévue de la manière dite au § 133 selon les lois extérieures.

129 Est aussi justement imputé dans le tribunal extérieur | (§ 135, 181) l'événement inévitable *secundum quid* et au sujet duquel un autre homme, disposé à l'imputer, peut être certain, du moins moralement, que cette impuissance à l'éviter était la conséquence d'un certain état moral qui aurait pu être prévue aussi par des lois extérieures.

Peut aussi justement être imputé dans le tribunal extérieur (§ 136, 181) l'événement que quelqu'un n'a pas pu prévoir dans un certain état, état au sujet duquel un autre homme, disposé à l'imputer, peut être certain, du moins moralement, qu'il est la conséquence d'un autre état moral qui aurait pu être prévue de la manière dite au § 133 aussi par des lois extérieures.

§ 191

Dans le tribunal extérieur, l'imputation légale méthodique est le PROCÈS. De là, le procès qui est précipité s'embrouille (*M.* § 515). La conclusion ultime du procès, – autrement dit la conclusion de l'épisyllogisme imputatoire formée par le procès – qui a le droit d'imputer validement et extérieurement, est la SENTENCE (décisive). La collection méthodique des éléments qui sont ou semblent jusqu'ici nécessaires aux jurisconsultes pour former justement leur sentence, est nommée ACTES du procès. La sentence (décisive) ne peut être formée justement qu'à partir d'actes complets (§ 144). Quand quelque chose peut être rigoureusement et, bien davantage, moralement certain pour un homme et qu'en revanche cela n'est même pas moralement certain pour un autre, alors celui qui a à rendre sentence devrait, lui, être certain, du moins moralement, de ce qu'il juge (§ 144) : beaucoup d'éléments peuvent être non seulement vrais, mais aussi rigoureusement ou, bien davantage, moralement certains pour celui-ci ou celui-là ; mais s'ils n'étaient pas encore tels pour celui qui a à rendre sentence, le tribunal extérieur ne pourrait pas justement imputer d'après ces éléments. | À l'opposé, quand certains éléments, même moralement 130
certains pour l'un ou l'autre (par exemple pour celui qui a à rendre sentence), peuvent cependant être pour d'autres faux et même être d'une fausseté certaine du moins moralement (§ 28), le tribunal extérieur peut imputer justement d'après certains faits faux ou plutôt dont d'autres sont peut-être convaincus de la fausseté (§ 137).

| § 192 87

Aucune détermination ou action, aussi libre fût-elle, aucun de ses antécédents, de ses éléments concomitants et de ses suites, aussi moralement possibles fussent-ils pour un certain auteur, et aucune de ses conséquences, aussi morales fussent-elles, 1) qui étaient à ce point intérieurs qu'un autre homme ne peut être certain, pas même moralement, à leur sujet et à propos de leur dépendance envers la liberté d'autrui et 2) sur lesquels les lois extérieures et au sens strict ne déterminent rien, autrement dit qui ne concernent pas le champ des lois contraignantes (§ 72), ne sont imputables dans le tribunal extérieur (§ 191, 180).

§ 193

Comme, parmi les éléments imputables d'après le § 147, beaucoup sont

1) seulement intérieurs,

2) susceptibles de dépendre de la liberté de manière médiate et indirecte, de telle sorte qu'ils peuvent aussi être des éléments fortuits ou des infortunes, et que, partant, autrui ne peut souvent être certain, pas
131 même moralement, | de savoir s'ils sont, dans le cas donné, libres ou non,

3) non déterminés par des lois au sens strict,

alors beaucoup d'entre eux ne seront pas imputables dans le tribunal extérieur (§ 192) qui, toutefois, le sont dans les tribunaux intérieurs (§ 180), et donneront à ceux qui ont à les expliquer un exemple évident de la grande nécessité de la distinction des tribunaux pour ceux qui veulent imputer justement (§ 186).

La même remarque peut être faite pour l'imputation des actions des êtres bruts par l'homme (§ 149) et pour la différenciation de la cause morale strictement dite (§ 150, 157).

§ 194

Si celui qui a à imputer peut être certain, du moins moralement, que plusieurs auteurs ont concouru à l'acte qui doit être subsumé sous des lois extérieures, qu'il peut être certain, du moins moralement, qu'ils ont concouru à chacun de ses moments, mais qu'il ne peut toutefois pas, même moralement, devenir certain que l'un de ces auteurs a moins coopéré à un certain moment d'un tel acte, alors cet acte est justement imputé à ceux-ci par indivision dans le tribunal extérieur (§ 152, 191).

Les actions involontaires, faites par une ignorance ou une erreur extérieurement invincible (§ 187), ne peuvent être imputées dans le tribunal extérieur (§ 158, 192).

Comme, dans le tribunal extérieur, n'est imputable que 1) l'acte extérieur 2) qui peut être subsumé sous des lois extérieures et 3) qui est certain (§ 191), du moins moralement, pour d'autres hommes et, qui plus est, pour ceux qui ont à l'imputer extérieurement et validement, on voit clairement pourquoi les degrés d'imputabilité dans le même acte peuvent
132 tout à fait différer selon que le tribunal est intérieur ou | extérieur, si bien même que l'acte qui est moins imputable dans le tribunal intérieur l'est

parfois plus dans le tribunal extérieur que d'autres beaucoup plus imputables que lui dans le tribunal intérieur (§ 159).

§ 195

La difficulté de la détermination du degré d'imputabilité (§ 162) en est encore augmentée dans le tribunal humain au sens strict et au sens le plus strict – parce que la connaissance de nos actes peut être pour nous plus facile et plus certaine, par expérience, que celle des actes d'autrui dans lesquels un nouveau calcul de probabilité historique (à quel degré les témoignages sont-ils dignes de foi, dans quelle mesure la chose elle-même est-elle crédible ?) est souvent requis pour acquérir quelque certitude (§ 184). De là, on peut comprendre combien sont nécessaires l'impartialité (§ 148), l'usage de la raison, le pouvoir sur soi-même et la liberté à l'égard
des émotions nuisibles à une juste imputation | (§ 163, 188). **88**

On appelle EXCEPTIONS EN DROIT les déclarations des raisons pour lesquelles une imputation donnée du tribunal extérieur n'a pas lieu à l'égard d'un acte donné. Si l'imputation était à un autre moment certaine, du moins moralement, comme doit l'être l'imputation juste (§ 144), l'exception ne sera pas valide avant de rendre au moins douteuse la première imputation (§ 28).

§ 196

Un acte involontaire, quelle qu'en soit la véritable signification, | mais 133
au sujet duquel 1) un autre homme qui veut l'imputer validement dans le tribunal extérieur peut être certain, du moins moralement, 2) que cet acte va à l'encontre des lois extérieures, même s'il ne découle qu'indirectement de la liberté, et est la conséquence d'un état volontaire, conséquence prévisible par des lois extérieures, ou du moins que cet acte concerne le champ des lois au sens strict (§ 72), un tel acte involontaire peut aussi être justement imputé dans le tribunal extérieur (§ 165, 190).

Soit le démérite de l'effort 1) à la réalisation duquel les seules préparations, même les plus éloignées, vont déjà à l'encontre des lois extérieures, mais se sont effectuées aussi de telle sorte que 2) un autre homme, qui veut imputer, peut être certain, moralement du moins, que ces préparations se sont accomplies avec l'intention manifestée tacitement ou expressément (§ 103) de commettre un démérite, lequel a subsisté dans l'effort : un tel démérite de l'effort peut aussi être justement imputé dans un tribunal extérieur (§ 165, 190).

§ 197

Les aptitudes morales aux devoirs extérieurs et aux offenses extérieures, si un autre homme, qui veut les imputer, peut être certain, du moins moralement, de leur manifestation tacite ou expresse, peuvent aussi être justement imputées dans le tribunal extérieur (§ 166). De telles habitudes et les actions habituelles nées de là, parce qu'elles peuvent rendre un autre homme, disposé à les imputer, plus certain moralement de la pratique
134 plus fréquente des devoirs ou des offenses | extérieurs, augmentent aussi le degré d'imputabilité dans le tribunal extérieur (§ 166, 194).

§ 198

La faiblesse humaine, non seulement absolue, mais aussi telle *secundum quid*, et qui toutefois 1) n'est absolument pas la conséquence, prévisible par des lois extérieures, d'un certain état moral ou 2) dont un autre homme, qui veut l'imputer, ne peut être certain, pas même moralement, qu'elle est telle, n'est pas imputable dans le tribunal extérieur, ni ses conséquences inévitables une fois posée cette faiblesse (§ 189, 168). La déclaration des raisons indiquant pourquoi quelque chose n'est absolument pas imputable au démérite est la DISCULPATION [1], la déclaration des raisons indiquant pourquoi un degré donné d'imputativité de quelque chose au démérite doit être refusé est l'EXCUSATION [2]. Par conséquent, les exceptions au sens juridique sont ou bien des disculpations, ou bien, à tout le moins, des excusations (§ 195). La faiblesse humaine, même telle *secundum quid*, non seulement excuse parfois dans le tribunal extérieur, mais aussi disculpe, et il n'est assurément pas rare qu'elle excuse, quand elle ne peut absolument pas disculper (§ 168). Il en va de même pour la fragilité humaine (§ 169).

89 | § 199

Le tribunal extérieur n'imputera pas les actions des enfants, des êtres retardés, simples au mauvais sens du terme, mentalement dérangés,
135 délirants ou déments avant | 1) qu'un autre homme, qui veut les imputer, ne

1. Le texte latin dit *exculpatio*, en constraste avec l'*inculpatio* (inculpation, accusation). En français (contrairement à l'anglais par exemple, qui connaît le terme *exculpation*), l'*exculpatio* est rendue par *disculpation*.

2. L'excusation est un terme ancien de la jurisprudence signifiant l'argument donné ou allégué pour disculper ou prouver l'innocence de quelqu'un.

puisse être certain, du moins moralement, 2) qu'elles ont été entreprises librement. Alors, 3) il devra être évident que ces actions sont telles qu'elles concernent le champ des lois extérieures (§ 170, 194). Tout ce qui a été prouvé aux § 186-199 au sujet du tribunal extérieur en général doit être appliqué au tribunal extérieur naturel de la raison (§ 183, 125). Dans les questions de droit, au sujet de la loi, l'une des plus importantes est de savoir si la loi applicable à l'acte est une loi au sens strict (§ 171, 180), étant donné que, dans le tribunal extérieur, même dans celui de la raison, vouloir appliquer comme majeures du syllogisme imputatoire des conseils et des lois intérieures, aussi véridiques soient-elles, serait une erreur de droit et même une erreur essentielle (§ 193, 173). Le tribunal extérieur naturel ressortit à l'expérience du droit naturel, à la science du droit naturel et à la jurisprudence naturelle au sens strict (§ 79, 183).

SECTION XIII
LA CONSCIENCE

§ 200

Comme la conscience est l'action, la faculté ou l'aptitude à s'imputer à soi-même ses actes et de leur appliquer des lois (§ 126), ce qui a été dit jusqu'ici au sujet de l'imputation en général vaudra aussi au sujet de la conscience (*M.* § 154) [1].

Dès lors, du moins tous les hommes, dans leurs déterminations libres, poursuivent une certaine connaissance de celles-ci (*M.* § 665) et, en plus, | à 136
cet égard poursuivent la perfection (*M.* § 655) et de là la perfection de la moralité en elles (§ 36) et de l'habitude envers la loi (§ 82) ; mais l'obligation naturelle de toujours choisir le meilleur (§ 70) exige ceci : *cherche à atteindre toujours la meilleure conscience que tu peux, c'est-à-dire*

1. Après avoir traité du tribunal extérieur, Baumgarten va donc s'intéresser maintenant au tribunal intérieur de la conscience, qui conclura son propos. Cette conclusion est on ne peut plus symptomatique de l'importance, dans sa conception morale, du travail et de la réflexion sur soi du libre arbitre. Ce trait est moins prégnant dans la philosophie pratique de Wolff. Le thème du tribunal intérieur de la conscience sera repris par Kant, notamment dans *La religion dans les limites de la simple raison* (Ak, VI, 186) et dans la *Métaphysique des mœurs, Doctrine de la vertu* (Ak, VI, 438). Dans ses *Leçons d'éthique*, Kant admettait d'emblée la « structure judiciaire » de la conscience, qui met en présence un juge, un procureur et un avocat de la défense (*cf.* p. 246-247, trad. fr. Luc Langlois).

1) applique-toi, autant que tu le peux, à parfaire ta conscience et 2) agis conformément à la meilleure conscience que tu as pu atteindre.

§ 201

On appelle LOIS DE LA CONSCIENCE ou bien les lois que la conscience est tenue d'appliquer à nos actes, autrement dit les lois qui obligent notre conscience – sont alors aussi des lois de la conscience toutes les lois intérieures et extérieures qui déterminent quelque chose au sujet de nos actes – ou bien les lois que nous ne sommes obligés d'observer par rien d'autre que par la conscience – sont alors des lois de la conscience toutes les lois intérieures (§ 182) – ou bien, enfin, les lois qui enseignent nos obligations envers notre conscience, telles que présentées au § 200. Comme nous avons besoin de nos forces pour la connaissance et la mise en oeuvre des moyens en vue de parfaire quoi que ce soit, prenons soin de notre conscience : prends soin de (protège) ta conscience, autant que tu le peux. N'offense pas ta conscience, non seulement en agissant contre elle, qui est pour toi la meilleure, mais aussi en omettant de promouvoir sa perfection, quelle qu'elle soit, que tu aurais pu assurer (§ 92). Plus on connaît suffi-
137 samment bien de nombreuses lois destinées à déterminer ses actes | et de nombreux actes susceptibles de leur être subsumés, alors PLUS INSTRUITE est la CONSCIENCE ; moins nombreux sont les lois et les actes de ce genre que l'on connaît suffisamment bien, alors PLUS elle est RUDIMENTAIRE. La conscience plus instruite est, toutes choses étant égales par ailleurs, plus parfaite que la conscience plus rudimentaire (*M.* § 669). Par conséquent,
90 | n'offense pas ta conscience, même par mégarde, et quand tu croiras l'instruire le moins, instruis-la autant que tu le peux (§ 200).

§ 202

La conscience appliquant aux actes qui doivent être comparés aux lois des forces égales à leur gravité est la CONSCIENCE PROPORTIONNELLE ; si elle emploie des forces plus petites ou plus grandes, elle est NON PROPORTIONNELLE. Lorsque la conscience accorde une attention moindre qu'ils ne le méritent aux actes qui doivent être jugés plus graves conformément aux lois, elle est LÉGÈRE ; lorsqu'elle accorde son attention à des actes mineurs qui vont au-delà de la possibilité morale, elle pourrait être appelée MICROLOGIQUE (leptologique) : recherche la conscience proportionnelle, fuis la conscience légère ainsi que la micrologique, autant que tu le peux, et surtout la conscience feinte (pharisienne), qui fait dire aux autres à son sujet qu'elle emploie comme d'habitude les forces excessives du simulateur pour examiner ses propres actions graves, lui qui est déjà si intraitable pour ses actions qui semblent pourtant des vétilles (§ 200 ; *M.* § 669).

§ 203

Plus la conscience établira exactement les lois, les actes | et le lien qui 138
existe entre eux, plus elle sera parfaite, toutes choses étant égales par ailleurs (*M.* § 515). Une représentation vive des lois et des actes est plus parfaite qu'une représentation plus obscure, toutes choses étant égales par ailleurs (*M.* § 531). De là, toi qui veux prendre soin de ta conscience autant que tu le peux, ne te contente pas d'une connaissance rudimentaire et grossière du bien ou du mal, recherche plutôt la connaissance exacte de ceux-ci sans mépriser toute la vividité des représentations des lois et des actes, parce qu'il n'est pas donné de connaître distinctement, adéquatement et nettement tout ce qui concerne le tribunal de la conscience. Pour la même raison, recherche la conviction pour ta conscience, sans pour autant négliger cependant, lorsque la conviction ne peut pas être obtenue (§ 202), la persuasion au bon sens du terme (§ 201, 137).

§ 204

Si toute connaissance est motrice à un certain degré, bien que ce degré soit souvent infiniment petit (*M.* § 669 ; § 23), l'est encore davantage toute connaissance de la conscience (§ 200). Mais il faut que la conscience qui a trouvé autant qu'il est possible le reste des perfections (§ 201-203), soit aussi la plus ardente possible (*M.* § 669). De là, il faut fuir non seulement la spéculation qui est entièrement inerte, autant qu'on peut l'observer, sur les choses relevant de la conscience (§ 201), mais aussi la spéculation qui
subsiste | dans les sollicitations insuffisantes à agir et qui n'est motrice que 139
de manière incomplète. La conscience, à plus forte raison la conscience parfaite, doit chercher, autant que possible, une connaissance plus strictement vive, incitant suffisamment à agir et complètement motrice (*M.* § 671). Ainsi, lorsqu'on aura satisfait à la première loi de la conscience parmi celles énumérées au § 200, il s'ensuivra en soi qu'on satisfait à la seconde (*M.* § 668).

§ 205

La CONSCIENCE qui par ailleurs n'est peut-être pas à ce point imparfaite, mais qui est inerte et languissante au point que, dans la lutte des
facultés de désirer inférieure et supérieure contre les émotions | qui leur 91
sont opposées, le désir provenant de la conscience est toujours vaincu, est

appelée SERVILE par certains ; celle qui est vive au point que, en pareil cas, le désir qui en découle vainc ou peut tenir bon dans cette lutte à peine observable, est appelée LIBRE par certains (*M.* § 693, 730). Recherche la conscience libre du noble caractère, fuis la conscience servile du caractère abject, autant que tu le peux (§ 204 ; *M.* § 732).

Il vaut mieux dans la discipline spéciale de la science pratique (§ 6) renoncer à un exposé plus développé des lois de la conscience (§ 200).

KANT

RÉFLEXIONS SUR
LA PHILOSOPHIE MORALE

RÉFLEXIONS SUR LA PHILOSOPHIE MORALE

| **6456**[1]. ε. Pr 1. À propos du § 1 : 9

La science pratique est la science ou bien de l'art, ou bien de la prudence, ou bien de la moralité.

| **6457**. ζ. Pr 3. À propos du § 6 : 10

Les principes au sens objectif,
subjectif.

La philosophie pratique :
1. de la prudence,
2. de l'obligation.

D'abord la philosophie pratique ou bien de l'obligation privée
ou bien de l'obligation sociale,
et celle-ci ou bien économique ou bien politique.

Ensuite la philosophie pratique de l'obligation morale,
ou bien imparfaite : l'éthique,
ou bien parfaite : le droit naturel.

Le droit social dans l'état
| 1. *domestique,* 11
2. *ou civil*

1. Les réflexions (R.) 6456 à 6597, rédigées pour l'essentiel entre le début des années 1760 et 1768, revêtent une importance particulière pour la reconstruction de la première phase de la pensée morale de Kant, celle qui précède la reconnaissance d'une raison pratique par elle-même, et distincte de la raison théorique, dans la *Dissertation de 1770*. Dans un bref passage, mais combien important, on lit en effet dans ce dernier écrit que « la *philosophie morale*, dans la mesure où elle fournit les premiers *principes de discernement*, n'est connue que par l'entendement pur et appartient elle-même à la philosophie pure » (Ak, II, 396 ; OP, I, 643).

dans l'état privé.
a. *Droit civil* : droit étatique.
b. *Droit public*. Droit des gens [1].

6458. ε. Pr 4. À propos du début du § 10 :

Ce qui est moralement nécessaire est ou bien objectif – ce dont le contraire s'oppose à une loi morale considérée objectivement – ou bien subjectif, etc.

12 | À côté du § 10 « *personne – qui* » :
Nécessité immédiate. Bonté immédiate.

À propos de la fin du § 10 :
La nécessitation est la transformation d'une chose en soi contingente en une chose nécessaire [2].

6459. ζ. Pr 4. À propos du début du § 11 :

La cause du motif moral ([g] le plus puissant) oblige ; celle du motif pragmatique incite [3].

1. Alors que les § 1-6 des *Principes* de Baumgarten insistent sur l'unité de la philosophie pratique en tant que science renfermant les principes communs à toutes les disciplines pratiques, les deux premières réflexions de Kant signalent plutôt la tripartition (R. 6456 : art, prudence, moralité) ou la bipartition (R. 6457 : prudence, obligation) de la philosophie pratique. Faut-il y voir, comme le croit J. Schmucker (*Die Ursprünge der Ethik Kants*, p. 280-281) une critique de Baumgarten ? Nous ne le croyons pas, dans la mesure où ces deux auteurs reconnaissent une spécificité de la philosophie morale, qu'exprime le concept d'obligation (comme le confirme la R. 6557). C'est Baumgarten (et sans doute aussi Crusius) qui a incité Kant à concentrer sa réflexion sur ce concept primitif dont la *Preisschrift* (*Recherche sur l'évidence des principes de la théologie naturelle et de la morale*) de 1763 dira « qu'il est encore peu connu » (Ak, II, 298 ; OP, I, 245). La philosophie morale sera donc, pour Baumgarten comme pour Kant, une philosophie de l'obligation. Mais on verra rapidement que Kant ne comprend pas ce concept de la même manière que Baumgarten.

2. Kant reprend ici la définition baumgartienne de la nécessitation : *Necessitatio (coactio), est mutatio alicuius ex contingenti in necessarium* (*Métaphysique*, § 701).

3. On voit donc que Kant distingue dès le départ le registre moral de la visée pragmatique (à lire avec R. 6465). Le premier oblige objectivement, alors que le second incite en fonction d'une fin recherchée, dont la plus universellement partagée est le bonheur. La *Preisschrift* allait dans le même sens lorsqu'elle précisait que « Tout *devoir* énonce une nécessité de l'action et est susceptible d'une double signification. Ou bien en effet *je dois* faire quelque chose (comme un *moyen*), si je veux autre chose (comme une *fin*) ; ou bien je *dois faire immédiatement* autre chose (comme une fin) et la réaliser. On pourrait appeler la première nécessité : nécessité des moyens (*necessitatem problematicam*), la seconde : nécessité des fins (*necessitatem legalem*). La première espèce de nécessité ne désigne absolument aucune obligation, mais simplement la règle en tant que solution d'un problème : ce que sont les moyens dont je dois me servir lorsque je veux atteindre une certaine fin » (Ak, II, 298, OP, I, 245-246).

ζ. Sous le § 11 et à propos de celui-ci :

Syllogisme pratique : que le meilleur devienne par toi possible. Or, ceci est le meilleur. Donc... dans la mesure où cette mineure est vraie, la conclusion pratique est moralement nécessaire ; dans la mesure où elle est pensée comme vraie, mais qu'elle ne l'est pas puisque la mineure est fausse, la conclusion est subjectivement nécessaire, surtout si une certaine nécessité erronée se rattache à la proposition mineure. L'accord de cette dernière nécessité se rapproche de la liberté.

6460. ε. Pr 5. À propos de la fin du § 11 :

Mais non pas toujours secundum quid, parce que nous sommes obligés à ce qui tombe indirectement sous notre liberté.

6461. ε. Pr 5. À propos de la troisième phrase du § 12 :

Les plus grandes raisons du plaisir véritable doivent être mises en œuvre[1].

| **6462**. ε. Pr 6. À propos du § 13 : 13

Ce qui met en œuvre des causes d'impulsion subjectivement nécessitantes n'oblige pas pour cette raison, ni toujours ce qui met en œuvre des causes d'impulsion objectivement nécessitantes.

6463. ε. Pr 6. À côté des § 14-16 :

1. *L'obligation est une nécessitation, donc le contraire de l'action peut être moralement possible subjectivement.*

En un sens restreint, Baumgarten pourrait lui-même entériner cette distinction entre nécessité des moyens et nécessité légale, puisqu'il insiste lui aussi sur la qualité propre de la vertu, irréductible à un simple moyen. L'agir moral est déjà en effet pour lui une perfection, qui procure un plaisir et une satisfaction (*lubitus*). Or même si elle bémolise l'eudémonisme de Wolff, pour insister sur la valeur proprement morale de l'obligation, la conception de Baumgarten dans les *Principes* n'en demeure pas moins perfectionniste et conséquentialiste, en ce qu'elle continue d'évaluer l'agir non pas en fonction de sa bonté intrinsèque, mais de ses bonnes ou mauvaises conséquences, des récompenses et des punitions qu'il entraîne. On peut donc affirmer que Kant, bien qu'il fera lui aussi de l'obligation le concept central de sa pensée morale, va, bien plus radicalement que Baumgarten, chercher très tôt à repérer dans l'agir moral le chiffre d'une bonté immédiate, inconditionnée et valant par soi.

1. Cette réflexion est probablement mal datée, puisqu'elle est immédiatement contredite par les R. 6462 et 6463, qui non seulement dissocient l'obligation du calcul des causes d'impulsion les plus puissantes (contrairement aux § 12-14 des *Principes*), mais va jusqu'à affirmer que l'obligation objective et primitive (entendre non conditionnée) n'a pas de cause d'impulsion.

2. *La nécessitation objective est ou bien catégorique ou bien conditionnelle*[1].

3. *L'obligation est ou bien primitive ou bien dérivée*; *la première n'a pas de causes d'impulsion.*

14 | **6464**. ζ. Pr 8. À propos du § 21 « *disparaît* » :

En satisfaisant à une obligation, l'obligation ou bien disparaît comme dans le cas des dettes, ou bien reste présente comme dans le cas des bienfaits[2].

15 | **6465**. ζ. Pr 8. Entre les § 21 et 22 :

Ce qui met en œuvre des motifs pragmatiques (des rétributions ou des menaces) incite, ce qui met en œuvre des motifs moraux oblige.

6466. ζ ? η ? Pr 8. À propos du § 22 :

Une obligation naît aussi lorsque naît la liberté ([g] réceptivité ou faculté d'obliger).

L'action par laquelle un père s'oblige lui-même est la génération.

Il est obligé envers ses enfants, et non par ses enfants; *il oblige jusqu'au moment où il satisfait à l'obligation.*

En outre dans le § 22, η–φ :
Qui oblige exerce un acte obligatoire.

6467. ζ. Pr 8. Sous le § 22 :

Les motifs pragmatiques nécessitent selon les lois d'un arbitre privé; *les motifs moraux, selon les lois d'un arbitre commun*[3].

1. Contrairement à Baumgarten, pour qui la nécessitation pratique ressortit à un unique registre, Kant en distingue deux formes, inassimilables l'une à l'autre : l'une inconditionnée, l'autre conditionnée, l'une catégorique, l'autre suspendue à la condition d'une autre fin. La R. 6463 est extrêmement précieuse : datant du début des années 1760, mais antérieure à 1764, selon l'hypothèse de datation d'Adickes, elle est la première à lier l'obligation à une nécessitation *catégorique*.

2. Kant reviendra amplement par la suite sur cette distinction entre l'obligation de dette et l'obligation de bienfaisance, qu'il emprunte à Baumgarten. Lorsque je m'acquitte de ma dette, l'obligation est éteinte : je ne dois plus rien à autrui ; en revanche, lorsque j'accomplis un acte de générosité envers autrui, l'obligation n'est pas éteinte, car autrui est redevable envers moi d'un bienfait qui ne lui était pas dû mais dont il a bénéficié en surcroît de la stricte justice. Ce qui appelle à tout le moins la gratitude d'autrui.

3. Les lois de l'arbitre privé sont donc pragmatiques et dépendent de la particularité de la fin poursuivie et de la manière dont elle est conçue par chacun, alors que les lois de l'arbitre commun sont morales et renferment des motifs universels. L'association du commandement

Les premiers accomplissent quelque chose qui est de mon intérêt ; *les seconds, quelque chose que* [interruption].

6468. ζ. Pr 9. À côté du § 23, deuxième phrase :

Les contraires des raisons d'obligation sont soit moraux, soit pragmatiques.

| **6469**. ζ ? η ? (κ–ξ ?) Pr 10. À côté des § 25 à 27 : **16**

L'*acte obligatoire* consiste seulement dans l'accord consenti de l'action libre de l'autre avec l'existence du *motif,* lequel nécessite par là moralement. Nul n'accomplit un *acte obligatoire* si ce n'est par une [bonne] volonté de faire à autrui quelque bien ; car il s'agit ici d'un *motif des actions libres selon des règles communes qui peut s'unir à ces actions,* par exemple tout homme veut que [qu'il soit possible que] le bien soit représenté sous la condition de ses libres actions. Les menaces ne peuvent pas constituer un *acte obligatoire.*

| Plus quelqu'un a de bien en son pouvoir, ce qui peut être, d'après la **17**
volonté d'autrui, un principe de ses actions, et plus il peut accomplir des *actes obligatoires*.

En effet, plus quelqu'un a une bonne volonté…

Le pauvre ne peut guère accomplir des *actes obligatoires*.

([g] La volonté d'un autre oblige pour autant qu'elle s'accorde avec la volonté d'autrui.)

Celui qui n'accomplit aucun *acte obligatoire* n'oblige pas. La misère des pauvres n'oblige pas, mais le *contrat*, si. Je peux être obligé envers autrui sans être obligé par lui. *Celui qui est obligé par quelqu'un est dans une relation passive (moralement) envers l'obligeant* ; *et celui qui oblige exerce un acte obligatoire qui est toujours une relation d'arbitre à arbitre*[1].

moral aux lois de l'arbitre commun ou d'une volonté universelle, est l'un des traits saillants et récurrents des *Réflexions sur la philosophie morale*, encore plus accentué que dans les écrits canoniques que sont les *Fondements de la métaphysique des mœurs* et la *Critique de la raison pratique*. On peut y voir la trace lointaine du concept wolffien de perfection défini comme « *consensus in varietate* » (*Deutsche Metaphysik*, § 152), comme unité et accord au sein du divers, qui signifie en morale l'accord de la volonté avec elle-même et l'accord des volontés entre elles. À ce sujet, voir notre étude *Wolff et les débuts de la philosophie morale de Kant : l'héritage oublié* dans *Kant et Wolff. Héritages et ruptures*, S. Grapotte, T. Prunea-Bretonnet (dir.), Paris, Vrin, 2011, p. 173-185.

1. « Je peux être obligé envers autrui sans être obligé par lui » : c'est la distinction entre l'obligation active et l'obligation passive. Celle-là renvoie à un devoir auquel je ne peux pas être extérieurement contraint (venir en aide à l'indigent, contribuer au bonheur d'autrui, par exemple), alors que la seconde exprime plutôt un dû ou une dette qui me lie passivement à

6470. ζ–η. Pr 11. À propos du § 27 « *obligation fausse* » :

L'obligation est fausse ou bien matériellement ou bien formellement.

18 | **6471**. υ–ψ. Pr 13. À propos du § 29 « *et de l'agent* » :

non à partir de sa nature.

η–φ^1. À propos du § 29 « *naturelle* » :
légale[1].

η–φ^1. À propos du § 29 « *positive* » :
les anciennes lois paraissent être des commandements.

En outre η–φ^1 :
devrait en fait être opposé à ce qui lui est négatif. La piété divine et les péchés.

En outre η–φ^1 :
Statutaire.

En outre η–φ^1. Pr 12 :
L'obligation n'est pas ici immédiate à l'égard de la loi, mais par le biais de l'obligation envers le législateur.

6472. ε. Pr 13. À propos de la fin du § 29 :

Si une loi obligatoire résulte de l'arbitre d'autrui, alors naît une obligation positive.
Le motif qui a été tiré de l'arbitre d'autrui peut être la raison d'une obligation naturelle.

6473. ζ ? η ? κ ? Pr 13. À propos de la fin du § 29 :

La loi est le principe universel de la liaison morale du libre arbitre avec son objet. Lorsque cette loi est elle-même arbitraire, alors on la dit positive.

19 | **6474**. ζ ? η ? κ ? Pr 13. À propos de la fin du § 29 :

Le principe de l'obligation en vue d'une action est l'*impératif*: commandement ;
Un principe universel de l'obligation pour un genre d'actions est la *loi*.

autrui, et à l'exécution de laquelle je peux être extérieurement contraint par lui (le remboursement d'un prêt, la réparation du dommage que je lui ai causé, etc.).

1. Kant apporte une précision qu'on ne retrouve pas dans les *Principes* : l'obligation naturelle est *légale*, ce qui colle de plus près à la terminologie de la *Preisschrift* associant la morale à une nécessité légale (voir, *supra*, la note relative au § 6459).

Lorsque l'arbitre est le principe de la moralité de l'action, il s'agit alors d'une *loi positive*.

6475. ζ–η. Pr 13. À propos du § 31 :

Les omissions au sens pratique sont des accomplissements au sens moral.

En outre ζ–η :
Les omissions ne sont pas toujours, pour cette raison, seulement des manques moraux.
L'omission (physiquement telle) peut être vue comme une action au sens moral.

En outre ρ–φ^{1} :
Les omissions envers les lois de la rectitude sont des accomplissements.

En outre υ–ψ. Dans le § 31, à propos de la dernière phrase :
Mérites – fautes – choses indifférentes.
Rectitude – vice – chose indifférente.

| **6476**. η–φ^{1}. Pr 14. À propos de la première phrase du § 33 : 20

Les conséquences déterminées par la loi sont ses effets ; *toutes les lois morales ont des effets.*

η–φ^{1}. À propos de la deuxième phrase du § 33, « *naturelles* », etc. :
Physiques ou *morales* ; *celles-ci, arbitraires ou naturelles.*

6477. η–φ^{1}. Pr 15. Dans le § 34, à propos de la troisième phrase, par-dessus « *conséquences de certaines...* » :

Obligations ou...

| **6478**. ε–σ. Pr 15. À propos du début du § 36 : 21

La bonté est soit morale, soit physique ; *la première...*

κ–φ. À propos de la première phrase du § 36, « *en faisant abstraction... voulant* » :
Et en faisant abstraction de toute utilité.

En outre ψ ? (χ ?) :
Non seulement cela, mais aussi *en faisant abstraction de toute conséquence en regard du bonheur.*

6479. η–φ^{1}. Pr 16.17. À propos de la quatrième phrase du § 36, « *moralité* ».

Pr 16 :
Relation à la force d'obligation de la loi, à quoi on oppose la légalité ; relation à la faculté d'agir.
Pr 17 : le juge ne doit voir qu'à la légalité, pas à la moralité, encore que, au point de vue de la légalité, le *tort* ou le projet constitue aussi un moment du jugement.

6480. κ–φ^{1}. Pr 16. À propos des quatrième et cinquième phrases du § 36 :

la moralité intérieure à partir de la nature de l'action (l'extérieure à partir du devoir à l'égard des commandements).

κ–φ^{1}. À propos de la dernière phrase du § 36 :
L'obligation est ou bien naturelle ou bien arbitraire.

En outre κ–φ^{1} :
Sans la présupposition d'une moralité objective, aucune moralité subjective n'est pensable.

κ–φ^{1}. À propos de la dernière phrase du § 36, « *libre arbitre* » :
Légalité
22 | ζ–φ^{1}. À propos de la fin du § 36, « *subjective* » :
Lorsque les *motifs moraux* sont *dans l'arbitre d'autrui*.
À vrai dire, la *moralité objective* est la *moralité pure* et la *moralité subjective* la *moralité affectée*.

6481. ζ. Pr 16. À propos du § 37, 3 :

La volonté de Dieu n'a de force obligatoire que parce qu'elle vient de l'être auquel appartient la perfection morale [1].

ζ–κ. À côté du § 37, 3. 4 :
Les lois morales ou bien subjectives ou bien objectives.

1. Le § 37 des *Principes* cherche à montrer que les vérités de raison de la morale, puisque nécessaires en elles-mêmes, sont accessibles même à l'athée théorique, bien qu'on ne puisse pas exclure que la validité objective de la morale découle aussi de la volonté parfaite de Dieu. Plus nettement que Baumgarten, Kant laisse entendre ici que cette perfection est un principe objectif précédant tout choix arbitraire, même celui de Dieu. C'est un motif qui reviendra constamment dans le cycle des *Réflexions* : ce n'est pas parce que Dieu la veut que la loi est morale, c'est parce que la morale est une loi bonne en soi que Dieu la veut.

|**6482**. κ–φ. Pr 17. À propos des quatrième et cinquième phrases du § 39 : 23

En Dieu, le bien moral est nécessaire subjectivement, et Dieu est libre. Les hommes sont liés à son égard. *obligation.*

6483. ε–ζ. Pr 17. À propos de la sixième phrase du § 39 :

La règle, « Fais une action bonne en elle-même », est une proposition identique. Celle, « Omets une action mauvaise en elle-même », est contenue dans le prédicat sous le principe de contradiction.

6484. ε–ζ. Pr 17. À propos de la sixième phrase du § 39 :

Puisque le bien est ou physique – à cause des conséquences – ou moral :
La bonté d'une action en tant qu'action libre est immédiate, et cette règle en tant que règle vague n'est pas obligatoire. En effet, premièrement, si le bien est une conséquence extérieure, il n'en résulte pour cette raison aucune cause d'impulsion de rechercher ce bien.
Deuxièmement, si le bien est une conséquence intérieure, une cause d'impulsion est assurément présente, mais la bonté de l'action est pour cette raison médiate et par conséquent n'est pas une obligation. La bonté de l'action a lieu pourvu qu'on tende vers le bien, même si elle est frustrée dans son résultat[1].

6485. η–φ^{1}. Pr 17. À propos de la sixième phrase du § 39 :

Usage habile, rationnel, bon de tout ce que l'on fait.

|**6486**. ζ–η. Pr 19. À propos du début du § 41 : 24

Cela ne ressortit pas moralement au mal.

1. Cette réflexion latine de Kant concerne l'impératif « fais le bien et, à plus forte raison, renonce au mal », formulé au § 39 des *Principes*. L'on voit d'une part que la réflexion kantienne est profondément imprégnée du langage des impératifs des *Principes* de Baumgarten : la philosophie pratique devra être déontologique, c'est-à-dire qu'elle devra être une morale des impératifs et des devoirs moraux. Mais d'autre part, Kant adresse une critique sévère à son auteur. C'est que les impératifs formulés par Baumgarten ont un *caractère tautologique* (à lire avec la R. 6972) : ils commandent d'être parfait, de faire le bien, de rechercher le meilleur, etc., mais sans indiquer ce qui constitue la perfection et le bien, quelle est la règle et la loi sur laquelle doivent reposer le jugement et l'agir moraux. Toute la tâche de Kant consistera à relier les impératifs moraux à leur loi pratique propre, évidente et connaissable par elle-même, une loi qui est introuvable dans les *Principes* de Baumgarten.

ρ–φ. À propos du § 41 « *Abnégation* » :

Le dépassement (^{g} des obstacles intérieurs : pathologiquement ou moralement), lorsqu'il devient pénible à l'égard d'un devoir, témoigne grandement de l'intention moralement bonne.

6487. ρ–φ^{1}. Pr 19. À propos du § 43 « *Celui qui recherche la perfection* » :

pas seulement *le bonheur*.

25 | ζ. À propos du § 43 « *recherche la perfection* » :
C'est l'obligation de celui qui est imparfait.

En outre ρ–φ^{1} :
Impératif tautologique. Ont pourtant l'utilité d'exclure les impératifs pragmatiques et les *stimuli*. Sois bon et digne d'être heureux[1].

Je ne peux pas dire : sois en santé, mais : sois bon, car cela concerne seul la volonté.

6488. δ–η. Pr 21. À côté des § 46 à 48 :

Recherche la perfection pour le sentiment de plaisir pris à l'action.
26 | Incertitude, sans constituer moralement un sentiment, de savoir où se trouve la plus grande perfection, ou dans le cas des actions de gratitude.

6489. ζ–η. Pr 22. À propos du § 50 :

La contrainte est ou bien pratique ou bien physique

soit

par des stimuli	*par des motifs [moraux]* Règles
Contrainte par la force	Contrainte pratique objective
	ou
subjective	*par des motifs moraux, par des motifs pragmatiques*[2].

1. Les impératifs formulés par Baumgarten dans ses *Principes* sont tautologiques, donc vides du point de vue pratique, mais ils ont au moins le mérite de se distinguer des considérations pragmatiques. Ce qui leur manque, c'est la loi pratique de leur effectuation. Retenons par ailleurs dans cette réflexion la formule « Sois bon et digne d'être heureux », qui préfigure la définition kantienne classique de la vertu, laquelle n'est pas un simple moyen en vue du bonheur, mais *ce qui rend digne d'être heureux*.

2. Cette réflexion s'inscrit dans le sillage de la théorie baumgartienne de la contrainte. À la contrainte pathologique relevant de l'impulsion sensible s'oppose la contrainte pratique par des motifs de la raison, laquelle est double : soit pragmatique par des motifs de la prudence, soit morale par des motifs immédiats de la volonté bonne. Bien plus nettement que

| En outre η–μ : 27

La contrainte est ou bien pratique ou bien physique ; pour la *contrainte*, il faut également qu'il y ait une *action involontaire*.

6490. ε–λ. Pr 22. À propos du § 50 :

Personne ne peut être contraint [pratiquement] pathologiquement *à une action arbitraire* à cause du libre arbitre.

Par comparaison, la liberté de quiconque est contraint selon les lois d'un arbitre brut (ˢ pathologiquement) est amoindrie.

6491. ζ–ξ. Pr 22. À propos du § 50 :

Il est étrange qu'une contrainte morale soit rendue nécessaire par les règles de la prudence ; l'impulsion se fonde sur le sentiment dans l'état présent, la prudence sur le plaisir de l'état dans son ensemble.

6492. ε–λ. Pr 23. À côté de la dernière phrase du § 51. À propos des § 51 et 52 :

Je suis moralement contraint de manière extérieure par des motifs de droit et de manière intérieure par des motifs éthiques. | *La véritable* 28
contrainte morale est extérieure selon des motifs de droit. La contrainte intérieure est un ordre à soi-même et est subjective.

6493. ζ–λ. Pr 23. À propos du début du § 52 :

La contrainte morale n'est possible que par la bonté morale de l'homme et de l'action.

ζ–λ. *Séparés de la phrase précédente par un espace vide d'à peu près 1 cm, les mots suivants sont inscrits à côté du § 52 « action contrainte par la crainte »* : seulement par amour.

ε–λ. À côté du § 52 « *par la force – à l'opposé de laquelle* » :

Les motifs contraignant de manière pragmatique et tirés de choses agréables s'accordent davantage avec les *motifs moraux* qu'avec ceux *tirés de choses désagréables*.

6494. ζ–λ. Pr 24. À côté de la fin du § 52 et du § 53 :

La contrainte soit pragmatique soit morale.

La nécessitation de l'action pragmatiquement ou moralement involontaire.

Baumgarten, Kant distingue ces deux dimensions pragmatique et morale de la contrainte pratique. À lire avec les R. 6494, 6663, 6998 et 7003.

On ne peut être contraint moralement que par des motifs moraux dans la mesure où cela est possible au sens moral, par exemple : je contrains
29 *quelqu'un moralement si je l'incite par une condition soit éthique, | soit de droit, par exemple en lui mettant sous les yeux la misère des autres ou en lui rappelant une promesse donnée.*

6495. ζ–λ. Pr 24. Au-dessus et à côté de la fin du § 52 :

Les motifs qui consistent à s'obliger strictement soi-même peuvent être éthiques, c'est-à-dire que je peux promettre quelque chose à quoi je ne suis pas obligé par le droit.

Moins quelqu'un peut être contraint de manière pragmatique et plus il peut l'être moralement, c'est-à-dire plus il est libre[1].

Moins sont nombreuses les raisons qui contraignent moralement quelqu'un selon les règles du droit, plus ce dernier est ouvert aux motifs qui contraignent de manière éthique, c'est-à-dire par lesquels il peut se contraindre lui-même. ([s] Moins il a besoin d'une contrainte de soi et plus il peut se contraindre lui-même : plus il est libre.)

6496. ζ–λ. Pr 25. À côté et dans le § 56 :

La contrainte morale ([g] d'autrui) est toujours licite ; la contrainte
30 *pragmatique | n'est pas licite sous une condition tirée de l'utilité privée ou de l'utilité d'autrui, mais elle est seulement licite sous une condition morale. Cette condition morale ne peut être que l'accord de la volonté d'autrui.*

La contrainte morale est ou bien intérieure ou bien extérieure ; la seconde est le motif. L'obligation de dette contraignant moralement est le droit.

([s] on distingue la contrainte morale des devoirs de bon plaisir.

La nécessitation morale par l'arbitre d'autrui.

La force contraignant moralement de l'arbitre d'autrui est le droit.

La contrainte intérieure de l'arbitre sensitif par des motifs moraux de l'arbitre intellectuel.)

6497. δ ? (η ?) κ ?? Pr 26. Entre les § 56 et 57 :

Dans les règles du droit, l'arbitre personnel de chacun, lorsqu'il est pris de manière générale, ne s'accorde qu'avec lui-même, alors que dans les règles de l'éthique, l'arbitre s'accorde avec l'objet.

1. Autrement dit : plus l'action est moralement contrainte, plus elle relève d'une libre détermination de l'arbitre selon des principes.

6498. ζ ? ξ ? Pr 28. Entre « *Ce qui oblige* » et le § 60 :

Tous les devoirs sont ou bien des devoirs de dette, ou bien des devoirs méritoires.

Devoirs – de dette – de mérite

Dans le premier cas, la relation est l'obligation – le droit,

Dans le second : la bonté – le besoin.

| *L'ensemble des lois de dette : le droit ; l'ensemble des lois du mérite :* 31
l'éthique à l'égard des devoirs envers les autres.

La force nécessitante du premier est parfaite parce qu'elle est absolue.

La force nécessitante du second est imparfaite parce qu'elle est hypothétique sous la condition de l'exécution du devoir de dette [1].

Mais la bonté morale des actions, dans le premier cas, est négative, c'est-à-dire un minimum moral. Dans le second cas, elle est affirmative, une pleine certitude morale.

6499. ζ–κ. Pr 28. À côté du début du § 60 :

Les lois ou bien de ce qui est, ou bien les lois d'une perfection possible.

| Celles-là sont subjectives et physiologiques. Celles-ci sont objectives 32
et pratiques.

| ζ. Pr 35. À côté et à propos du § 71 (deuxième moitié) : 35

La *puissance obligatoire divine* se fonde sur le droit.

S'il n'aime pas son prochain, celui qu'il voit, comment entend-il aimer Dieu, etc.

Lorsqu'on veut connaître Dieu avant la moralité, on ne lui attribue pas de perfections morales. C'est pourquoi la religion peut engendrer de mauvaises mœurs ou les laisser dans un état d'indétermination au point de vue de la loi ; les peuples frustes croient que Dieu n'est pas lié aux mœurs auxquelles ils sont eux-mêmes liés. Ils ressentent la contrainte morale avec déplaisir et croient que Dieu est libre de celle-ci.

Toute bonne moralité n'est pas piété. Une piété qui précède la moralité lui est souvent contraire.

6500. ε ? η ? Pr 35. Sous et à propos du § 71 :

La volonté de Dieu contient assurément les plus grands *motifs qui obligent*, mais non le principe de la forme des lois morales [1].

1. Je ne peux pas donner de mon bien au pauvre si cela m'empêche de rembourser une dette que j'ai contractée. Le devoir de dette a donc préséance sur la bienfaisance, et le devoir de droit sur l'obligation éthique.

37 | **6501**. φ. Pr 39. À propos du § 76 « *procédurier* » :

Expert de la lettre de la loi.

6502. υ ? Pr 39. À côté du § 77, première phrase « *intérieures* » :

Loi principale et subsidiaire.

39 | **6503**. υ ? ψ ? Pr 44. À propos du § 82 « *Moralité* » :

Moralité et légalité *jusqu'aux motifs*.

40 | **6504**. υ. Pr 44. À propos du début du § 83 :

L'obligation contient la forme, le devoir contient aussi la matière.

6505. υ. Pr 45. À propos de la cinquième phrase du § 83 :

L'action de léser une personne est la violence ; *l'action de léser le droit est l'offense.*

6506. ψ ? υ ? Pr 45. Début du § 84 :

L'obligation soit primitive d'après la loi morale, soit dérivée par l'arbitre d'autrui.

6507. υ. Pr 46. À propos du début du § 85 :

Il n'y a d'antinomie que pour les lois d'obligation non obligatoires. Les lois d'obligation énoncent l'obligation, mais les lois obligatoires énoncent le devoir.

41 | **6508**. ε. Pr 46. À côté du § 85, deuxième phrase :

Les lois du droit naturel défendent souvent ce que celles du droit positif permettent.

En outre ε. À propos de la troisième phrase du § 85 :
Ce qui est du point de vue du droit positif un devoir de bon plaisir est souvent du point de vue du droit naturel un devoir de dette.

1. Dans son exposé, Baumgarten tient à la fois à marquer que l'origine rationnelle de l'obligation morale n'exclut pas son origine dans le décret divin, deux plans qui sont parfaitement égaux pour lui sauf dans la logique de l'athée théorique, en premier lieu pour manifester la compatibilité de l'*Aufklärung* avec la théologie chrétienne. Kant ne disconvient pas de la compatibilité de ces deux plans – le principe rationnel et le décret divin – mais contrairement à Baumgarten, il tiendra « leibniziennement » à marquer que c'est l'origine rationnelle qui précède le décret, Dieu étant parfait, saint et conforme à tout bien *parce que* la morale repose sur un fondement nécessaire de la raison.

6509. ε ? ξ ? Pr 47. À côté du § 86 « *on doit en préférer – plus fortes* » :

La résistance aux motifs obligatoires est ou bien elle-même morale ou bien pragmatique.

En outre υ ? À côté de la dernière phrase du § 86 :
Les lois sont obligatoires soit au sens strict, soit au sens large.

| **6510**. υ ? Pr 48. À propos de la deuxième phrase du § 87, 42
« *étrangers* » :

Prudence.

À propos de la quatrième phrase du § 87, « *propédeutiques* » :
Théologie.

| **6511**. ε ? κ ? Pr 54. À propos du début de la dernière phrase du 44
§ 92 :

Loi prohibitive du droit.

En outre :
On peut léser quelqu'un, c'est-à-dire faire du tort à ses droits, *matériellement*, sans être injuste *formellement*.
La peine ne porte que sur l'injustice matérielle.

| **6512**. ε. Pr 55. À propos du § 93 : 45

Le sien est ou bien logiquement ou bien pragmatiquement ou pratiquement tel ; le second est soit pragmatiquement soit moralement tel. Le premier est utilement modifiable par le libre arbitre d'autrui ; le second, selon les lois de l'arbitre commun.
La chose n'appartenant à personne (res nullius) pragmatiquement – –
Une chose appartenant pragmatiquement à quelqu'un ne peut pas être moralement une res nullius.

À propos du début de la dernière phrase du § 93 :
La loi impérative du droit.

| **6513**. δ ? κ ? Pr 61. Sous et à propos du § 100 : 48

Celui qui nécessite universellement selon une certaine loi fait cette loi (légifère).
Ordonnance.

Celui qui ratifie une loi ne crée pas une obligation, mais l'impose [1].

50 | **6514**. δ ? Pr 67. À propos de la première phrase du § 106 :

La récompense est soit physique, soit morale.

51 | **6515**. ε ? ζ ? ξ ? Pr 67. À côté de la première phrase du § 106 :

La récompense gratuite parce qu'elle ne répond pas au mérite, donc aussi parce qu'elle répond seulement à une action juste.

6516. ε ? ζ ? ξ ? Pr 67. À côté de la deuxième phrase du § 106 :

La récompense proposée pour les actions de dette est la récompense de bienveillance, celle proposée pour les actions de bon plaisir est la récompense de prudence.

6517. ε ? ζ ? ξ ? Pr 67. À côté de la troisième phrase du § 106 :

Le mérite est ou bien un mérite éthique ou bien un mérite de droit. Conformément au mérite éthique, l'action de l'obligé est la gratitude; conformément au mérite de droit, elle est le salaire.

Le mérite éthique est une action de dette dans la mesure où il n'oblige pas l'autre à une rémunération.

Le mérite de droit est une action qui oblige l'autre à une rémunération.

6518. ζ ? ξ ? Pr 67. À côté de la deuxième phrase du § 106, au-dessus de la réflexion 6517 :

Le *mérite* est à vrai dire une action par laquelle j'accomplis davantage de bien que ce à quoi je suis obligé. Aux yeux de Dieu, bien des *mérites* sont [incomplet ?]

1. Au § 100, Baumgarten fait de Dieu *à la fois l'auteur et le législateur de la morale*. Or pour Kant la nécessité pratique de la loi morale implique qu'elle n'a pas d'auteur, qu'elle ne découle pas d'une volonté mais qu'elle est au contraire ce qui seul peut qualifier la moralité de la volonté. Dieu est le législateur des obligations morales, en tant que sa volonté sainte promulgue ce qui vaut par soi-même en cette loi, mais il n'est pas à strictement parler l'auteur de cette loi, puisqu'il fait un avec elle, sans antériorité de sa volonté ou de son décret sur celle-ci. De même, dans les *Fondements de la métaphysique des mœurs*, les êtres raisonnables finis seront considérés comme des législateurs « dans un règne des fins qui est possible par la liberté de la volonté », sans quoi cette loi serait extérieure à la volonté et lui serait imposée du dehors (voir FMM, Ak, IV, 434 ; OP, II, 300). La R. 6513 annonce donc une orientation majeure de la pensée morale de Kant en opposition avec le propos de son auteur.

6519. δ ? κ ? Pr 67. À côté du début du § 107 :

Une action par laquelle je fais davantage que ce que j'étais tenu de faire est un *mérite* ; car quand je fais tout juste ce que j'étais tenu de faire, alors l'action était déjà nécessaire sans la *récompense*.

| C'est pourquoi je ne peux avoir aucun *mérite* envers Dieu, pas même 52
pragmatique, car les *récompenses* sont en lui *gratuites* alors que moi je suis déjà obligé d'agir ainsi, indépendamment de cela.

6520. δ ? κ ? Pr 68. À propos de l'avant-dernière phrase du § 107 :

Le salaire est *une récompense dans la mesure où il est le motif d'une action à laquelle je n'étais pas par ailleurs obligé.*

6521. ζ. Pr 68. À côté de la fin du § 107 et du début du § 108 :

La récompense de l'action pragmatique est annoncée avant celle-ci. Celle de l'action morale peut être conférée après celle-ci. Les actions moralement indifférentes ne sont nécessitées que pragmatiquement. Les actions pragmatiquement indifférentes ou mauvaises ne sont nécessitées que moralement.

L'action moralement pure ne contient rien de pragmatique mélangé à ses motifs moraux. Mais de telles actions ne conviennent pas à l'homme; *pour cette raison, Dieu, par des récompenses gratuites, a donné à suffisance un complément aux motifs moraux.*

| **6522**. δ ? κ ? Pr 69. À côté des avant-dernière et dernière phrases du 53
§ 109 :

Si toutes les bonnes actions sont récompensées de manière arbitraire ?

S'il n'y a rien de bon à espérer dans l'avenir, à part ce que nous recevrons comme récompense ?

| **6523**. ψ ? Pr 71. Dans l'avant-dernière phrase du § 111, Kant 54
voudrait voir remplacé le mot « *te garantit* » par :

te mérite.

6524. ζ–ξ. Pr 74.

Toutes les peines sont soit morales, soit pragmatiques; *les peines morales sont punitives, les peines pragmatiques sont soit correctives, soit exemplaires.*

La *peine punitive* est infligée en vengeant ou bien l'injustice en général ou l'offense personnellement subie ; la colère ressortit à ce dernier cas.

56 | **6525**. ζ–ξ. Pr 75. À côté de la fin du § 116 et du début du § 117 :

Les peines sont ou bien pragmatiques (pour qu'on ne commette pas de fautes) ou bien morales (parce qu'il y a faute). Il en va de même pour les récompenses. Les récompenses pragmatiques sont davantage en accord avec les motifs moraux que les peines, parce que, dans la mesure où elles sont gratuites, elles accroissent l'obligation[1].

6526. ζ–ξ. Pr 75. À propos du § 116 « *correction* » :

Ou exemplaire. En outre : Toutes les peines sont ou bien préventives, ou bien punitives ; les *peines exemplaires*, lorsqu'elles ne sont pas conformes à ces cas, sont politiques.

6527. η–φ. Pr 75. Dans le § 116 :

Peines préventives ou punitives ([s] *dissuasives ou punitives*).
La première [interruption].
La peine est soit exemplaire, soit une correction, soit punitive.

6528. ζ–ξ. Pr 75. Entre le § 116 et le § 117 :

Correction (châtiment) ou peines exemplaires.
Toute menace de peine insulte et en offense plusieurs, car elle présuppose que le *sujet* puisse être un objet d'aversion.

6529. η ? υ ? κ ? Pr 75. Dans le § 116 :

Ou bien pour qu'on ne commette pas de fautes, *ou bien* parce qu'il y a faute, *signifie* : ou bien pour qu'une faute ne soit pas commise par le délinquant lui-même (correction) ou par d'autres (peine exemplaire).

57 | **6530**. ζ–ξ. Pr 75. À propos du § 117 « *crainte servile* » :

Crainte filiale ([s] craint celui qu'il aime), qui a honte de s'attirer le mécontentement de celui qui punit.

En outre : υ–φ ?
L'âme mercenaire, la nature servile.

1. Kant introduit ici une différence fondamentale entre les peines (et récompenses) pragmatiques et morales qu'on ne retrouve pas chez Baumgarten, chez qui la contrainte et la motivation morales n'opèrent qu'en fonction de considérations pragmatiques. Les peines et les récompenses morales servent pour ainsi dire de principes de confirmation du motif moral ; contrairement aux motifs pragmatiques, les seuls que connaisse Baumgarten, ce n'est pas directement en fonction de celles-ci qu'on agit, mais en considération de la qualité et de la validité mêmes de l'acte, dont les peines et récompenses morales sont un signe de confirmation.

6531. ζ ? ξ ? Pr 75. À côté du § 117 :

La moralité dans les peines est de deux sortes : 1. dans quelle mesure l'*acte* peut lui être imputé pour y avoir mis toute son application. 2. Quelle loi morale peut lui être imputée, c'est-à-dire la méchanceté du cœur.

6532. ζ ? ξ ? Pr 75. À côté du § 118 :

Les peines qui visent à satisfaire la justice n'améliorent pas les intentions, car elles n'éveillent aucun amour pour celui qui juge. Comme par exemple les peines paternelles.

| **6533.** δ ? υ ? Pr 77. À côté de la première phrase du § 120 : 58

Si l'on peut punir moralement quelqu'un après qu'il a adopté une autre intention morale ?

6534. ζ ? ξ ? Pr 77. À côté de la première phrase du § 120, au-dessus de la réflexion 6533 :

Au sujet de l'exécution des peines.

6535. ζ ? ξ ? Pr 77. À propos du § 120 « *sanction pénale* » :

La sanction pénale est-elle pragmatique ou morale ? Si elle est morale [non extérieure] et si on ne tient pas compte ici des peines de préjudice, elle est seulement restreinte aux devoirs de dette et non aux devoirs de bon plaisir.

En outre : ζ ?
La sanction est la loi originale.

| **6536.** ξ ? Pr 77. 59

Les lois punitives ne peuvent engendrer *directement* aucune aversion morale. On déteste la loi, et non la faute ; elles sont un *supplément* de la moralité.

6537. ζ ? κ ? Pr 81.

Une action qui, avec une fin nécessaire, n'est que contingente [interruption]

6538. ζ ? κ ? Pr 81.

Toute imputation est une appropriation pratique, dont le contraire est possible d'après les règles de la liberté. Pragmatique.

60 | **6539**. ζ ? κ ? Pr 81.

Parce que l'arbitre supérieur a du pouvoir sur l'inclination, mais pas au point qu'il soit possible de vouloir être totalement malheureux ; parce que, en outre, même l'usage de la liberté a ses raisons qui ne proviennent pas de la liberté, il s'ensuit qu'on ne sait pas toujours juger si une action peut être imputée.

61 | **6540**. ζ ? κ ? Pr 81. À côté des quatrième et cinquième phrases du § 125 :

Des actions sont appropriées lorsque le contraire était pratiquement possible d'après les règles de la prudence, par exemple le fait de perdre au jeu.

6541. ζ ? κ ? Pr 81.

Toute imputation est une appropriation morale ou une attribution. Une bonne action ([g] contingente) est imputée quand son contraire était moralement possible, et donc nulle obligation de dette n'est imputée. Une action mauvaise est imputée quand son contraire était moralement nécessaire [était possible]. D'où seulement le mérite et la dette. ([s] digne d'être récompensé ou digne d'être puni.)

([s] On ne peut pas s'imputer les avantages qu'autrui tire du fait d'avoir payé sa dette.)

6542. υ ? ψ ? Pr 82. À propos du § 126 :

Il est ici uniquement question de l'imputation morale et non de l'imputation juridique.

63 | **6543**. δ ? (υ ??) Pr 86. À propos des trois dernières phrases du § 131 :

([s] Les bonnes conséquences du mérite, que nous ne pouvons prévoir, et de la dette peuvent être imputées.)

Les bonnes conséquences d'une action qu'il ne visait absolument pas, pas même *médiatement*, ne peuvent lui être imputées ; les conséquences mauvaises peuvent lui être imputées lorsqu'il ne visait pas leur contraire, autant qu'il le devait. Mais pas celles où il visait suffisamment leur contraire.

Lorsque l'esprit est plein de colère ou de douleur, on impute facilement à autrui son mal ou bien encore à soi-même.

|**6544**. ζ ? φ ? Pr 93. À propos de l'avant-dernière phrase du § 141 : 66

On ne peut imputer les bonnes ou mauvaises décisions de la même manière que les *actes*.

|**6545**. ψ. Pr 93. À propos de la dernière phrase du § 141 « *les* 67
simples désirs » :

Est-ce que les efforts peuvent être éthiquement imputés ?

6546. ψ. Pr 94. À côté de l'avant-dernière phrase du § 142 :

Compétence douteuse.
Au lieu des mots « *Par conséquent, celui qui suit...* » dans la dernière phrase, Kant voudrait voir indiqué :
Celui qui réclame un droit douteux.

6547. ψ. Pr 94. Dans le § 143, deuxième phrase, Kant voudrait voir indiqué, au lieu de « *il n'est pas permis de suivre une obligation douteuse* » :

Il n'est pas permis de se servir d'un droit douteux, mais il est permis de suivre une obligation douteuse, et non seulement cela est permis, mais c'est même nécessaire.

|**6548**. ζ? Pr 94. À propos de la cinquième phrase du § 143, 68
« *moralement certain* » :

La certitude est soit logique, soit pratique, et celle-ci, soit pragmatique, soit morale.

6549. ξ ? φ ? Pr 94. À propos des cinquième et sixième phrases du § 143 :

Tenir que quelque chose est permis sur la base d'une simple probabilité, c'est du *probabilisme moral* ; c'est la prétention d'oser entreprendre quelque chose qui puisse outrepasser la loi. On doit être tout à fait certain eu égard à la compétence ; mais la simple vraisemblance que quelque chose (dont la compétence est certaine) soit aussi mon obligation, c'est-à-dire la vraisemblance que son omission ne soit pas permise, c'est-à-dire la simple possibilité que l'omission soit injuste, tout cela m'oblige déjà. C'est-à-dire qu'il faut en général être déjà certain de la légalité de ses actions.

6550. ξ ? φ ? Pr 94. À propos de la cinquième phrase du § 143 :

Ce dont je ne sais pas si je l'ai payé, et qu'autrui exige : il est moralement certain que cela devrait être payé.

6551. ξ ? φ ? Pr 94. À propos de la cinquième phrase du § 143 :

On est moralement certain lorsqu'on ne court aucun risque* d'agir injustement. Celui qui affecte d'être moralement certain et qui ne l'est pas va à l'encontre de la moralité.

* ([g] Un jugement dont l'affirmation ne nous expose à aucun risque moral. Le jugement lui-même doit être pratique. Par exemple celui d'un médecin à propos d'un médicament dangereux.)

6552. ψ. Pr 95. Dans la dernière phrase du § 143, Kant voudrait voir indiqué au lieu de « *être obligé* » :

avoir le droit.

6553. ξ–η ? Pr 99. À propos de la deuxième phrase du § 149 :

L'agent, l'auteur [et instigateur], l'assistant.

71 | **6554**. ξ–φ ? Pr 101. À propos de la dernière phrase du § 152 :

un serviteur détourne une lettre sur l'ordre de son maître, etc.

72 | **6555**. κ ? ρ ? φ ?? Pr 105. À côté du titre :

La détermination ou la décision de l'*acte* diffère de l'imputation.

73 | **6556**. ε–ξ. Pr 105. Au-dessus du § 159 :

Dans la mesure où les actions de la prudence sont imputables en tant qu'actions morales, [interruption]

75 | **6557**. η–ρ. Pr 108. À propos du § 162, no 1 :

Plus le cœur est naturellement mauvais et plus il y a *imputabilité*.

76 | **6558**. η–ρ. Pr 110. À propos de l'avant-dernière phrase du § 165, « *mérites – de l'effort* » :

Les mérites de l'intention.

En outre δ ? κ ?
À l'effort s'oppose soit l'obstacle pratique, soit l'obstacle physique ; à vrai dire, c'est la même chose si quelqu'un est retenu d'agir par crainte des peines ou par impossibilité d'agir.

6559. δ ? κ ? Pr 111. À propos de la dernière phrase du § 166 :

On doit imputer à celui qui agit bien par habitude son habitude, et non l'action ; de même en ce qui concerne celui qui agit mal. Donc, lorsqu'il combat l'habitude, il faut lui imputer l'action dans une moindre mesure.

| **6560**. δ ? κ ? Pr 112. À propos du début du § 168 : **77**

La faiblesse de la nature humaine réside dans la faiblesse du sentiment moral relativement à d'autres inclinations. C'est pourquoi la Providence lui a ajouté des instincts serviables en tant qu'*analogues des instincts moraux*. Par exemple : l'honneur, *l'amour familial*, la compassion, la sympathie, avec ou sans récompense et peine. Lorsque ceux-ci forment en partie les motifs, alors la moralité n'est pas pure. La morale qui exclut tous ces *motifs auxiliaires* est chimérique[1].

6561. φ ?. Pr 112. À propos du début du § 168, « *faiblesse humaine* » :

Impureté et fragilité.

En outre φ :
négative.

En outre φ :
Imperfection de la nature humaine et impureté de la vertu.

| **6562**. φ. Pr 113. À propos du début du § 169, « *fragilité – humaine* » : **78**

positive.

6563. δ ? κ ? Pr 113. À propos du début du § 169 :

La fragilité générale ne consiste pas en des inclinations mauvaises, mais dans la grande possibilité qu'elles deviennent telles. Il y a un penchant des inclinations au mal qui précède le fait qu'elles soient mauvaises. Si la

1. Dans ses *Observations sur le sentiment du beau et du sublime* (1764), Kant affirmait dans le même sens : « Toutefois, comme cette sympathie morale ne suffit encore pas pour pousser la paresseuse nature humaine à accomplir des actions d'intérêt général, la Providence a encore mis en nous un certain sentiment délicat qui peut nous faire agir, ou encore faire contrepoids à l'égoïsme grossier et à la volupté vulgaire. C'est le *sentiment de l'honneur*, et sa conséquence : la *honte* » (Ak, II, 218 ; OP, I, 464). Notons que le R. 6560 renferme la première référence explicite au sentiment moral, ce qui témoigne de l'influence sur Kant, à cette époque, des philosophies anglo-écossaises du sentiment moral, et au premier chef de la philosophie de Hutcheson.

moralité croissait en proportion de l'accroissement des inclinations, alors tout irait bien.

81 | **6564**. φ. Pr 118. À propos du début du § 177 :

Interprétation authentique ou *doctrinale*.

82 | **6565**. δ ? κ ? Pr 120. À propos du § 180 :

Est *arbitre* celui à qui est remis arbitrairement le droit de trancher, dans | une question litigieuse particulière, entre les droits de deux partis. Est *juge* celui qui a le droit de juger de manière générale en ce qui concerne autrui. Le *juge* présuppose toujours des *lois qui obligent en commun*.

6566. ξ ? υ ? Pr 120. À propos du § 180 :

La loi suffit à la nécessitation objective, à savoir à la connaissance de ce que l'on doit faire ; mais en ce qui concerne la nécessitation subjective, à savoir le fait que, dans l'hypothèse où les *motifs moraux* seraient insuffisants, il puisse être contraint d'agir, un *pouvoir exécutif* est requis.

La règle du droit implique que l'on pose l'action *qu'on le veuille ou non*.

6567. ξ ? ρ ? Pr 120. À propos du § 180 :

Le *tribunal* doit juger correctement, 2. avoir le pouvoir.

Le *tribunal* est le moyen terme qui permet de lier le *pouvoir législatif* et le *pouvoir exécutif*.

6568. ξ ? υ ? Pr 120. À propos de la troisième phrase du § 180 :

L'opinion que l'on n'a pas déclarée appartient aux *actes intérieurs*.

6569. η ? Pr 121. À propos de la quatrième phrase du § 180 :

Devant le tribunal extérieur (g les raisons d'imputation) (les causes de l'imputation), les raisons intérieures ne suffisent pas, donc non plus en regard de l'équité.

6570. ξ ? Pr 121. À propos des § 180 et 182 :

Tribunal humain extérieur : ou de la justice ou de l'équité ;

Tribunal humain intérieur : de la conscience ou naturel ou statutaire.

83 | **6571**. η ? Pr 121. À propos de la première phrase du § 182 :

L'imputation valide signifie aussi celle qui force à certaines actions.

| **6572**. υ. Pr 123. À propos du § 184 : 84

L'observation de n'importe quel devoir, et même des devoirs extérieurs, a en soi quelque chose de méritoire, qui par là [interruption]

6573. η ? (φ ?) Pr 123. À propos du début du § 185 :

La précision dans l'imputation des actes devant le tribunal divin.

| **6574**. φ ? Pr 134. À propos du § 198, « *disculpation* » : 88

Justification.

| **6575**. υ ? χ–ψ ?? Pr 139. À propos du § 205 : 90

Nous devons être menacés par la conscience ; en tant que juge, la conscience ne doit pas être menacée. Elle doit être libre.

| **6576**. υ ? χ–ψ ?? Pr 139. À propos du § 205 : 91

Une conscience qui prend peur au moment de juger est esclave. Si le jugement de la conscience se fonde sur la croyance, alors elle se fonde sur la peur.

| PHASE η [1] 92

EN GÉNÉRAL

6577. η. Pr I.

Juvénal : « Dans ses prières il faut demander un esprit sain dans un corps sain » [2].

Au premier appartiennent un entendement sain et un cœur bon.

L'entendement sera entraîné comme un moyen par l'expérience et l'instruction.

Le cœur détermine la fin.

La science des moyens est la prudence ou l'habileté.

La science des fins est la sagesse.

La philosophie pratique [observante] [subj.]
[directrice : *impérative*].

Des actions libres et de leur bonté. Subjectivement : observantes et déclaratives.

Objectivement [3].

([s] L'idéal de la simplicité, de la prudence et de la sagesse).

([s] Toute considération est ou bien physiologique, ou bien téléologique.

1. Les réflexions de cette seconde phase, qui s'étend de 1764 à 1768, se caractérisent surtout par la discussion qu'amorce Kant avec les philosophies morales des Anciens (Épicure et Zénon surtout), qui sera un trait récurrent des *Réflexions sur la philosophie morale* à partir de cette période. On constate aussi que le propos de Kant est désormais plus libre et moins directement lié aux développements des *Principes* de Baumgarten.

2. Passage de la dixième *Satire* de Juvénal (*Sat.* 10, 356). Il faut prier, écrit Juvénal, car les dieux jouent un rôle dans la guérison des maladies, autant celles du corps que de l'âme.

3. Bien que très elliptique, cette réflexion suggère la distinction entre la philosophie pratique subjective et la philosophie pratique objective. La première s'intéresse à ce que l'homme fait et ce qu'il est : elle est l'équivalent de l'anthropologie. La seconde prescrit ce que l'homme doit faire et comment il devrait être : c'est la philosophie morale au sens strict.

La *téléologie* est soit empirique, soit rationnelle : lorsque la fin est donnée par l'expérience externe ou par l'inclination interne. Téléologie soit *externe*, soit *interne*.)

6578. η ? κ–ξ ? Pr I.

Objectivement et *subjectivement* : ce qui doit arriver, et ce qui arrive, *le phénomène*.

93 | *Morale : des fins ; pragmatique : des moyens pour le bonheur.*

La philosophie morale pure ou *appliquée*.

idéal

théorique et *pratique*. Cette dernière : éducation, législation.

([s] *contemplative* distinguée de la *pratique*.

En l'homme, nous observons en tout premier lieu l'arbitre, puis dans ses actions les plus communes le libre arbitre, surtout dans sa capacité de se représenter quelque chose qu'il doit faire, bien qu'il ne le fasse pas aussitôt.)

6579. η. Pr I.

1. [Erreur] Manquement de la philosophie subjective à propos de l'homme naturel et de l'homme civilisé.

2. Ce qui doit arriver : confusion du pragmatique et du moral.

3. La philosophie morale en général, sans considération de ce qui est particulier en l'homme et de son état. ([s] *pure*.)

([s] 4. *appliquée*.)

Les Anciens ont confondu [le droit] le droit naturel et l'éthique.

6580. η ? (κ–ξ) ? Pr I.

L'obligeant fait en sorte que l'arbitre d'autrui qui n'est pas d'accord avec le sien lutte contre lui-même pris universellement. Pour cette raison, il n'oblige que par l'accord d'autrui.

6581. η. Pr I.

Du *sens moral*. Les règles de la prudence ne supposent aucune inclination particulière ni sentiment, mais uniquement une relation particulière de l'entendement avec ceux-ci. Les règles de la moralité concernent un sentiment particulier du même nom, sur lequel l'entendement se règle comme précédemment.

Selon les stoïciens, l'amour actif atteint son maximum lorsqu'il est égal aux forces de quelqu'un. Il n'est pas de mesure intrinsèque dans l'espace, mais seulement des mesures arbitraires ; mais un cercle est une mesure absolue.

| La doctrine du milieu est en vérité à l'effet qu'un plus grand bien 94
[interruption][1].

6582. η ? κ ? Pr II.

Toute obligation est d'une double espèce : 1. celle à laquelle on peut être contraint ; 2. celle à laquelle on ne peut être contraint. Dans le premier cas [interruption].

6583. η. Pr II.

Le meilleur état des hommes selon les règles du droit est la société, et le meilleur état de l'homme social en ce qui concerne sa sécurité est le pouvoir irrésistible, lequel le contraint de se conduire selon cette règle du droit. Les sciences et les arts font en sorte d'atténuer la résistance de l'homme. Il est rendu par eux non pas meilleur, mais plus doux. On peut facilement l'attirer par quelque petit profit touchant son plaisir, ou par les honneurs. Il devient en réalité par là plus faible, car tout besoin est une attache qui le lie aux lois, quand bien même celles-ci seraient arbitraires.

L'idéal de Diogène au sujet du *souverain Bien* était négatif, c'est-à-dire : aucune douleur et aucun vice, le *minimum* de moyens. Celui d'Épicure était négatif en ce qui a trait à la vertu, et le *souverain Bien* de Zénon négatif en ce qui concerne le bonheur[2].

1. La doctrine du milieu fait référence à la conception aristotélicienne de la vertu comme juste milieu entre deux extrêmes, mais possiblement aussi à Sénèque. Kant s'opposera toujours à cette doctrine. Dans la *Métaphysique des mœurs* (*Introduction à la Doctrine de la vertu, XIII*), on lit dans une note que « Les formules ordinaires, classiques dans la philosophie morale : *medio tutissimus ibis* ; *omne nimium vertitur invitium* ; *est modus in rebus*, etc. ; *medium tenuere beati* ; *virtus est medium vitiorum et utrinque reductum*, ces formules renferment une sagesse insipide qui n'a aucun principe déterminé ; car ce milieu entre deux extrêmes, qui me l'indiquera ? » (Ak, VI, 404 ; OP, III, 687).

2. C'est la première référence au souverain Bien dans ces *Réflexions*. Comme on le verra plus loin, ce thème, abordé dans le *Canon de la raison pure* de la *Critique de la raison pure*, mais absent dans le premier ouvrage de Kant expressément consacré à la morale, les *Fondements de la métaphysique des mœurs* (mais qui sera le problème principal de la *Dialectique de la raison pure pratique* dans la *Critique de la raison pratique* et à toutes fins utiles la conclusion de la *Critique de la faculté de juger*), sera très tôt au centre de la réflexion morale de Kant, surtout dans la période 1776-78 (R. 6819 et *sq.*). C'est l'un des enseignements les plus précieux de ces *Réflexions sur la philosophie morale*. Si Kant, dès le début, insistera sur l'inconditionnalité des principes de la vertu, il reconnaîtra d'emblée qu'une morale incapable de se relier, en cette vie ou dans une vie future, à la légitime espérance du bonheur, *n'aurait tout simplement aucun sens*. Il s'agira dès lors de penser cette relation de la vertu et du bonheur sans réduction eudémoniste de la morale.

6584. η. Pr II.

Que l'on se sente bien et que l'on se conduise bien.

Moyens dans le premier cas : plaisirs sensibles ; dans le deuxième : vertu.

95 | ([s] Idéal naturel ou mystique ; ce dernier : où les moyens ne se trouvent pas dans la nature.)

Le bonheur et le bien, la moralité, forment ensemble le *souverain Bien*.

Diogène : le bonheur consiste dans l'absence de douleur sans rien de superflu, et la moralité, dans l'absence du vice.

Épicure : le bonheur consiste dans la jouissance du plus grand plaisir, sans effort vers la moralité.

Zénon : le bonheur consiste dans la plus grande vertu sans plaisirs physiques. *Rectitude*.

Souverain Bien. Maximum de bonheur dans le *minimum* des besoins et la simplicité. ([g] *minimum* de la vertu.)

Épicure : *maximum* de bonheur avec un *maximum* de besoins et de leur satisfaction.

Zénon : *maximum* de bonheur uniquement par la vertu.

La philosophie morale mystique de Platon. Le *terminus ad quem* ([g] *supranaturel*) est confondu avec le *terminus a quo* ([g] *naturel*).

Secte cynique : *minimum* d'effort moral pour être moralement bon, les désirs étant eux aussi à leur *minimum*. L'homme de la nature brute, système de la simplicité.

Le *maximum* du bien-être et de la bonne conduite est à atteindre par le *maximum* ou bien des deux séparément ou conjointement ; ce dernier est le *maximum* des zénoniens.

Le système épicurien est un idéal du plaisir, le stoïcien, un idéal de la vertu, et le cynique, un idéal de la simplicité.

Selon le premier, cela signifie : la bonne conduite consiste simplement dans les actions orientées vers le bien-être ; selon le deuxième : le bien-être est un accord de nos désirs en vue de la bonne conduite ; chez celui-là, le plaisir ([g] physique) est à son *maximum*, chez celui-ci, à son *minimum*.

Le bien-être consiste dans le rapport proportionné de la jouissance et des désirs ; lorsque celle-là est équivalente à ceux-ci, nous parlons de
96 contentement. Le | contentement constitue précisément un tout, et il revient au même si dans une telle proportion beaucoup de jouissance se rapporte à beaucoup de désirs ou si peu de jouissance se rapporte à peu de désirs. Le mal consiste dans le fait que le numérateur est plus petit, et le bien dans le fait qu'il est plus grand. Le bien est à son *minimum* lorsque les désirs sont à leur plus faible et lorsque la jouissance leur est équivalente.

La bonne conduite consiste dans le rapport proportionné de notre conduite à nos prescriptions morales. C'est-à-dire à notre conscience.

Dans tout idéal, la mesure des autres rapports proportionnés est à chercher dans le rapport de leur égalité.

Les Anciens avaient tous le défaut de construire à partir de leurs chimères idéales. Les stoïciens à partir de leur sagesse, qui était juste en tant qu'idéal, mais insensée en tant que prescription réelle pour la conduite humaine.

6585. η. Pr III.

La première caractéristique des actions de bonté consiste en ceci qu'elles deviennent un principe d'obligation chez autrui ; et la première caractéristique des actions de dette consiste en ce qu'elles rendent inévitable et non supprimable une obligation qui existait déjà.

La deuxième caractéristique réside dans le fait que les *omissions morales* dans le second cas sont des grandeurs négatives et que des actions réelles en font partie, (g qui) par là = 0. Les omissions éthiques = 0 et n'amoindrissent pas la *valeur* morale qui existe déjà. Les devoirs éthiques sont par conséquent indéterminés. En revanche, les *devoirs de droit* sont déterminés. Le mérite d'une *action de droit* est = 0, car –a +a = 0 ; mais le mérite d'une *action éthique* est quelque chose : a + 0 = a.

6586. η ? δ ?? Pr III.

Il existe différents degrés de détermination de notre arbitre :

1. D'après les lois universelles de l'arbitre en général, le droit.

2. D'après les règles universelles du bien en général, la bonté.

3. D'après les règles universelles du bien personnel, l'amour de soi (g rationnel).

4. D'après les règles particulières d'une inclination personnelle, la pulsion sensible.

| Les *motifs moraux* sont de différents degrés : 97

1. Le droit d'autrui.
2. Mon propre droit.
3. Le besoin d'autrui.
4. Mon besoin.

L'intérêt personnel n'est pas le principe d'un droit.

L'intérêt de plusieurs ne leur donne aucun droit envers un seul.

Le droit ne se fonde pas sur des motifs de bonté.

Nous avons un regard très perçant concernant les choses morales ([g] par le *sentiment*), mais non pas un regard clair ; par exemple, le délateur d'un *crime public* est méprisé, parce qu'on ne veut pas sacrifier totalement les devoirs privés aux devoirs publics. On a de la compassion pour un malfaiteur.

6587. η ? δ ?? Pr III.

Je peux agir injustement envers autrui même si je ne commets pas d'injustice à son endroit : par exemple lorsque je paie un cheval aveugle avec un faux billet. C'est la preuve que la formule « *l'obligation envers quelqu'un obligeant l'autre* » ne prévaut pas toujours.

6588. η ? δ ?? Pr III.

Après les devoirs de dette, nul devoir n'est plus grand que celui de l'amour en retour de l'amour d'autrui, et particulièrement de répondre aux actions qui sont pour nous aimables et que nous avons reçues des autres, par conséquent le devoir de gratitude.

Le devoir des parents envers leurs enfants est un devoir [strict] de dette.

6589. η ? κ ? Pr XV'.

Quelque chose est bon, pour autant qu'il est en accord avec la volonté ; agréable, pour autant qu'il s'accorde avec la sensibilité ; cependant, je peux penser à une volonté, tout en faisant abstraction de la grâce de cette personne qui veut, ou du sujet dont cette grâce est l'expression : je peux ainsi penser à quelque chose de bon sans égard à la grâce. Pourtant, rien n'est bon qui soit dépourvu de toute grâce ; mais la bonté réside dans la relation avec la volonté, jusqu'à ce que finalement la bonté absolue se trouve dans l'accord du bonheur avec la volonté[1].

98 | La beauté concerne toujours ce qui est accidentel dans la bonté, c'est-à-dire la relation au goût.

6590. η ? κ ? Pr XVI'.

Ce qui contribue au bonheur de l'homme n'appartient pas pour cette raison à sa perfection. Si l'homme droit est malheureux et le vicieux, heureux, alors ce n'est pas l'homme qui est imparfait, mais l'ordre de la nature.

1. À lire en particulier avec les R. 6621, 6629, 6838, 6856, 6857, 6876, 6881, 6883, 6907-6911, 6958, 6965, 6971, 6977, 6989, 7197, 7199, et spécialement 7200-7201 et 7202.

Dans le cas des devoirs envers soi-même[1], c'est la valeur de la personne et non de sa condition qui doit renfermer le motif. L'âme et le corps ainsi que leur perfection appartiennent à sa personne. La perfection ne consiste pas dans un bien accidentel, par exemple la science, la délicatesse, etc., mais dans un bien essentiel. Les perfections de son corps doivent être préférées à tous les plaisirs. Seulement à l'égard des grandes obligations d'observer le droit d'autrui, par exemple de préserver sa chasteté, le corps n'appartient plus à la personne ; en conséquence, la mort elle-même, mais pas la mort délibérée, est liée à la valeur de sa personne.

6591. η ? κ ? Pr XVI'.

Il y a en nous une activité fondamentale de la raison selon laquelle on ne peut s'empêcher d'exercer nos actions en accord avec la raison, et aussi un déplaisir survenant dès que nos actions se trouvent démenties par là même. Je ne peux par exemple que rejeter l'alchimie, dès lors que je la trouve impossible. Tous les jugements par la raison sont cependant universellement et nécessairement valides ; en conséquence de quoi, lorsque les jugements ne sont pas universellement valides, je me vois contraint de les rejeter. C'est-à-dire que je peux tout à fait bien laisser se produire en moi deux sensations opposées, mais non pas deux connaissances opposées.

6592. η ? κ ? Pr XVI'.

On dit qu'il est absolument nécessaire d'attribuer trois angles au triangle. De même : il est nécessaire de tenir une promesse[2].

6593. η. Pr XVII'.

L'ordre de la réflexion sur l'homme est le suivant :

1. Qu'il y ait des devoirs envers soi-même, c'est l'une des idées marquantes de la philosophie morale de Kant. Une idée paradoxale en fait, dès lors que la morale est distinguée de la recherche personnelle du bonheur. Car à quels devoirs envers moi-même devrais-je me contraindre s'ils ne concernent aucunement l'amélioration de ma condition ? La réponse de Kant, qui pour l'instant manque de précision, est que ces devoirs concernent non pas ma condition, mais ma dignité, soit la qualité intrinsèque de l'être libre en tant que personne.

2. Réflexion extrêmement précieuse, surtout si l'on tient compte de l'hypothèse de sa datation (1764-68, ou 1769) : Kant laisse entendre que l'évidence des devoirs moraux ne le cède en rien à l'évidence des vérités mathématiques ; leur certitude pratique est égale au plus haut niveau de certitude théorique auquel l'être raisonnable fini peut atteindre dans l'ordre de la connaissance.

99 1. L'indétermination naturelle dans le type et la proportion | de ses pouvoirs et inclinations, et sa nature capable de prendre toutes sortes de figures.

2. La destination de l'homme. L'état réel de l'homme : s'il réside dans la simplicité ou dans la culture supérieure de ses capacités et dans la plus grande jouissance de ses désirs. Qu'un but final naturel puisse être mis en lumière aussi par le degré de capacité serait un très haut sujet d'investigation. Savoir si les sciences ressortissent nécessairement à ce but.

(4. L'homme sauvage ou ([g] fruste) [de la nature]. Si cet état peut en être un de droit et de satisfaction. Différence entre la perfection personnelle de l'homme fruste et celle qu'il a au regard d'autrui. Savoir si l'homme peut demeurer dans cette condition).

3. L'homme de la nature considéré simplement d'après ses propriétés personnelles, sans égard à sa condition. La question est ici simplement : qu'est-ce qui est naturel, et qu'est-ce qui relève de causes extérieures et contingentes ? L'état de nature est un idéal des relations externes de l'homme simplement naturel, c'est-à-dire de l'homme fruste. La condition sociale peut aussi résider en des personnes possédant uniquement des propriétés naturelles.

4. Émile ou l'homme civilisé. L'art ou la culture des forces et des inclinations qui s'accordent au mieux avec la nature. Par là la perfection naturelle est améliorée.

5. Dans la condition extérieure *. Le contrat social ([g] union civile) ou l'idéal du droit étatique ([g] selon les règles de l'égalité), considéré *in abstracto*, sans égard à la nature particulière de l'homme.

6. Léviathan : l'état de société, qui est conforme à la nature de l'homme. Selon les règles de la sécurité. ([g] Je peux être soit dans un état d'égalité et avoir la liberté d'être moi-même injuste et de souffrir l'injustice, ou dans un état de soumission sans cette liberté).

7. L'union des peuples : l'idéal du droit des peuples, comme l'achèvement des sociétés du point de vue de leurs relations externes.

Le contrat social, ou le droit public comme un principe du pouvoir [public] suprême. Le Léviathan, ou le pouvoir suprême comme un principe du droit public.

Pr XVIII' :

100 * ([g] l'état de nature : un idéal de Hobbes. Ici est considéré | le droit dans l'état de nature et non l'*acte*. Il est démontré qu'il n'est pas arbitraire de quitter l'état de nature, mais bien que cela est nécessaire selon les règles du droit. Avec le droit de guerre des personnes individuelles se perd toute la matière du droit ; dans le cas des peuples cependant, puisque

chacun peut être considéré comme étant en paix avec tous les autres, on a seulement le droit d'attaquer le tout et les biens qui s'y rapportent) [1].

6594. η. Pr XVII'.

L'intérêt détermine non pas le droit, mais la volonté particulière de chacun. Mais parce que, suivant la règle de la liberté, chacun doit déterminer son intérêt d'après ses propres pensées, alors autrui n'a pas l'autorité de juger de l'intérêt, mais seulement de la volonté de l'autre.

Le grand nombre peut former un corps politique d'après les règles de la prudence, bien que celui-ci ne provienne pas du tout des règles du droit.

Nul ne peut céder à autrui tout pouvoir d'exécuter ses propres jugements de droit sans se réserver soi-même un pouvoir semblable de le contraindre à son obligation ; car alors il donnerait à autrui le droit de faire ce qu'il veut (*licence*) ; mais si autrui ne peut agir injustement par son action, alors ses actions reposent seulement sur son pouvoir et non sur son droit.

6595. η. Pr XVIII'.

On doit d'abord savoir : qu'est-ce qui serait juste, si chaque volonté légitime était irrésistible ; deuxièmement : par quel moyen un pouvoir irrésistible se trouve-t-il lié à un droit, et qu'est-ce qu'il est permis de faire sous cette seule condition ? *In abstracto*, le droit se laisse aussi penser sans le rapport au moyen par lequel il peut être rendu effectif. Mais *in concreto*, il faut veiller à la sécurité, par laquelle les conditions du droit peuvent devenir effectives.

Ce qui est vrai *in abstracto* l'est aussi *in concreto*. Car lorsque quelque chose est abstrait des cas particuliers ––

Ce qui cependant est possible *universellement* et dans des notions abstraites n'est pas toujours possible *in concreto*, parce que l'universel

1. Cette longue réflexion s'inscrit parfaitement dans le sillage des considérations anthropologiques marquant les *Observations sur le sentiment du beau et du sublime* (1764) et surtout les *Remarques touchant les observations sur le sentiment du beau et du sublime* (1764-68). Kant s'y révèle comme un profond observateur de la nature humaine. Mais il faut rappeler qu'il ne confond pas ces réflexions, relevant de la philosophie pratique subjective (ou de l'anthropologie) et l'élucidation des principes moraux, ressortissant à la philosophie pratique objective.

La référence à l'*Émile* de Rousseau, qui paraît en 1762, est instructive, car elle confirme que Kant a lu cet ouvrage tôt après sa parution. Notons aussi, à Pr XVIII, en référence au *Léviathan* de Hobbes (1651), la position de Kant sur la sortie de l'état de nature : il n'est pas arbitraire de passer de cet état à l'état du droit, mais c'est un devoir, une nécessité pratique. C'est ce que confirmeront notamment les § 41-42 de la *Doctrine du droit* (*Métaphysique des mœurs*, Ak, VI, 305-308 ; OP, III, 572-574).

101 n'est pas déterminé à l'égard de plusieurs | prédicats dont la détermination est donnée *in concreto*. C'est pourquoi ce qui ne contredit pas l'*universel* peut contredire l'*individu* ou l'*espèce*.

Le *maximum* pris *in abstracto* est intégralement déterminé, mais il n'est pas toujours possible *in concreto*. Toutes les propriétés d'un *maximum en tant que tel in abstracto* sont en lui non seulement possibles, mais aussi vraies ; mais *in concreto* elles peuvent être impossibles, parce que les déterminations du *maximum en tant que tel* peuvent contredire celles de l'*espèce*.

6596. η. Pr XVIII'.

Toute action de droit représente un *maximum* du libre arbitre lorsqu'elle est envisagée de manière réciproque.

L'homme est enclin à voir l'extrême dans chaque grandeur, le *maximum* et le *minimum*, en partie parce que, sans cette *limite*, il ne peut mettre un terme à l'addition et à la soustraction, et en partie parce qu'il a besoin d'une mesure : le plus grand est pensé ou bien de manière indéterminée, dans la mesure où l'on pense à la simple longueur en tant qu'espace (nombre), temps ([g] tout) ; ou bien de manière déterminée : lorsque le plus grand dépend de rapports déterminés. Le plus grand de tous les êtres peut être pensé comme déterminé de plusieurs façons, suivant les rapports que les multiples réalités des choses peuvent avoir les unes avec les autres, afin de réduire ou d'accroître la grandeur.

Ce plus grand se présente [est pensé] ou bien à travers certaines déterminations d'une chose, qui sont dans des rapports changeants, ou bien il consiste simplement dans l'augmentation arbitraire. Celui-ci est un idéal de la fiction (*Erdichtung*), celui-là, un idéal de la raison, qui se différencie en simple idéal mathématique et en idéal philosophique. Le plus petit ([g] de la [force] du mouvement) peut être appelé un moment.

Il n'y a aucun véritable *maximum* ni *minimum* en un sens absolu dans le cas des quantités *continues*, mais il y en a dans le cas des quantités *discrètes*.

LA CONTRAINTE MORALE
§ 50-59

| **6597**. η ? κ–λ ? ξ–ρ ? Pr 26. 27. À côté des trois dernières phrases du § 56. 102

Pr 26 :

([g] La contrainte morale par l'arbitre d'autrui inclut la souffrance méritée de tous les déplaisirs sensibles, dans la mesure où, Pr 27 : ils sont nécessités par l'arbitre d'autrui.)

Pr 26 :

Lorsque je satisfais à une *obligation de droit*, je ne m'oblige personne par là.

Lorsque je satisfais à une *obligation éthique*, j'oblige alors autrui. Comme il n'y a aucune *nécessité morale* à obliger autrui ; on voit alors que l'*obligation éthique* est une *abondance morale. La nécessitation morale par la situation d'autrui est l'éthique.*

La règle de droit est : n'entraver personne dans l'exercice de son libre arbitre contenu sous la loi de l'arbitre commun.

La règle éthique est : ajouter à la volonté sans effet des autres un complément à suffisance selon les règles de la volonté commune.

Parce que, en contraignant un autre à conformer son action aux règles universelles de l'arbitre, je fais s'accorder mon arbitre avec les règles générales, la contrainte est licite.

Mais si je contrains quelqu'un à acquitter sa dette envers un autre, l'action de mon arbitre est illicite.

À l'égard de la moralité envers tous, mon arbitre supérieur est uniquement assujetti aux *motifs*, mais non à l'arbitre d'autrui, sauf dans le cas du droit[1].

1. La distinction entre obligation de droit et obligation éthique est l'un des principaux thèmes des *Réflexions sur la philosophie morale*. Elle se retrouve encore au cœur de la tardive *Métaphysique des mœurs* (voir *Introduction à la métaphysique des mœurs*, III, Ak, VI, 218-221 ; OP, III, 464-467). Voir aussi à ce sujet la *Morale Mrongovius*, Ak, XXIX, 617-619 et la *Métaphysique des mœurs Vigilantius*, Ak, XXVII, 582-584.

| PHASE K [1]

EN GÉNÉRAL

6598. κ–λ ? (η ?) Pr IV.

Les moyens ne sont que la forme de l'intention ou la méthode d'exécution, la fin est la matière. Les actions sont rationnelles d'après les moyens ou d'après la fin ; dans le premier cas, la raison détermine la forme, et dans le deuxième cas, elle détermine également la matière de l'intention.

L'entendement n'est bon que médiatement, en tant que moyen en vue d'un autre bien ou en vue du bonheur. Le bien immédiat ne peut être trouvé que dans la liberté. Car, puisque la liberté est un pouvoir d'agir, même si cela ne nous réjouit pas sur le coup : alors elle n'est pas liée à la condition d'un sentiment personnel ; mais parce que, néanmoins, elle ne concerne toujours que ce qui plaît, alors elle entretient un rapport avec le sentiment et peut entretenir un rapport universellement valide avec le sentiment en général. Voilà pourquoi rien d'autre que la personne n'a de valeur absolue, et cette valeur consiste dans la bonté de son libre arbitre. De même que la liberté contient le principe de tout ce qui commence, de même est-elle ce qui contient à elle seule la bonté autonome [2].

1. Les réflexions de la phase *kappa* (1769) se caractérisent surtout par la distinction de plus en plus nette entre les thèmes de la morale et du bonheur. Kant y poursuit sa discussion avec les philosophies morales des Anciens pour affirmer, de plus en plus (après la R. 6463, isolée) le caractère catégorique et inconditionné des principes moraux. Le lien avec le compendium de Baumgarten est de plus en plus ténu.

2. Cette déclaration est très forte, car avant même l'affirmation expresse d'une raison par elle-même pratique, dans la *Dissertation*, Kant aperçoit dans la liberté le principe d'un bien intrinsèque et autonome, donc de fins universelles qui ne relèvent d'aucun calcul d'intérêt personnel. À lire avec les R. 6605, 6850, 6854, 6856, 6859 et 6867.

Le sentiment moral n'est pas un sentiment originaire. Il s'appuie sur une loi intérieure et nécessaire, qui dicte de s'éprouver et de se considérer soi-même d'un point de vue extérieur[1] Comme dans la personnalité de la raison: car on se sent soi-même dans l'universel et on considère son *individu* comme un sujet contingent, comme un *accident* du sujet universel.

6599. κ–λ ? (η ?) Pr IV.

Il y a deux sortes de sentiments : soit celui de l'aversion, soit celui de la
104 difficulté à pouvoir s'y habituer. L'injustice est pour ainsi dire | une sorte d'embarras éprouvé devant celui qui a à chaque fois en pensée le renversement de l'autorité.

Le *sentiment* moral ne devient une inclination que par le fait que d'autres, par exemple l'amour des honneurs (ce que d'autres pensent de nous), s'y ajoutent.

6600. κ–λ ? (η ?) Pr V.

La bienveillance n'est présente que lorsque que l'on se sent bien.

6601. κ–λ ? (η ?) Pr V.

De l'idéal éthique des Anciens, le souverain Bien[2]. Il est ou bien négatif, ou bien positif, c'est-à-dire absence de vice et de douleur, innocence et modération, ou vertu et bonheur. Ces derniers sont subordonnés de telle manière que soit le bonheur est une conséquence nécessaire de la vertu, soit la vertu est une forme nécessaire des moyens pour atteindre le bonheur. Le premier cas renvoie au stoïcisme, le second à l'épicurisme. Finalement, le principe du souverain Bien est soit dans la nature, soit dans la communauté avec l'Être suprême. Le premier *principe* est naturel, le second mystique. Celui-ci est la théorie platonicienne.

Nous respectons hautement tout ce qui est bon en soi. Nous aimons ce qui est bon *relativement* à nous. Les deux sont des sentiments. Celui-là est

1. En faisant découler le sentiment moral d'une loi intérieure et nécessaire de la volonté, Kant constate donc qu'il n'a pas le caractère originaire que lui prêtait Hutcheson, dont il se dissocie ici assez nettement.

2. C'est la conception du souverain Bien qui constitue pour Kant le trait principal de la philosophie morale des Anciens. Mais d'où tient-il cette lecture si caractéristique, en laquelle les positions stoïcienne et épicurienne (comme ce sera le cas dans la *Critique de la raison pratique*) occupent une place prépondérante ? L'influence première semble être le *De finibus bonorum et malorum* de Cicéron, un ouvrage encore largement répandu du temps de Kant, et en particulier les Livres III et IV, où Cicéron présente les positions des stoïciens et des épicuriens et sa propre conception de la vertu.

prééminent dans l'idée d'approbation, celui-ci est davantage un principe de l'inclination. Tout ce que nous trouvons digne du plus grand respect, nous le respectons véritablement au plus haut point ; tout ce que nous trouvons digne d'être aimé, nous ne l'aimons pas toujours, notamment s'il n'a pas de lien particulier avec nous.

Les deux sentiments sont quelque peu opposés l'un à l'autre. La partialité envers nous-mêmes est ce qui nous fait aimer, mais non pas tenir en haute estime, celui qui manifeste cette partialité envers nous.

Nous avons une plus grande pulsion à être respecté qu'à être aimé – mais une plus grande pulsion à aimer les autres qu'à les respecter. Car dans l'amour d'autrui, on sent sa propre prééminence, alors que dans le respect d'autrui, on limite cette prééminence.

Toutes les véritables causes motrices des actions sont ou bien pathologiques (ou subjectives) et sont appelées des impulsions, ou bien elles sont... (objectives) et se nomment des *motifs*. Ces dernières sont pragmatiques ou morales. Les *impératifs* | pragmatiques universels sont **105**
aussi catégoriques ; cependant, ils sont davantage comme ces propositions qui disent ce que chacun veut, plutôt que ce qu'il doit vouloir [1].

6602. κ–λ ? (η ?) Pr V.

Seul celui qui se sent bien peut aimer d'un amour de gratitude [de satisfaction].

6603. κ–λ ? (η ?) Pr V. VI.

Pr V :

Ce qui plaît seulement sous la condition d'une inclination déterminée ou d'un sentiment est agréable ; ce qui plaît sous la condition d'une nature déterminée du pouvoir de connaître, par lequel tous les objets du sentiment doivent être connus, est beau ; ce qui a une relation universelle et nécessaire

1. Kant distingue donc deux types de motifs pratiques objectifs : les pragmatiques et les moraux, et il est clair que ces derniers commandent catégoriquement. Mais pourquoi affirme-t-il que « les *impératifs* pragmatiques universels sont aussi catégoriques » ? C'est qu'il fut un temps où Kant considérait que les prescriptions pragmatiques de la prudence partageaient avec les impératifs moraux un caractère catégorique. En effet, la visée du bonheur est si intimement inscrite en notre nature qu'elle a, comme les commandements moraux, une signification universelle. La prudence est une réflexion sur les fins bonnes et compatibles avec le bonheur véritable, et à ce titre, elle ne saurait être tout à fait étrangère à la morale, même qu'elle en complète la perspective en nous obligeant à penser la conciliation possible de la vertu et du bonheur. Dans les *Fondements de la métaphysique des mœurs*, la prudence ne concernera plus que les moyens de parvenir au bonheur et non plus la détermination des fins bonnes. Il faut lire cette réflexion avec les R. 6618, 6889, 7058 et 7207.

au bonheur en général sans avoir de relation à un sentiment déterminé ou à une capacité de connaissance déterminée, est bon [1]. Par exemple, la non-existence déplaît nécessairement, bien que ce déplaisir soit supplanté par des aversions particulières ; la maladie, la mutilation d'une personne ne requièrent aucun sentiment particulier pour déplaire. Tout ce qui est juste a une relation universelle au bonheur, Pr VI : dans la mesure où chacun produit le bonheur par lui-même, mais de telle manière que les règles de l'intention privée ne se contredisent pas mutuellement selon des lois universelles. Tout devoir d'amour réside dans le désir de promouvoir le bonheur universel (non simplement le sien propre) par ses propres actions. Une intention forgée arbitrairement sans motifs [interruption ?]

6604. κ–λ ? (η ?) Pr VI.

La justice et la bonté se mêlent complètement dans le caractère du prince, bien que toutes deux puissent être grandement distinguées l'une de l'autre dans son caractère personnel. Voilà pourquoi la bonté est toujours opposée à la justice dans le cas d'une injustice commise à l'endroit de sa propre personne.

6605. κ–λ ? (η ?) Pr VI.

Il y a un libre arbitre qui n'a pas pour but son propre bonheur, mais qui
106 présuppose celui-ci. La perfection essentielle d'un | être agissant librement repose sur ceci que cette liberté [de l'arbitre] n'est pas sujette à l'inclination ou en général n'est sujette à aucune cause étrangère. La règle principale des bonnes actions extérieures n'est pas qu'elles s'accordent avec le bonheur des autres, mais bien plutôt avec leur arbitre, et de la même manière la perfection d'un sujet ne repose pas sur le fait qu'il est heureux, mais bien sur le fait que son état est subordonné à la liberté : ainsi en est-il de la perfection universellement valide, que les actions doivent être sous des lois universelles de la liberté [2].

1. Cette tripartition des plaisirs (l'agréable, le beau et le bon) est présente dès les premières leçons d'anthropologie de Kant en 1772-73 (*Anthropologie Parow*, Ak, XXVI, 367) et se retrouvera dans la *Critique de la faculté de juger*, Ak, V, 205-211.

2. La perfection, dont Kant déplore l'absence de spécification dans les formules impératives de Baumgarten (qu'il juge tautologiques) a bel et bien une signification morale, mais à condition d'expliquer en quoi elle consiste, ce que fait Kant ici en l'associant à un agir d'après des lois universelles de la liberté.

6606. κ ? λ ? ο ? Pr IV.

Le système du plus subtil intérêt personnel se distingue du concept doctrinal de la vertu se suffisant à elle-même en ceci que cette dernière aime la vertu en elle-même et ne peut donc faire autrement qu'espérer un juge voyant de manière totalement claire sa pureté et qu'espérer sa récompense. L'amour de la vertu est l'amour de l'espérance d'être heureux, et celui-ci lui donne la force de résister au déplaisir qui lui est lié. À l'opposé, dans le premier système, l'espérance du bonheur est peut-être un principe de la vertu, mais plus exactement un principe des actions prudentes, qui produisent le même effet, mais pas à partir des mêmes *principes*.

6607. κ ? λ ? ο ? Pr VI.

Les Anciens n'ont pas coordonné le bonheur et la moralité, mais les ont plutôt subordonnés; parce que les deux constituent deux éléments différents, dont les moyens sont distincts, ils sont souvent en conflit. La doctrine stoïcienne est la plus authentique doctrine de la morale pure, mais elle est la moins adaptée à la nature de l'homme. Elle est aussi la plus facile à examiner. L'épicurienne est moins vraie, mais [plus] parfaitement adaptée aux inclinations des hommes. La doctrine cynique est en idée la plus conforme à la nature humaine, mais la moins naturelle dans l'exécution et est l'idéal de l'éducation la plus artificielle, tout comme de la société civile.

L'idéal stoïcien est le plus juste idéal pur de la morale, mais il est inexact *in concreto* eu égard à la nature humaine ; il est juste que l'on doive se conduire ainsi, mais faux que quelqu'un se conduira jamais ainsi. L'idéal | d'Épicure est faux selon les règles pures de la morale, et ainsi faux **107**
dans la théorie du *principe* moral, bien qu'il soit vrai dans la doctrine morale ; seulement, il s'accorde le mieux avec la volonté humaine. L'idéal cynique ne concerne que les moyens et est exact en théorie, mais très difficile dans la *pratique*, bien qu'il soit la *règle*. Les idéaux précédents étaient simplement des théories de la philosophie morale, l'idéal cynique simplement une doctrine des moyens.

6608. κ–λ ? η ?? Pr VII.

Une doctrine est pratique lorsqu'elle ne renferme pas des connaissances simplement oiseuses, mais également un moyen en vue de leur exécution. La logique est la plupart du temps présentée [principalement] de cette façon comme étant pratique. La philosophie pratique est une philosophie à propos de l'*action* ; elle apparaît souvent *oiseuse*, un moyen en vue du jugement et non en vue de l'exécution.

6609. κ–λ ? η ?? Pr VII.

Est libre ou la chose ou la personne ; si c'est le premier cas, la chose est sans possesseur ou vacante.

6610. κ–λ ? η ?? Pr VII.

La moralité est une [dépendance] subordination objective de la volonté aux motifs de la raison [1]. La sensibilité (*pratiquement*), une *subordination* de la volonté à l'inclination.

Les inclinations, unifiées par la raison, s'accordent en vue du bonheur, c'est-à-dire en vue du bien-être provenant de la satisfaction durable de toutes nos inclinations. Les inclinations, prises individuellement, lorsqu'elles détournent l'attention de la satisfaction des autres inclinations, contredisent le bonheur. Les passions [émotions] contredisent ainsi naturellement aussi bien le bonheur que la moralité. Mais le bonheur ne s'accorde que de manière contingente avec la moralité (*actuellement ou subjectivement*) ; mais *objectivement*, il s'accorde nécessairement avec la moralité, c'est-à-dire la dignité d'être heureux.

108 | **6611**. κ–λ ? η ?? Pr VII. VIII. 139.

Pr 139 :

[2] ([s] Le concept, l'idée, l'idéal. Le concept est un principe universel de différenciation (une marque). Seul le concept *a priori* a une véritable universalité et est le *principe* des règles. S'agissant de la vertu, seul un jugement d'après des concepts, par là *a priori*, est possible. Le jugement empirique, d'après des représentations dans des images ou d'après l'expérience, ne donne aucune loi, mais seulement des exemples, qui exigent un concept *a priori* en vue du jugement. Plusieurs ne sont pas capables de dériver leurs principes de concepts.

L'idée est la connaissance *a priori* ([g] de l'entendement), par laquelle l'objet est possible. Elle se rapporte à ce qui est objectivement pratique comme un *principe*. Elle contient la plus grande perfection pour une certaine fin. Une plante n'est possible que d'après une idée. Elle est

1. Il n'y a plus de doute pour Kant : la raison renferme des motifs objectifs qui obligent universellement. Avant même de la nommer, Kant a déjà l'idée de la raison pratique.

2. Cette réflexion débute par un complément tardif de Kant sur Pr. 139, datant probablement de 1776-78 (mais peut-être aussi de 1778-89). À la fin de la R. 6610, Kant faisait un renvoi (en latin) à Pr. 139, mais à Pr. 139 il indiquait « Voir la préface », ce qui renvoie à Pr VII. Il n'est pas clair si ce morceau constitue la fin de la R. 6610 ou le début de la R. 6611.

simplement dans l'entendement et, pour les hommes, dans les concepts[1]. Le sensible n'est que l'image, par exemple dans le cas d'une maison, l'idée renferme toutes les fins. L'esquisse n'est que le sensible qui est conforme à l'idée. Toute moralité repose sur des idées, et son image en l'homme est toujours imparfaite. Dans l'entendement divin se trouvent des intuitions de lui-même, et par là des archétypes.

L'idéal est la représentation d'un objet des sens en conformité avec une idée et la perfection intellectuelle qui est en elle. Les idéaux se rapportent seulement à des objets de l'entendement, ne se trouvent que chez les hommes, et sont pour eux des *fictions*. Il s'agit d'une fiction forgée afin de poser *in concreto* une idée dans l'intuition[2].

Les trois idéaux de la moralité à partir de concepts. L'idéal mystique de l'intuition intellectuelle de Platon. La sainteté est un idéal de l'influence suprasensible.

([g] concept de plante, mais non idée.))

| Pr VII : 109

L'idéal de l'innocence. De la prudence. De la [sagesse. Vertu] De la sagesse et de la sainteté*. ([s] Idéaux, etc.) ([s] L'idéal cynique était négatif.)

Dans le premier cas, simplicité dans les mœurs et modération dans le bien-être.

2. La moralité est considérée comme la conséquence nécessaire de la visée prudente du bonheur, par conséquent le bien-être dans les agréments et la vertu dans la connaissance active des moyens.

3. La sagesse n'a pour but que le bien, la perfection ; et le bien-être ne dépend pas des choses et de la sensation, mais plutôt le sage est heureux dans sa vertu. Pour les épicuriens, des lois spéciales de la moralité, et pour les stoïciens, des lois spéciales de la prudence, étaient jugées superflues.

4. La sainteté a pour bien-être la félicité. Provient de la communauté avec Dieu.

1. On peut lire ce passage avec le §65 de la *Critique de la faculté de juger* (*Les choses en tant que fins naturelles sont des êtres organisés)*. Voir Ak, V, 372-373 ; OP, II, 1163-1164 : les choses de la nature empirique doivent être considérées par nous comme des fins naturelles, c'est-à-dire être comprises sous un concept ou une Idée « qui doit déterminer *a priori* tout ce qui doit être contenu dans la chose ».

2. Sur la notion d'idéal (et sur la distinction entre concept, idée et idéal), voir *Critique de la raison pure*, A568/B596, OP I, 1193, qui complète le propos de cette réflexion : par *idéal*, indique Kant, « j'entends l'idée non seulement *in concreto*, mais *in individuo*, c'est-à-dire en tant que chose singulière déterminable, ou absolument déterminée par l'idée seule ». Dans les *Réflexions*, Kant comprendra l'idéal en un sens essentiellement éthique.

([s]Platonisme : par la nature avec Dieu, christianisme : par des moyens surnaturels. Philosophie ou fantaisie. Enthousiaste, fanatique, mystique).

Pr VIII :

L'idéal épicurien résidait dans la satisfaction de l'ensemble unifié des inclinations, le stoïcien dans le pouvoir et la domination de toutes les inclinations. L'idéal de la sainteté, dans la paix morale avec toutes ces inclinations, c'est-à-dire dans leur harmonie, ou aussi dans la délivrance à l'égard de celles-ci, l'idéal cynique dans la suppression de toutes les inclinations.

Pr VII :

([s] La philosophie cyrénaïque. De La Mettrie fait de la moralité une simple habileté pour la satisfaction de nos désirs. Helvétius [1].)

110 | ([s]1. L'homme de la nature ([g]non pas de la nature fruste et animale, mais l'homme sage qui se règle sur les intentions de la nature). 2. L'homme du monde. 3. Le sage. 4. Le chrétien et le platonicien.) [2].

([s]Le souverain Bien. Pr VIII : Les principes du souverain Bien résident soit dans la nature, et les prescriptions sont seulement négatives, comme la modération et l'innocence, c'est-à-dire qu'ils visent à ne pas corrompre la nature, ou bien ces principes résident dans l'art, appliqués au bonheur (prudence), ou dans la moralité (vertu, sagesse), ou encore dans un être au-delà de la nature : sainteté et félicité.)

Pr VII :

([s]Moralité, dignité d'être heureux, Pr VIII : repose sur la conduite. Toute dignité repose sur l'usage de la liberté.)

1. De La Mettrie (1709-1751) et Helvétius (1715-1771), philosophes matérialistes et sensualistes, sont évoqués ici parce que Kant voit en eux les représentants modernes de l'épicurisme, mais d'un épicurisme déformé en un sens hédoniste. Tous deux situent le critère de la moralité dans le maximum du plaisir et dans le minimum de la douleur, mais en un sens qui n'a plus grand-chose à voir avec la recherche du bonheur simple d'Épicure.

2. On retiendra de ce long développement historique, entre autres, que Kant reproche aux Anciens leur conception réductrice de l'idéal, en ce qu'elle ne promeut toujours qu'un élément de la *praxis* au détriment et à l'exclusion des autres. L'homme de la nature des cyniques ne privilégie en effet que l'*habileté*, l'homme du monde d'Épicure que la *prudence* et le sage stoïcien que la *vertu morale*. Or l'idéal moral devra être conçu selon une figure qui réunit parfaitement les dimensions de la vertu et du bonheur (et de l'habileté sans doute aussi, mais le passage n'est pas clair là-dessus) : Kant semble l'apercevoir dans la figure du Saint de l'Évangile, mais sa pensée est ici encore inchoative.

6612. κ–λ ? η ?? Pr VIII.

Toute philosophie est ou bien théorique ([g] des objets) : elle contient ([g] l'usage ou encore) les règles de l'entendement (la logique générale), ou bien pratique * ([g] de l'action libre à réaliser) : elle contient les règles de la volonté libre.

* ([g] Les sciences pratiques déterminent la valeur des sciences théoriques ; ce qui n'a point d'usage est inutile. Elles sont premières en regard de l'intention, les fins précèdent les moyens, mais en regard de l'exécution, ce sont les sciences théoriques qui sont premières.)

Toute philosophie pratique est ou bien 1. objective, ou bien 2. subjective. 1. de la conduite possiblement bonne : les conditions de la perfection ; 2. de la conduite réelle. L'objective est ou bien : 1. celle qui prescrit les moyens en vue d'une fin universelle, à savoir en vue du bonheur ; 2. celle qui prescrit la fin qui rend digne d'être heureux [1].

6613. κ–λ ? η ?? Pr VIII.

La doctrine de la prudence est une doctrine de l'entendement pratique.

Celle de la moralité renferme proprement dit les lois de la volonté.

| ([s] Pratique : dans la mesure où elle est contre-distinguée de la philo- 111
sophie spéculative, ou bien théorique).

([s] La morale peut être un simple jugement et une simple théorie, et il est alors besoin d'une doctrine pratique des mœurs).

6614. κ–λ ? η ?? Pr VIII.

La fin de la connaissance est ou bien le plaisir immédiat, ou bien l'usage pour autrui, ou bien l'usage pour son intérêt.

6615. κ–λ ? η ?? Pr VIII.

On doit extirper les motifs moraux du mélange avec tout le reste (c'est-à-dire du bien-être dans l'habileté de l'exécution) ; il y va d'une origine

1. Encore une fois, on voit que Kant différencie nettement la philosophie pratique subjective, qui correspond à ce que l'homme est et à ce qu'il fait (et qui est l'équivalent de l'anthropologie : voir R. 6706), de la philosophie pratique objective, qui elle renferme les principes de ce qu'il faut faire, soit les principes pragmatiques en vue du bonheur, soit les principes moraux en vue de la vertu. Cette insistance de Kant à distinguer les deux plans objectif et subjectif de la philosophie pratique, il faut y insister, est l'un des traits les plus anciens de sa pensée morale et est déjà repérable dans la *Preisschrift* de 1763 (voir Ak, II, 99 ; OP, I, 246-247). Ce qui signifie qu'à *aucun moment* de son parcours, même lorsqu'il était le plus fortement influencé par les philosophies anglo-écossaises du sentiment moral, Kant n'a renoncé à relier la morale à un principe rationnel objectif, comme le montrent à la fois sa discussion avec Baumgarten (et Wolff) et la critique « constructive » adressée à ces auteurs.

pure et céleste ; on se trouve aussitôt ennobli du fait de le remarquer dans sa conduite et on ne voit dans tout bonheur qu'une conséquence de cela.

6616. κ–λ ? η ?? Pr VIII.

La ([g] le contentement qui résulte de la) libération de la douleur est le bien-être.

Le contentement qui résulte de la satisfaction des inclinations est le bonheur.

Le contentement [qui résulte de la modération dans le plaisir est la félicité] qui résulte de l'acquisition d'un état de bien-être indépendant des choses extérieures est le contentement de soi. Le contentement de soi, auquel le monde n'ajoute rien d'extérieur, est la félicité.

([g] Aristippe[1] : simple doctrine de l'habileté. Épicure : de la prudence, en quoi consiste le bonheur et comment on peut l'atteindre : le cœur joyeux. Ne pas s'interdire tout ce qui est superflu, mais ce qui ne plaît pas durablement. Zénon : les règles d'après lesquelles on doit devenir digne d'être heureux.)

112 | **6617**. κ–ρ. Pr VIII.

L'erreur principale d'Épicure est qu'il place les principes de l'exécution sous ceux du jugement, celle de Zénon est de faire l'inverse[2].

1. Cette référence à Aristippe (435-356 av. J.-C.) est peu claire. Aristippe, ancien disciple de Socrate, est surtout connu comme fondateur de l'École du cyrénaïsme, qui professait une conception franchement hédoniste de la morale. Le bonheur n'est pas pour lui la représentation d'une fin supérieure, dépendant des principes de la vertu, mais la simple accumulation et la stimulation des plaisirs, surtout des plaisirs corporels. Voir aussi R. 6894.

2. À lire avec la R. 6619. Le rapport entre le principe pratique du jugement (*principium diiudicationis*) et le principe d'exécution (*principium executionis*) sera l'une des principales difficultés affrontées par Kant dans le développement de sa pensée morale originale. Qu'il y ait un principe rationnel de la morale, cela se peut, et Kant en est convaincu dès le début (les premières *Réflexions sur la philosophie morale*, qui tentent d'élucider le concept rationnel de l'obligation, en témoignent éloquemment). Mais qu'un tel principe rationnel du jugement soit en même temps un principe qui nous *motive* à agir, qu'il soit un *principe d'exécution*, c'est ce dont Kant a d'abord douté, en croyant un temps que c'est l'instance du sentiment, renfermant les principes matériels de l'obligation, qui était seule susceptible de mouvoir la volonté. C'est lorsqu'il concevra une raison pratique par elle-même, renfermant une prescription catégorique que la volonté est libre de se donner tout en choisissant tout aussi librement d'y obéir, que cette relation entre le jugement et l'exécution trouvera un nouvel éclairage. Kant n'est pas loin de la « découverte » de cette raison pratique dans les réflexions de la phase *kappa*. Mais pour lors, il insiste surtout sur les insuffisances et l'unilatéralité des philosophies pratiques épicurienne et stoïcienne, ses deux références principales à cet égard chez les Anciens : Épicure a un principe d'exécution (le plaisir et l'aspiration au bonheur), mais il le confond pour ainsi dire avec le principe du jugement ; Zénon a un principe de la conduite (donc un

6618. κ–ρ. Pr VIII.

([s] L'habileté, qui a plusieurs bonnes fins, est sagesse.)

Sciences pratiques :

1. de l'habileté ([s] quelle que soit la fin) ([s] commande problématiquement) ;

2. de la prudence ([s] commande catégoriquement) ;

3. de la moralité ([s] commande apodictiquement) [1] ;

4. Sagesse. ([g] La sagesse est une moralité soutenue (administrée) par la prudence.)

Philosophie morale :

1. *Pure*,

2. *Appliquée* ([g] circonstances particulières),

a. *théorique*,

b. *pratique*.

([s] Fin de l'homme : valeur personnelle : morale. La nature n'a pas de valeur spécifique.)

principe du jugement), mais il le confond avec le principe de l'exécution, qui devient par là indiscernable.

1. Cette réflexion confirme que Kant était déjà parvenu au tout début des années 1770 à sa conception des trois types de principes pratiques objectifs qu'il nommera plus tard : les règles techniques de l'habileté, les conseils pragmatiques de la prudence et les commandements catégoriques de la morale. À lire avec les R. 6639, 6725, 6824, 6926 et 6927. Mais il est intéressant de voir qu'il attribue encore (voir, *supra*, la dernière note relative au § 6601) aux prescriptions pragmatiques de la prudence un statut catégorique ! Sans doute la signification de ce terme diffère-t-elle quelque peu de celle qu'elle trouvera dans les *Fondements de la métaphysique des mœurs*, qui ne reconnaît pas d'autre impératif catégorique que les impératifs moraux. Il faut cependant rappeler que Kant a longtemps considéré la doctrine de la prudence comme une sorte d'intermédiaire entre l'habileté technique et la vertu morale, au sens où elle n'était pas limitée à la seule réflexion sur les moyens (ou les conseils) favorisant le bonheur, mais concernait la fin même du bonheur du point de vue moral, donc du point de vue des prescriptions universelles de l'obligation morale. Cette conception vaste de la prudence disparaît dans les *Fondements de la métaphysique des mœurs*, dont la tâche première sera d'exhiber les formules de l'impératif catégorique dans leur pureté, sans égard à la préoccupation humaine pour le bonheur. Kant rompt donc clairement avec les conceptions eudémonistes, mais on aurait tort de conclure que son approche déontologique de la morale disqualifie la question du bonheur. Celle-ci demeure tout à fait essentielle. Ce n'est que dans les *Fondements* qu'elle est pour ainsi dire mise entre parenthèses, afin de dégager les formules de l'impératif catégorique. Mais toute la doctrine du souverain Bien, dont ces *Réflexions* montrent qu'elle fut loin d'avoir été un thème subsidiaire, témoigne que la visée de Kant fut toujours de *penser ensemble*, sans les confondre, l'exigence de l'agir moral et l'aspiration on ne peut plus humaine au bonheur.

([s] le jugement du bonheur est donné par l'inclination universelle que l'entendement connaît. La raison cherche les moyens.)

6619. κ–λ ? (η ?) Pr IX.

Épicure a pris les principes subjectifs de l'exécution, qui nous meuvent à l'action, pour les principes objectifs du jugement. Zénon fit à l'inverse. Le fait qu'Épicure ramène tout à l'excitation corporelle semble davantage une opinion afin d'expliquer les décisions de l'homme qu'une prescription. Les plus grandes joies spirituelles trouvent assurément le principe de leur approbation dans le concept intellectuel, mais elles trouvent leurs *mobiles* dans le sensible.

Il est remarquable que les représentations de l'utilité et de l'honneur ne soient pas capables de produire une détermination suffisamment forte pour la vertu, contrairement à la pure image de la vertu elle-même ; et même
113 lorsqu'on est secrètement | mû par la perspective de l'honneur, on n'agit pas pourtant pour le seul amour de cet honneur, mais seulement dans la mesure où nous pouvons nous imaginer, par une secrète conviction, que les principes de la vertu ont produit l'action. Nous devons cacher à nos propres yeux la mécanique de nos impulsions égoïstes.

Le plus puissant moyen pour inciter les hommes au bien moral est ainsi la représentation de la pure vertu, dans le but de l'estimer hautement et de voir clairement que l'on peut s'estimer soi-même seulement dans la mesure où l'on est conforme à la vertu, mais dans le but aussi de montrer que c'est là le seul moyen d'être estimé et aimé par les autres, dont découlent la plus grande sécurité et la plus grande tranquillité ; certes, on ne fait pas le bien au nom de celles-ci, mais elles accompagnent le bien. L'on doit exciter les inclinations qui s'accordent au plus près avec la moralité : l'amour de l'honneur, la sociabilité, la liberté.

La *pratique* de la moralité consiste ainsi dans cette formation des inclinations et du goût qui nous rend apte à unir les actions qui conduisent à notre plaisir avec les principes moraux. C'est l'homme vertueux, conséquemment celui qui sait conformer ses inclinations aux principes moraux.

([s] L'utilité attendue ici peut aussi bien nous inciter à la même action que la moralité commanderait, même en l'absence de toute moralité. Seulement, personne ne se donnerait jamais la peine d'entreprendre de telles actions universellement et en accord avec une règle universelle à partir des simples motifs de l'amour-propre, sans quelque motif moral ou la conviction qui en découle.)

6620. κ–λ ? (η ?) Pr X.

On ne peut accuser Épicure d'avoir voulu que l'on se propose toujours comme fin les plaisirs corporels du fait qu'il fit dériver toutes les pulsions naturelles de la sensibilité corporelle. La nature les a déposées en nous, afin de nous stimuler ; nous devons toutefois nous proposer le plus souvent de toutes autres et de bien plus nobles intentions, et alors la satisfaction de ces pulsions nous sera encore plus savoureuse. Ainsi, | en ce qui concerne le 114
plaisir juste et durable de l'inclination sexuelle, devons-nous nous proposer comme intention d'avoir un esprit aimable. Mais nous y serions peu poussés, si l'attrait sexuel n'accompagnait pas ces représentations, et nous rendons notre plaisir plus savoureux lorsque nous le dissimulons sous de plus nobles intentions. L'honneur nous pousse à des actions vertueuses ; seulement, il nous est nécessaire de sembler le fuir, afin de le conserver.

6621. κ–λ ? (η ?) Pr X.

La doctrine de la vertu ne restreint pas tant les plaisirs de la sensibilité qu'elle n'enseigne comment choisir, parmi la diversité de ces derniers, ceux qui s'accordent le mieux avec les règles de l'approbation universelle, laquelle par ailleurs est toujours la meilleure règle universelle de la prudence [1]. Car laisser déterminer sa conduite, dans tous les cas [états] sans aucune règle, mais dans la seule perspective du plus grand gain, est une trop grande source d'anxiété et laisse à chaque fois l'esprit dans un état d'agitation. (En outre, la conduite que l'on prescrit universellement doit aussi être considérée comme si son intention était connue et approuvée universellement). Il y a cependant plusieurs sources de contentement parmi lesquelles nous pouvons choisir. Si, en suivant des moyens universellement approuvés, je ne peux pas acquérir la richesse, j'aurai néanmoins la confiance de mes amis : je serai restreint, mais pourrai vivre librement, ou sans inquiétude quant à ma responsabilité. ([s] La science, l'habileté, la prudence, la sagesse, la connaissance, l'habileté [*sic*], etc. Car la connaissance peut exister sans l'habileté.)

En général, la nature nous semble finalement avoir soumis les besoins sensibles en raison de toutes nos actions. Seulement, il était nécessaire que notre entendement esquissât en même temps des règles universelles, en accord avec lesquelles nous devions ordonner, limiter et faire s'accorder les efforts en vue de notre bonheur, afin que nos impulsions aveugles ne

1. Cette réflexion est une pièce à conviction contre l'accusation de rigorisme adressée à Kant, et qui repose sur le seul témoignage des *Fondements*, interprété à tort comme le cœur et le fin mot de sa pensée morale.

nous poussent pas tantôt ici, tantôt là, et ce par pur hasard. Mais comme celles-ci se contredisent habituellement, il était nécessaire d'avoir un jugement qui, eu égard à toutes ces impulsions, esquissât impartialement les règles, et donc séparément de toute inclination, par la seule volonté pure, règles qui, valides pour toute action et pour tout homme, puissent
115 produire la plus grande harmonie | de l'homme avec lui-même et de l'homme avec autrui. On doit poser dans ces règles les conditions essentielles sous lesquelles on puisse prêter l'oreille à ses pulsions, et poser ces règles comme si le fait de les observer pouvait être en soi un objet de notre volonté ; et nous devons suivre ces règles à la trace, même au sacrifice de notre bonheur, bien qu'en vérité elles en soient la seule forme constante et fiable.

Épicure posait les fins de toutes les actions vertueuses, tout comme des actions vicieuses, uniquement dans la relation des objets avec la sensibilité, c'est-à-dire en vue de la satisfaction des inclinations, et distinguait la vertu seulement par la forme de la raison à l'égard des moyens.

Zénon posait toutes les fins des actions vertueuses seulement dans l'intellect et dans la victoire sur le tout de la sensibilité.

Selon lui, l'approbation de soi était le vrai bonheur complet. Les contingences de la condition n'étaient pourtant pas propres à la personne. La seule valeur intérieure de la personne.

6622. κ–ρ. Pr X.

Dans bien des cas, l'ajout d'un avantage semble réduire le plaisir moral. Je n'aimerais pas recevoir une récompense pour avoir rendu par gratitude un grand service à quelqu'un, et ce afin que mon contentement soit pur.

6623. κ–λ ? (η ?) Pr XI.

Si un sentiment particulier était la cause de la distinction morale, alors la plus haute désapprobation face au vice surgirait en réalité de la plus grande aversion ou de la sensation la plus désagréable qui en accompagne la représentation ; et par là le motif moral prévaudrait sur les autres de manière naturelle. Mais nous jugeons seulement que ce motif moral devrait à bon droit prévaloir sur tous les autres. Ce que nous reconnaissons digne d'aversion, nous l'avons véritablement en horreur chez autrui. Nous haïssons cependant davantage chez autrui les propriétés qui nous sont préjudiciables que son mal moral, et encore plus que nous méprisons et blâmons la personne en raison de sa volonté.

| **6624**. κ–λ ? (η ?) Pr XI. 116

Les théories des Anciens semblent vouloir ramener à un seul les deux éléments ou conditions essentielles du souverain Bien : le bonheur et la moralité [1]. Diogène à un élément négatif, à savoir la simplicité de la nature. Épicure, la moralité au bonheur produit par soi. Zénon, le bonheur à la moralité autosuffisante. Les systèmes des Modernes servent à trouver le *principe* du jugement moral. Outre ceux qui le dérivent d'une origine empirique (coutume ou autorité), ils se divisent en moralistes de la raison pure et en ceux du sentiment moral. De ceux-là – –[2] a adopté la règle de la vérité comme ligne directrice des mœurs, et Wolff le concept de perfection. Seulement, le concept général de perfection n'est pas compréhensible par lui-même, et on ne peut en faire dériver aucun jugement pratique ; il est plutôt lui-même davantage un concept dérivé, en lequel ce qui survient dans des cas particuliers est affublé du terme général de parfait. À partir de ce concept (à partir duquel on ne jugerait certainement pas de ce qu'est la douleur et le plaisir) sont dérivées toutes les prescriptions morales (même s'il s'agit de règles tautologiques, à savoir que l'on doit faire le bien), aussi bien en regard de la moralité qu'en regard du bonheur, et à partir de lui cette différence n'est pas montrée [3].

6625. κ–λ ? (η ?) Pr XI.

Tous les systèmes dérivent la moralité soit de la raison, soit du sentiment (de la contrainte de l'autorité et de la coutume).

Ceux qui procèdent de la raison : ou bien de la vérité, ou bien de la perfection ([g] la voie médiane des inclinations : Aristote). Wolff fait du terme général de perfection un principe pour déterminer la moralité et ne mentionne pas les conditions sous lesquelles les actions et les fins sont bonnes et méritent le nom de perfection.

1. À lire avec les R. 6601, 6607, 6619 et 6621.

2. Il est probable que Kant ne se souvenait plus du nom de l'auteur auquel il pensait. L'éditeur allemand des *Réflexions*, Friedrich Berger, suggère qu'il s'agit de William Wollaston, auteur de *The Religion of Nature Delineated* (1722). Dans cet ouvrage, Wollaston défend une conception intellectualiste selon laquelle la morale reposerait sur la connaissance de vérités certaines. Hume s'est farouchement opposé à cette idée dans le Livre III, Partie I, Chap. I de son *Treatise of Human Nature*. Werner Stark, se référant aux *Leçons d'éthique-Collins* (Ak, XXVII, 277) et à la *Moral-Mrongovius II* (Ak, XXIX, 622), soutient pour sa part que Kant pensait plutôt à Richard Cumberland, auteur de *De legibus naturae* : *disquisitio philosophica* (1672). Voir aussi W. Stark, *Nachforschungen zu Briefen und Handschriften Immanuel Kants*, Berlin, Akademie Verlag, 1993, p. 157.

3. Sur la critique kantienne du perfectionnisme, voir E. Kant, *Leçons d'éthique*, Paris, Le Livre de Poche, 1997, p. 102-107.

6626. κ–λ ? (η ?) Pr XI.

La doctrine du sentiment moral est davantage une hypothèse afin d'expliquer le *phénomène* de l'approbation que nous donnons à certaines
117 sortes d'action, | que ce qui devrait fixer les maximes et les premiers principes valant objectivement et nous disant comment l'on doit approuver ou rejeter, et ce que l'on doit faire ou ne pas faire.

6627. κ–λ ? (η ?) Pr 1.

Les conditions sans lesquelles l'approbation * d'une action ne peut pas être universelle ([g] ne peut tenir sous un principe universel de la raison) sont morales. Les conditions morales des actions autorisent celles qui s'accordent avec elles et limitent les actions pathologiques. L'approbation d'une action ne peut pas être universelle si elle ne renferme pas des principes d'approbation qui soient sans relation avec les impulsions sensibles de l'agent. Par conséquent, l'approbation universelle concerne la fin objective de la chose ou d'un pouvoir ; par exemple de la liberté de parole, et ceci limite toutes les fins subjectives. Par conséquent, les fins qu'a l'homme par inclination sont à distinguer de la fin pour laquelle l'homme a telle ou telle propriété, membre ou inclination. Celle-ci est la fin première ou originale, celle-là la fin ([g] justement) subordonnée.

* ([g] soit l'approbation négative de la volonté permissive, soit l'approbation positive de la volonté désirante).

6628. κ–λ ? (η ?) Pr 1.

La première interrogation est : quels sont les *principes premiers du jugement moral* ([s] règles théoriques du jugement), c'est-à-dire quelles sont les maximes suprêmes de la moralité, et quelle est leur loi suprême.

2. Quelle est la règle d'application ([s] pratique de l'application du jugement) à un objet du jugement. (Sympathie pour autrui et un spectateur impartial.) 3. Par quoi les conditions morales deviennent-elles des *motifs*, c'est-à-dire sur quoi repose leur *force motrice* et donc leur application au sujet ? Celles-ci sont d'abord le *motif* lié essentiellement à la moralité, à savoir la dignité d'être heureux.

6629. κ–λ ? (η ?) (ν–ξ ?) Pr 1.

Même s'il était certain que toutes les bonnes actions ne trouvaient
118 aucun avantage, et que | la bonne fortune n'était qu'un prix pour l'astuce ou un cadeau du hasard aveugle, un homme bien pensant suivrait pourtant la règle morale par sentiment, pour autant que cela ne cause pas son plus grand dommage, à cause de sa plus grande beauté. Si le bonheur pouvait

être acquis directement par ce moyen, alors la beauté morale serait entièrement engloutie dans l'intérêt personnel et n'obtiendrait jamais l'honneur du mérite. Mais être vertueux comporte un avantage naturel en accord avec des lois universelles, bien que par exception le vice puisse être aussi un moyen de satisfaction; mais comme la vertu n'entraîne pas avec elle d'avantage sûr, on doit donc unir ses motifs avec l'utilité qu'elle fait naître.

6630. κ–λ ? (η ?) (ν–ξ ?) Pr 1.

Les propositions stoïciennes : « La santé n'est pas un bien et la douleur n'est pas un mal (*Übel*) ([g]mal (*Böses*)), mais un mérite et une responsabilité », sont vraies pour autant qu'elles ne rendent ni bon ni mauvais l'homme chez qui elles se retrouvent. La douleur chez un être vicieux est bonne, c'est-à-dire qu'elle mérite l'approbation de la raison ; autrement, elles ne sont ni l'une ni l'autre des objets du jugement de la raison, mais des sens ; mais la dignité des deux est un objet de la raison. Et un gouvernement du monde serait mauvais si en lui tout n'était pas ordonné en fonction de cette dignité.

([g]Selon les propositions épicuriennes, la douleur n'est pas un malheur ; nous n'avons pas à nous en désoler, pas plus que nous avons à nous réjouir du plaisir.) ([s]Tout plaisir est corporel.)

6631. κ–λ ? (ν–ξ ?) Pr 1. XI.

Pr 1 :

Concept doctrinal. À partir de principes subjectifs ([s]empiriques et contingents) : a. intérieurs ([s]physiques) : 1. sentiment, moral ([s]forme sensible) ([s]physique) ; 2. amour-propre ([s]sentiment non moral) ([s]Mandeville[1]).

b. extérieurs. La coutume et l'exemple, ou l'autorité (tous deux contingents).

| Pr XI : 119

(comment les sens sont organisés ou formés.)

1. Kant fait bien sûr référence au philosophe anglais Bernard de Mandeville (1670-1733) qui, dans sa célèbre *Fable des abeilles* (1714), s'opposait à Shaftesbury en affirmant que ce n'est pas le sentiment moral, mais l'égoïsme inné de l'homme qui concourt malgré lui au progrès et au bien de l'humanité.

Pr 1 :

Deuxièmement, principes objectifs ([s] nécessaires) de la raison ([s] comme propriétés des actions en elles-mêmes ou relativement) : 1. Les intérieurs* : a. vérité ([s] apparence), b. perfection.

2. extérieurs : de la volonté divine

([g] à partir de la bonté de la raison ou de l'arbitre)

([g] notre système est le concept doctrinal de l'arbitre soumis aux lois essentielles de la volonté pure [liberté].

Il est l'accord de toutes les actions avec la valeur personnelle de soi.

Principe formel d'identité dans les choses morales. Principe matériel : le bonheur public.)

([g] On doit considérer la moralité pure, sans *motifs sensibles*).

*([s] Ou bien à partir du concept universel d'une perfection, ou bien de l'idée particulière de celle-ci).

([s] À partir de l'idée d'une volonté universellement valide, non par le pouvoir, mais par le principe de l'accord. Volonté originaire, dérivée).

([s] À partir de principes de la sensibilité ou de l'entendement et de la raison. Le *principe* suprême de la morale, non pas à partir de concepts, mais à partir de l'idée d'une volonté régnant universellement ou de la volonté qui unifie tout, Pr XI : en laquelle la nôtre est contenue).

Pr 1 :

([s] 1. L'idée, c'est-à-dire le principe d'appréciation de la moralité. 2. les mobiles.)

([s] Négation de toute morale. Causes motrices simplement pathologiques.)

120 | **6632**. κ–λ ? (ν–ξ ?) Pr XI. 1.

Pr XI :

On peut distinguer le contentement de soi du contentement de son état (celui-là la bonne conduite, celui-ci le bien-être). Le stoïcien disait : on peut être à tout moment content de son état, lorsqu'on est content de soi ; l'épicurien : on peut être content de soi, lorsqu'on est content de son Pr 1. : état qu'on a soi-même produit.

6633. κ–λ ? (ν–ξ ?) Pr 1.

Les principes suprêmes du *jugement moral* sont certes rationnels, mais sont seulement des *principes formels*. Ils ne déterminent aucune fin, mais simplement la forme morale de toute fin ; par conséquent *les premiers principes matériels* se présentent *in concreto* selon cette forme.

6634. κ–λ ? (η ?) Pr 2.

Le principe de Hutcheson est non philosophique parce qu'il introduit comme principe d'explication un nouveau sentiment, et deuxièmement parce qu'il voit des principes objectifs dans les lois de la sensibilité.

Le principe de Wolff est non philosophique parce qu'il fait de propositions vides des principes et fait passer l'*abstrait* de tous les *objets questionnés* pour le principe de connaissance du *questionné*. Comme si on voulait chercher le fondement de la faim dans le désir du bonheur.

L'idéal du chrétien a ceci de particulier qu'il fait de l'idée de pureté morale non seulement le *principe* du jugement, mais également la ligne directrice constante de l'action, selon laquelle il doit être *jugé*[1]. L'impuissance, que nous aimerions prétexter, n'est pas claire, et c'est pourquoi la plus grande angoisse doit naître de l'idéal de la sainteté. La religion chrétienne lève cette angoisse en disant que Dieu complète ce défaut de sainteté ([g] afin que l'impuissance intérieure ne soit pas déchargée de l'observance de la règle). Or celui qui croit ([g] ainsi) que l'on doit se rendre digne et capable de recevoir ce complément par tous les efforts naturels, est le chrétien pratique. Mais celui qui croit que | l'on doit seulement être 121
passif à l'égard de toutes ces actions, pour les accomplir par le travail de son cœur et par ses intentions, et qui à la place de ces efforts religieux peut inciter la divinité à y déverser de la sainteté [interruption].

6635. κ–λ ? (η ?) Pr 2.

Tous les systèmes de morale cherchent d'abord le principe suprême ([g] théorique) du jugement moral, deuxièmement, la règle morale véritablement suprême, d'où les autres découlent. En ce qui concerne le premier point, ils ne déduisent pas 1. de tels principes des principes universels de la raison et cherchent davantage le fondement dans ce qui arrive et est jugé, plutôt que dans ce qui doit être jugé ; ils considèrent donc le *principe moral* comme *subreptice* et comme une *loi des phénomènes*. Ceux-ci font a. des modes et des exemples, b. de l'amour de l'honneur et de l'intérêt personnel la source de toutes nos actions apparemment vertueuses. Ils considèrent alors tout impératif moral comme conditionné *sous une condition subjective*. 2. Cherchent un *principe* [*objectif*] *empirique*. 1. Dans les lois humaines contingentes : Hobbes ; 2. dans un instinct particulier de la nature humaine et dans le sentiment, ou, 3. cherchent *un principe rationnel*.

1. À lire avec la R. 6838.

6636. κ–λ ? (η ?) Pr 3.

Le *principe* subjectif de la morale est la subordination de toutes les fins au jugement ([g] à l'approbation) de la raison pure ; le *principe* objectif [interruption].

Que la bonté du libre arbitre ne concerne pas seulement les fins, mais également les moyens.

L'idéal de la volonté suprême en tant qu'archétype de toute volonté libre.

6637. κ–λ ? (η ?) Pr 3.

Tous les systèmes de la morale :

1. Qui sont dérivés de principes contingents et arbitraires : coutume et loi civile.

122 | 2. De principes nécessaires et naturels, mais de simples inclinations de l'amour-propre : Mandeville. Helvétius.

3. À partir du sentiment moral :

   1. de la connaissance de Dieu par la raison : théologique ;
   2. de la nature et de la propriété de l'action elle-même :
      a. vérité,
      b. perfection.

6638. κ–λ ? (η ?) Pr 4.

La nécessitation d'une action *par des motifs* est pratique en général, *par des motifs moraux*, elle est une obligation.

([g] *Les motifs nécessitent soit subjectivement, soit objectivement*. Je peux nécessiter quelqu'un *subjectivement* en le contraignant.)

C'est une erreur d'appeler tout ce qui est nécessaire pratiquement nécessaire moralement.

6639. κ–λ ? (η ?) Pr 4.

La *nécessité* catégorique (objective) des actions libres est la nécessité de la volonté pure d'après des lois, la conditionnelle [hypothétique] : selon des lois de la volonté affectée (par les inclinations).

6640. κ–λ ? (η ?) Pr 4.

Les *impératifs* ne concernent jamais les choses physiquement nécessaires, car ici l'objectif et le subjectif sont la même chose, mais concernent seulement les êtres libres et contingents.

6641. κ ? Pr VIII'.

La méthode de la morale ne doit pas être conduite de telle sorte qu'elle débute avec le premier *principe* de la liberté et avec les concepts les plus simples, ni d'ailleurs avec les expériences singulières, mais bien plutôt à partir d'un certain milieu des lois universelles que nous observons *in concreto*.

6642. κ ? Pr VIII'.

Chez les philosophes intellectualistes de la morale, le *principe* de la vérité en tant que moyen du jugement [subsomption] est bon. Car celui dont la maxime peut être avouée publiquement est bon. Voilà pourquoi
| tout être moralement mauvais est contre la vérité, car il adopte *tacitement* 123
une autre maxime que celle qu'il annonce. ([g] Système moral de la science. Le vice est l'ignorance. Chrysippe.)

6643. κ ? Pr VIII'.

Toutes les admonestations sont ennuyeuses, mais les recommandations sont distrayantes ; par celles-là, on veut démontrer que les vertus sont dignes d'approbation, ce dont personne ne doute ; par celles-ci, que le comportement vertueux a aussi des avantages, et même plus que le vice, ce qui est en soi attirant.

L'OBLIGATION EN GÉNÉRAL
§ 10-49

6644. κ–λ ? Pr 6.

Ce qui est dans le phénomène ne concerne pas pour cette raison la nature de la chose, mais bien ce qui est commun à tous les phénomènes (ceci est un concept déterminé *a posteriori* (le lieu des choses qui se trouve dans toutes les *lignes de vision*) ; de là les *positions morales*. Tout phénomène n'est que la manière selon laquelle le sujet est affecté par les objets.

6645. κ–ρ. Pr 13. À propos du § 29 :

Toutes les *obligations actives* surviennent par le biais d'un *acte obligatoire*, et tous les *actes obligatoires* sont arbitraires ; cependant la *force obligatoire* repose sur une loi (qui contient le principe de la forme de l'obligation). Mais cette *force obligatoire* des actions est elle-même arbitraire, ou est en soi nécessaire ; dans le premier cas il s'agit d'une *obligation positive*.

Comment cependant l'arbitre peut-il être un principe d'une loi ? Ce qui est le principe d'un accord nécessaire d'une volonté avec la volonté d'autrui est ce qui produit une loi. Car personne n'est obligé sauf par son accord. Mais celui-ci est ou bien nécessaire, ou bien contingent.

124 | **6646**. κ–ρ. Pr 13. À côté et en-dessous du § 30 :

Que j'obéisse à un ordre de mes parents est une obligation hypothétique ; mais le principe du lien moral qui unit cet ordre à ma volonté est naturel, il est arbitraire par contre dans le cas d'un maître envers son serviteur.

(g si) la raison de la faculté d'obliger est arbitraire, l'obligation est positive.

6647. κ–ρ. Pr 13. À propos du § 31 :

Les omissions morales sont des activités, qui sont opposées *réellement* au mouvement en vue de certaines actions.

6648. κ–ρ. Pr 15. À propos du § 36 :

Une action qui est bonne en soi et pour elle-même doit nécessairement être bonne pour chacun, et donc non pas relativement au sentiment.

6649. κ–ρ. Pr 15. À propos du § 36 :

Une action bonne (g ou mauvaise) simplement pragmatique est moralement indifférente.

6650. κ–ρ. Pr 15.

Être libre est un privilège de l'*espèce*, mais une indépendance dangereuse pour une créature. Car alors elle est sans direction ni prédétermination. Du point de vue du sujet, elle est sans règles et totalement livrée au hasard.

6651. κ–ρ. Pr 16.

La *moralité* réside *dans la considération* soit du lien avec les *motifs moraux*, soit de l'opposition à ceux-ci. Les *motifs moraux* résident dans l'accord avec la loi morale. Mais celle-ci repose sur l'*accord de l'arbitre* avec la *règle commune à tous*. Les actions s'accordent donc avec ce qui peut être considéré universellement comme un objet de la volonté et avec ce qui peut encore valoir comme bon en tant qu'objet de la volonté d'autrui.

6652. κ–ρ. Pr 16.

Obligation eu égard aux autres ;
Obligation envers les autres ;
| Si je peux encore ratiociner sur mon obligation, alors il s'agit d'une obligation imparfaite. 125

6653. κ–ρ. Pr 16.

Devoir, obligation, obéissance.
1. Lorsque les besoins d'autrui sont des principes qui obligent.
2. Lorsque la volonté, etc.
3. Lorsque la volonté, etc., selon une règle universelle.
Les devoirs imparfaits ne peuvent avoir lieu que pour un être qui a le pouvoir d'aller bien au-delà de son obligation.

6654. κ–ρ. Pr 16. À côté du début du § 37 :

La *moralité subjective* se fonde sur l'objective. Parce qu'il est bon d'obéir, alors j'obéis, et deuxièmement : parce que l'*arbitre* d'autrui est bon, alors j'obéis.

6655. κ ? (η ?) Pr 19. À propos du § 43 :

Recherche la perfection (la bonté), et non l'agrément. La perfection (*au sens absolu*) est connue par l'entendement, non pas certes la seule perfection médiate, dont la fin est donnée par la sensibilité, mais aussi la perfection immédiate.

6656. κ ? (η ?) Pr 19. À propos du § 43 :

Il faut distinguer la perfection de l'homme de la perfection de sa condition.
([s] La perfection est ici distinguée du bien-être.)

6657. κ ? μ ? ρ ? υ ? Pr 19. À propos du § 43 :

On ne peut pas dire non plus que la règle morale suprême a un lien avec la perfection des autres. Car ce n'est pas leur perfection, mais leur volonté qui me nécessite.

6658. κ ? μ ? (ρ ? υ ?) Pr 20. À propos du § 45 et suivants :

Vivre selon la nature signifie : non pas vivre selon les pulsions de la nature, mais selon l'idée qui est au fondement de la nature[1]. Nature et
126 liberté sont opposées l'une à l'autre ; la loi morale n'est pas une loi | de la nature. Les animaux vivent pathologiquement selon leur nature, l'homme ne doit pas [interruption].

6659. κ ? μ ? (ρ ? υ ?) Pr 20.

La loi morale est soit absolue ([s] inconditionnée), *soit hypothétique.* ([s] La première oblige sans condition, la seconde est restreinte par les conditions de sa nécessité.)

6660. κ ? ν ? (ξ ? ρ ? φ ?) Pr 20. À côté des § 43 et 44 :

L'expression : « c'est bien » exprime une relation au désir, de même que l'expression : « c'est vrai » exprime une relation à la créance.

L'obligation consiste dans le *lien* des actions avec les *causes d'impulsion* ; le sens moral constitue les *causes d'impulsion*, par exemple : pourquoi t'agites-tu ? L'entendement montre qu'il se trouve de telles *causes d'impulsion*, ainsi que les moyens pour atteindre son but. La *raison subjective de l'obligation*, venant de Dieu, présuppose cette essence. Dieu est considéré ou bien comme seigneur et père, ou bien comme juge.

Si une araignée avait un entendement.

1. Quelle est cette idée au fondement de la nature à laquelle Kant fait allusion ? Dans le contexte de cette réflexion, ce n'est pas l'idée d'une finalité de la nature (la loi naturelle interprétée en un sens téléologique, qui serait en elle-même la norme de l'agir moral), mais l'idée de la nature *formelle* en tant que détermination des phénomènes selon des lois physico-mathématiques.

LA CONTRAINTE MORALE
§ 50-59

6661. κ–λ ? (η ?) Pr 22. Au-dessus et à propos du § 50 :

Les lois morales contraignent et sont les principes d'une contrainte possible pour une créature faillible. Elles restreignent sa liberté de faire le mal.

6662. κ–λ ? (ο ?) η ?? Pr 23. À propos des § 50-52 :

Parce que les actions ne sont bonnes [moralement] que catégoriquement, dans la mesure où elles sont moralement bonnes, et parce que le bonheur lui-même n'est bon que s'il s'accorde avec elles : alors il n'existe en vérité aucune *nécessité objective stricte* autrement que par des *motifs moraux*.

| Ainsi, toute contrainte objective est morale ; je ne peux donc **127**
contraindre autrui que moralement ou [subjectivement] pathologiquement.

6663. κ–λ ? (ο ?) η ?? Pr 23. À propos des § 50-52 :

On ne peut contraindre le vertueux que par les motifs de la moralité, le prudent que par ceux de la prudence, et le sensible que par les motifs pathologiques de l'impulsion. Plus quelqu'un est libre de la contrainte pragmatique ou pathologique, plus il est libre.

6664. κ–λ ? (ο ?) η ?? Pr 23. À propos des § 50-52 :

Si un homme, dans la mesure où il possède la raison, peut être mû par des principes moraux, et ce que signifie le cœur ? Si un homme simple peut être moralement bon ?

{[s] Le bon cœur ne réside pas dans le pouvoir du jugement moral, mais dans la force de ses motifs. Or, puisque ceux-ci ne sont connus que par l'entendement, alors l'entendement n'a certes ni une grande, ni une profonde extension, ni une vivacité* dans le cas d'un homme simple et d'un homme bon : toutes des déterminations qui s'approchent également d'un volume vide, mais avec plus de force, de substance, de masse.

* ([g] un entendement étendu, profond et prompt.)}

6665. κ–λ ? (η ?) Pr 23.

L'homme doit être contraint moralement et fait le bien à contrecœur, non pas parce qu'il a de mauvaises inclinations, mais du seul fait qu'il a des inclinations, qui ne tombent pas entièrement sous son pouvoir[1]. Si l'on pouvait produire à volonté en soi les inclinations et aussi les principes du bien-être, alors tout homme serait saint.

6666. κ–λ ? ξ ? Pr 25.

Comment l'on peut acquérir un droit du fait de *l'injustice d'autrui*, cela doit être expliqué ainsi. Toute action libre est juste, mais pas dans la mesure où la volonté d'autrui résiste et rend impossible une action d'après la règle
128 de la volonté | commune. Ainsi, je n'ai naturellement aucun droit de changer la condition d'autrui – à moins d'avoir son accord – *par un contrat*, ou *du fait d'un acte injuste antérieur* ; car, dans ce dernier cas, il perd son droit, la résistance cesse, et autrui le détermine par sa volonté, sans un principe positif du droit.

6667. κ–λ ? ξ ? Pr 25. 24.

Pr 25 :

Le droit est ([g] entre deux personnes) ce qui est possible par leur volonté commune *. (Ce qui est nécessaire par celle-ci s'appelle l'obligation). À un droit à l'égard d'autrui (*affirmativement*), celui qui peut considérer sa volonté privée comme identique à la volonté commune. La nécessité d'une action à cause de la règle [universelle] du droit est l'obligation formelle, mais la nécessité à cause du droit des autres est l'obligation matérielle. La règle qui dépend nécessairement de la volonté commune est trouvée dans la mesure où l'on cherche la condition de la volonté, laquelle est nécessaire, afin qu'elle soit universellement valide. On peut comparer les relations de droit avec celles des corps. Chaque corps est au repos à l'égard de tous les autres, sauf dans la mesure où il est mû par ces autres corps ; pareillement, chacun n'a envers autrui que des devoirs d'omission, sauf dans la mesure où les autres forment avec lui une volonté commune ou modifient son état à l'encontre de sa volonté. *L'action est égale sous le rapport de la réaction*[2].

1. C'est pourquoi le principe moral s'exprimera pour les êtres raisonnables finis sous la forme d'un impératif catégorique, donc du devoir et d'une contrainte que ceux-ci doivent se donner à eux-mêmes, contrairement aux êtres saints pour qui la loi morale est entièrement identique à leur volonté et forme avec elle une relation analytique.

2. Pour élucider la signification du principe moral, qui est pour l'être raisonnable fini la forme d'une loi universelle de la volonté libre, Kant empruntera beaucoup au langage de la physique mathématique : force motrice, motif, action et réaction, etc. C'est que la science mathématique de la nature fournit le modèle de la loi universelle apodictique. Si la morale doit être égale en certitude à ces lois formelles de la nature physico-mathématique, et c'est la conviction profonde de Kant, elle trouvera sa première expression dans cette analogie avec la nature, qui de fait va constituer la seconde formule de l'impératif catégorique dans les

Autant un corps lourd agit sur un corps léger, autant celui-ci réagit à celui-là. Le centre de gravité commun, c'est-à-dire la volonté commune, est le même avant et après l'action.

Pr 24 :

* (Cette action qui est possible sous une condition légale est conditionnellement juste, par exemple punir quelqu'un à la condition que ses actions contredisent la loi de la volonté commune.)

| **6668**. κ–λ ? (η ?) Pr 27. 129

Toute obligation est double : nous sommes ou bien obligés envers quelqu'un, ou bien obligés par quelqu'un. Dans ce dernier cas ou bien *juridiquement*, ou bien *moralement*.

6669. κ–λ ? (η ?) Pr 27. À propos des deux dernières phrases du § 56 :

Il y a une différence entre faire du tort et causer un tort ; dans le premier cas, personne ne peut être contraint à faire ce qui est juste. Deuxièmement, il y a une différence entre l'obligation selon des droits stricts et l'équité ; personne ne peut être contraint à cette dernière.

6670. κ–λ ? (μ ?) (η ?) Pr 26. À côté de la fin du § 57 et du § 58 :

La règle éthique s'énonce ainsi : fais ce qui te semble être bon pour autrui ; celle du droit s'énonce ainsi : fais ce qui est en accord avec la règle universelle des actions, dans la mesure où chacun fait ce qui lui semble bon.

6671. κ–λ ? (μ ?) (η ?) Pr 26.

Il est remarquable que les hommes s'échauffent plus pour la beauté éthique des actions que pour la beauté de l'obligation. Cela vient soit de ce qu'ils présupposent les dernières comme nécessaires, soit de ce que les hommes éprouvent tôt qu'il leur est impossible de suivre les règles de justice dans toute leur étendue.

6672. κ–λ ? (η ?) Pr 27.

Ce qu'il est possible de considérer universellement d'après la règle de la volonté pure est juste ; ce qu'il est possible de considérer universellement d'après la règle de l'inclination est [interruption]. ([s] La règle de l'inclination privée est intéressée et non morale.)

Fondements de la métaphysique des mœurs : « Agis comme si la maxime de ton action devait être érigée par ta volonté en loi universelle de la nature » (Ak, IV, 421 ; OP, II, 285).

La règle des inclinations qui vaut universellement est une règle du bonheur ; car l'élément commun de toutes les inclinations est l'agrément et *son élément abstrait*, le bonheur. Qui commet une injustice mérite l'hostilité de tous les hommes ; qui est mauvais peut être aussi heureux qu'il peut le devenir par lui-même, mais il n'est digne de l'amour d'aucun homme.

Si tous les hommes et tous les gouvernements agissaient suivant les règles du droit, alors les devoirs de bonté seraient inutiles.

Les jugements portant sur le droit et l'obligation considèrent les règles
130 de | la *volonté pure* et sont donc les plus faciles ; ceux de la bonté portent sur les inclinations, les conditions du bien-être et sont plus difficiles. La *précision* [1] *de la justice* : tant bien que mal.

Rien d'autre ne peut être comparé avec les *motifs de droit* que les *motifs de droit* eux-mêmes, mais jamais ceux de la bonté. Mais ces derniers peuvent être comparés avec des motifs pragmatiques et peuvent par eux avoir plus de poids.

6673. κ ? (η ?) (ζ ?) Pr 27. À côté de la dernière phrase du § 58, « *obligation – obligations intérieures* » :

Dans le droit, la *raison obligeante* est simplement l'arbitre d'autrui.

La loi

§ 60-75

6674. κ ? η ? υ ?? Pr 36. À côté du § 72 :

Les lois morales sont les principes de la volonté divine. Celle-ci est un principe de la nôtre par l'intermédiaire de sa bonté et de sa justice, suivant quoi elle unit le bonheur à la bonne conduite.

S'il n'y avait pas de Dieu, alors tous nos devoirs disparaîtraient, puisqu'il y aurait une absurdité dans le tout suivant laquelle le bien-être ne s'accorderait pas avec la bonne conduite, et cette absurdité excuserait l'autre [2]. Je dois être juste envers autrui ; mais qui m'assure de mon droit ?

1. Précision ou *prévision* ? Le manuscrit de Kant n'est pas clair, et l'éditeur hésite entre *praecisio* et *praevisio*.

2. Il y va de la cohérence de la raison pratique. Sa loi ne doit pas être déduite de la volonté divine, mais la réalisation de son objet pratique, le souverain Bien, est inconcevable sans l'existence de Dieu.

6675. κ ? η ? υ ?? Pr 36. À côté du § 73 :

Le *droit*, considéré comme compétence, n'est universel qu'en Dieu et sans restriction, c'est-à-dire qu'il peut faire ce qu'il veut, car il ne peut jamais vouloir quelque chose de mal. En l'homme, le *droit* est *limité* ; les *obstacles* des actions sont soit physiques, soit pragmatiques, soit moraux ; les pragmatiques limitent mon droit lorsque le contraire me serait nuisible ; les empêchements moraux, lorsque le contraire serait nuisible à autrui. Heureux celui qui ne connaît pas d'autres empêchements que moraux, ou qui néanmoins fait la plupart du temps preuve de retenue à cause de ceux-ci.

6676. κ ? η ? υ ? Pr 38. À propos du § 75, « *esprit de la loi* » :

L'esprit de la loi physique donne à connaître les *lois morales. L'esprit de la loi pragmatique est seulement la lettre de la loi morale.*

| (s Lorsque, par exemple, l'omission se produit non pas en raison de **131**
motifs moraux, mais de causes physiques, par exemple d'un manque de force, ou de causes pragmatiques : en raison du dommage.)

LES PRINCIPES DU DROIT
§ 87-99

6677. κ ? η ? Pr 60. À côté et à propos du début du § 99 :

On ne doit pas réduire le sentiment moral au jugement, mais plutôt susciter simplement l'inclination d'après celui-ci ; lorsque le sentiment, par exemple la pitié, précède la maxime, il en résulte un jugement faux.

6678. κ ? υ ? Pr 61. À côté de la première phrase du § 99 « *mariage de la raison* » :

Instinct moral : s'imputer soi-même des actions. *Amour familial.*

LE LÉGISLATEUR
§ 100-105

6679. κ ? υ ? Pr 61. Au-dessus et à côté du § 100 :

Seul Dieu, dont la volonté est elle-même le principe de la volonté humaine, est la cause de l'accord de la volonté humaine avec lui et est le *législateur originel*; c'est-à-dire que son *pouvoir* ne repose pas sur un accord contingent et fortuit de la volonté humaine; toutes les autres personnes n'ont que le *pouvoir législatif concédé par un contrat.*

6680. κ ? υ ? Pr 61.

Il y a des lois arbitraires et des lois naturelles. Les premières ont un *auteur*, les secondes, un *législateur*.

132 | LES PEINES
§ 115-124

6681. η ? κ ? Pr 74.

Les peines pragmatiques sont préventives et concernent la dimension extérieure de l'action,
les peines morales concernent la mauvaise intention.
Les autorités punissent pragmatiquement.

6682. η ? κ ? Pr 74.

Toutes les peines sont soit punitives, soit correctives, et celles-ci sont soit des corrections soit des peines exemplaires.

6683. η ? κ ? Pr 74.

Le *pouvoir législatif* repose simplement sur l'inclination du législateur pour le bonheur, et par suite il ne repose pas sur le pouvoir et la volonté de punir. Par conséquent les peines, pas plus que les récompenses, ne sont en harmonie avec la moralité.

6684. κ ? υ ? Pr 75.

Les *peines pragmatiques* n'ont pas du tout la même nécessité que les peines *morales*, car les actions sont aussi nécessaires avec ou sans peine. Et les peines morales sont même les règles des peines pragmatiques, et les *sanctions pénales* sont interdites sans principes moraux.

6685. κ ? υ–ψ ?? Pr 75.

Les peines tout comme les récompenses à cause de l'intention morale sont infinies. Les peines n'améliorent pas directement l'intention.

6686. η ? κ ? υ ? Pr 75.

Les récompenses [et les peines] pragmatiques sont directement proportionnelles au mérite de l'action, mais les récompenses morales sont infinies. Car seule notre indignité restreint la bonté divine, laquelle est en soi infinie.

| PHASE μ [1]

EN GÉNÉRAL

6687. μ ? ο ? (ρ ?) Pr 2.

La méthode morale est ou bien esthétique, ou bien [intellectuelle] philosophique.

Les *principes* sont ou bien empiriques, ou bien intellectuels ; dans l'application cependant, ils sont soit idéaux, soit réels. Le premier cas survient lorsqu'on se propose de réaliser les idéaux dans l'humanité.

1. Les réflexions, peu nombreuses, de cette phase (1770-1771, environ) se distinguent par le fait que Kant y présente le principe moral comme un principe formel d'accord : accord de la volonté avec la forme universelle de la raison (R. 6688), accord de l'action avec une règle universellement valide (R. 6688), accord du principe moral avec la volonté (et l'inclination) (R. 6689), accord des inclinations (R. 6690). Ce thème reviendra fréquemment par la suite, surtout pour qualifier la moralité comme accord de la volonté particulière et de la volonté de chacun, ou comme accord universel des volontés. En outre, cette phase des *Réflexions* montre un approfondissement du thème du sentiment moral chez Kant. Il y a un sentiment moral fondamental (R. 6693), qui à l'évidence n'est plus celui, psychologique et empirique, dont parlaient Shaftesbury ou Hutcheson. Kant ne le dit pas encore clairement, mais ce sentiment, unique en son genre, s'il veut être l'expression même d'une loi morale rationnelle, devra lui-même être spontanément et immédiatement généré par la raison. Dans les *Fondements de la métaphysique des mœurs*, le sentiment moral, identifié au *respect*, sera considéré comme élévation et humiliation de la volonté. Comme élévation, puisque la loi morale nous révèle à travers ce sentiment notre dignité d'être libre, mais comme humiliation aussi, parce que cette loi commande catégoriquement, et ma volonté doit choisir de s'y soumettre librement. Voir *Fondements*, Ak, IV, 400 ; OP, II, 259.

6688. μ ? (ρ ?) κ ?? η ?? Pr. 4. 5.

Pr 4 :

([s] L'accord de la volonté avec la forme de la raison peut être déterminé *a priori*, il est la satisfaction universellement valide.)

Si les premiers principes de la moralité reposent sur la raison, il reste alors à savoir si l'écart face aux enseignements moraux est attribuable à l'erreur ou à la méchanceté de la volonté.

([s] *Réponse* : Le faux jugement moral est attribuable à la faiblesse de la raison (contre les préjugés de l'amour-propre), l'action contraire à ces jugements, à l'impuissance de la raison sur les inclinations. La raison ne meut que de purs esprits, et le moyen de mouvoir l'homme est que celui-ci s'approprie l'universel par l'amour de l'honneur, la participation à l'inclination des autres ou la tranquillité à l'égard de leur responsabilité. La faiblesse de la représentation de ces juges étrangers laisse le jugement de la raison inefficace. Tous ces Pr 5 : sentiments supplétifs s'appliquent à ce qui est lié au jugement de la raison, et non à ce qui est en lien avec des actions
134 entreprises par hasard ou par la seule nécessité physique. C'est | la conséquence d'une action, si elle était universellement connue, et par conséquent l'accord avec la règle universellement valide.)

6689. μ–ρ. Pr 4.

Une action est moralement bonne dans la mesure où elle est possible en relation avec toute volonté et toute inclination.

6690. μ ? (ρ ?) κ ?? Pr 4.

La raison se rapporte aux sens comme la volonté pure aux inclinations. Le jugement à partir de l'inclination est un phénomène et ne vaut que pour le sujet ; le jugement à partir de la raison est un concept et vaut pour l'objet. De telles inclinations qui s'accordent toutes les unes avec les autres sont des inclinations morales, et jaillissent du sentiment.

6691. μ ? (ρ ?) κ ?? υ ?? Pr 5.

La question se pose de savoir si les jugements moraux viennent de ce que les actions sont considérées comme bonnes ou comme agréables. Dans le premier cas, c'est alors la nature des actions, qui est la même pour tout entendement, qui renferme le principe du jugement, et celui-ci survient par la raison. Dans le second cas, on juge alors à partir du sentiment, et celui-ci n'est pas nécessairement valide pour chacun.

6692. μ ? (ο ?) (ρ ?) Pr 5.

La question se pose de savoir si le concept du bien et du mal est un concept empirique ou un concept de la raison.

6693. μ ? (ρ ?) κ ?? υ ?? Pr 5.

Le sentiment moral est soit un sentiment fondamental, soit un sentiment dérivé ; ce dernier est un instinct moral.

6694. μ ? (ρ ?) κ ?? υ ?? Pr 5.

Tous les jugements qui se rapportent au sentiment *in abstracto* sont des jugements de la raison, et tous ceux qui se rapportent à un sentiment *in concreto* sont sensibles.

| **6695**. μ ? (ρ ?) υ ?? Pr 5. **135**

Le sens moral est le principe de l'inclination morale et de…[1] immédiate pour le bien moral.

6696. μ ? (ο ?) (ρ ?) Pr 5.

Il y a un sentiment moral ; mais celui-ci n'est pas un principe du jugement, mais de l'inclination.

L'OBLIGATION EN GÉNÉRAL
§ 10-49

6697. μ ? (ο ? ρ ?) κ ?? Pr 5. À côté et à propos du § 12, de la fin de la troisième phrase et du début de la quatrième phrase :

L'arbitre pur est la liberté.

6698. μ ? (ο ? ρ ?) (κ ?) Pr 5.

Les prescriptions morales valent pour tout être raisonnable et libre, peu importe ses inclinations.

L'obligation est aussi la même à tous les degrés de l'inclination jusqu'à son contraire ; seule l'imputation diffère, car celle-ci dépend de la mesure

1. Les points de suspension insérés par l'éditeur signifient que le mot est illisible.

dans laquelle l'action peut être attribuée au sujet lui-même, c'est-à-dire à sa liberté [1].

6699. μ ? (ρ–υ ?) Pr 6. À propos de la fin du § 12 :

Les motifs moraux sont plus puissants que tous les autres parce qu'ils sont tirés de la bonté absolue ; mais les choses qui sont absolument mauvaises le sont aussi hypothétiquement.

6700. μ ? (ρ–υ ?) Pr 6.

Tout ce qui, considéré universellement, est bon, est bon en soi-même ; par conséquent, seule la bonté morale est un bien en soi-même.

6701. μ ? (ρ–υ ?) Pr 6. 7.

Pr 6 :
On distingue les motifs d'obligation et les motifs obligatoires ; ceux-ci
136 *sont plus puissants que les | autres motifs moraux. On ne déroge que moralement à un motif moral ([g] entre les obligations).* Celui du devoir d'amour seulement un devoir envers soi-même. ([s] Pr 7 : il ne peut être considéré devant une autorité que l'on trahisse autrui pour la conservation de sa propre vie, à moins que cette conservation ne soit une obligation.)

6702. μ ? (ρ–υ ?) Pr 7. Au-dessus du § 17 :

Parce que, dans le cas des devoirs de bonté, ce n'est pas le rapport de ma volonté à la volonté d'autrui qui importe, mais le rapport à son besoin, alors ce *motif* peut être comparé avec ceux de mon intérêt propre. C'est pourquoi [interruption]

6703. μ ? (ρ–υ ?) Pr 7. À côté du § 17 :

Les actions méritoires n'existent que sous la condition du besoin des autres, les actions de dette sont cependant aussi nécessaires sans cette condition.

6704. μ ? (ρ–υ ?) Pr 7. À côté du § 18 :

On ne mesure pas la grandeur de l'obligation d'après la grandeur du bien qui doit être produit, mais d'après la grandeur de la règle morale ; ainsi, la grandeur de l'obligation est une grandeur de la forme et non de la matière des actions.

1. L'imputation est proportionnelle à la liberté de l'agir : c'est le principe cardinal de la théorie de l'imputation que Kant reprend pour une bonne part de Baumgarten et dont les principaux linéaments sont résumés dans les *Leçons d'éthique*, p. 148-165.

6705. μ ? (ρ–υ ?) Pr 7.

On a remarqué que l'entendement ne faisait qu'ordonner le particulier sous l'universel et ne concernait que les seules relations universelles ; mais comme cela ne donne pas l'absolu, c'est-à-dire le contentement, ce fut la cause pour laquelle –puisque le contentement moral ne concerne pas la relation– on découvrit pour lui un principe particulier, c'est-à-dire le sentiment moral.

| PHASE ξ[1]

En général

6706. ξ–ρ ? (λ ?) Pr II.

Ou bien la science est pratique selon la forme, ou bien elle a pour objet la *pratique*. La philosophie pratique subjective est l'anthropologie, et elle est sœur de la morale.

(g La philosophie pratique simplement ainsi nommée est pratique à tous égards et inconditionnellement.)

6707. ξ–ρ ? (ν ?) Pr III.

La question se pose de savoir si, eu égard à la morale, l'on doit accroître l'entendement et son pouvoir, ou si l'on doit favoriser le sentiment pour celle-ci par des moyens particuliers. Celui qui doit être ainsi dirigé doit avoir du sentiment, et c'est à cela seulement que se réfère cette expression.

Pr IV : L'homme fruste n'a de sentiment que pour les sens, l'homme civilisé que pour les concepts et les règles. C'est pourquoi nous devons diriger sur les concepts ce qui est plein de sentiment dans les écrits. Le sentiment moral ne saurait être mieux formé que par l'ensemble des signes de l'aversion immédiate face au vice, dans l'éducation ; honneur.

6708. ξ–ρ ? (ν ?) Pr III.

Le système des Anciens était un système ou bien 1. de la simplicité, ou bien 2. de la sagesse. Celui-là a. un système de la modération, b. de

1. Cet ensemble de réflexions est daté pour l'essentiel de 1772. La principale préoccupation de Kant est d'affirmer la pureté du motif moral, soit son indépendance face à toutes les sollicitations sensibles de la volonté. L'impératif catégorique est pour la première fois expressément nommé à la R. 6725, même si Kant en possédait le concept bien avant 1772.

l'innocence. Celui de la sagesse ou bien un système de la prudence, ou bien de la moralité. Ainsi A. l'homme naturel ; B. le sage ; C. le saint. Le sage l'est ou bien par *inclination*, ou bien en raison de *principes*.

138 | **6709**. ξ–ρ ? (ν ?) Pr III.

Puisqu'il y a trois sortes de *relations* : 1. de la substance à l'*accident*, 2. des parties dans un tout, 3. de l'effet et de la cause, il y a aussi trois parties principales dans la morale : 1. les devoirs envers soi-même, 2. envers les autres hommes (a. qu'ils ne se contredisent pas eux-mêmes, b. qu'ils s'unissent à travers un principe commun. Droit et amour)[1]. De même aussi, possibilité morale, existence, nécessité. Dans la nature de l'homme il y a quelque chose qui ne peut pas varier de lui-même. Ce sont les propriétés fondamentales de l'âme. L'homme lui-même leur est soumis en tant qu'animal.

6710. ξ–ρ ? (ν ?) Pr IV.

Nous tenons en haute estime tout ce qui procure au bien sécurité et une certitude déterminée, et par conséquent tout ce qui est conforme à une règle du bien. En revanche, le bien qui rend la règle incertaine nous déplaît. Ceci est la source de la moralité. On n'a de valeur en regard du bien que lorsqu'on suit les règles.

6711. ξ–ρ ? (ν ?) Pr IV.

La valeur de l'action ou de la personne se constitue toujours par la relation au tout. Celle-ci n'est cependant possible que par l'accord avec les conditions d'une règle universelle.

6712. ξ–ρ ? (ν ?) Pr IV.

Le tout détermine la valeur *absolument*, tout ce qui est autre que lui est seulement relatif et conditionné. Quelque chose doit posséder une valeur en rapport avec le sentiment, mais l'universalité de cette valeur la détermine *absolument*. Toute restriction de ce qui est bien déplaît ; c'est pourquoi nous devons prendre l'universalité comme mesure. Le premier principe de l'évaluation est le bien absolu. La restriction ne peut être connue qu'à partir du bien absolu.

1. Les devoirs envers soi-même et les devoirs envers autrui vont constituer les deux thèmes principaux de la *Doctrine de la vertu* dans la *Métaphysique des mœurs* de Kant, ce qui montre que cet ouvrage tardif est le résultat d'une réflexion très ancienne, dont les principales distinctions se sont fixées très tôt.

6713. ξ–ρ ? (ν ?) Pr VI.

Tout ce qui plaît nécessairement sans relation au sujet plaît objectivement. Ce qui plaît à partir de principes de la raison plaît | nécessairement, et donc objectivement ; il s'agit alors de quelque chose d'objectivement nécessaire ; par conséquent les bonnes actions sont objectivement nécessaires. **139**

La personnalité est l'indépendance de la volonté face aux inclinations. La moralité est ainsi l'accord avec la personnalité [1].

La volonté d'être heureux est nécessaire, mais contingente eu égard aux inclinations déterminées.

L'OBLIGATION EN GÉNÉRAL

§ 10-49

6714. ξ ? (ν ?) Pr 3.

La moralité a en soi cette caractéristique qu'elle s'accorde avec l'intérêt universel et essentiel et que, par là, elle trouve nécessairement l'approbation. Ceci semble être aussi la véritable cause de son insigne bonté.

6715. ξ ? (ν ?) Pr 3.

Les lois morales, parce qu'elles valent pour la volonté libre en général, valent aussi pour la volonté humaine ; seulement, les règles pures du devoir, appliquées aux faiblesses de la nature humaine, ne souffrent à la vérité aucune exception ni atténuation (laquelle aussi porterait préjudice à la nature humaine et aux autres hommes), mais servent, par la conscience de sa propre injustice, non seulement par bonté mais sur la base de principes du droit, à ne pas revendiquer tout ce qui pourrait l'être autrement selon les compétences rigoureuses de la justice d'une personne qui serait elle-même juste. Par exemple la constitution de l'État.

Car on ne peut exiger que tout nous rende justice, quand nous n'avons pas la certitude de rendre justice à autrui. Deuxièmement : ajouter la religion aux devoirs.

1. Il s'agit d'une nouvelle définition de la moralité : elle est un accord avec la personnalité, dans la mesure où celle-ci exprime la volonté libre, capable de se déterminer indépendamment des sollicitations de l'inclination.

6716. ξ ? (ν ?) Pr 3.

L'intérêt essentiel est l'intérêt *a priori* à partir des sources nécessaires et universelles de cet arbitre et donc à partir de ce qui… à la personne [interruption]

6717. ξ ? (ν ?) Pr 3.

Les lois morales sont des *principes de jugement et d'imputation*, en même temps pour discerner et pour juger.

140 | **6718**. ξ ? (ρ–φ ?) Pr 6.

Les *motifs moraux* doivent être exposés purement, sans mélange avec des *stimuli* et des *motifs* de la prudence.

La validité universelle de la volonté est possible ou bien si la volonté privée de tout un chacun constitue le principe de la volonté de tous, ou bien si la volonté de tous constitue le principe de la volonté privée de chacun.

Le premier cas n'est possible que si chaque volonté privée est bonne ; mais aucun accord universel[1] n'est possible à partir de l'accord avec la volonté privée de chacun, et donc aucune règle, sauf dans la mesure où cet accord est restreint par l'accord universel. Le premier cas est donc la loi, le second, l'amour.

6719. ξ ? (ρ ?) Pr 6. 7.

Pr 6 :

Nous sommes obligés à une action envers *quelqu'un*, ou obligés envers *quelqu'un*. Ce dernier cas est *l'obligation passive*.

([s] L'obligation de l'obligé envers l'obligeant est passive : envers le *créditeur* et le bienfaiteur ; Pr 7 : *envers ce qui doit être obligé, elle est active :* envers les pauvres. Il y a encore une troisième *obligation non envers quelqu'un (obligation formelle :* vérité.*)*

([s] devoir de dette ([g] à l'égard de soi-même et d'autrui*) et de mérite.)*

Pr 6 : *(*[s] Il y a donc un *obligé sans obligeant.)*

([s] L'obligation de payer est passive, celle de bienfaisance est cependant active. La première est une *relation envers l'obligeant,* la seconde seulement une *relation envers ce qui doit être obligé.*)

1. L'éditeur suggère d'ajouter « universel » après « aucun accord », sans exclure qu'il puisse y avoir une erreur d'écriture.

6720. ξ ? (ρ–φ ?) Pr 7. À côté du début du § 17 :

Les motifs moraux de la forme obligent par eux-mêmes ; ceux de la matière obligent hypothétiquement, c'est-à-dire sont des motifs d'obligation.

6721. ξ ? (ρ–φ ?) Pr 7. Entre les § 17 et 18 :

Les *motifs moraux* concernent soit la forme, | soit la matière de l'action. **141**
Les premiers sont toujours des *motifs obligatoires*, les seconds des *motifs d'obligation*.

6722. ξ–ο ? (ρ–υ ?) Pr 7.

La force motrice des motifs moraux est la plus faible ; plus forte est celle des motifs pragmatiques, et plus forte encore celle des motifs pathologiques. Il en va tout à l'inverse selon la règle du jugement. Mais, à défaut de renforcer les mobiles de la moralité et d'affaiblir ceux de la sensibilité, on ne doit pas non plus allier ceux-ci et ceux-là, car ce faisant on améliore certes les actions de l'homme, mais non pas l'homme. Pas d'avantage, pas d'honneur, pas de gloire.

6723. ξ–ο ? (ρ–υ ?) Pr 7.

La liberté d'un être parfait est objectivement illimitée, celle d'un être imparfait est limitée, liée. La non-contrainte est l'absence de lois.

6724. ξ. Pr 8.

N'y a-t-il pas en tout *impératif* moral une obligation ? C'est-à-dire une nécessitation par l'entremise d'une autre volonté, laquelle est la volonté stable et originelle, à savoir ou bien immédiatement par la volonté supérieure et intellectuelle, ou bien par cette dernière mais par l'intermédiaire de la volonté d'autrui.

Celui qui a une volonté simplement intellectuelle n'est pas obligé. L'entendement commande.

Grand, bon, heureux. Un grand prince rend grand son État, mais ne le rend pas heureux, et encore moins bon.

6725. ξ. Pr 9.

Toute la difficulté de la dispute sur le *principe* de la morale est : comment est-il possible d'avoir un *impératif* catégorique qui ne soit conditionnel ni *sous une condition problématique*, ni *sous une condition apo-*

dictique (de l'habileté. Prudence)[1]. Un tel *impératif* dit ce qui est originairement et *primitivement* bon. Il est remarquable que le bien primitif, la condition de tout ce qui plaît, ne ressortisse qu'à une volonté. La cause en est que toute perfection présuppose une idée et la réalité de celle-ci
142 | une volonté, et que tout ce qui est contingent et toute origine se fondent sur la liberté. Toute nécessité des jugements se fonde sur l'universalité, ou bien celle-ci sur celle-là. En conséquence, le principe de la nécessité qu'énoncent les propositions morales est à poser dans la validité universelle des principes du vouloir (absolument nécessaire, *absolument*, ne signifie pas intérieurement nécessaire, mais nécessaire en général).

6726. ξ. Pr 8. À côté du § 20 et du début du § 21 :

Est moralement libre au sens objectif celui qui n'est soumis à aucune nécessitation morale ; au sens subjectif : celui dont la raison peut déterminer indépendamment des passions. La première liberté est restreinte par des *motifs* moraux contingents. Des *motifs* moraux nécessaires (qui sont intérieurs au sujet) n'engendrent aucune obligation.

Si l'obligation est supprimée, la personne est libérée. Celui qui satisfait à une obligation stricte est libéré. ([s] non pas *à une obligation large.* Lorsque la condition, sous laquelle une obligation envers quelqu'un a lieu, est contingente ; il est opportun de ne faire naître aucune obligation.)

À côté de la première moitié du § 21, sous « *Celui qui satisfait* » :
([s] des obligations, dont il ne faut pas se tenir pour libéré. Bienfaits.)

En outre dans le § 21 :
([s] *nous ne pouvons pas satisfaire à une obligation envers les mérites.*)

6727. ξ–ρ. Pr 9. À propos du § 22 « *acte obligatoire* » :

L'obligation est éteinte *par la rémission d'autrui* ou *par satisfaction* ; on ne peut soi-même se dispenser d'aucun devoir et pas davantage se libérer *par rémission* des devoirs envers soi-même. Dieu ne peut libérer personne de *l'obligation essentielle*, par exemple dire la vérité, mais il le peut très bien en ce qui a trait aux devoirs contingents envers lui.

1. Comment un impératif catégorique est-il possible ? C'est cette question qui va occuper la troisième partie des *Fondements de la métaphysique des mœurs* de 1785, mais dont Kant perçoit déjà toute l'acuité. En effet, comment un commandement inconditionnel de la raison est-il possible auquel je devrais obéir indépendamment de toute perspective de récompense ou de menace de peine ?

| **6728**. ξ–ρ. Pr 9. Entre le § 23 et le § 24 : 143

Je peux devenir libre par des permutations *grâce à l'accomplissement*. Par les cadeaux, *par les actes gratuits*, je perds un peu de liberté, et encore plus par les bienfaits [1].

6729. ξ–ρ. Pr 9. À côté du § 24 :

Si l'on peut soi-même remettre l'obligation d'être libre et aussi s'obliger à être l'esclave d'un autre. Les *obligations envers soi-même* sont irrémissibles.

6730. ξ–ρ. Pr 9. Entre le § 24 et § 25, et à côté du § 25 :

Ou bien quelque chose est accompli pour une obligation, ou bien quelque chose satisfait à l'obligation. Il s'agit du dernier cas si toutes les choses contenues dans le motif moral sont accomplies.

C'est pourquoi on peut bien satisfaire à une dette et éteindre l'obligation, mais on ne peut satisfaire à la magnanimité libre d'autrui, car, puisqu'on agit en tant qu'*obligé*, on ne peut en aucun cas égaler la bonté morale de l'action d'autrui, qui a agi *librement*. Ainsi, puisqu'on ne peut pas éteindre cette obligation, alors on ne doit pas l'accepter. Plus quelqu'un est moralement libre au sens objectif, plus il peut faire le bien.

1. À lire avec la R. 6730. Je devrais éviter autant que possible les bienfaits en ma faveur, car par eux, je perds un peu de ma liberté, je suis lié envers le bienfaiteur, envers lequel j'ai une obligation de gratitude, qui en un sens ne peut pas être éteinte, car mon bienfaiteur n'était pas contraint de me prodiguer ses bienfaits. Il y a ici un certain flottement dans la pensée de Kant, qui semble confondre l'exigence d'autonomie (non encore nommée), c'est-à-dire l'exigence pour la volonté de n'agir que selon sa propre loi rationnelle, et une vague visée d'indépendance, selon laquelle je devrais éviter d'avoir des devoirs envers autrui, autant sous le rapport du droit que sous le rapport éthique de la bienfaisance. Or cette idée d'autosuffisance n'a finalement rien à voir avec l'idée morale d'autonomie, qui est plutôt le principe de mon agir en communauté avec mon semblable. Nul homme n'est autosuffisant, justement parce que sa liberté s'exprime dans ses relations avec ses semblables. L'autonomie se situe sur un autre plan que celui de l'orgueilleuse *sibisufficientia* et de l'*autarkeia* : elle est le principe de l'union de mon arbitre avec la volonté universelle.

La contrainte morale
§ 50-59

6731. ξ. Pr 24.

Nous ne pouvons pas poser une bonne action à la place d'une action d'une autre sorte. Aucune bonté envers autrui à la place de l'obligation de dette. Aucune pénitence recueillie à la place de la bienfaisance, encore moins des offenses.

6732. ξ–ο ? ρ ? φ ? Pr 26. 27.

Pr 26 :

En ce qui concerne le droit d'autrui, ni mon besoin propre (de même dans le cas de la bonté), ni le besoin d'autrui, ni la dignité d'autrui n'entrent en ligne de compte ; en effet, pas même l'avantage certain d'autrui ne me donne un droit à cet égard, mais seulement sa volonté *.

144 | Est injuste *matériellement* ce qui s'oppose à la matière (à l'objet de la volonté d'autrui), *formellement* ce qui s'oppose aux conditions de la volonté réciproque en général. C'est pourquoi, dans ce dernier cas, l'action ne peut non seulement pas être l'objet de la volonté de tous, mais elle ne peut également pas être saisie sous une règle universelle.

Pr 27 :

* ([g] Les *motifs* du droit limitent tous les autres devoirs, à l'exception de ceux envers soi-même. On ne doit pas donner aux actions de droit la forme de la bonté. Ces lois sont déterminées. Par l'acquittement de la dette cesse l'obligation. *Du cas de nécessité. Au droit est opposé le droit*) [1].

6733. ξ–ο ? ρ ? φ ? Pr 27.

Ce qui ne peut pas être un objet d'un arbitre commun est injuste ; ce qui, lors même qu'il serait un objet de ce dernier, est pourtant impossible à exécuter selon des lois de l'arbitre est injuste.

1. Sur le cas de nécessité, voir *L'appendice à l'introduction à la Doctrine du droit*, in *Métaphysique des mœurs*, Ak, VI, 235-236 ; OP, III, 484-486. Ainsi, cet exemple classique : « Il ne peut y avoir […] aucune *loi pénale* condamnant à mort celui qui dans un naufrage, courant avec un autre le même danger de mort, le repousserait de la planche sur laquelle il s'est réfugié, pour se sauver lui-même ». Kant ne justifie pas pour autant un droit objectif de nécessité, car par ailleurs le devoir de sauver ma vie est un devoir conditionné par rapport au devoir inconditionné de ne pas porter atteinte à la vie d'un autre homme innocent. Mais il invoque le fait que l'acte de conservation de soi est dans ces circonstances *juridiquement impunissable*, car la peine ne saurait être plus grave ici que la perte de la vie menaçant celui qui s'est protégé. Voir aussi les R. 6896, 7172, 7173, 7177, 7191, 7192, 7194 et 7195.

6734. ξ–ο ? ρ ? φ ? Pr 26. 27.

Pr 26 :

Une action est injuste dans la mesure où elle est impossible si d'autres présupposent ces principes en nous. Par exemple le mensonge. Il est impossible de tromper quelqu'un qui sait qu'on veut le tromper, ou la déloyauté dans un contrat. De même, il est impossible de vouloir et d'approuver une telle action comme une autorité morale universelle. Est insociable celui dont les maximes sont telles que, si les autres ont exactement les mêmes, il est incapable de traiter avec eux. L'argent fait partie de cela. Pr 27 : L'homme charmant souhaite que tous les hommes soient tout à fait comme lui ; l'insociable souhaite le contraire. L'homme juste l'exige. La justice est un principe de possibilité de la société, sans que le souhait n'entre en ligne de compte. La bonté est une impulsion à la société. Exige d'autrui ce que tu veux qu'autrui exige de toi.

6735. ξ–ο ? ρ ? φ ? Pr 26.

On ne peut donner aucune règle déterminant comment notre besoin limite la bonté.

| Ce qui est juste doit relever d'une règle publiquement connue ; par 145
conséquent le mensonge innocent n'est pas autorisé.

La loi
§ 60-75

6736. ξ. Pr 28.

Plusieurs hommes éprouvent bien du plaisir à poser de bonnes actions, mais ils ne veulent pas pour autant être tenus à aucune obligation envers autrui ; lorsqu'on ne les approche qu'avec soumission, alors ils font tout ; ils ne veulent pas se soumettre à la justice des hommes, mais ils ne veulent considérer ces derniers que comme l'objet de leur magnanimité. Il n'est pas indifférent de savoir sous quel titre je reçois quelque chose. On ne doit pas m'accorder ce qui est mien qu'à ma seule demande.

Voilà pourquoi il nous faut d'abord, avant toute incitation aux règles de bonté, baisser la nuque et nous soumettre au joug des devoirs de dette. Il y a toujours un rebelle qui s'en prend au gouvernement divin et qui s'exclut, en tant qu'esprit libre agissant suivant son bon plaisir, de ce que les hommes peuvent exiger de lui.

6737. ξ ? φ ?? Pr 30. À côté et dans le milieu du § 63 :

Le *principe formel* suprême de la moralité doit être la sincérité. Car nous sommes libérés de toutes les autres obligations du fait que les autres les enfreignent à notre égard, mais jamais nous ne sommes libérés de celle-ci.

6738. ξ ? φ ?? Pr 30. À côté, dans et sous la fin du § 63 :

Une action est juste en général dans la mesure où on est libre à son égard. Mais un droit est la liberté par laquelle la liberté d'autrui est limitée : *droit acquis*. Tous sont libres *par nature*, et seules sont justes les actions qui ne limitent la liberté de personne.

6739. ξ ? Pr 32. À côté du milieu du § 66 :

La *relation morale* est soit simplement négative, et alors [interruption].

146 | **6740**. ξ ? Pr 32. À côté et sous le § 66 :

Tout *accord* des actions libres avec leurs principes objectifs est double. 1. négatif : car il n'entre pas en conflit, ou positif : car il est par là déterminé.

6741. ξ ? Pr 32. À côté du § 67 (deuxième moitié) et du début du § 68 :

Ce qui, en tant qu'il est accepté comme règle universelle, n'est pas même possible physiologiquement, est *formellement* injuste ([g] *illicite*), par exemple le mensonge et la déloyauté.

Ce qu'il est impossible de vouloir universellement et réciproquement est *matériellement* non juste, c'est-à-dire injuste (*injuste*). La condition des sauvages. Mais l'érection d'un état de droit reste cependant ici toujours possible.

6742. ξ ? Pr 32.

Il est inéquitable de punir celui qui est ignorant de la loi.

6743. ξ ? Pr 32.

Ce qui ne peut pas être interdit par des lois universelles expresses, bien qu'il le soit de manière nécessaire par la loi tacite, est inéquitable.

6744. ξ ? Pr 32. Entre le § 67 et le § 68 :

Les lois sont ce par quoi quelque chose devient une obligation.

Les commandements : ce par quoi une obligation naturelle est enseignée. Les commandements divins sont en soi moraux.

6745. ξ. Pr 33. Au-dessus et à côté du § 68 :

Ce qui appartient aux conditions tacites d'une loi positive, mais manque nécessairement à ses conditions expresses, est l'équité de la loi positive. Ce qui est strictement juste selon la loi naturelle est | la simple 147
équité selon la loi positive ([s] par exemple : si j'engage quelqu'un pour un certain travail, mais qu'il fait plus que ce qui lui était demandé, il n'a alors aucun droit d'exiger quoi que ce soit.

Ce pour quoi quelqu'un n'a pas été engagé, il ne peut *strictement* l'exiger).

6746. ξ. Pr 33. À côté de la fin du § 68 et entre le § 68 et le § 69 :

Qui a l'équité de son côté ne peut contraindre autrui qui a le droit de son côté, ni aussi se soustraire à la contrainte du droit d'autrui.

Un droit auquel font défaut les conditions nécessaires d'une loi expresse est un droit d'équité.

Ce qui n'est pas possible par la volonté universelle et tacite, et ce malgré que cela soit permis [ne soit pas interdit] par les conditions nécessaires de lois expresses, est inéquitable.

6747. ξ. Pr 33. Marge inférieure. À propos du § 68 :

Ce qui ne peut être nécessité par aucune loi universelle expresse, bien qu'il soit nécessaire par la loi tacite, est équitable. L'équité est donc proprement la limitation du droit extérieurement valide (à partir duquel des lois extérieures et expresses sont possibles), par les lois dont la validité n'est qu'intérieure. Aussi, l'équité ne confère aucun droit et ne libère aussi d'aucune obligation.

6748. ξ ? κ ? Pr 34.

Il existe des instincts moraux qui meuvent moins par le plaisir que les bonnes actions procurent, que par l'aversion que leur omission susciterait en nous.

6749. ξ ? κ ? Pr 34.

Nous n'éprouvons pas pour les actions moralement bonnes le plus grand plaisir, mais nous tenons celui-ci pour le plus haut, c'est-à-dire nous jugeons que ce plaisir lui-même mérite la plus grande approbation.

Par habitude, les maximes morales finissent par produire un sentiment pour la moralité.

148 | Nous tenons l'entendement en plus haute estime que la droiture (une honnêteté fondée sur des principes), mais nous croyons que celle-ci doit être plus estimée encore.

Tous nos plaisirs sont diminués par le fait que nous percevons que leurs objets ne sont pas dignes de respect.

Nous reconnaissons que la mort n'est pas à craindre, et pourtant nous la craignons.

Nous reconnaissons que les bonnes actions faites par inclination n'ont pas autant de valeur morale que celles qui procèdent de simples maximes. Mais nous tenons plus à celles qui sont bonnes par inclination.

6750. ξ ? Pr 34.

Par la raison, nous ne pouvons parvenir qu'à la connaissance formelle, et dès lors que relativement à ce qui est bon, ou à la forme du bien ; mais seul celui dont la raison est intuitive connaît la première *condition constitutive* du bien ; mais nous n'avons pas d'autres *données* premières du bien-être que les sens. De même, au plan théorique, fait défaut, par exemple, le sujet ou le prédicat absolu.

6751. ξ ? Pr 34.

Le goût moral se rapporte à l'harmonie et à l'esprit de système.

6752. ξ ? Pr 34. Entre le § 69 et le § 70 :

Les principes de la raison sont d'une double sorte. 1. théoriques, afin de poser quelque chose ; 2. afin de choisir quelque chose. D'où les premiers principes : a. la cause suprême, b. la perfection suprême.

6753. ξ ? Pr 34. Sous et dans le § 70 :

Il est nécessaire de placer la moralité avant la religion, de manière à présenter à Dieu une âme vertueuse ; si la religion précède la moralité, alors la religion sans *sentiment* est une froide flatterie et les mœurs une observance par nécessité, sans intention. Tout doit être absorbé purement et sans mélange, et ainsi être uni de manière à ce que toutes choses s'accompagnent mutuellement, sans se mélanger [1].

149 | **6754**. ξ ? Pr 34. Dans le § 69 et le § 70 :

I. Le *principe* de la morale n'est pas sensible, ni *directement* ni pathologiquement, et il ne se trouve ni dans le sens physique (doctrine de

1. Kant insiste ici encore sur la pureté du motif moral. À lire avec les R. 6754, 6864 et 6866.

l'habileté) ni dans le sens moral (ce dernier est une impossibilité *, car il n'existe aucun sens de ce qui est intellectuel) ; il n'est ni *indirectement* sensible ou pragmatique (doctrine de la prudence) : aspire à ton véritable [plus grand] bonheur (épicurisme). Car la raison ne sert que de moyen pour déterminer comment satisfaire la plus grande somme des inclinations, et par quels moyens. Le principe moral est donc intellectuel (*pur*), ** mais pas tautologique (*perfectionne-toi, garde le juste milieu*). II. Il n'est pas extérieur, il ne se situe pas à l'extérieur de la nature de l'action, dans une autre volonté.

* (g même si un tel sens était possible, des lois nécessaires, catégoriques et universelles ne pourraient pas se fonder sur lui.)

** (g Elles contiennent l'accord des actions avec leurs fins préalablement données ainsi que la forme de cet accord en général : 1. La justesse (la vérité), 2. la perfection, 3. ni plus, ni moins ; ce sont donc des règles tautologiques concernant la relation des actions aux fins, et non les fins elles-mêmes.)

6755. ξ. Pr 35. À côté et dans le § 71 :

Le sentiment est le principe de l'agréable et du désagréable, de la capacité d'être heureux ou malheureux. S'il y avait un sentiment moral, nous compterions sur lui comme un moyen de nous réjouir, ce serait un sens de plus pour nous réjouir. Seulement, avec cette façon de voir, la vertu, avec ses attraits idéaux, perdrait beaucoup contre le vice et ses attraits physiques. Il y a néanmoins quelque chose dans la moralité antérieure au goût, en vue du jugement. Mais parce que le goût est quelque chose en lien avec la société, et qui plus est que l'on confesse à la société : il n'y a ici rien de constant. Néanmoins, si l'homme a d'abord appris à considérer le vice comme objet digne de mépris et de haine, il s'efforcera alors chaque fois d'y voir un objet légitime d'écœurement, et celui-ci [interruption]

| **6756**. ξ. Pr 35. Dans le § 71, à propos de la fin : **150**

Aucun principe de la règle morale (du jugement) ne peut être tiré du motif de la sainteté divine, car la sainteté présuppose la moralité. Ni des motifs de bonté ; car nous pouvons faire grandement plaisir à quelqu'un par gratitude, sans pourtant en apercevoir l'équité naturelle.

6757. ξ ? Pr 35. Dans le § 71 :

Le sentiment moral suit le concept moral, mais il ne le produit pas ; encore moins peut-il le remplacer, il le présuppose plutôt [1].

1. Dans le même sens, voir *Critique de la raison pratique*, Ak, V, 71 *sq.* ; OP, II, 695 *sq.*

6758. ξ. Pr 35. Dans la marge inférieure :

Sans la connaissance de la volonté divine il ne peut y avoir de juge universellement valide et tout-puissant. *Aucun tribunal de compétence générale*. Dieu voit en lui-même la loi morale (de même pour l'homme) et se voit lui-même comme l'archétype essentiel de cette loi (l'homme voit en lui-même la possibilité du contraire). Pas en tant qu'auteur ; il en résulte que l'homme se voit soumis aux lois morales, et que Dieu n'est certes pas élevé au-dessus de celles-ci, mais qu'il les considère comme la loi nécessaire aussi bien subjectivement qu'objectivement ; du point de vue intellectuel, la loi morale est également subjective, mais elle est objective du point de vue sensible. La volonté suprême concerne la fin en soi nécessaire, la condition de toutes les fins contingentes. Cette fin est la fin de l'esprit et la loi de l'homme. L'homme a encore une autre fin au-dessus de lui. Mais il a l'esprit totalement en lui. De cette façon, l'homme est lui-même responsable de soi.

6759. ξ ? Pr 35. À côté et à propos du § 71 :

La religion n'est pas un principe de la morale, mais c'est l'inverse qui est vrai.

1. Si la moralité se fondait sur la connaissance de l'existence divine, alors la conscience de la moralité serait liée à celle de l'existence divine.

2. Nous ne pourrions pas reconnaître la bonté morale de la volonté divine.

3. La *force obligatoire* est dans la relation morale de la volonté divine à notre volonté ([s] non dans sa puissance).

151 | **6760**. ξ. Pr 35. Au-dessus du § 71 :

Le *principe* du jugement moral n'est pas la volonté divine.
([g] 5. Ni la voie médiane. *Aristote*.)
– – – – – 4. n'est pas le concept universel de perfection.
– – – – – 2. n'est pas le concept universel du bonheur.
– – – – – 1. n'est pas le bonheur privé ([s] ils seraient empiriques.).
– – – – – 3. n'est ni le sentiment moral* ni le goût**. ([s] Le goût est relatif, en relation avec le sujet.)
3. – – – mais la raison.

([g] *les jugements de la moralité sont rationnels*.)

([g] Le *sentiment* ne ressortit qu'à l'entendement et est à proprement parler la saine raison dans le domaine moral.)

{* [g] La conscience de la dignité du bonheur est considérée comme une possession de celle-ci, d'où le plaisir moral. Mais le goût moral de distinction repose sur une subordination de la connaissance inférieure à la connaissance supérieure, puisqu'on se représente chaque action uniquement sous un seul point de vue général.}

| ** ([s] La vertu possède également une bonne convenance ; elle a une certaine pureté et un certain ordre dans le phénomène.) 152

Pr 36: Le jugement moral d'approbation et de désapprobation est accompli par l'entendement, et la sensation morale de plaisir et d'aversion provient du sentiment moral, mais de telle sorte que ce n'est pas le jugement moral qui naît du sentiment, mais bien celui-ci de celui-là. Tout sentiment moral présuppose un jugement moral opéré par l'entendement.

Nous pouvons même, sans sentiment apparent, approuver ou désapprouver des actions et les trouver dignes d'aversion. L'aversion elle-même est finalement engendrée par l'exercice. *Sentiment.* Instinct moral.

([g] Les devoirs éthiques ont, dans leur exécution, davantage leur origine dans le sentiment que dans des concepts moraux, et les devoirs de droit l'ont davantage dans des concepts que dans le sentiment ; c'est pourquoi seuls ces derniers ont des règles déterminées, alors que pour les premiers il y va de la comparaison de mon sentiment. Une bonne action peut cependant se produire uniquement à partir de concepts ou de principes moraux, sans sentiment aucun : une grâce accordée sans compassion, la fidélité conjugale sans amour. Et, le plus souvent, à partir du sentiment, sans principes : l'instinct. Tout amour est, de même que l'estime, une sorte de sentiment. On ne peut se le donner à soi-même, et, en regard de Dieu, seule l'estime est possible. Nous estimons toujours davantage la bonté à partir du sentiment qu'à partir de principes (alors que la première doit se régler sur ces derniers), parce qu'ils sont d'habitude changeants et souvent faux. Les principes sont trop faibles, et la sophistique peut l'emporter sur eux. Pr 37 : On se croit toujours plus sûr lorsque la sensibilité accompagne la raison et lui donne sa bénédiction afin d'enchaîner l'homme inconstant. Le bon état d'esprit est à proprement parler ce bon sentiment et, parce qu'il est en lui-même dépourvu de principes, il est faible, et davantage bienveillant que noble. Le mauvais état d'esprit peut juger de manière | aussi exacte ; mais le 153
cœur mauvais consiste en vérité dans le fait d'être tout simplement incapable de bons principes. Car l'homme qui a constamment de bons principes, mais qui est incapable de contraindre ses désirs, a un bon cœur, mais un mauvais tempérament. Le sentiment moral est bon, mais les désirs sont incontraignables. – Mais il existe aussi un cœur mauvais, qu'on pourrait distinguer du mauvais état d'esprit, pour lequel les principes sont bons, mais dont les inclinations sont non seulement trop fortes mais ont

aussi immédiatement de mauvaises fins. Envie. Misanthropie. Vengeance. ([s] Humeur querelleuse. Présomption. Grossièreté. Fausseté.) Ceux dont les inclinations naturelles tendent déjà vers quelque chose de moralement bon, au bonheur et à l'amour d'autrui, ont un bon cœur et, bien qu'ils ne soient pas ainsi faits, ils peuvent néanmoins avoir un bon état d'esprit. L'instruction peut grandement contribuer au bon entendement, mais moins à un bon état d'esprit, et pas du tout au bon cœur.)

6761. ξ ? Pr 36. Dans le § 73, à propos du début :

Liberté morale : autorisation. *Son opposé est l'obligation. Ce qui est contraire à cet opposé est illicite.*

6762. ξ. Pr 36.

Ce qui ne peut se ranger sous une règle universelle de la volonté pure est moralement injuste. L'accord de l'action libre avec l'universalité de la volonté pure est la moralité.

6763. ξ. Pr 37.

Pour ce qui concerne les motifs subjectifs de la moralité ou les mobiles, l'entendement a bel et bien la force de produire le souhait d'une bonne volonté ; mais les poids qui doivent mouvoir l'homme sensible doivent être tirés à même les réserves de la sensibilité, et ce bien qu'ils doivent certes être adéquatement répartis sur leur levier par l'entendement. Et pourtant je crois que, pour qu'aient lieu la vertu, le renoncement non seulement aux petits conforts mais aussi à l'amour-propre (l'amour exclusif de sa personne, l'inclination non-exclusive à la bonne vie), et surtout la vertu
154 conciliante et indulgente, l'homme doit être un peu calmé, affaibli et | être un peu dépouillé de sa confiance en soi. Celui qui serait libre des accès de rougissement affaiblissants et débilitants et de la modestie paralysante ; celui qui aurait l'idée juste et vivante de ne pas trouver le jugement des autres d'un si grand poids en comparaison du sien ; celui qui ne ressentirait pas une molle inquiétude en supposant que les autres n'ont pas d'inclination pour lui, ou qui par manque d'indépendance serait devenu flexible à toutes les lois de la société ; celui qui ne se fortifierait qu'en affrontant les difficultés et que l'adversité et les dangers ne feraient que réchauffer et rendre plus courageux ; celui qui, endurci, serait indifférent autant à la bonne vie qu'à la privation, qui ne serait pas le jouet de son imagination et de ses sympathies, mais qui serait d'une santé solide et en pleine possession d'elle-même : celui-là serait grandement tenté d'oser entreprendre ce dont se laissent dissuader les autres qui ne peuvent garder *contenance* face au

regard réprobateur d'autrui, qui attendent beaucoup des autres, les craignent et croient qu'ils seraient condamnés à l'exil s'ils voyaient l'inclination des autres se refroidir à leur endroit. Ils ne deviendraient peut-être pas du coup des vauriens pour cela, mais un peu indulgents, etc.

La vertu envers soi-même ressortit à la force, de même que les vertus de magnanimité envers autrui, mais les vertus douces et molles, les vertus conciliantes ressortissent à la faiblesse. Le coursier doit être calmé afin de pouvoir gouverner le centaure humain.

6764. ξ ? φ ? Pr 36. Dans le § 73 :

Nous pouvons considérer dans les actions leur moralité et leur légalité. Lorsque celle-ci est présente, celle-là n'est pas encore ou bien selon l'objet (bonté), ou bien seulement selon le motif (intention ou peur). La légalité est ou bien juridique, ou bien éthique.

6765. ξ ? φ ? Pr 37. Dans le § 74 :

L'action, dont l'intention, considérée comme une règle universelle, se contredirait nécessairement elle-même ainsi que celle des autres, est moralement impossible.

L'intention de se comporter dans ses actions en accord avec le *principe* universel des règles est morale. Si la volonté est soumise à la forme de l'entendement en général.

| La force motrice de l'entendement repose sur ceci que l'entendement 155
s'oppose en lui-même à tous les *principes* des actions qui rendent impossible l'usage des règles[1].

L'EXPÉRIENCE DU DROIT
§ 76-86

6766. ξ ? κ–λ ? Pr 38. Au-dessus du § 76 :

Si le bien ou le mal moral ([g] pratique) réside dans l'entendement ou dans la volonté ?

Il existe une volonté mauvaise et une volonté indolente ou paresseuse. Même des actions imprudentes, par exemple celles d'un amour insensé,

1. Comment ne pas voir dans cette réflexion, datée de 1772, l'anticipation très claire de la formule générale de l'impératif catégorique : « Agis uniquement d'après la maxime qui fait que tu puisses vouloir en même temps qu'elle devienne une loi universelle » (Ak, IV, 421 ; OP, II, 285) ?

n'ont pas leur origine dans la faiblesse de la raison, mais dans l'indocilité de la volonté.

Les principes du droit
§ 87-99

6767. ξ ? κ ? η ? Pr 49.

La moralité ([g] objective) est la liberté d'après ([g] sous) des lois.

La liberté sous des lois intérieures est l'obligation éthique.

La liberté sous des lois extérieures est l'obligation juridique.

La loi est la limitation de la liberté par des conditions universelles de l'accord de cette liberté avec elle-même.

La liberté qui est bonne sans loi est originaire.

([g] L'accord repose soit sur l'unité de la fin, soit sur l'unité de [interruption]

1. Agis conformément à la loi sans contrainte.
2. Use de la contrainte, mais selon les lois.
3. Soumets la liberté à la contrainte des lois
    a. Assure chacun à l'égard de ta sécurité (par soumission sous la contrainte)
    b. Assure la sécurité de chacun envers chacun (par l'exercice de la contrainte légale)

6768. ξ ? η ? Pr 54. À propos du début du § 93 :

Ce qui se rapporte à la modification d'autrui est le sien physique.

156 | *Ce qui est modifiable naturellement par l'arbitre d'autrui est pratique.*

- - - - moralement - - -

Le législateur
§ 100-105

6769. ξ ? φ ? Pr 61. 62.

Pr 61 : L'auteur d'une contrainte externe d'après la loi est le législateur. Il n'est pas toujours l'auteur de la loi, et là où il l'est, la loi oblige alors de manière contingente. Pr.62 : or, la loi morale de la raison est sainte, c'est-à-dire sans erreur ni défaut. L'archétype de la perfection et la mesure du jugement de toute valeur et non-valeur des actions. La loi divine est donc sainte et implacable.

6770. ξ ? ρ ? φ ? Pr 61.

Le législateur pragmatique ([g] est l'auteur) qui ne vise pas la moralité.
moral *([s] Des intentions. Dieu seul l'est.)*

6771. ξ ? φ ? Pr 61. Au-dessus et dans le § 100 :

L'auteur d'une loi obligatoire est le législateur. L'auteur d'une obligation conforme à la loi n'est pas législateur. Peut-on dire que Dieu est l'auteur des lois morales primitives ? Il en est le principe, non l'auteur[1].

À propos du § 100 : « faire la loi (légiférer) » : ce n'est pas être auteur de la loi.
Celui qui relie l'obligation de l'arbitre à la loi légifère.
Légifère celui qui, selon son arbitre, déclare obligatoire une loi.

6772. ξ ? φ ? Pr 60.

L'auteur du lien entre la contrainte et la loi obligatoire est le législateur.
Dieu n'est pas seulement *législateur pragmatique*, mais aussi *moral*.
Celui qui observe la loi divine du point de vue pragmatique ([g] eu égard à la récompense ou à la punition), est un bon citoyen ([g] ou sujet) de | l'État 157
divin, mais il n'est pas encore son enfant et son bien-aimé, il n'est pas encore habité de son Esprit Saint.

6773. ξ ? υ ? Pr 61.

La volonté divine est l'Idéal ([g] l'archétype, le modèle, la mesure) de la volonté la plus parfaite ; par conséquent, dire qu'elle est l'auteur de toute obligation signifie que la plus grande perfection renferme le principe de la moralité.

1. À lire notamment avec les R. 7089, 7091 et 7092. La distinction entre auteur et législateur n'est pas toujours très nette dans les *Réflexions*, mais ici Kant exprime le fond de sa pensée : Dieu est le législateur, mais non pas l'auteur des lois morales, c'est-à-dire que celles-ci ne sont pas arbitraires, mais sont fondées en raison, et c'est pourquoi elles s'accordent avec la volonté sainte de Dieu.

L'IMPUTATION DE L'ACTE
§ 125-148

6774. ξ ? Pr 80.

Puisque les lois de l'obligation de dette ne peuvent être liées qu'à des peines, et les lois du devoir méritoire qu'à des récompenses, alors seules les omissions à l'obligation de dette et les accomplissements du devoir d'amour peuvent être *validement* imputées.

Une action peut être attribuée à quelqu'un, si elle est vue comme provenant de la liberté.

6775. ξ ? κ ? Pr 81.

*Nous prêtons quelque chose à quelqu'un comme un prédicat à un sujet ; nous le lui assignons ou le lui attribuons, lorsque cela est considéré comme appartement à sa personne, par exemple l'invention au génie ; nous l'imputons, lorsque cela est tout *simplement* approprié, c'est-à-dire est représenté comme surgissant de la liberté.

* (^{g} assignons | attribuons | imputons)

6776. ξ ? Pr 81.

Si les *omissions* éthiques sont des *actions d'omission*, et donc peuvent être imputées ? Oui dans le cas des omissions par bonté, mais non dans le cas des omissions par manque de bonté ; car ces dernières sont omises parce qu'elles ne renferment aucun motif.

6777. ξ ? Pr 81.

Est imputable l'action à l'égard de laquelle quelqu'un est libre, c'est-à-dire n'est contraint ni subjectivement, ni objectivement.

158 | **6778.** ξ ? Pr 81.

Du point de vue pragmatique, je n'impute pas les accomplissements qui sont pathologiquement nécessaires, ni de semblables omissions, mais uniquement celles dont le contraire est possible selon des règles de l'inclination.

6779. ξ ? Pr 81.

N'est pas imputable à quelqu'un ce dont le contraire n'est pas une loi contraignante.

6780. ξ ? ζ ? Pr 81.

Le bien plaît la plupart du temps aux hommes par appropriation, par exemple dans le cas où un homme célèbre est notre compatriote. Encore davantage par imputation à soi-même.

6781. ξ ? κ ? Pr 81.

Ce qui est propre à une personne est plus approprié que ce qui est propre à son état ; et ce qui est attribuable à la liberté l'est encore plus ; ce qui est attribuable à la moralité l'est au plus haut point.

Est imputée toute action dont le contraire est moralement possible. Par conséquent, aucune bonne action de dette, toute action de bonté, etc. : par conséquent est imputée, ce dont le contraire n'est pas une obligation, par conséquent la pauvreté par manque de bienfait ne l'est pas.

6782. ξ ? Pr 83. Au-dessus et à côté de la deuxième moitié du § 127 et à côté du § 128 :

Même dans le cas d'effets mécaniques, l'accomplissement d'un effet, auquel une chose est poussée, n'est pas attribuable à son activité, ni l'omission à laquelle elle n'est pas poussée. Car dans le premier cas il n'y a aucune action spontanée, dans le deuxième cas il n'y a pas du tout d'action. En revanche, l'omission d'un effet auquel le sujet est pourtant poussé (excitation), et l'accomplissement d'une action à laquelle il n'est pas contraint sont attribuables ; car dans le premier cas il y a résistance ou encore défaut de spontanéité, dans le second il y a spontanéité complète. Les actions contraires, qui non seulement n'opèrent pas conformément à
une loi | mais opèrent contre elle, sont d'abord des omissions de la loi et, **159**
dans cette mesure, des oppositions à celle-ci, et ne diffèrent que selon le degré des actions spoliatrices. Si je ne remets pas à quelqu'un ce que je lui ai emprunté, alors c'est tout comme si je m'emparais de ce qui appartient à autrui ; car je dérobe à autrui ce qui est sien. Si je n'accorde à quelqu'un aucun bienfait, alors c'est tout comme si je lui enlevais quelque chose à partir du principe du droit, quelque chose que j'aurais pu lui accorder.

6783. ξ ? η ? Pr 83. Entre les § 127 et 128 :

Si quelque chose peut être considéré comme une action libre, qui n'est pas nécessité selon des lois morales, il s'agit alors d'un *acte*.

6784. ξ ? Pr 84. À côté de la fin du § 128 :

Les conséquences d'un acte qui est moralement indifférent ne sont pas imputées ; ainsi, toute imputation a une relation avec les lois morales, et une action contenue sous une loi morale ([g]commandement – ou interdiction –) s'appelle un acte. Tout *acte* est ou bien un *mérite*, ou bien un *démérite*, mais aucun n'est *une chose indifférente* [*adiaphoron*].

6785. ξ ? Pr 86. À propos du § 132 :

Combien peu de bien peut nous être imputé lorsqu'on y soustrait tous les *mérites de la fortune*: l'intelligence, aussi bien que l'éducation, l'exemple, la santé, l'absence de tentations, etc.

6786. ξ ? Pr 88. À côté du § 133 et du § 134[1] :

Les conséquences d'une action peuvent être imputées à quelqu'un lorsque

2. l'action elle-même (et non pas lui à l'égard de celle-ci) était libre (*physiquement* et *légalement*) ;

1. lorsqu'il s'est agi d'une action et non d'une simple permission.

Mais toutes les omissions juridiques (par exemple ne pas payer sa dette) sont premièrement des actions, parce qu'elles se produisent à l'encontre
160 d'une loi | dont la force motrice était l'objet de notre résistance. Deuxièmement, elles sont libres, parce qu'elles se produisent précisément à l'encontre de la loi et donc ne sont pas du tout contraintes. Ainsi, les conséquences des omissions juridiques peuvent être imputées.

En revanche, les conséquences des accomplissements juridiques ne peuvent être imputées, car l'action n'était pas libre. Par contre, les conséquences des omissions éthiques ne sont pas à imputer ; car elles ne sont pas précisément des actions (*actes*) et elles ne vont à l'encontre d'aucune loi (du point de vue de la volonté d'autrui), ou plus exactement elles n'agissent pas à l'encontre d'autrui. Voilà pourquoi leurs conséquences ne peuvent pas être considérées comme des *actes*. En revanche, les accomplissements juridiques ne peuvent pas être imputés pour ce qui concerne leurs conséquences, car l'action n'était pas libre. L'action elle-même n'est pas imputable *licitement* ([g] ni *au mérite* ni *au démérite*) (tout comme l'omission éthique). Mais les *accomplissements* éthiques et les omissions juridiques le sont *au mérite* ou *au démérite*.

En somme: 1. Ce qui est juridiquement conforme à la loi ([g] n'est pas libre) et ce qui est éthiquement contraire à la loi ([g]est une simple permission) ne peut être imputé pour ce qui concerne ses conséquences ; 2. ce qui est juridiquement contraire à la loi et ce qui est éthiquement conforme à la loi doit être imputé à l'égard de toutes ses conséquences.

1. Cette réflexion offre un bon résumé de la théorie générale de l'imputation, dont Kant emprunte les principaux éléments aux *Principes* de Baumgarten.

p. 89, marge inférieure :

([g] L'observation des lois juridiques et la transgression des lois éthiques ne peuvent être imputées *au mérite* ni *au démérite*.

La transgression des lois juridiques et l'observation des lois éthiques doivent être imputées *au démérite* et *au mérite*.

Donc, en ce qui concerne uniquement les lois juridiques :

Leur observation n'est imputée, en regard de leurs conséquences, ni *au mérite* ni *au démérite*.

Leur transgression n'est, en regard des bonnes conséquences, jamais imputée *au mérite*, mais est, en regard des mauvaises, toujours imputée *au démérite*.

Les lois juridiques acquittent ou déclarent coupable, les lois éthiques innocentent ou déclarent méritoire.)

6787. ξ ? Pr 88.

Comme action libre (au sens psychologique) [interruption].

6788. ξ ? Pr 89.

Ce qui se produit d'après une loi juridique ne peut être | imputé ni en 161
regard de ses bonnes ni de ses mauvaises conséquences. Ce qui va à l'encontre de cette loi peut être imputé en regard de toutes les mauvaises conséquences, mais non en regard des bonnes.

6789. ξ ? η ? Pr 89. À côté de la fin du § 134 et du début du § 135 :

Toutes les actions éthiques envers soi-même peuvent être imputées, qu'elles soient bonnes ou mauvaises. On peut même s'attribuer sa santé ou sa maladie.

6790. ξ ? Pr 89. À côté du § 135 :

Les mauvaises conséquences qui résultent de ce que j'ai fait de manière nécessaire ne peuvent m'être imputées.

| PHASE ρ [1] 162

EN GÉNÉRAL

6791. ρ ? ξ ? Pr III'.

Un usage habile de sa faculté [habileté] pour une fin arbitraire ; un usage ou une fin rationnel pour son bonheur ; une fin bonne pour ce qui est bon en toute intention.

6792. ρ ? ξ ? Pr III'.

(s On nomme vertu toute bonne conduite (g propriété d'un bon usage). Une boisson, un repas, un outil, un métal, un contenant a de la vertu ou du vice ; un cheval. La vertu en l'homme est la propriété de sa bonne conduite ; mais est vertueux celui qui possède un principe universel de la bonne conduite en général ; tout ce qui est moral est vertueux κατ' ἐξοχήν [2]. La vertu consiste dans la droiture et la bienveillance *, dans la mesure où toutes deux sont agissantes.

La droiture dans le respect pour les droits de l'homme et de l'humanité en sa propre personne.

* (g au lieu de cela, je) [interruption]

(s vertu morale, pragmatique, physique.)

(s La vertu est l'aptitude au bon usage.)

1. Les réflexions de cette phase datent environ des années 1773-1775, qui sont des années de silence pour Kant, en train de méditer la rédaction de ce qui deviendra la *Critique de la raison pure*. Elles ne renferment rien de particulièrement nouveau, même si les plus longues d'entre elles apparaissent pratiquement comme des moutures de certains passages des futurs *Fondements de la métaphysique des mœurs*, voir notamment les R. 6801 et 6802.

2. C'est-à-dire : de manière éminente, purement et simplement.

([s] La vertu morale est la disposition de la volonté d'utiliser toutes ses forces en vue d'une fin ([g] universellement) bonne. La vertu est ainsi la moralité dans la disposition.)

163 | **6793**. ρ ? ξ ? Pr III'.

La faculté sensitive et intuitive de la vue. Celle-là pour la lumière et les couleurs en général, celle-ci pour la relation des objets lumineux dans l'espace, c'est-à-dire la figure. Il en va de même du jugement et du sentiment dans le bien.

6794. ρ–σ ? ξ ? Pr IV'.

Il est incontestable que la vertu rendrait heureux si chacun l'exerçait ; mais Épicure affirmait : et même si on l'exerçait seul.

Bien que nous ne fassions pas le mal, comme le disait Chrysippe[1], uniquement par ignorance ([s] d'où le système moral de la vérité). Ainsi donc une seule vertu, à savoir la science ([g] et la disposition au) du bien. ([g] Aristote.) ([g] La pratique des sens est dialectique et se fonde sur l'apparence.) *Les choses indifférentes*, riches ou pauvres : on peut en décider comme on veut, mais pas de *l'honnête* et de *l'ignoble*. Il faut souhaiter la santé, mais non pas l'approuver, il faut avoir en aversion ([g] fuir) la maladie, mais non pas la blâmer.

6795. ρ ? ξ ?? Pr V'.

Les lois essentielles sont celles sans lesquelles la liberté serait un monstre dangereux ; c'est-à-dire que la liberté ne doit pas être utilisée de manière [1.] à aller à l'encontre de l'humanité en soi-même, 2. de la liberté des autres. Il y a donc des droits de l'humanité et des droits de l'homme : droits de l'humanité en sa propre personne et ces mêmes droits à l'égard d'autrui.

6796. ρ ? ξ ? Pr V'.

La moralité repose sur la règle des actions du point de vue (position) du participant ou du représentant universel :

1. du participant à la nature à l'égard de lui-même,

164 | 2. du participant à la liberté à l'égard d'autrui. Dans ce dernier cas, du point de vue soit du représentant de l'arbitre d'autrui, soit du bien-être de celui-ci.

1. Chrysippe (vers 280-206 av. J.-C.). Avec Zénon de Citium et Cléanthe, il est l'un des philosophes majeurs de l'École stoïcienne, dont il expose à sa façon la thèse morale centrale : être vertueux, c'est vivre en accord avec la nature.

L'universalité est soit celle de la propriété, soit celle des choses qui ont une certaine propriété. *Universalité intérieure* ou *extérieure*. Le sentiment moral est ce par quoi les *principes* ([g] universels et nécessaires) du jugement deviennent des *principes* subjectifs de décision, donc ce par quoi les règles absolues deviennent des maximes.

La liberté est l'indépendance à l'égard des mobiles, donc aussi à l'égard des sentiments [1]. Voilà pourquoi il ne peut jamais y avoir un sentiment qui soit nécessaire par la raison, dans la mesure où celle-ci détermine l'arbitre au moyen de l'universalité des règles. Du point de vue logique, la raison est le principe de la règle. Ce qui vaut universellement vaut également dans le particulier, qui est contenu sous le premier. Et du point de vue pratique en général : seul ce qui plaît dans l'universalité ([g] dans le tout) peut également plaire dans le particulier, qui est contenu sous celle-là. Seule la validité universelle de l'arbitre en regard de toute action est ce qui restreint la liberté. Le plaisir qui y est lié repose sur l'accord de toutes les actions de l'arbitre entre elles, en accord avec ce qu'il y a en elles d'universellement valide.

6797. ρ ? ξ ? Pr V'.

1. Comment l'on est intentionné ;
2. ___ l'on décide

6798. ρ ? ξ ?? Pr V'.

Lorsque le sentiment de la raison donne de la force aux mobiles, alors tout est bien. Mais lorsqu'elle [*sic*] doit déterminer le jugement, tout n'est alors qu'un arrangement arbitraire de Dieu, et l'on ne sait pas si cela est bien.

6799. ρ ? ξ ? Pr V'.

La moralité de l'homme est le devoir, car sa liberté n'est pas originairement déterminée par l'entendement. Elle n'est ainsi qu'une spontanéité conditionnée, et cela en ce que [interruption] [2].

1. C'est la définition *négative* de la liberté (comme liberté d'indépendance), que Kant reprendra dans les *Fondements de la métaphysique des mœurs* : voir Ak, IV, 446 ; OP, II, 315.

2. Autrement dit, ce n'est que pour les êtres raisonnables finis que la morale s'exprime par un impératif catégorique, eux dont la volonté subjective n'est pas identique à la loi objective, mais renferme la possibilité d'y défaillir. Au contraire, la volonté des êtres saints est entièrement conforme à la loi morale, de sorte qu'elle est avec elle dans un rapport d'identité analytique.

6800. ρ ? ξ ? Pr V'.

165 Rien n'est réglé par le concept vide de perfection. | Quand est connu, en tout premier lieu, ce qui est bien, alors la perfection est la plénitude du bien, c'est-à-dire lorsque le bien est complet d'une certaine façon. Autrement, les perfections sont des propriétés qui, dans une chose, servent comme moyens en vue d'une multitude de fins de celle-ci.

6801. ρ ? ξ ? Pr VI'.

Il est de la plus grande nécessité pour la raison d'admettre certaines règles pratiques comme principes qui nécessitent absolument (catégoriquement), sans reposer sur les conditions de l'utilité, par exemple de n'avoir aucune intention à l'encontre de sa propre vie, ou de ne pas sacrifier sa propre personne aux intentions d'autrui. Puisque tout est contingent dans la détermination de l'utilité (la condition universelle, cependant, de toutes les actions libres et la prééminence de la liberté elle-même, qui rend l'homme capable d'une valeur morale et intrinsèque, est précisément qu'il ne soit jamais dominé par les mobiles animaux de manière à vouloir quelque chose qui trahit un *principe* de l'action à l'encontre de soi-même, etc.), alors ce qui est une condition antécédente pour faire usage de sa liberté doit restreindre nécessairement la liberté, en conséquence les déterminations essentielles de sa propre personne et la vie elle-même. Aucune intention à l'encontre de ces dernières ne peut avoir lieu, bien qu'elles-mêmes ne puissent certes pas être simplement l'intention. Les déterminations essentielles sont celles sans lesquelles soit on ne serait pas homme, soit on ne serait pas du tout un être libre.

L'homme ne doit pas avoir l'intention de dire une fausseté, parce qu'en tant qu'il peut indiquer le sens de ses paroles, il ne doit pas lui-même en anéantir la signification. Il ne doit pas se tuer lui-même, car en disposant de lui-même, il se considère comme une chose et perd la dignité d'homme. Il offense autrui quand il traite comme étant sienne ce qui n'est pas sa chose. Le suicidé montre aussi la liberté dans sa plus grande contradiction avec elle-même, et par là dans le plus grand dérangement de sa propre folie. L'humanité est sainte et inviolable, ([g] aussi bien dans sa propre personne
166 que dans celle d'autrui. Le consentement personnel ne compte ici | pour rien, parce qu'on n'a pas la volonté de cesser absolument d'être quoi que ce soit.) Tous les devoirs, et particulièrement les nécessaires, ne consistent pas dans le fait d'honorer le bien-être des hommes, mais dans la prééminence et la dignité de l'humanité. Ainsi le droit de l'humanité est ce qui limite toute liberté par des conditions nécessaires. L'homme peut accomplir de grandes actions même dans le malheur, voire lorsqu'il

sacrifie sa vie, mais non cependant parce qu'il hait celle-ci, alors il est vraiment digne de la vie. Celui qui estime moins sa vie que le confort du bonheur n'est pas digne de la vie.

Tous ces devoirs doivent être considérés indépendamment des devoirs envers Dieu, parce que nous ne pouvons juger de ceux-ci qu'à partir de la conformité des actions elles-mêmes avec le devoir, et que cette vie est confiée à notre propre recommandation.

Le suicide n'est peut-être pas si nuisible si l'on suppose qu'il n'y a pas d'autre monde ; il est cependant par là d'autant plus abominable. Comment considéreriez-vous un ami dont vous ne puissiez jamais être certain qu'il n'envisage pas la possibilité de se suicider ? ([s] Contre le suicide. Aussi longtemps que l'homme vit, il a toujours l'occasion de pratiquer le bien et même la vertu héroïque. Il doit regarder sa vie, même dans la plus grande misère, comme un appel du destin à la persévérance) [1].

6802. ρ ? ξ ? Pr VII'.

La loi pratique universelle et suprême de la raison est : que la raison doit déterminer les actions libres. Nous ne pouvons qu'éprouver de la satisfaction lorsque nous les voyons s'accorder avec elle. Il est nécessaire à l'être raisonnable d'amener d'abord la liberté sous la loi universelle de la raison. Cela consiste en ce que l'intention de l'action prise universellement s'accorde avec le libre arbitre (avec soi-même) et en ce que la liberté cesse d'abord d'être une liberté déliée et sans loi. Les appétits ne fournissent aucune loi d'accord universel ; ou bien la nature, ou bien l'arbitre en général fournit le principe général de relation par rapport auquel un accord universel des actions doit exister. Sur quoi repose alors la satisfaction liée à l'accord de l'action avec ce qui, | pris universellement, plairait nécessai- 167
rement ? Et pourquoi cette validité universelle nous plaît-elle ? D'où vient que nous soyons déterminés à dériver le particulier de l'universel ? Parce que nous considérons, aussi bien dans le jugement pratique que dans le jugement théorique, la raison comme la condition nécessaire de ces jugements.

Les actions ne sont pas justes, la liberté est sans règle lorsque celle-ci ne se soumet pas à une telle limitation à partir de l'idée du tout. Elle-même nous déplaît. Ceci est la condition nécessaire de la forme pratique, tout comme l'espace est condition nécessaire de l'intuition.

1. On le voit bien : Kant n'interprète pas la question du suicide en un sens ontologique, à partir de la prémisse que l'être est supérieur au non-être, que l'être est préférable au néant. Ce n'est pas le plus ou le moins d'être qui est ici déterminant, mais l'unique valeur intrinsèque de la création qu'est la liberté, et donc l'homme en tant que volonté libre.

6803. ρ ? ξ ? Pr VII'.

Je crains fort que ce qui explique pourquoi l'on est si sensible, soit que l'on est si irréfléchi.

Cet égarement prive la raison de sa considération et la loi morale de sa [force]. ([s] Dignité. Car c'est alors la loi d'un goût partagé en soi de manière contingente. Car que ce goût concerne des biens véritables, c'est ce qui ne peut pas être affirmé sans présupposer la loi morale).

6804. ρ–σ. Pr VII'.

Les méchants ont un jugement moral aussi parfait que le nôtre, mais n'ont pas de sentiment moral. La règle repose sur des concepts, l'exécution sur un sentiment qui est conforme à ces concepts, mais non pas aux impressions [1].

L'OBLIGATION EN GÉNÉRAL
§ 10-49

6805. ρ. Pr 3.

Nous nous sentons véritablement contraints *intellectuellement* par la volonté suprême ; mais la traduction de cette volonté supérieure pour la sensibilité dépend de nous, et c'est elle que nous blâmons.

La conformité d'une action avec une règle de contentement nécessaire et universellement valide est la moralité.

168 | Sont des *impératifs* les règles sous lesquelles quelque chose ne peut plaire qu'universellement.

Il y a des lois ([g] qui) commandent catégoriquement de faire quelque chose (matière), et d'autres qui commandent hypothétiquement, lorsqu'on veut faire quelque chose (quoi que ce soit), de le faire d'une certaine façon, laquelle tombe sous cette règle (forme) ; ces dernières sont des *règles de droit*.

On demande que les actions libres puissent être rangées sous des lois, avant tout sous de telles lois sans lesquelles l'absence de règles serait inévitable. Cette forme est morale.

1. Cette réflexion soulève à nouveau la question du lien entre la *ratio diiudicationis* et la *ratio executionis*. La raison fournit la règle objective de l'agir moral, mais celui-ci ne peut devenir pour moi un motif de l'action qu'à travers le sentiment moral. À lire avec R. 6757 et 6760, Pr. 36.

([g]Des actions par principes, ou par impulsions, ou par des causes occasionnelles.)

L'IMPUTATION DE L'ACTE
§ 125-148

6806. ρ ? ξ ? Pr 82.

Les obligations ne sont pas imputables (*ni au mérite, ni pour la peine*), mais bien leur contraire : les crimes. Les mérites sont imputables, mais pas leur contraire : les actions ignobles. L'imputation découle du degré d'imputabilité de l'action et de la liberté subjective.

6807. ρ ? ξ ? Pr 82.

*L'imputation est celle du rapport (*attribuer l'action*) ou de l'acte (*imputer l'acte*). La seconde est l'effet de l'action ([g] volontaire). Les effets d'une action nécessitée soit physiquement soit moralement ne sont pas imputés, mais, dans ce dernier cas, les actions peuvent être imputées. Les devoirs de dette ne sont pas imputés, mais les omissions le sont. Les omissions de mérite et leurs conséquences ne sont pas imputées, mais les accomplissements le sont.*

6808. ρ ? ξ ? Pr 83.

Les actes intérieurs (délits de l'effort ou de dessein) sont imputés intérieurement, c'est-à-dire éthiquement dans le tribunal de la conscience.

6809. ρ–ξ. Pr 82. À propos du § 127 :

Une action est imputée dans la mesure où elle est libre. Un *acte*, dans la
mesure où il n'est contraint par aucune loi. Une loi, dans la mesure où | la 169
loi est déterminée. Rien n'est plus fortement imputé que l'injustice, et cette
imputation ne peut pas être compensée par le mérite éthique.

p. 83 : Les *effets* d'une action *formellement* mauvaise, par exemple le mensonge, ne peuvent pas être imputés *juridiquement* (mais seulement *intérieurement*).

6810. ρ ? ξ ? Pr 87. À côté des phrases 3 à 5 du § 133 :

L'imputabilité des actions *objectivement* ou *subjectivement* selon la liberté du sujet.

6811. ρ ? κ ? Pr 89. Entre les § 135 et 136 :

L'*imputation* est soit simplement pratique en général, soit aussi morale : *évaluation au mérite et au démérite*.

LES DEGRÉS D'IMPUTABILITÉ
§ 159-170

6812. ρ ? ξ ? τ ? Pr 105. À propos du titre et du § 159 :

Moins la nature et plus l'homme agit (par liberté) en fonction de son devoir (que ce soit en le transgressant ou en l'observant), et plus fortement cet acte peut lui être imputé. La grandeur de l'imputabilité peut être jugée objectivement suivant le degré d'obligation ou subjectivement suivant le degré de difficulté. Mais il ne faut pas être responsable de la difficulté.

6813. ρ ? ξ ? τ ? Pr 105. À propos de la première phrase du § 159 « *que ce qui est moral* » :

Les actes nécessaires selon la loi juridique ne sont pas imputés, mais leurs opposés le sont. Il en est de même des opposés au droit (hypostatique) de la nature humaine – parce qu'on s'appuie sur la liberté ou sur la personnalité ou sur les deux, au sujet desquelles l'arbitre ne peut rien statuer. Mais la vigueur du dessein moral, invincible face à toute cause opposée, est l'analogon du mérite.

Or toute action émanant non pas, à proprement parler, d'une loi, mais d'une fin morale, c'est-à-dire éthique, est en même temps méritoire – parce qu'en effet, elle répond à une obligation et non à [un devoir] de dette – et mieux, elle est volontaire, non contrainte moralement, et est d'autant plus imputée que les obstacles qu'elle a pu surpasser étaient plus grands.

| LE TRIBUNAL EXTÉRIEUR 170
§ 186-199

6814. ρ ? τ ? φ ? Pr 129.

Les devoirs éthiques ont pour règle : *fais usage de la liberté à l'égard de ce qui est tien conformément aux fins universelles soit de l'humanité soit des hommes*[1].

([g] Le tien est tel matériellement. La moralité est telle formellement, c'est-à-dire une nécessitation par des motifs obligatoires.)

Le tien est tel par essence ou par accident. Concernant le tien par essence, il ne t'est aucunement permis d'en disposer. Concernant le tien par accident, il est tel dans l'usage du bonheur public. Par conséquent, le tien par essence est nécessairement privé et le tien par accident ressortit à l'usage public.

Le devoir juridique.

([g] Le sien d'autrui est tel matériellement. La légalité est telle formellement, c'est-à-dire la conformité (de l'action, non du motif ni de l'intention) avec la loi extérieure.)

La justice est l'administration du droit.

L'état naturel.

Justitia privata, justice privée.

Justice publique.

1. On peut apercevoir dans ce passage une proto-formule de l'impératif catégorique. Kant ne commente pas dans ces lignes l'un des impératifs de Baumgarten, mais propose sa propre formulation de l'obligation éthique : il faut toujours agir selon une règle universelle. Il est intéressant de voir que la règle formelle de la moralité est opposée ici à l'élément matériel du « tien », lequel est par essence ou par accident. Par essence, lorsqu'il concerne l'indisponible de ma possession (ma vie, mon existence) : je ne suis jamais autorisé à y porter atteinte ; par accident, lorsqu'il concerne la part aliénable de ma possession (mon bien économique, mon travail, mon temps, etc.) : ce qui concerne ma contribution au bonheur de l'humanité. D'où des devoirs envers soi-même et des devoirs envers autrui.

LA CONSCIENCE
§ 200-205

6815. ρ ? τ ? φ ? Pr 134.

La conscience morale (*Gewissen*) est la conscience (*Bewusstsein*) du devoir, qui consiste à être droit dans l'imputation de son acte propre. Est droit celui dont la confession de son jugement se trouve à chaque fois en conformité avec sa conscience. – La conscience morale est ainsi un tribunal, en lequel l'entendement est le législateur, la faculté de juger l'accusateur et l'avocat, et la raison le juge. C'est dans la seconde instance que la droiture est exigée [1].

1. Il y a beaucoup à retenir de cette réflexion. Kant y précise d'abord, on ne peut plus clairement, que la valeur morale est liée à l'intention de celui qui agit, et non au calcul des conséquences. Encore une fois, c'est l'idée d'accord, omniprésente dans les *Réflexions sur la philosophie morale*, qui nous permet de comprendre la signification de cette thèse. L'agir moral ressortit d'abord en effet à une exigence d'accord avec soi, un accord par lequel mon arbitre ne veut pour toute action que celle qui peut être une règle universelle valant pour tous. On peut alors parler d'une intention morale. Celle-ci s'examine au sein du tribunal de la conscience, dont Kant esquisse la dialectique subtile et combien évocatrice : ce tribunal n'est compétent qu'en fonction de la loi (c'est le rôle de l'entendement législateur) ; s'opposent en lui un avocat de la défense et un procureur, l'un qui excuse, l'autre qui accuse (c'est le rôle de la faculté de juger) ; enfin, il y a le juge, qui ne peut être autre que la raison, tranchant sur toutes les prétentions. Ce n'est que dans la mesure où la conscience morale veut confronter véritablement dans sa réflexion l'excuse et l'accusation, dans la mesure où elle est une conscience droite, que le tribunal intérieur peut rendre jugement.

En général

6816. φ ? (ξ ?) Pr I.

L'usage exact de l'entendement et de la raison : la logique.
L'usage exact de l'entendement pur et de la raison : la métaphysique.
Le bon usage de l'entendement pur et de la raison : la morale.

6817. υ ? (μ ? ο ?) Pr I.

Toute science rationnelle est soit celle de la possibilité des choses en elles-mêmes, soit celle de leur possibilité par le libre arbitre. Les premières sont des sciences théoriques, les secondes des sciences pratiques [2]. La philosophie pratique traite soit de la possibilité des choses par le libre

1. Cet ensemble date des années 1776-1778. Comprenant quelque 400 réflexions, il est, et de loin, le plus abondant. Alors que Kant se consacre tout entier durant cette période névralgique à la méditation de son chef-d'œuvre, la *Critique de la raison pure*, on peut d'abord s'étonner qu'il ait tenu à ce point à multiplier et à jeter par écrit les réflexions sur la philosophie morale. Mais cet étonnement se dissipe dès lors qu'on réalise que la question de la métaphysique, qui obnubile toute l'entreprise de la *Critique de la raison pure*, trouvera précisément dans la morale (à preuve le *Canon de la raison pure*, deuxième section de la *Méthodologie transcendantale*) sa réponse la plus explicite. De la double métaphysique promise par Kant au terme de la réflexion critique, celle de la nature et celle des mœurs, c'est cette dernière qui, de fait, occupera le plus clair des efforts de Kant après 1781. Aussi est-il intéressant de constater que dans les années 1776-1778, les réflexions morales de Kant sont surtout soucieuses de bien marquer la différence de l'usage théorique et de l'usage pratique de la raison, de distinguer dans l'usage pratique le principe de la vertu et la fin totale du souverain Bien, de relever l'impuissance de l'homme à parvenir par lui seul à cet objet total de la raison qui est aussi l'objet de son espérance, etc. Tous ces thèmes sont l'esquisse de ce qu'on pourrait appeler une métaphysique de la raison pratique dont la *Critique de la raison pure* sera bientôt le fer de lance.

2. À lire avec R. 6830.

arbitre et elle s'appelle pragmatique, ou bien de la possibilité de cet arbitre lui-même, et elle est alors pratique au sens strict. C'est la philosophie concernant l'*action* en général, c'est-à-dire les principes du vouloir, et non les moyens dont la volonté se sert pour parvenir aux choses.

6818. υ ? (μ ? ο ?) Pr I.

Dans une certaine connaissance, on considère uniquement ce que les choses sont ; dans une autre, ce que les choses doivent être. Celles-ci sont ce qui est conforme à une fin, et le principe de leur possibilité se trouve dans l'idée. D'où les êtres organisés. À la réalité de ceux-ci, qui doit être de quelque manière, appartiennent les êtres qui ont des connaissances et qui ne sont pas indifférents, et qui contiennent la fin, et des actions qui renferment les moyens.

172 | **6819**. υ ? (μ ? ο ?) Pr I.

La philosophie pratique des Anciens était *matériellement* diverse.

Les philosophies pratiques modernes diffèrent *par la forme* : quel est le *principe* de la moralité. Si c'est l'entendement, ou l'utilité, ou le sentiment ?

{[s] Les *principes* modernes : 1. par la raison
2. par le sentiment. Goût
* 3. par l'inclination

*([g] théologique. Les Anciens avaient des systèmes qui exécutent les moyens pour le souverain Bien)

modernes

———jugement.)}

6820. υ ? (χ–ψ ?) Pr I.

La philosophie morale est la science des fins dans la mesure où celles-ci sont déterminées par la raison pure. Ou de l'unité de toutes les fins (puisqu'elles ne se contredisent pas elles-mêmes) des êtres raisonnables. La matière du bien est empirique, la forme est donnée *a priori*. La moralité est le bien à partir des principes de la spontanéité. Donc de l'universalité du bien.

6821. υ ? (χ–ψ ?) Pr I.

Puisque nos actions n'ont de valeur que pour autant qu'il s'y trouve de la moralité : nous devons donc séparer très précisément la dimension pragmatique de la prudence, et de même la dimension pathologique de l'inclination de la dimension morale, et ne pas confondre les motifs à l'œuvre dans les lois, car autrement il ne resterait peut-être plus aucune moralité, mais seulement son apparence ; dans les pièces de monnaie, la teneur en argent.

6822. υ. Pr IV.

Dans la métaphysique des mœurs, nous devons faire abstraction de toutes les propriétés humaines, de leur application et de leurs obstacles *in concreto*, et ne rechercher que le canon, qui est une idée pure et universellement valide[1].

6823. υ–ψ. Pr V.

Est pratique tout ce qui rend habile ; pragmatique, tout ce qui rend
prudent ; | moral, tout ce qui rend sage. Ce qui est pratique ne concerne que 173
la forme de l'action, ce qui est pragmatique la fin universelle de celle-ci : le bonheur, ce qui est moral l'idée de l'unité de l'accord de ces fins avec elles-mêmes.

6824. φ. Pr VI.

Les *impératifs* de l'habileté sont des règles, ils énoncent des exigences ([g] postulats) et postulent. Les impératifs de la prudence sont des prescriptions, contiennent des prescriptions et nous dictent quelque chose. Enfin les impératifs de la moralité sont des lois ou plutôt des commandements.

Notre propre inhabileté nous met en colère ; on a honte de son imprudence ; on se déteste en raison de son immoralité.

6825. φ. Pr VII.

Les Anciens déduisent les deux articles du *souverain Bien* ou bien d'un troisième (Nature ou Dieu). Ou bien l'un à partir de l'autre.

Toute chose doit être considérée 1. *absolument* et ensuite *relativement*. La moralité est-elle une bonté intrinsèque de l'homme, alors considérez-là d'abord *absolument*. Ne demandez pas ce qu'elle est à l'égard de Dieu, à

1. Sous l'appellation de métaphysique des mœurs, Kant entend strictement ici la philosophie pratique objective, qui doit élucider le principe et les fins du devoir, ce que l'on doit faire, indépendamment de la philosophie pratique subjective qui concerne, comme on l'a vu plus haut, ce que l'homme est et fait de lui-même. Mais cette distinction a une valeur surtout analytique, puisque la pensée morale complète de Kant est indissociable du riche matériau de l'anthropologie, qu'on retrouve principalement dans ses réflexions et ses leçons sur cette discipline, rassemblées dans les volumineux tomes XV et XXV de l'édition de l'Académie, qui montrent à quel point Kant fut un fin observateur de la nature humaine, et qu'il n'a jamais entendu réduire la « vie morale » à sa seule dimension déontologique.

l'égard de l'utilité ou du préjudice, mais considérez-la en elle-même. On n'estime pas la vertu, car on ne l'a jamais vue seule. Ou on en fait simplement l'éloge.

6826. φ. Pr VII.

Celui qui est appliqué mérite d'en jouir, mais il n'est pas digne pour cela des circonstances heureuses ni même de ses talents.

Dignité d'être heureux. La bonne volonté qui consiste à bien se servir de la nature et de toutes ses facultés. En quoi consiste cette bonté de l'arbitre. Ceci est une autre question que : qu'est-ce que le *souverain Bien*. Il s'agit là de la question à propos de sa première partie, qui entraîne avec elle la deuxième partie.

6827. φ. Pr VII.

Du prix, de la valeur, de la dignité de l'homme, des dons de la nature (talents, biens de la fortune, mérites. *Largement*). La dignité d'être heureux est ce qui vient en premier. Le *souverain Bien* est l'idéal de la perfection du monde.

Si, lorsqu'on est digne d'être heureux, on peut espérer le devenir. Gouvernement rationnel.

174 | Le souhait d'être heureux procède de l'amour-propre, le jugement sur la dignité procède de la raison.

Épicure voulait pousser à la vertu

Le souverain Bien

Zénon voulait l'expliquer

Le but suprême (le bonheur) et la condition objective de ce but.

6828. φ. Pr VII.

Que la vertu ne s'enseigne pas.

6829. φ. Pr VII.

L'idéal de la simplicité (l'innocence sans la vertu) ; l'idéal de la vertu ; l'idéal de la prudence ; celui de la sainteté ; le sage d'Antisthène[1] est l'homme de la nature, celui de Zénon l'homme vertueux, celui d'Épicure l'homme du monde, celui de *l'Évangile* le chrétien.

1. Considéré comme le fondateur de l'École cynique, Antisthène (444-365 av. J.-C.) est influencé par Socrate et influencera à son tour le stoïcisme. Il enseigne que la véritable philosophie est une doctrine de la vertu et qu'elle suffit au bonheur du sage. Selon cette doctrine, il faut mener une vie aussi simple que possible, détachée des conventions et des besoins inutiles.

Lorsque l'on dit : le vertueux se comporte ainsi, et l'homme doit agir ainsi.

6830. φ. Pr VIII.

Nous n'avons que deux pouvoirs qui sont capables de règles *a priori* : l'entendement et la volonté.

6831. φ. Pr VIII.

On peut se demander si le bonheur et la moralité sont l'affaire de la nature, ou bien de l'instruction ou de la discipline. Dans le premier cas il en va comme de la santé, qui n'est pas une affaire d'enseignement ou d'art, mais pour laquelle tout enseignement consiste simplement à ne pas perturber la nature. Par nature l'homme serait sobre et content de peu, et de même honnête et bon. Le côté négatif de la moralité serait l'innocence, etc.

L'art apparenté soit au bonheur, soit à la moralité.

Ou bien ni la nature ni l'art, mais plutôt l'Être suprême.

Épicure : le cœur constamment joyeux uniquement par la vertu.

6832. φ–χ ? (ψ ?) Pr VIII.

Le christianisme a ceci de particulier que, alors que tous les autres allèguent que l'homme peut y parvenir par ses propres forces, il | ne prend 175
pas pour prétexte la faiblesse de la nature humaine, mais en fait usage pour fortifier l'examen de soi et pour espérer l'aide de Dieu.

6833. φ. Pr VIII.

C'est un grand compliment pour une science ou pour une connaissance que de dire qu'elle est pratique. Elle peut l'être à vrai dire pour un but ou pour un autre, ou l'être pour tous les buts, et alors la doctrine de ceux-ci est la sagesse. Nous avons différents objets. Est cependant universel le bonheur dont la condition est la morale. La sagesse appartient au législateur, la prudence [interruption].

6834. φ. Pr VIII.

Les actions morales doivent renfermer leur propre recommandation, car autrement elles ne contiendraient pas la dignité pour le bonheur ; voilà pourquoi, pour Zénon, les fins s'épuisent en elles.

Plusieurs connaissances pratiques, mais une seule philosophie.

6835. φ. Pr IX.

Puisque tout bonheur et tous les biens du monde se rapportent à la bonne conduite et à la bonne volonté des êtres raisonnables, on peut voir que ceci est l'idée sous laquelle le monde seul et son bonheur sont possibles. Ainsi l'amour-propre doit-il être limité par la condition de l'accord avec les fins universelles du monde.

6836. φ. Pr IX.

La *question du souverain Bien* demande : comment devons-nous devenir dignes d'être heureux ? Par nature, ou par un genre particulier d'action, ou par prudence ? La religion chrétienne affirme : on ne peut jamais espérer atteindre à la dignité par son propre mérite. Elle exige la plus grande pureté du cœur [1].

On peut réduire la moralité ou bien aux instincts, ou bien aux concepts (par exemple l'inclination sexuelle). Ces derniers seuls fournissent des lois objectives et universelles, et donc des obligations. Enfin, on peut également les ramener à des idées qui déterminent le degré de moralité, puis-
176 qu'elles contiennent un maximum | et donc une norme. *In concreto*, ceci s'appelle un archétype.

6837. υ. Pr IX.

Épicure n'avait d'yeux que pour la valeur de la condition de la personne, il ne connaissait rien de la valeur intrinsèque de la personne. Zénon n'admettait pas la valeur de la condition, mais ne reconnaissait comme bien véritable que la valeur de la personne.

La philosophie de celui-ci va au-delà de la nature de l'homme, la philosophie de celui-là reste en deçà de cette nature.

6838. φ. Pr X.

Épicure voulait donner à la vertu son mobile et lui retira sa valeur intrinsèque.

Zénon voulait accorder à la vertu une valeur intrinsèque et lui retira son mobile. Seul le Christ lui donne une valeur intrinsèque et aussi un mobile. Le concept de la vertu n'est pas mystique, mais naturel. Le mobile est libre de tous les obstacles de la nature. Le mobile qui vient de l'autre monde est

1. Kant y insistera de plus en plus : le christianisme montre que mon seul mérite ne suffira jamais à l'atteinte du souverain Bien, justement parce que mon mérite est imparfait et relatif, et que je dois encore compter sur la grâce de Dieu. En quoi il prend ses distances avec les Anciens : le souverain Bien suppose un rapport au divin, c'est-à-dire à une condition qui vient s'ajouter et suppléer à la condition de la vertu humaine, toute humaine.

en lui-même identique au renoncement à tout avantage. Seuls ces mobiles ne sont pas contingents ou incertains et servent de règle. L'autre monde (le monde intellectuel) est en vérité celui où le bonheur s'accorde précisément avec la moralité : le ciel et l'enfer, le premier conçu pour le plus grand bonheur, le second pour la misère. Cet autre monde est un idéal moral nécessaire. Sans celui-ci, la législation morale est sans gouvernement. Seule celle-ci concerne la valeur intrinsèque des actions. Par la récompense espérée de l'autre monde [1], la vertu devient désintéressée, tout en trouvant un soutien et un refuge. Le mobile est d'être autant que possible soustrait aux sens.

6839. φ ? (ξ–ρ ?) Pr X.

La volonté est stimulée : 1. par la passion (les Romains) ; 2. par l'utilité : pragmatique ; 3. par la superstition de la religion ou par la moralité pure.

6840. φ. Pr XI.

Parce que les Anciens ne reconnaissaient pas d'autre faculté morale que la faculté naturelle, ils rendirent la loi indulgente. En revanche, | l'*Évangile* 177
est pur. D'où une doctrine morale plus parfaite. Le mobile en ce monde n'est pas conforme aux intentions.

([g] Nature ou divinité.)

6841. φ. Pr XI.

Le système du sentiment moral a en soi le mérite de supprimer tout ce qui est pragmatique.

6842. φ. Pr XI.

Platon : la morale à partir de l'idée, non conforme aux inclinations et aux expériences, et non à partir de concepts de réflexion. Seulement il

1. Mais le souverain Bien doit-il nécessairement être projeté dans un autre monde, dans un monde intelligible ? La *Critique de la raison pure* (A810-811/B838-839 ; OP, I, 1368-1369) conclut en ce sens, mais une lecture attentive des diverses références de Kant au souverain Bien montre que sa pensée est restée à ce sujet assez ambivalente, oscillant entre l'évocation d'un monde intelligible et, de façon plus immanente, la figure d'un « autre » monde, qui serait en quelque sorte une nature transformée, mais non transcendante par rapport à notre monde sensible. Voir notamment la *Critique de la faculté de juger* (Ak, V, 450 ; OP, II, 1256) : « La loi morale comme condition rationnelle formelle de notre liberté nous lie par elle-même, sans dépendre d'une quelconque fin comme condition matérielle ; mais elle nous détermine aussi, et certes *a priori*, un but final, auquel elle nous oblige à aspirer, et celui-ci est le *souverain Bien* possible dans le monde par la liberté ». Cette question éminemment complexe ne trouve pas de solution claire dans les *Réflexions*. Voir cependant R. 6904.

cherchait son idée en Dieu, ou il façonnait le concept de Dieu à partir de ces idées.

6843. φ. Pr 2.

Le *principe* de l'unité nécessaire de nos actions. Par inclination individuelle surgissent des actions qui n'ont pas nécessairement d'unité entre elles et avec les autres.

Le principe de l'amour-propre est assurément le principe subjectif universel des mobiles, mais non celui du jugement des actions et de leur valeur objective.

6844. υ. Pr 3.

L'usage de la liberté, qui est un principe du bonheur d'après une règle universelle, est la dignité d'être heureux. Il nous incombe de soumettre le bonheur à une règle.

6845. υ. Pr 3.

Ce qui s'accorde avec la volonté privée est agréable; une volonté universellement valide est bonne. Ce qui renferme les conditions par lesquelles il devient possible qu'une volonté s'accorde avec celle des autres est juste ; ce par quoi celle-ci s'accorde véritablement est bon.

6846. υ. Pr 3.

La moralité est l'arbitre pur à partir de principes.

178 |**6847**. υ. Pr 131.

Les règles appartiennent si nécessairement à la nature de notre entendement, elles dépendent de façon si inséparable de la liberté sous le nom du devoir, surtout lorsque la liberté est utilisée à l'endroit d'autres êtres libres, que nous inversons le principe de tous nos jugements et la conscience de notre nature lorsque nous privons la liberté d'une règle la restreignant elle-même dans son exercice. Aussi, la représentation de l'Être suprême est nécessaire, parce qu'elle est un *principe* des règles.

Les conditions nécessaires de l'accord universel appartiennent tout autant à la règle valide de la raison pratique qu'à celle de la raison spéculative.

6848. υ ? ψ ? Pr 131.

J'approuve une douleur de compassion, mais j'exige une douleur de repentir.

6849. υ. Pr 132.

Le devoir premier ([g] originaire = *absolument*, ou l'idée universelle du devoir) ne peut pas être conçu. Tout bonheur doit être un produit de la liberté, ou bien la liberté doit se limiter elle-même *a priori* à l'accord universel sur le bonheur. Le raison en est : parce qu'autrement l'on se trouvera soi-même blâmable. C'est là la condition nécessaire du *principe* du bonheur à partir de la raison, et par là d'un *principe* qui est en soi nécessaire et qui n'est pas contingent comme celui du hasard.

6850. υ. Pr 132. Au-dessus de la réflexion 6861 :

Le premier devoir est une condition sous laquelle seule la liberté est un pouvoir d'après des règles constantes déterminant *a priori*. Cette conformité à la règle est cependant un besoin nécessaire de la raison à l'égard d'un pouvoir qui détermine dynamiquement *a priori*.

La volonté qui n'est restreinte à aucun objet, donc la volonté pure, doit en premier lieu ne pas se contredire, et la liberté en tant que condition dynamique du monde intellectuel et de son *commerce* doit avoir de l'unité.

L'indépendance de la liberté à l'égard de la sensibilité présuppose sa dépendance envers la condition universelle qui consiste à s'accorder avec soi-même.

|**6851**. υ. Pr 133. **179**

Si ta volonté doit s'accorder avec toutes tes inclinations au moyen de conditions universellement valides, alors ta volonté doit s'accorder avec ce à quoi les inclinations elles-mêmes se rapportent toutes, à savoir avec toi-même, c'est-à-dire avec la personnalité. Devoirs envers soi-même.

Tes actions doivent s'accorder avec ta liberté et ([g] avec ce qui est universel dans) tes inclinations, avec la liberté des autres et ([g] avec ce qui est universel dans) leurs inclinations.

([g] Avec ton inclination et avec l'inclination d'autrui, avec ta liberté et avec la liberté d'autrui).

([g] La volonté universellement valide est une volonté pure, qui n'est affectée ni par l'impulsion ni par l'inclination, et son objet est le bien.)

6852. υ. Pr 133.

Au bien hors de soi, vers lequel est orienté l'amour de l'honneur, n'appartient pas seulement la promotion du bonheur d'autrui, mais aussi de sa moralité.

6853. υ ? χ ? Pr 134. Au-dessus de la réflexion 6862 :

La soumission de la liberté à la législation de la raison pure. ([g] Aller des conditions universelles des fins en général vers les conditions particulières). La raison pure, c'est-à-dire celle qui est séparée de tous les mobiles ([g] sensibles) a, à l'égard de la liberté en général, un pouvoir législateur, que tout être raisonnable doit reconnaître, parce que sans les conditions de l'accord universel avec soi-même, à l'égard de soi-même et des autres, aucun usage de la raison à l'égard de soi-même ne pourrait du tout avoir lieu. Or, c'est là un objet naturel et nécessaire d'aversion, par lequel la force suprême se contredit elle-même, tout comme dans le cas de la contradiction logique.

180 | **6854**. υ ? φ ? ψ ?? Pr 128.

Concept métaphysique de la moralité. A. *Arbitre intérieur. Forme du sens moral interne.*

1. Nous n'abstrayons pas le concept de la liberté de l'expérience. Lorsque nous voulons agir, nous envisageons l'action future comme totalement problématique par rapport au moment présent, et le devoir est une condition de l'accord de l'action future avec la raison, laquelle n'est donc pas du tout dans un lien prédéterminé avec les phénomènes, c'est-à-dire avec la nature.

2. Le libre arbitre est particulier. C'est toujours la même question, qu'est-ce que je veux d'une manière générale sous certaines conditions ; mais l'universel n'est pas donné par l'expérience.

3. Il est particulier. Je n'ai qu'un seul arbitre en lien avec toutes mes fins.

4. Des règles *a priori* de l'unité de l'arbitre intérieur sont données indépendamment de la matière du vouloir. Ces règles renferment une nécessité catégorique. ([g] *analogon* de la nature)[1].

1. Le principe moral de la volonté repose sur une règle formelle indépendamment de toute considération des objets possibles de l'arbitre. À lire avec ce passage des *Fondements de la métaphysique des mœurs* (Ak, IV, 399-400 ; OP, II, 258-259) : « [...] une action accomplie par devoir tire sa valeur morale, *non pas du but* qui doit être atteint par elle, mais de la maxime d'après laquelle elle est décidée ; cette valeur ne dépend donc pas de la réalité de l'objet de l'action, mais uniquement du *principe du vouloir* d'après lequel l'action est produite sans égard à aucun des objets de la faculté de désirer ».

B. *L'arbitre en communauté.*

1. La liberté en communauté a des conditions qui, elles aussi, ne peuvent être tirées de l'expérience.

2. Il s'agit de l'unité de l'arbitre extérieur pour la raison. Un autre concept de la liberté est en soi contraire à la raison.

3. Des règles catégoriques *a priori* sont données relativement à cela.

En somme : la liberté d'après des lois, dans la mesure où elle est elle-même une loi, constitue la forme du sens moral. La matière est le sentiment moral n'ayant rien d'autre comme objet que l'accord avec la fin de l'humanité et des hommes en général.

1. Catégories de la moralité. ([g] – les fonctions de la liberté sont en tout ce qui est pratique.)

2. Principes : en partie *constitutifs*, moraux, en partie *régulateurs*, juridiques.

6855. φ ? ψ ?? Pr 128.

La politique est fondée ([g] sur) de simples principes empiriques, | le droit **181**
politique sur des principes rationnels. Dans les concepts de la constitution politique, on confond les conditions de la première avec celles du second.

6856. υ ? φ ? ψ ?? Pr 129.

La dignité de la nature humaine repose seulement sur la liberté ; par elle seule nous pouvons devenir dignes de quelque bien. Mais la dignité d'un homme dépend de l'usage de la liberté, par quoi il se rend digne de tout bien. Mais il s'en rend digne lorsqu'il y prend part à la mesure de son talent naturel et dans la mesure où l'accord extérieur avec la liberté d'autrui le permet.

6857. υ ? φ ? ψ ? Pr 129.

La dignité d'être heureux réside dans le mérite qu'ont les actions pour le bonheur, c'est-à-dire que si ces actions étaient universelles, alors pour autant qu'il en va de la liberté, elles rendraient heureux, soi-même aussi bien qu'autrui. On dit : un homme mérite de manger qui a fait son propre pain ou qui se charge du pain d'autrui.

6858. υ ? φ ? Pr 130.

C'est vrai : sans la religion, la morale n'aurait aucuns mobiles, lesquels doivent tous être tirés du bonheur. Les commandements moraux doivent impliquer une promesse ou une menace. Le bonheur n'est pas en cette vie ce à quoi ils encouragent ; c'est plutôt l'intention pure du cœur qui constitue la véritable valeur morale ; mais celle-ci n'est cependant jamais vraiment reconnue par autrui, et est souvent tout à fait mal comprise. Il est certain qu'il n'a jamais existé un seul homme qui, veillant avec le plus grand scrupule à la pureté de ses mœurs, n'a pas en même temps nourri l'espoir que cette application serait un jour de la plus haute importance et n'a pas attendu de la part d'une sagesse suprême régissant le monde, l'assurance que cette observation scrupuleuse, à laquelle il s'est consacré, n'aura pas été vaine. Seulement, le jugement sur la valeur des actions, dans la mesure où elles sont dignes de l'approbation et du bonheur, doit assurément être indépendant de toute connaissance de Dieu.

182 |**6859**. φ ? ψ ? Pr 130.

En morale, nous n'avons besoin d'aucun autre concept de liberté que celui selon lequel nos actions suivent non pas le fil de l'instinct en accord avec l'expérience, mais laisse s'immiscer les réflexions de l'entendement dans les mobiles. Par l'instinct naît un manque de cohérence, parce que l'instinct, là où il domine seul, a des règles ([g] tout comme l'entendement lorsqu'il domine seul) ; cependant, l'entendement qui ne se prescrit pas de règles à lui-même rend tout irrégulier lorsqu'il comble le manque de l'instinct. La liberté face à l'instinct exige donc la régularité dans l'usage pratique de l'entendement. Nous nous représentons ainsi la régularité et l'unité dans l'usage de notre arbitre comme possible uniquement par notre entendement liant notre arbitre à des conditions qui le font s'accorder avec lui-même. Mais d'où vient réellement cet usage de l'entendement, s'il a ou non sa cause prédéterminée dans la série des phénomènes : cela n'est pas une question pratique(*). C'est assez dire que les lois de l'accord de l'arbitre avec lui-même, qu'il ne faut pas attendre des impulsions mais qui ne peuvent venir que de la raison, ont seules cet effet et sont ainsi conformes à notre volonté supérieure (eu égard à la somme des fins) et sont bonnes.

Pr 131 : *([g] Il ne peut pas y avoir de querelle à savoir si nous devons suivre ou non ces lois de l'accord, et si les actions leur sont conformes ou s'y opposent, si elles sont bonnes ou mauvaises. Une importante querelle peut néanmoins naître quant à savoir si ces lois ou leur contraire peuvent jamais avec certitude devenir des causes déterminantes du comportement humain, ou bien si tout chez l'homme ne suit pas plutôt son propre cours, selon ces lois ou à leur encontre, ne permettant aucune possibilité du contraire, comme il en est du mouvement des machines. Que l'entendement ait, par des lois objectives, l'influence d'une cause efficiente sur les phénomènes, est le *paradoxe* qui rend la nature (la somme des phénomènes) distincte de la liberté, en ce que nos actions ne sont pas déterminées par des causes naturelles (comme de simples phénomènes). La spontanéité de l'entendement est un autre genre de
183 cause. Autrement l'entendement ne produit rien d'autre que des idées. |Comment

l'entendement devient la cause des phénomènes, c'est le *paradoxe*[1]. Ce pourrait tout aussi bien être les instincts.

La nécessité des actions par l'entendement, dans la mesure où l'on s'en sert, est certaine, et de même le fait que l'on doit s'en servir.)

6860. φ ? ψ ? Pr 131.

Nous ne pouvons nous faire aucun concept de la manière par laquelle une simple forme des actions peut avoir la force d'un mobile. Et pourtant, il doit en être ainsi si la moralité doit pouvoir avoir cours, et l'expérience le confirme. Cette causalité formelle en tant qu'efficiente n'est pas déterminée au sein des phénomènes. Aussi, elle est à chaque fois nouvelle, abstraction faite de tout ce qui peut arriver. C'est uniquement notre soi qui détermine l'action, et non une disposition étrangère, ni une chaîne de phénomènes empiriquement déterminée. La liberté est l'aperception de soi comme d'un être intellectuel qui est agissant.

6861. φ ? ψ ? Pr. 132. Sous la réflexion 6850 :

L'aperception de la sensation est la substance, celle de la spontanéité est la personne. La valeur de la personne repose sur la liberté s'accordant avec elle-même d'après des règles originaires.

6862. φ ? ψ ? Pr. 134. Sous la réflexion 6853 :

En définitive, tout ressortit à la vie ; ce qui est vivant (g ou le sentiment de promotion de la vie) est agréable. La vie est unité ; voilà pourquoi tout goût a pour *principe* l'unité des sensations vivantes.

La liberté est la vie originelle et, dans sa cohérence, la condition de l'accord de toute vie ; c'est pourquoi ce qui promeut [augmente] le sentiment de la vie universelle, ou le sentiment de la promotion de la vie universelle, engendre un plaisir[2]. Mais nous sentons-nous bien dans la vie universelle ? L'universalité fait s'accorder tous nos sentiments, bien que nous n'éprouvions aucune espèce particulière de sensation par rapport à cette universalité. C'est la forme de l'*accord*.

| **6863**. υ. Pr 136. 184

L'hypothèse du sentiment (n'est pas un système) est celle de la conduite aveugle de la liberté selon un instinct moral.

1. Paradoxe qui apparaît d'abord, sur le plan théorique, dans la troisième antinomie, dans la *Dialectique transcendantale* de la *Critique de la raison pure* (voir A444/B472 *sq.* ; OP, I, 1102 *sq.*).

2. Sur cette union intime de la liberté et de la vie, voir aussi la R. 6870.

6864. υ. Pr 136.

1, Le *principe* du jugement moral ([g] le *principe* de la conformité en général de la liberté à la raison, c'est-à-dire de la conformité à la loi selon les conditions universelles de l'accord) est : la règle de la subordination de la liberté sous le *principe* * de l'accord universel de cette liberté avec elle-même (autant en regard d'elle-même qu'en regard des autres personnes).

2, Le principe du sentiment moral **, sur lequel repose la satisfaction liée à cet accord d'après des principes, est la nécessité de la satisfaction à l'égard de la forme des actions, par laquelle nous nous accordons avec nous-mêmes dans l'usage de notre arbitre ***. Le défaut du sentiment moral ([g] Nous éprouvons nécessairement une satisfaction liée aux règles.) repose sur le fait qu'on ne prend pas autant part à la forme qu'à la matière et qu'on ne considère pas un objet du point de vue de l'universalité ou qu'on ne l'applique pas à son sentiment. Celui-ci n'est pas un sentiment particulier, mais une manière générale de considérer quelque chose du point de vue universel.

3, Le mobile **** du comportement moral, pour sa part, s'en distingue et s'appuie sur la décision d'agir conformément à une résolution déjà prise ([g] à une *maxime* universelle). Donc sur la puissance de la raison à l'égard de la liberté.

* ([s] Le *principe* de la législation ([g] universelle pratique) de la raison pure à l'égard de la liberté en général.

Le système de la morale à partir des *principes* ([g] *lois*) *de l'arbitre pur*. C'est-à-dire le *système*… [interruption].

185 | En outre p. 137 : La raison pure ne fournit des principes objectifs qu'au point de vue pratique.)

** ([s] Comment la moralité peut-elle, puisqu'elle est un objet de la raison, être sentie ? Elle se rapporte à toutes nos actions conformément à notre plaisir ou déplaisir et contient la condition de l'accord de celles-ci en général ; ainsi se rapporte-t-elle au sentiment de plaisir du point de vue de la forme.)

*** ([s] l'épigenèse du bonheur ([g] autocréation) à partir de la liberté, laquelle est restreinte par les conditions de la validité universelle, est le principe du sentiment moral.

Dans le système de Smith : pourquoi le juge impartial (qui n'est pas l'un des participants) se préoccupe-t-il de ce qui est universellement bon ? Et pourquoi y trouve-t-il quelque satisfaction ?) [1].

1. Kant fait référence à la théorie du spectateur impartial développée dans la *Theory of Moral Sentiments* (1759) d'Adam Smith. Lorsque celui-ci s'interroge sur la capacité qu'ont les hommes d'accéder à des jugements moraux désintéressés et cherche à réfuter les théories de l'égoïsme intégral de la nature humaine, il évoque la figure d'un observateur impartial immanent à la réflexion morale de chacun. Chacun a en effet en lui un « homme intérieur » capable de mettre à distance ses passions et ses intérêts et d'approuver ou de désapprouver

****([s] Comment la raison peut-elle fournir un mobile, alors qu'elle n'est à tout moment qu'une ligne directrice et que l'inclination nous incite à ceci ou cela, l'entendement ne prescrivant que les moyens ? Accord avec soi-même. Approbation de soi et confiance. Le mobile qui peut être uni au devoir, mais qui ne doit jamais le remplacer, est inclination ou contrainte. Le premier mobile parce que l'inclination (et même la bienveillante) doit être régie par le devoir. Le second parce que la nécessité d'une contrainte révèle déjà en elle-même un affaiblissement de la puissance du devoir.)

6865. υ. Pr 136.

En ce qui concerne le sentiment ([s] il peut aussi être simplement apparenté au jugement), nous ne sentons à vrai dire que par les sens ; mais le point de vue à partir duquel nous nous opposons à l'objet, nous pouvons le prendre comme nous le voulons. Nous le prenons ici dans la raison et l'éprouvons au point de vue universel ([s] p.137 : Auteur du bonheur universel.)

6866. υ. Pr 136.

La force motrice ressortit au sentiment de satisfaction dans la mesure où celui-ci s'applique à soi-même et à l'estime de soi, et ce, à vrai dire,
| d'après son prix universel, c'est-à-dire d'après sa valeur intérieure. **186**
Élévation de l'humanité.

6867. υ. Pr 137.

Le *principe* de la morale est l'autocratie de la liberté à l'égard de tout bonheur ou l'épigenèse du bonheur selon des lois universelles de la liberté. Le bonheur n'a pas de valeur indépendante, dans la mesure où il est un don de la nature ou de la fortune. Son origine à partir de la liberté est ce qui constitue son indépendance et son accord. Ainsi la bonne conduite, c'est-à-dire l'usage de la liberté selon des lois pour lesquelles le bonheur est l'autocréation de l'arbitre bon et régulier, a une consistance absolue, et la dignité d'être heureux est l'accord avec le souverain Bien par rien d'autre que le complément du pouvoir du libre arbitre, pour autant qu'il s'accorde avec le bonheur en sa totalité selon des règles universelles. Le sentiment moral concerne ici l'unité du principe et l'autopossession des sources du bonheur chez les créatures raisonnables, comme ce à quoi doit se rapporter tout jugement sur la valeur. Le bon usage de la liberté a plus de valeur que le bonheur fortuit. Il a une valeur nécessaire intrinsèque. Par là l'homme vertueux possède en soi le bonheur (*dans la réceptivité*), si mauvaises que

impartialement la valeur de ses actions. Voir en particulier *Theory of Moral Sentiments*, Part III, « *The Foundation of our Judgments concerning our own Sentiments and Conduct, and of the Sense of duty* », chap. I.

puissent être les circonstances. Il a en lui ([g] autant qu'il est possible) le *principe* de l'*épigenèse* du bonheur[1]. Par là il doit être originairement présupposé qu'une volonté libre, qui est universellement valide, est la cause de l'ordre de la nature et de tout destin. Là seulement l'ordonnancement des actions selon des lois universelles de l'accord de la liberté est-il en même temps un *principe* de la forme de tout bonheur.

6868. φ ? υ ?? Pr. 137.

Que toutes les fins résident dans une unité ou que toute liberté a une unité nécessaire par sa relation à des fins en général.

6869. υ ? φ ? Pr. 137.

La moralité est détermination de la liberté par les conditions essentielles d'un arbitre universel.

187 | **6870**. υ ? φ ? Pr. 137.

Le sentiment est la sensation de la vie. L'usage complet de la vie est la liberté. La condition formelle de la liberté comme d'un usage en accord total avec la vie est la conformité à la règle.

6871. υ ? φ ? Pr. 137.

Nous n'avons pas du tout de sentiments particuliers, bien que nous ayons divers sens et capacités sensitives. Il n'y a qu'un principe de vie et aussi un seul *principe* du sentiment de plaisir et de déplaisir *; celui-ci peut être aussi stimulé par la raison (par la conformité de la liberté à la règle ou par son absence de règles). Et que nous ne soyons mus qu'un peu par là, et même en effet retenus : il n'en excite pas moins le sentiment à l'égard de notre existence entière et de toutes nos forces en vue de l'accord et du conflit, parce que le libre usage des forces et la liberté en général sont la

1. L'idée d'une « épigénèse du bonheur » paraît signifier que le bonheur n'est pas identique à la liberté, comme s'il en découlait et était *ab origine* tout entier contenu en elle. Non, le bonheur est plutôt une formation progressive (et toujours imparfaite en cette vie) qui doit toujours (si l'on veut en être digne) se régler sur l'usage moral de la liberté. C'est en un sens évidemment métaphorique que Kant recourt ici au concept d'épigénèse, lequel était au cœur du débat sur la génération des êtres vivants au XVIIIe siècle. Il est par ailleurs utile de rappeler que Kant, dès *L'Unique fondement possible d'une démonstration de l'existence de Dieu* de 1762, fut un partisan de la théorie de l'épigénèse contre la théorie concurrente de la préformation. Alors que celle-ci considère l'embryon comme un être vivant déjà achevé, où tous les organes sont présents en miniature dès la génération, l'épigénèse soutient plutôt que les organes se forment progressivement au cours de la croissance de l'embryon et sous l'influence de forces extérieures.

chose la plus importante et la plus noble, laquelle, si elle est sans règles et inconciliable avec soi-même, doit déplaire à tous les êtres raisonnables, puisque leur raison a besoin de règles *a priori* pour ordonner tout le divers sous des principes pour leur sûr usage.

*(g C'est pourquoi nous ne considérons certainement pas les objets du sentiment, les sensations, comme semblables, mais comparons les sentiments de plaisir et de déplaisir et sommes capables de préférer un plaisir des sens à un bien moral).

6872. υ. Pr 138.

Le *souverain Bien* des sectes philosophiques ne pouvait se réaliser qu'en supposant que l'homme puisse être adéquat à la loi morale. À cette fin, on devait ou bien interpréter favorablement ses actions par infatuation morale, ou bien rendre la loi morale très indulgente. Le chrétien peut reconnaître la fragilité de sa valeur personnelle et espérer pourtant avoir part au souverain Bien lui-même sous la condition de la loi la plus sainte[1].

6873. υ. Pr 138.

Lorsqu'on dit : « le sage, le chrétien, agit ainsi, se sent ainsi, etc. » | cela 188
concerne l'idéal et non les personnes qui se reconnaissent sous de tels noms.

6874. υ. Pr 138. (N.B. :

(g principe soit pragmatique, soit moral du souverain Bien.)

La différence entre les philosophies épicurienne et stoïcienne porte sur le concept du souverain Bien : si la vertu n'est rien de plus que la prudence à l'égard de la fin du bonheur véritable ou si le bonheur n'est rien de plus que la conscience de sa propre vertu, donc l'unité dans le concept du souverain Bien.

La différence entre les philosophies cynique et platonicienne porte sur l'origine du souverain Bien : s'il est physique ou hyperphysique ; les philosophies épicurienne et stoïcienne supposaient cette origine artificielle et le résultat de principes acquis et découverts par réflexion.

1. On réalise une fois de plus que la doctrine du souverain Bien, omniprésente dans les *Réflexions sur la philosophie morale*, se comprend moins pour Kant en un sens grec que chrétien, mais en un sens chrétien rationalisé, dans la mesure où Dieu devient la garantie morale et ontologique d'un accord possible et complet entre vertu et bonheur, irréalisable par nos propres forces.

6875. υ ? κ ? Pr. 139.

La fin qui est nécessairement universelle est que toutes ses fins soient atteintes, c'est-à-dire le bonheur.

6876. υ. Pr 138. Au-dessus et dans le § 203 :

L'erreur des sectes philosophiques était qu'elles voulaient rendre la morale indépendante de la religion ([s] qu'elles attendaient que le bonheur soit par nature uni à la morale et n'exigeaient autant de moralité Pr 139 : que ce qui était nécessaire, pour se rendre digne de ce bonheur naturel) ; toutefois la nature des choses ne contient aucune liaison nécessaire entre la bonne conduite et le bien-être, donc le souverain Bien est un pur et simple être de pensée[1].

Mais l'on doit bien en avoir un concept indépendamment de la religion, et ce bien que celle-ci seulement puisse certifier la réalité de ce *souverain Bien* pour l'homme. Si le cours du monde détermine toutes les conséquences des bonnes et des mauvaises actions, alors la prudence constitue la bonne conduite, ce qui conduit au souverain Bien. Mais pour ceci il est exigé que l'on envisage la moralité comme la règle, avec comme restriction
189 toutes ces exceptions qui rendent opportunes les circonstances à | notre avantage. Car dans ce cas l'observance contrariante des règles serait de la pédanterie, puisque les règles dont la fin n'est pas une conséquence nécessaire de celles-ci ne commandent pas de manière absolue.

Le bonheur n'est un bien que conditionnellement.

Le souverain Bien contient un bien pathologique ([g] plaisant immédiatement, mais qui n'est pas toujours bien) et un bien pratique. La bonne conduite et le bien-être.

La bonne volonté de faire bon usage des dons de la nature et des dons de la fortune (biens intérieurs et extérieurs), fait que nous devenons pleinement dignes de tous ceux-ci. Car la dignité est l'accord avec la fin universelle.

Le bonheur n'est pas un bien véritable ; la dignité est certes un bien véritable et même le bien suprême, mais non pas le bien complet[2].

1. À lire avec les R. 6874, 6878, 6879, 6880 et 6894.

2. La *Critique de la raison pratique* reviendra sur la distinction entre le bien suprême (*bonum supremum*) et le bien accompli ou achevé (*bonum consummatum*). Si la vertu est le bien suprême de la raison pratique, elle n'est pas encore son objet total, puisque le bonheur conditionné par la moralité doit encore s'y ajouter, c'est-à-dire le souverain Bien comme unité synthétique de la vertu et du bonheur, qui est le bien achevé et total. Voir Ak, V, 110-111 ; OP, II, 742-743.

([g] Nature, art, au-dessus de la nature.)

6877. υ. Pr 138.

Par des règles, on devient habile, par des lois, on est mis sur ses gardes, par des maximes, on devient sage.

6878. υ ? κ ? Pr. 138.

Le souverain Bien de ce monde seul est la prudence (et la philosophie).

Le souverain Bien de ce monde et d'un autre monde est la sainteté.

Les idéaux de la simplicité naturelle, de la prudence, de la vertu, de la sainteté.

L'homme de la nature, l'homme du monde, le sage, le chrétien [1].

6879. υ ? κ ? Pr. 139.

Dans l'idée du souverain Bien (bien-être et vertu), les Anciens ne s'interrogeaient pas sur l'uniformité des conséquences, | mais sur l'unifor- 190
mité du concept. Car en comparaison avec le système épicurien, le stoïcien renonce à l'uniformité des conséquences.

L'origine du souverain Bien : 1. Physique. 2. Pragmatique. 3. Moral. 4. Mystique.

1. Idéal de la nature. 2. de la prudence. 3. de la vertu ([s] sagesse). 4. ([s] de la sainteté) ([s] pureté du vouloir lui-même dans la pensée).

6880. υ. Pr. 139.

Les Anciens ne s'interrogeaient pas (comme nous) sur ce par quoi nous jugeons la moralité : par l'entendement ou par sentiment, mais : sur ce en quoi nous la situons, ou bien dans l'élément intellectuel de la vertu, ou bien dans l'élément sensible du bien-être ou de la simplicité.

([s] de même : quelle est son origine : naturelle, artificielle ou mystique.

Deux éléments : la bonne conduite et le bien-être ; d'où premièrement la dignité d'être heureux et ensuite l'accès au bonheur. Le chemin donnant accès au souverain Bien était 1. la nature, 2. le souci pour son propre bonheur, 3. le souci pour la vertu, 4. l'occupation intellectuelle.

Épicure dépréciait beaucoup trop la dignité de la vertu, Zénon l'exaltait beaucoup trop. Celui-là fit des principes de la vertu des principes sensibles, celui-ci fit des principes du bonheur des principes intellectuels. L'homme de la nature, l'homme du monde, le sage, le pur esprit (intelligence). Système de la nature brute, de l'art et de l'esprit illuminé.)

1. Sur ces différentes figures de la sagesse morale, voir les R. 6829, 6879 et 6880.

6881. φ ?. Pr. 139.

On ne doit jamais dire que l'on place sa fin dans le plaisir, mais bien plutôt que ce qui nous procure immédiatement du plaisir est notre fin, parce que le plaisir n'est que la relation d'une fin avec notre sentiment. La satisfaction à l'égard de la liberté conforme à la règle est intellectuelle. C'est pourquoi la fin n'est pas toujours égoïste, si la fin n'est pas la condition modifiée de nos propres sens.

191 | Mon plaisir est donc soit égoïste, soit universel et spirituel. Lorsque quelque chose me plaît mais sans aller jusqu'à affecter mes sens, alors le plaisir est intellectuel et est un plaisir libre.

6882. φ. Pr. 138.

Épicure : la moralité dans la bonne humeur ; Zénon – dans la dignité solennelle. *Diogène* : dans la simplicité naturelle. Platon : transcendant.

souverain Bien. 1. En quoi il consiste ; deuxièmement : comment on l'acquiert.

Diogène : qu'il est méthodique par science. Le premier : naturel ; le deuxième : acquis ; le troisième : inspiré.

Si l'espoir du bonheur doit être conforme à notre dignité morale, alors le Sage de l'Évangile est le véritable idéal moral. À savoir celui qui ne tient ni la vertu naturelle ni le bonheur naturel pour suffisants, mais qui considère chacun comme en manque d'un complément autant pour la dignité que pour la possession du bonheur.

6883. υ ? (κ ?) Pr. I'.

Nous ne comprenons rien d'un bonheur ou d'une félicité purement moraux. Si tous les éléments matériels que les sens fournissent à notre volonté étaient supprimés, que resterait-il alors de la droiture, de la bonté, de la maîtrise de soi, qui ne sont que des formes pour ordonner en soi tous ces éléments matériels ? Comme nous ne pouvons concevoir tout bonheur et le vrai bien que dans ce monde, il nous faut donc croire que nous outrepassons les limites de notre raison si l'on veut nous dépeindre par là une nouvelle et aussi une plus haute perfection.

Le divertissement sérieux et l'esprit qui est pour ainsi dire mû avec majesté et gravité est, dans le sentiment, tout à fait différent de la gaieté facétieuse. La question est : lequel convient à l'homme ? Celui-là dont l'amertume empêche la joie facile de s'émousser se rapproche de la douleur et en tire un certain agrément.

6884. υ ? ξ ? Pr. I'.

Seul le savant peut avoir un mérite s'étendant à l'universel, en partie par son instruction et en partie par la transmission des | faits humains. Les 192
bonnes actions peuvent grâce à lui seulement devenir des exemples ayant une influence générale. Or cette utilité générale ([g] pour l'espace et le temps) les rend certes dignes de haute considération, mais non pas dignes de vénération. Il ne s'agit pas d'un plus grand mérite du point de vue moral, mais du point de vue pragmatique. L'érudition est l'outil le plus excellent ; mais la pureté de l'intention, la bonne et pure volonté sont bonnes en elles-mêmes [1].

6885. υ. Pr. I'.

La facilité ne s'enseigne pas, mais seulement la contrainte et l'empêchement obligé.

6886. υ ? (κ ?) Pr. I'.

Tout ce qui relève de la nature est bon ; ce qui relève de la liberté est davantage mauvais que bon. Ce qui fait que nous ne disposons dans la nature d'aucun autre critère de jugement que la nature elle-même, par exemple chez les animaux la prédation etc., mais, dans le cas de la liberté, nous disposons de l'idée, laquelle n'est pas isolée de la nature. L'idée est la règle permettant de juger nos propres actions, mais non pas la valeur du monde. Ainsi seulement la nature peut-elle engendrer ses biens en nous, même pour autant qu'elle [interruption].

6887. υ. Pr. II'.

Celui qui imite la politique dans la vie privée est lui-même politique. C'est une expression de raillerie. De petits hommes d'État. Un législateur

1. Bien qu'elle soit plutôt elliptique, cette réflexion peut être lue, avec une certaine distance, avec l'hommage célèbre que Kant rendit à Rousseau dans ses *Remarques touchant les observations sur le sentiment du beau et du sublime* (Ak, XX, 44 ; trad. fr., B. Geonget, Vrin, Paris, 1994, 127), où il laisse clairement entendre que l'ancienne prétention spéculative de la philosophie bascule et se trouve transformée par sa vocation finalement morale : « Je suis moi-même par inclination un chercheur. Je ressens toute la soif de connaître et l'inquiet désir d'avancer en cette voie ou encore le contentement lors de tout progrès accompli. Il fut un temps où je croyais que cela seul pouvait constituer l'honneur de l'humanité et je méprisais le peuple qui est ignorant de tout. C'est *Rousseau* qui m'a remis sur le droit chemin. Cette supériorité qui m'aveuglait disparaît ; j'apprends à honorer les hommes et je me trouverais plus inutile que le commun des travailleurs si je ne croyais que cette considération puisse conférer à toutes les autres cette valeur : établir les droits de l'humanité ».

des manières auto-érigé est un petit maître. Les freluquets sont les singes des petits maîtres.

6888. υ ? φ ? Pr. II'.

Bonheur ([g] selon la forme) — Dignité d'être heureux.
1. Les anticipations de l'arbitre sensible. 2. Les catégories de l'arbitre pur.

1.
([s] Moralité en général.)
Le bien. *adiaphoron*.
Le mal.
disposé à réfléchir.

193 | 1. Sentiment d'amour de soi,
2. Sentiment de participation
([s] Celui-là : analogon du bonheur, celui-ci : de la moralité. Principes empiriques des lois pratiques.)

2.
Bon universellement *.
Bon sous de multiples rapports (empiriques).
Bon singulièrement.
([s] Loi, règle, instinct.)

3.
Substance. Devoir envers soi-même ([g] nature).
Causalité. Bonheur universel.
Commerce. Arbitre commun.

4.
([s] Obligation. méritoire.)
Permise, bonne, obligation de dette.
Possiblement bonne,
effectivement bonne,
nécessairement bonne.
([s] le contraire étant exclu : *stricte*.)
([s] obligé *largement* ([g] puisque l'on peut toujours faire quelque chose de meilleur))
Obligation matérielle *d'attribuer* (*de fournir, de donner*) *quelque chose*.
Obligation formelle *quant à la manière dont une chose est faite*.

véracité.

* ([g] ce qui est bien *formellement* (essentiellement la vérité))

([s] inclinations primitives ou directes — inclinations indirectes de l'estime et de l'amour.
liberté, jouissance et influence ou faculté
en elle-même (richesse, puissance, honneur)).

|6889. υ ? χ ? Pr. III'. 194

{[g] 1. † Universalité du but dirigé vers tous : moralité ([g] collectif) ([s] 1, universalité intellectuelle) 2. Le but de tous dirigé vers chacun en particulier. Le but privé de tous; le bonheur. ([g] distributif) ([s] 2, universalité empirique).

3. †† Universalité, disjonctive, que l'un ou l'autre ††† peut avoir ([g] particularité intellectuelle, le tout), universalité indéterminée d'un but problématique; habileté ([g] disjonctif) ([s] 3, particularité empirique). De là trois sortes de règles pratiques :

1. universalité et unité du but;
2. universalité de la personne et diversité (opposition) du but;
3. universalité des moyens et indétermination du but.

La liberté n'est pas seulement sous des règles (habileté) ni sous des lois (prudence), mais aussi sous des principes (moralité).}

† ([g] L'universalité du vouloir *en faisant abstraction* de tout but, la forme universellement valide de l'arbitre.)

Pr. IV' : †† ([s] 3. Accord universel avec son propre but, à savoir avec le but de sa nature.)

Pr. III' : ††† ([g] le bonheur est connexe à la moralité comme un *principe* dans l'idée et à l'habileté dans l'expérience. Celle-là est un *principe intellectuel*, celle-ci un *principe empirique* du bonheur. Le but réel est : être heureux. Les conditions sont la moralité et l'habileté.)

6890. υ. Pr. III'.

Il n'est rien qui soit absolument bon à part une bonne volonté[1]. Le reste est bon ou bien médiatement, ou bien seulement sous une condition restrictive. Le bonheur universel est très bon ou agréable pour ceux qui en jouissent, mais il n'est pas absolument bon, c'est-à-dire aux yeux de tout un

1. Ce sera aussi la déclaration inaugurale de la première section des *Fondements de la métaphysique des mœurs* (Ak, IV, 393; OP, II, 250): « De tout ce qu'il est possible de concevoir dans le monde, et même en général hors du monde, il n'est rien qui puisse sans restriction être tenu pour bon, si ce n'est seulement une *bonne volonté* ». À lire avec la R. 7216.

chacun, c'est-à-dire selon le jugement universel de la raison, lorsque ceux qui en jouissent ont un comportement qui n'en est pas digne. Les talents sont très bons en tant que moyens ; mais en définitive tout dépend de la volonté qu'a le sujet de s'en servir. Toute espèce de perfection dans l'être suprême : l'éternité, la toute-puissance, l'omniprésence sont en elles-mêmes sublimes et effrayantes, tant qu'il manque une bonne volonté de bien les utiliser. Seule la volonté libre et sa nature est capable d'une bonté intérieure. Voilà pourquoi ce n'est pas le bonheur, mais la dignité d'être heureux qui constitue la condition suprême de tout bien.

6891.υ–φ. Pr V'.

Une maxime pratique est : aucun arrangement n'est bon qui rend impossible de devenir meilleur. Par conséquent, la soumission héréditaire, puisqu'elle rend impossible l'amélioration de son état, est contraire aux fins bonnes. S'il doit y avoir une peine, il lui manque alors la relation de toutes les peines à la perfection et à l'amélioration.

Il est aussi ridicule de railler l'incapacité de ces personnes à se gouverner elles-mêmes, car ce n'est que par cet état qu'elles sont dans l'incapacité.

La légalité est : 1. de la liberté (le permis)
2. le méritoire : des fins

La pureté du motif ou des fins (intention).

6892. υ. Pr VIII'.

Le concept de la moralité consiste en la dignité d'être heureux (en la satisfaction de sa volonté en général). Cette dignité repose sur l'accord avec les lois sous lesquelles, si celles-ci étaient universellement observées, chacun participerait au bonheur au plus haut degré dans la mesure où cela peut arriver uniquement par liberté. ([g] Mais pourquoi doit-on se comporter de manière à être digne du bonheur ?)

196 1. – Cet accord avec des lois universellement valides | de l'arbitre est, selon la raison, un principe nécessaire de notre auto-approbation et du contentement de soi, ce que d'autres peuvent aussi accomplir.

Mais comme nous pouvons être heureux sans grand plaisir des sens ou sans l'assouvissement de leurs besoins, alors cette approbation intérieure constitue un motif suffisant pour nous nécessiter.

Mais parce que le contentement de soi élève l'âme et la compense pour les multiples agréments sensibles qui sont habituellement à ses yeux de peu d'importance, parce qu'on peut les vaincre par force, alors c'est un grand et même le plus grand motif de la raison que de faire du bonheur un produit de la spontanéité indépendamment des sens*. Ainsi donc, l'idée de la possibilité d'un être saint et bon, et uniquement de la possibilité de celui-ci, fournit-elle le complément à l'idée insuffisante qui consiste à devenir heureux sans l'accord du destin[1].

6893. υ. Pr VII'.

* (g Celui qui peut se contenter de cette satisfaction, est à ses yeux et aux yeux d'autrui des plus dignes d'estime, et ainsi est la règle de la raison : on doit se comporter de la sorte, et l'on désapprouve chaque fois celui qui agit à l'opposé, même si on l'en excuse.

On n'approuve que ce par quoi on peut avoir une conduite universellement valide. C'est-à-dire que l'action libre est par là considérée par la raison, c'est-à-dire comme surgissant d'un arbitre valide pour la nature et la liberté en général et s'accordant avec soi-même.

Des principes synthétiques de l'arbitre ou des principes de l'arbitre pur.)

6894. υ ? Pr. IX'. Marge supérieure :

Épicure et Zénon divergeaient (g à l'égard de l'unité) à propos du concept du souverain Bien.

Diogène (Épicure, Zénon) et Platon à propos des moyens d'y parvenir.

|Le premier affirmait qu'il est la nature simple. Le souverain Bien négativement. 197

Le deuxième qu'il est l'art. Positivement.

Le troisième qu'il est ce qui est au-delà de la nature et de l'art : Dieu. Hyperphysiquement.

(s Tous les quatre enseignent la sagesse.) (s La moralité qui est également prudence se nomme sagesse. 1. dignité, 2. bonheur.)

Colonne de gauche :

Épicure enseignait à rechercher le bonheur (s sans) la dignité particulière d'être heureux.

Zénon la dignité, mais sans avoir ce faisant comme intention le bonheur. (s à savoir que celui-ci n'entre pas en conflit avec celle-là ou y soit hostile. Aristippe (secte cyrénaïque) dit que le plaisir est le *souverain Bien* savouré. Épicure : la philosophie par laquelle nous acquérons ce plaisir.) (s Celle-là était de la grossière sensibilité, celle-ci une sagesse.)

Pour le Christ le bonheur par la dignité d'être heureux*.

1. Cette réflexion annonce clairement le postulat de l'existence de Dieu comme condition de réalisation du souverain Bien. Voir Ak, V, 124 *sq.* ; OP, II, 759 *sq.* Encore une fois, on constate que la conception kantienne du souverain Bien était déjà arrêtée dans ses grandes lignes bien avant ses premières présentations dans la *Critique de la raison pure*, et surtout dans la *Critique de la raison pratique*. On voit par là que la doctrine du souverain Bien est tout sauf un ajout secondaire ou un appendice de la pensée morale de Kant : elle en est une partie intégrante et indispensable. À lire avec l'importante R. 6958.

L'idéal du premier est l'homme de la nature, celui du deuxième : l'homme du monde, celui du troisième : le sage, du christianisme : le chrétien **. Tous ces idéaux sont les modèles : simplicité, prudence, vertu et foi morale.

* (g ou se rendre tout d'abord digne et ensuite espérer le bonheur comme sa conséquence. On aspire au Royaume de Dieu. Foi. Donc la bonne conduite dans la foi aussi bien à l'égard des soucis temporels que des soucis spirituels, et ce en raison de notre fragilité.

Le Christ dit également que le souverain Bien réside dans la communauté avec Dieu ;
198 mais la voie qu'il trace passe par la bonne conduite dans la foi, | et non par l'intuition ou la fausse dévotion. En ceci il se distingue de Platon.)

**(s la loi morale du point de vue formel (pureté) en tant que loi divine, c'est-à-dire en tant que loi de la volonté la plus parfaite. Le souverain bonheur n'est possible que chez un rétributeur divin ; mais dans ce cas il existe aussi un juge divin, soit un juge sévère, et ce non seulement des actions, mais aussi des intentions ; l'homme nouveau qui est né de Dieu.)

Colonne de droite :

Le mobile est ou bien pathologique : suivre ses inclinations et ses plaisirs ; ou bien pragmatique : le bonheur selon sa vraie nature : les moyens ; ou bien moral : à partir de la valeur de l'action en elle-même. (s Lorsqu'en ce monde je ne recherche qu'un avantage, la loi morale ne peut être pure. Est-elle pure, alors elle n'a pas le bonheur comme conséquence.)

Moralité, prudence et religion. Le Christ a seul enseigné la vraie religion, à savoir ce qui est moral dans le comportement par rapport à Dieu.

Le système d'Épicure est le *principe* de l'amour de soi. Nous utilisons ce mot parce qu'il comprend aussi bien l'intérêt que l'honneur. Mais nous en faisons également usage pour le distinguer de l'amour-propre, celui-ci étant un amour de soi exclusif, alors que selon Épicure l'amour de soi est un principe de l'amour d'autrui et n'est pas exclusif, mais augmente notre joie.

Le sentiment moral est le sentiment à l'égard de ce qui est universellement bon ou mauvais. Ce sentiment est quelque chose de vrai, mais le sentiment de contentement ou de mécontentement suit le jugement suivant lequel ceci est bon ou mauvais, et il n'est pas la condition du jugement, mais du désir ou de l'inclination à celui-ci. Cette condition, lorsqu'elle (g Pr X' : porte sur ce qui est pratique) est pratique, se nomme droiture ; mais si elle n'est que contributive, alors elle se nomme bonté du cœur.

6895. υ. Pr IX'. Marge inférieure :

La satisfaction pratique pour le bien universel est celle pour une action morale qui vise une bonne volonté comme unique principe par lequel le bien est donné selon une règle.

| Car celui-ci dépend d'une idée et ne peut pas surgir de la seule nature. 199
La liberté est la condition du bien.

6896. υ ? χ ? Pr. X'.

Le cas de nécessité est celui où je suis contraint d'utiliser ma ([s] propre) force afin d'affirmer mon droit. Autrement, l'autorité réside dans le fait d'exercer une contrainte conformément à mon droit : qu'il existe certains critères de jugement par lesquels un tiers, qui est juge compétent, peut juger et contraindre de manière universelle. Ces règles déterminent les conditions d'une contrainte légitime. Toutefois cette autorité n'appartient pas à celui dont *le droit* est *controversé*. Les règles du droit par rapport à autrui sont réciproques. Je dois aussi rendre à autrui son droit. Par où je dois me soumettre moi-même à la contrainte par laquelle le droit d'autrui est protégé. La condition de l'obligation à l'égard d'autrui réside en ceci que je vais me comporter de manière juste envers lui. Premièrement, je détermine ce qui est juste. Ensuite se pose la question de savoir si je suis obligé à l'égard d'autrui de me laisser limiter par le simple droit de ce dernier. Ceci ne vaut que lorsque le même droit, étant réciproque, me protège également d'autrui, puisque je n'ai pas du tout besoin de recourir à ma propre force.

La contrainte ([g] suffisante) est juste parce qu'elle protège mon droit de l'autre côté, en faisant en sorte que toutes les actions soient dirigées de manière universelle par la seule règle du droit.

Le cas de nécessité est celui où je fais valoir par moi-même mon droit et où je suis mon propre juge.

Lorsqu'il n'y a pas d'administration du droit en vigueur, la nature prend la place du droit, par exemple la préservation de sa vie.

Il n'existe aucun cas de nécessité pour le mensonge, mais il en est un là où il est juste de dire la contrevérité.

6897. υ ? χ ? Pr. X'.

Il est très nuisible, dans la méthode, de confondre les moyens de l'exécution avec les déterminations de l'idée. Si la déclaration d'une certaine religion est aisée à enseigner, et laisse facilement son empreinte, si nous sommes capables de beaucoup ou de peu, si une règle du droit peut
donner lieu à un très mauvais usage. | Si les princes auront l'inclination qui 200
les fera daigner se conformer à ce qui constitue le droit des États : c'est de cela qu'il est ensuite question, lorsque l'on est d'abord parvenu à la règle. Contrevenir à celle-ci est la haute trahison contre la raison humaine.

6898. φ. Pr X'.

La force motrice du concept moral réside dans sa pureté et dans sa différence par rapport à toutes les autres impulsions. Ce qui est originellement *intellectuel* apparaît seulement par la comparaison avec d'autres motifs analogues de l'honneur, du bonheur, de l'amour réciproque, de la quiétude de l'esprit, et par cette comparaison il s'élève au-dessus de tous ceux-ci. Les incitations à la vertu et les exhortations peuvent n'être d'aucune valeur, mais seul l'est le développement du concept de la vertu. Les exemples par lesquels la pureté du concept de la vertu transparaît, de même qu'une aversion morale immédiate dans l'éducation sont plus efficaces.

6899. υ ? κ ? η ? Pr. XI'.

Nous pouvons dire que dans un monde toutes les fins vont de l'universel (du tout) vers le particulier, et qu'ainsi la fin du tout renferme en soi la condition des fins des parties ; c'est-à-dire que chacun doit se considérer comme soumis aux lois, ce par quoi il est en chaque état à la mesure soit de la nature, soit de la liberté selon des lois universelles. Car, si le monde en son tout est conforme à une fin, nous coïnciderons ainsi avec lui et par suite avec le bonheur.

6900. υ. Pr XI'.

Les causes subjectives de la moralité sont : 1. l'entendement. 2. le cœur. Le cœur mauvais est une cause de bêtise. Par exemple : une disposition d'esprit amère et hautaine a pour effet que, dans le cas d'une question litigieuse, l'on prend tout de travers, juge d'un ton moqueur et se comporte comme un imbécile devant tout le monde. Il faut un bon cœur pour trouver la vérité, surtout dans le conflit de la vanité des hommes entre eux.

Des caractéristiques médiocres d'un cœur mauvais. Comme une inclination à se réjouir de ce qui est désagréable aux autres, même s'il ne s'agit que de vétilles. Et d'en rire.

201 |**6901**. υ. Pr XI'.

On peut communiquer en ce qui concerne les concepts, mais non pas en ce qui concerne les sensations. Lorsque nous avons clairement commis une injustice envers autrui, nous trouvons que celui-ci reconnaît et désapprouve certes cette injustice, mais non qu'il la déteste. Cette détestation, nous cherchons à la lui communiquer par la véhémence et l'acrimonie. Il y a cependant souvent quelque chose de désagréable dans les entretiens, car la politesse demande que je ne perturbe pas avec mes sentiments le tempérament d'autrui, mais qu'on laisse tout un chacun prendre la chose comme il le veut.

6902. υ. Pr XI'.

Non seulement on ne doit pas invoquer le sentiment moral comme un *principe*, mais on ne doit également pas, pour ainsi dire, prêter des raisons morales à la décision du sentiment, par exemple dans le cas du suicide, ni fonder les motifs sur le sentiment, par exemple sur la pitié, l'aversion. Car le sentiment ne possède aucune règle, de plus il est changeant et inconstant.

6903. υ. Pr XI'.

Parmi toutes les déviations du jugement naturel et de la force motrice de la morale, la plus dommageable est lorsque l'on transforme la doctrine de la morale en une doctrine de la religion, ou lorsqu'on la fonde sur la religion. Car alors l'homme délaisse les véritables intentions morales, cherche à se gagner les faveurs de Dieu, à se mettre à leur service, ou à se les arroger, et laisse mourir tout germe du bien sous les maximes de la peur.

6904. υ. Pr XI'.

Le Royaume de Dieu sur terre est un idéal qui possède une force motrice pour l'entendement de celui qui veut être moralement bon.

6905. υ ? κ ? Pr XII'.

Le souverain ne possède aucun crédit en raison du pouvoir. Il désigne par conséquent à chaque fois un responsable que l'on peut poursuivre en justice et contraindre, et comme il est lui-même juge, les choses en litige sont décidées par des collèges assermentés. Un privilège aboli doit être
payé par la province. Une | charge fiscale intéresse les citoyens entre eux. **202**
Le souverain peut faire ce qu'il veut, mais dans l'exécution, les droits des citoyens les uns envers les autres doivent être convenus par eux-mêmes.

6906. υ ? κ ? Pr XII'.

Que les hommes soient mauvais par nature appert du fait* qu'ils ne s'accordent jamais d'eux-mêmes sur l'idée du bien et qu'ils doivent être contraints, et de ce qu'ils se laissent réciproquement contraindre les uns les autres par un seul. De même, l'homme doit être discipliné et dépouillé de sa sauvagerie. Ainsi la bonne conduite humaine est-elle un acquis, et la nature de l'homme n'est pas identique à cette bonne conduite. C'est un principe de prudence civile et politique : que chacun est mauvais par nature et qu'il n'est bon que dans la mesure où il est assujetti à un pouvoir qui le force à être bon. Toutefois, il a aussi la faculté de devenir bon peu à peu, même sans contrainte, lorsque les mobiles du bien qui résident en lui se développent peu à peu. L'enfant qui grandit sans discipline est mauvais. Par conséquent : l'élément animal ne porte que sur son inclination et le devoir, sur l'idée du bien. S'il est moralement mauvais, il est toutefois physiquement bon.

*([g] de même du fait que les hommes, réunis dans un corps politique, sont toujours violents, égoïstes et querelleurs.)

6907. υ. Pr XIII'.

Le bonheur est double : ou bien il est un effet du libre arbitre des êtres raisonnables en eux-mêmes, ou bien il n'est qu'un effet contingent dépendant extérieurement de la nature. Les êtres raisonnables peuvent produire le véritable bonheur, qui est indépendant de tout ce qui se trouve dans la nature, par des actions qui sont dirigées vers eux-mêmes et réciproquement les uns vers les autres. Et sans ces actions, la nature ne peut procurer le véritable bonheur. Celui-ci est le bonheur du monde de l'entendement. C'est pourquoi la représentation de la perfection morale attendrit notre cœur, c'est-à-dire qu'on voit un tel bonheur dans ce qui repose uniquement sur la volonté. Je ne peux pas dire que je voudrais être bon dans la mesure où les autres le voudraient aussi ; car alors il n'est pas possible
203 d'atteindre la fin. Je dois pour ma part chercher à atteindre le modèle de | la perfection dans un possible monde bon.

Est bon en soi ce qui ne dépend pas de conditions simplement contingentes, mais de mon arbitre.

6908. υ. Pr XIII'.

Le monde n'a aucune valeur là où il n'y a pas d'êtres raisonnables qui en font usage (là où il n'est qu'intuitionné) ; le simple usage du monde, quel qu'il soit, a rapport au plaisir de la vie. Ce plaisir, en tant que fin naturelle de toutes les créatures raisonnables, était donc le seul but pour lequel un monde bon existe, non seulement en vue de la jouissance, mais aussi en vue de l'usage. Seulement, la condition suprême de ce but est le bon usage que les êtres raisonnables font d'eux-mêmes et des choses du monde [1].

1. Dans ses *Leçons d'éthique*, Kant exprime encore plus clairement cette même idée en désignant la liberté *comme la valeur intrinsèque du monde* (Ak, XXVII, 344, 470 (Ms. Collins) ; trad. fr., Luc Langlois, Paris, Librairie Générale Française, Le Livre de Poche, 1997, p. 233, 408 (Ms. Menzer)).

6909. υ. Pr XIII'.

Tout ce qui est bon dans la nature ne l'est que pour autant qu'il est conforme à une fin, et tout est néanmoins subordonné à l'arbitre. La nature s'accorde avec la liberté lorsque les fins de celle-là comprennent celle-ci.

6910. υ. Pr XIII'.

Les lois nécessaires (qui sont établies *a priori*) du bonheur universel sont les lois morales. Ce sont les lois du libre arbitre en général, et les règles qui y sont liées nécessitent *intellectuellement*; par conséquent, puisqu'elles orientent le bonheur uniquement et seulement sur la cause de la liberté et conduisent elles-mêmes à la dignité d'être heureux, alors tous les *stimuli* sensibles et les *motifs du bonheur a posteriori* se rangent sous elles.

Les plus hautes fins naturelles d'un être raisonnable ne concernent ainsi que des êtres raisonnables, et c'est pourquoi la jouissance des sens est loin d'être un élément véritable du bonheur.

6911. υ. Pr XIII'.

Le bonheur *a priori* ne peut être placé dans un autre principe que dans la règle de l'accord du libre arbitre. Ceci | est un principe du bonheur antérieur **204**
à toute connaissance des moyens par l'expérience et une condition de leur possibilité dans tous les cas. Par là le monde plaît à l'entendement; les règles sont les créatrices du bonheur et non les usurpatrices de celui-ci.

6912. υ ? κ ? Pr XIV'.

Nature, hasard, liberté (propre faute) et destin.

6913. υ ? κ ? Pr XIV'.

L'homme est digne non pas tant des biens qu'il reçoit que du bien qu'il fait. Le bien à l'égard de soi, le bien du simple accord (selon la forme) ou le bien supplétif (selon la matière). Pourquoi seules les actions confèrent-elles la dignité? Pourquoi la liberté et sa qualité sont-elles seules le principe suprême du bien? Je crois que les actions sont elles-mêmes appelées bonnes parce qu'elles seules contiennent la condition de la raison consistant à rendre heureux selon des lois universelles. Car la nature n'offre pas d'autre distribution que celle déterminée par des cas particuliers et qui est par là artificielle, à savoir celle de la nature modifiée par l'Être suprême. La nature aveugle, cependant, ne possède aucun accord certain. De plus, la nature est subordonnée à la liberté selon son essence, et celle-ci, en tant que spontanée, est maîtresse de tout.

6914. υ ? κ ? Pr XIV'.

Chacun convient que, afin d'être formé dans un art, être habile et aussi être expert dans un travail, il faut du temps non seulement pour comprendre les règles, mais aussi pour les mettre facilement en application. Toutefois, être bon : cela, pense-t-on, ne dépend que de notre vouloir. (Plus exactement de notre bonne volonté, ce qui est identique ; à savoir qu'être bon n'est à vrai dire rien d'autre qu'une bonne volonté.) En effet, il ne s'agit que d'une simple volonté : que de ce qui est totalement spontané et repose sur une maxime. Mais l'application exige des actions *in concreto*, par lesquelles ces principes deviennent des mobiles.

205 | **6915**. υ. Pr XV'.

La bonté morale examinée particulièrement selon la théorie du souverain Bien :

1. Les principes du jugement, en quoi ils consistent, comment le jugement est à poser *in concreto*. 2. de l'exécution ou de l'application (nous devons chercher à fortifier le pouvoir de la moralité par l'élévation de l'intérêt (non de la simple utilité), mais sans la mélanger ce faisant ; celui-ci doit plutôt être seulement le *véhicule*). a. En ce qui a trait à l'habileté, les actions ont quelque chose d'agréable ou de désagréable (comme déplaît le complot de vol lorsqu'il manque son but par stupidité ; nous ne sommes cependant satisfaits que jusqu'au moment où celui-ci est achevé ; par la suite nous sommes insatisfaits de l'ensemble, donc seulement satisfaits jusqu'à l'issue et pas au-delà de celle-ci.) L'habileté se laisse percevoir dans les œuvres, mais non connaître, et plaît en elle-même d'un seul coup.

b. En ce qui a trait à la prudence, où la fin elle-même indique l'amour de soi réfléchi et bien compris. L'imprudence déplaît malgré la plus grande habileté. c. Fini en soi-même. L'action est bonne en elle-même. Ce qui n'a qu'une bonté conditionnée plaît d'un point de vue et déplaît à d'autres points de vue et sous d'autres rapports. Par exemple, acquérir une charge, faire un bon mariage. Mais la probité plaît nécessairement à chacun. Cette bonté est aussi plus grande que tout le reste et est la condition autorisant la poursuite d'autres buts. Un juge qui, à l'égard d'un mauvais lascar, ainsi qu'il le nomme, contourne le droit pour ne pas ruiner une jolie famille, est aux yeux de chacun détestable, toute grande que soit l'utilité qui en résulte (si ce jugement doit être appris ?). Il y a aussi cette sorte d'actions renfermant un principe de satisfaction de soi, c'est-à-dire de sa propre personne, mais non de son état. C'est un *ingrédient à part* de nos motifs. Ce plaisir est tiré du Ciel et est l'*ambroisie* des dieux. Si la vertu doit être dérivée de concepts ou d'une idée ? ([s] L'idée doit être pure ; malheur à celui

qui | la corrompt pour plaire au vice, ou qui la rend méconnaissable par les 206
ajouts qui lui sont étrangers. Même la transgression n'est pas aussi punissable).

6916. υ. Pr XV'.

Qui invoque le sentiment moral l'envisage ou bien comme quelque chose de préformé, ou bien comme la lumière intérieure des fanatiques. Celui qui veut déduire la moralité à partir de simples concepts de réflexion produit des *formes substantielles* et constitue la réalité de la fin à partir de l'élément universel de l'accord. ([s] La vertu plaît encore davantage au spectateur lorsqu'elle est gratuite que lorsqu'elle est intéressée, et elle lui plaît au plus haut point lorsqu'elle s'accompagne d'un préjudice attendu ; car elle apparaît alors dans tout l'éclat de sa pureté.)

6917. υ–φ. Pr XVI'.

On a longtemps dit que si la vertu apparaissait aux hommes en sa figure propre, elle serait estimée et embrassée par chacun. On ne doit pas pour cela attendre les phénomènes de l'exaltation. Il suffit de dépouiller la vertu de tout élément étranger qui la déguise pour le regard commun : c'est alors qu'elle montre sa beauté naturelle et exerce aussi son effet, du moment qu'elle est ainsi représentée. On peut affaiblir les impressions morales par des exemples opposés (ce qui est le plus malicieux), ou par les sacrifices pénibles, ou par l'avantage du contraire ; on peut aussi les renforcer, mais non par là les réfuter ni combler leur manque.

L'OBLIGATION EN GÉNÉRAL
§ 10-49

6918. υ ? (μ ? ρ ?) Pr 4.

Les principes de la nécessité objective : *motifs*, ceux de la nécessitation subjective : *stimuli*. Ceux-là *intellectuellement*, ceux-ci *pathologiquement*.

| **6919**. φ. Pr 4. Dans le § 10 : 207

([s] *Les stimuli nécessitent pathologiquement.)*

Nécessitent *pathologiquement* ou *pratiquement par stimuli* ou *par des motifs*.

La nécessité objective d'agir. Cela est bon. ([g] Ce qui en général doit arriver, non ce que le sujet doit faire).

La nécessité subjective d'agir : cela est agréable.
La *nécessitation objective* est le devoir.
([s] Être obligé et être obligé par quelqu'un.)

6920. φ. Pr 4.5.

Pr 4 :
Les causes qui meuvent sensiblement sont des *stimuli*. ([g] Pr 5 : l'homme n'est pas nécessité par des *stimuli* et est donc libre, ni par les *motifs*.) Pr 4 : *Les causes qui meuvent subjectivement* sont des *mobiles*. L'entendement aussi a des *mobiles*, qui sont bel et bien conformes aux *motifs intellectuels* ; les *stimuli* sont faux et à double tranchant, ils sont utilisés autant pour le mauvais que pour le bon. Le motif doit lui aussi être noble.

6921. υ ? (ρ ?) Pr 5.

La maxime morale est le principe de l'obligation, le sentiment : de l'inclination pour le bien.

6922. υ ? (ρ ?) μ ?? Pr 5.

Il est évident que seul ce qui est bon d'un point de vue universel doit arriver absolument, abstraction faite de l'inclination ; 2. que le seul bonheur qui est bon est celui qui s'accorde avec cela.

6923. φ. Pr 5.

La nécessitation pratique ([s] pathologique) concerne soit les *motifs*, soit
208 les *moyens*. Le produit de l'action est la *fin*. Les *impératifs* | de l'habileté ne commandent que les *moyens* pour une fin arbitraire. Les impératifs de la prudence, aussi des *motifs*.

6924. φ. Pr 5.

La moralité consiste dans la subordination de toute volonté à la règle de fins universellement valides. ([g] La règle doit être que l'action doit avoir pour condition la fin universellement valide.)

6925. φ. Pr 5.

L'habileté a des règles, la prudence a des maximes, la moralité a des lois.

6926. υ ? ξ ?? Pr 4.

La bonté de l'action est la nécessité objective.
La bonté de l'action contingente est la nécessitation objective.

La nécessitation est un impératif. L'impératif moral est catégorique[1].

6927. υ. Pr 4.

La nécessitation pratique ([g] objective) se produit par les impératifs problématiques, pragmatiques et moraux. Ce qui est bon pour un but arbitraire, ou réel, ou en soi-même.

6928. υ. Pr 4.

Les causes d'impulsion subjectivement nécessitantes sont des mobiles, ou bien des stimuli, ou bien – [interruption].

6929. υ ? ξ ?? Pr 4. 5.

La cause d'impulsion nécessite soit objectivement soit subjectivement. La première est un motif et consiste en la connaissance ([g] ou bien absolument ou bien hypothétiquement) du bien. ([g] Pr.5: soit en tant que bien immédiat ou en tant que bien médiat en vue du bonheur). Pr.4: La seconde est un stimulus et réside dans le lien avec les inclinations de l'esprit. Les motifs, Pr.5: ou bien nécessitent pragmatiquement, ou bien moralement. La nécessitation de l'action par des motifs moraux est l'obligation et l'action elle-même est le devoir.

|**6930**. υ. Pr 5. 209

Les motifs sont tirés soit du bonheur, soit de la bonté.

6931. φ. Pr 4.

La liberté est: 1.une indépendance à l'égard des causes externes. 2. à l'égard des inclinations: ainsi le pouvoir de l'arbitre raisonnable, soit des représentations conditionnées ou inconditionnées de la raison.

Ce qui est possible par liberté est possible pratiquement, c'est-à-dire moralement. ([s] ou pathologiquement. La première est ou bien pragmatique ou bien morale.) Les actions par inclination, dans les cas où il était possible d'agir par liberté, sont aussi libres.

1. Cette réflexion confirme une fois de plus que le concept de l'impératif catégorique, non encore nommé dans la *Critique de la raison pure*, et qui apparaît pour la première fois dans les *Fondements de la métaphysique des mœurs*, était déjà dans les années 1770 (sinon plus tôt) au cœur de la pensée morale de Kant.

6932. φ. Pr 4.

Les règles problématiques en vue de la satisfaction d'une inclination contingente sont celles de l'habileté, les règles pragmatiques en vue du bonheur sont celles de la prudence.

6933. φ. Pr 5.

L'obligation est une nécessitation; pratique, non pathologique; morale, non pragmatique; non *par stimuli — pathologique par extorsion.* ([g] de même que par la promesse de récompenses on nous menace d'une perte.)

([s] la nécessitation ou pathologique, ou pratique, ou pragmatique, ou morale.)

La nécessitation pathologique n'est pas énoncée par des impératifs.

6934. φ. Pr 5.

L'obligation est une nécessitation pratique, non physique, et procède pour cette raison par causes d'impulsion suivant les règles de l'arbitre.

La nécessitation de l'arbitre pur est l'obligation.

Un motif est ce qui incite objectivement; un mobile, ce qui incite subjectivement.

6935. φ. Pr 5.

Le bonheur n'est lui-même bon que de manière conditionnée. Ainsi les actions qui ont lieu au nom du bonheur ne sont bonnes que médiatement.
210 | Seulement, la condition vaut pour chacun, et la nécessité est objective; les agréments particuliers, cependant, sont subjectifs et n'ont qu'une validité privée.

6936. φ. Pr 5.

Les impératifs sont des règles (objectives) des actions.

6937. φ. Pr 4. Sous le § 10 :

Je suis en possession d'une obligation.

6938. υ. Pr 6.

La nécessitation pathologique n'a pas lieu parce que l'homme est libre; la nécessitation pragmatique est conditionnée et les impératifs, hypothétiques; seule la nécessitation morale existe sous des impératifs catégoriques.

6939. φ. Pr 6. Dans le § 13 :

La bonté de l'usage de la liberté en général selon des principes.

6940. φ. Pr 6. À côté du § 13 :

Dissimilitude des motifs du bonheur et de la moralité ; similitude subjective.

6941. φ. Pr 6. Sous le § 13 :

L'entendement sain ressortit à la prudence, la bonne volonté ressortit à la moralité, à savoir comme *mobile*.

6942. φ ? (ξ ?) Pr 6. À propos de la fin du § 12 :

L'obligation est nécessaire par les causes d'impulsion objectivement plus puissantes (et non par stimuli), pour cette raison, par les motifs, et du moins par ceux qui meuvent catégoriquement et non hypothétiquement sous la condition d'un plaisir à venir[1].

6943. φ. Pr 6. Dans le § 12 :

La bonté du pur arbitre. Morale. La bonté pure n'est pas médiate, problématiquement ou pragmatiquement indirecte.

|**6944**. φ ? (ξ ?) Pr 6. 211

Seul l'entendement ressortit au jugement moral ; pour la volonté moralement bonne, il est requis que l'on aime réellement plus le bien que l'agréable ; pour l'exécution, que l'on possède la force d'une volonté supérieure dominant la sensibilité.

6945. φ. Pr 6. Dans le § 13 :

Ce qui nécessite par motifs oblige, mais non ce qui nécessite par stimuli.

1. C'est l'une des rares références directes au compendium de Baumgarten dans cette phase des *Réflexions*. Il faut se rappeler que pour Baumgarten, l'obligation repose sur la force d'impulsion objectivement la plus puissante, au-delà des stimuli sensibles. Certes, reconnaît Kant, mais l'obligation morale a un caractère catégorique, ce qui veut dire qu'elle n'est pas une simple force d'impulsion *plus* puissante, mais qu'elle commande *absolument* indépendamment de tout calcul des conséquences.

6946. φ. Pr 6.7.

Pr 6. Dans le § 14 :

La loi exprime l'obligation à des actions, mais elle doit également déterminer un effet de ces actions conforme à l'obligation, elle doit donc être en même temps pragmatique. L'obligation est purement morale ; l'élément pragmatique ne sert cependant pas de motif, mais sert à l'équilibre à l'encontre des causes motrices sensibles, Pr 7 : l'élément pragmatique découle ici de la moralité.

6947.φ ? (ξ ? ρ ?) Pr 7.

La liberté de tout *obligé* est limitée, celle de l'*Être souverain*, non.

L'obligation procède toujours de l'idée de la volonté la plus parfaite, qui subjectivement peut être ce qu'elle veut.

Les motifs sont *plus puissants que les stimuli, les motifs moraux* ne sont pas *toujours plus puissants que les motifs pragmatiques.*

6948. φ. Pr 7. Dans le § 17 :

L'arbitre pur est la condition de tout autre arbitre (condition *sine qua non*) ; il est en effet la condition de possibilité des actions à partir de principes universellement valides. Par conséquent, de l'usage de la raison à l'égard de la liberté et de la détermination de ce pouvoir, en soi dépourvu de lois, d'après des règles.

À l'égard des fins, rien ne peut donner de règles universelles de l'usage de la liberté si ce n'est la raison pure.

Catégories de l'arbitre pur.

212 | **6949**. φ. Pr 7. Dans le § 18 :

Puisque la liberté sans la moralité est un isolement de l'homme et une séparation de la direction divine, et une détermination par des causes naturelles, le principe de la haute valeur repose sur les principes par lesquels cette liberté est restreinte à des conditions d'accord avec soi-même et avec la nature. Quiconque n'a pas cela n'est digne d'aucun bien et est la créature la plus dangereuse et la moins digne qui soit.

6950. φ. Pr 8.

La moralité consiste dans le rapport d'actions libres avec les lois ([g] conditions) de la volonté universelle, soit de l'humanité, soit des hommes. La volonté universelle de l'humanité concerne la préservation de ce qui fait partie des fins essentielles de la nature humaine. La volonté universelle des hommes consiste dans l'objet ou dans la forme[1] des actions, afin qu'elle soit indépendante de toute inclination particulière. Elle exprime la volonté de chaque partie, la volonté qui peut être orientée sur toute autre volonté.

6951. υ. Pr 8.

L'obligation envers l'obligeant est passive, l'obligation envers ce qui est obligé est active.

6952. υ. Pr 8.

La liberté des hommes n'est pas illimitée ; ils sont obligés.

6953. υ ? (μ ? ρ ?) Pr 8. Sous le § 22 :

Le fait d'être obligé par quelqu'un présuppose toujours un *acte obligatoire* d'un autre ; car lorsque l'un est passif, l'autre doit être actif, conséquemment toute *obligation passive* est *hypothétique* (cette *hypothèse* peut être idéale *dans l'état naturel*, mais alors *l'obligation* est aussi *idéalement* passive). L'autre n'est pas *la cause*, mais *l'objet de l'obligation*.

6954. υ ? (μ ? ρ ?) Pr 10.

Personne ne peut obliger autrui si ce n'est par un accord nécessaire de la
volonté des autres avec la sienne d'après | des règles universelles de la 213
liberté. Donc il ne peut en aucun cas obliger autrui si ce n'est par l'intermédiaire de la propre volonté d'autrui.

6955. υ ? (μ ? ρ ?) Pr 11. À propos du début du § 28 :

Toutes les lois morales doivent être certaines. Les *subsomptions* peuvent être vraisemblables.

Le probabilisme à l'égard de ce qui est permis est mauvais.

6956. υ ? (μ ? ρ ?) Pr 12.

L'expression : nous devons faire ceci ou bien omettre de le faire, représente un motif que nous nous imposons et qui favorise en réalité les actions. Ainsi, ce que nous nous reprochons souvent d'avoir fait précipitamment et par inadvertance ne signifie pas toujours que nous aurions pu l'éviter, mais cela représente un motif imprégné en nous et qui, lorsque pris universellement, nous aide bien à éviter les erreurs.

1. C'est-à-dire dans leur projection possible comme autant de lois universelles, réalisant l'accord de tous les arbitres. Seule cette élévation à la forme d'une loi confère une valeur morale à l'action, hors de toutes considérations particularistes ou privatistes.

6957. υ ? (μ ? ρ ?) Pr 12.

Dans tout ce qui est pratique, il y a une idée, que l'on n'atteint pas, et lorsqu'on s'en rapproche, cela veut dire : on se satisfait soi-même.

Il est mauvais de se satisfaire facilement soi-même, ou de tirer son agrément de son idée, en ce que par là on corrompt celle-ci ; car nous ne créons pas nous-mêmes l'idée, mais elle est donnée en nous.

6958. υ ? (μ ? ρ ?) Pr 14.

Nos actions ne doivent pas être assujetties aux mobiles, aux attraits ou aux dissuasions de la sensibilité, car ceux-ci ont toujours une relation privée à l'utile. La règle des actions par laquelle, lorsque chacun agit d'après elle, la nature et l'arbitre chez les hommes sont universellement en accord avec le bonheur, est une loi de la raison qui exprime dès lors la moralité.

Lorsque la raison est uniquement au service des sens, c'est-à-dire lorsqu'elle se voue à l'accomplissement de leurs exigences, nous nous trouvons alors dans une plus grande contradiction avec nous-mêmes et avec autrui que les animaux eux-mêmes qui sont régis par l'instinct, lequel est en harmonie avec leurs besoins, alors que la raison choisit certains
214 objets non pas d'après la somme | des sensations, mais d'après une illusion entretenue par une fantaisie arbitraire. Or, puisque la moralité repose sur l'idée du bonheur universel qui découle de la libre conduite, nous sommes obligés de penser la cause et le gouvernement du monde d'après une idée, à savoir d'après l'idée de ce qui harmonise tout ou de ce qui, par l'effort harmonieux en vue du bonheur, nous procure ce bonheur même ; car sinon l'idée morale n'aurait en attendant aucune réalité et serait un simple concept sophistique [1].

La nature doit être envisagée comme une idée, laquelle est chez le créateur l'archétype, mais qui est pour nous la norme. Il ne peut y avoir rien de plus solide et de justifié en vue de la prescription de nos actions que de mettre au fondement l'idée suivant laquelle nous existons de telle sorte que

1. Cette réflexion est tout à fait décisive. À la suite de la R. 6892, elle précise que le souverain Bien est impensable sans la condition d'un sage Auteur du monde, qui nous assure qu'il n'y a pas entre la nature et la liberté, entre la sensibilité et la raison, entre le bonheur et la vertu, un gouffre qui rendrait absurde l'idée même de la morale, puisque la prescription catégorique de celle-ci ne peut pas éluder la perspective du bonheur. La vertu est ce qui nous rend dignes d'être heureux, mais en cette vie, la tension entre les multiples représentations subjectives du bonheur et la loi morale objective reste entière. Ce n'est que sous la supposition et sous le postulat de Dieu comme ultime garant de l'unité du sensible et du suprasensible en tant qu'unique système de fins que l'espérance du souverain Bien demeure crédible.

nous ne sommes pas déterminés par la nature et rendons libre notre arbitre afin qu'il agisse simplement selon cette idée, parce que nous sommes, pour ainsi dire, constitués de la sorte, à partir de notre propre préférence.

6959. υ ? (μ ? ρ ?) Pr 14. Dans le § 32, à propos des troisième et quatrième phrases :

L'opposition réelle dans l'élément pratique est lorsque j'agis soit à l'encontre de la fin, ou simplement à l'encontre de la raison législatrice, en conséquence lorsque j'empêche l'effet qu'elle pourrait produire comme principe de détermination, c'est-à-dire lorsque j'œuvre à son encontre.

6960. υ ? (μ ? ρ ?) Pr 15. Au-dessus et à côté du § 34 :

La liberté est une absence subjective de lois [1]. On ne sait pas d'après quelle règle on doit juger ses propres actions ou les actions d'autrui. Des inspirations, un goût particulier, des fantaisies méchantes ou vides peuvent engendrer des effets auxquels nous n'étions pas préparés. Par conséquent, elle embrouille. Toute la nature est embrouillée lorsqu'elle ne se soumet pas elle-même à des règles objectives, lesquelles ne peuvent être rien d'autre que les conditions universelles de l'accord avec la nature en général. Voilà pourquoi sans lois morales l'homme lui-même est plus méprisable que l'animal et encore plus détestable que lui. Celui qui ne se conduit pas d'après des lois objectives doit être contraint par des lois physiques.

|**6961**. υ ? (μ ? ρ ?) Pr 15. À côté des phrases 2 à 4 du § 34 : **215**

En plus de l'accord avec la nature, la volonté libre doit s'accorder avec elle-même quant à l'indépendance intérieure et extérieure à l'égard des impulsions. Sans la moralité, la folie et le hasard règnent sur le sort humain.

6962. υ ? (μ ? ρ ?) Pr 15. À côté de la fin du § 34 et du § 35 :

La condition pratique de la raison est : que toute action se range sous des règles universellement valides. La liberté est, considérée du point de vue de la nature, une absence de loi, et donc comme une constitution physiologique, comme un simple jeu des inclinations ; mais si elle doit être objective, c'est-à-dire considérée du point de vue de la raison, alors elle doit avoir des règles universellement valides.

1. Il peut sembler étrange que Kant définisse soudainement la liberté comme une absence de loi. Mais c'est que la liberté peut être considérée doublement, soit selon la nature, face à laquelle elle semble en effet être le contraire d'une loi, soit selon la raison pratique, pour qui elle renferme au contraire une législation qui lui est propre. Voir R. 6962.

6963. φ ? (ρ–σ ?) Pr 15. Au-dessus et dans le § 35 :

Ce qui est la condition nécessaire de l'accord de nos désirs (immanents et transitoires) les uns avec les autres plaît nécessairement et est le *principe formel* de toutes nos actions.

6964. υ ? (μ ? ρ ?) Pr 16.

La joie morale peut être plus grande que la joie égoïste, bien que nous choisissions le plus souvent cette dernière. Celle-ci a davantage en elle ; celle-là est de telle sorte que davantage est contenu sous elle. La joie physique a davantage en contenu, la joie morale, en validité et en étendue. Je peux dire en toute vérité que je me réjouis davantage lorsqu'un homme digne et dans le besoin gagne le gros lot à la loterie que si cela m'arrivait à moi. Car cette joie résulte d'un amour et d'une communion que j'estime davantage, parce qu'elle possède une valeur plus universelle.

6965. υ ? (μ ? ρ ?) Pr 16.

La satisfaction prise dans le bonheur du tout est réellement une aspiration d'après les conditions de la raison en vue de notre bonheur. Car je ne peux pas espérer être heureux si je dois avoir quelque chose de particulier et si le destin doit avoir avec moi une relation particulière.

216 | **6966**. υ ? (μ ? ρ ?) Pr 16.

Tous les devoirs envers soi-même concernent la dignité intérieure.

6967. φ ? (λ–ρ ?) Pr 16. Dans le § 37 :

La moralité doit être jugée à partir des conséquences universelles, et non privées et contingentes, par exemple mentir, et donc *à partir des conséquences essentielles* [1].

Ce par quoi le libre arbitre, pris universellement, se contredit lui-même, est le *vice essentiel*, et la *conséquence* : *le malheur nécessaire.*

Cependant, il manque encore la *nécessitation par cette universalité.*

1. Cette réflexion ne laisse pas d'étonner, puisque la moralité y est jugée d'après les conséquences qu'elle engendre. Mais il faut sans doute se garder de donner une interprétation strictement conséquentialiste à ce passage, qui de toute façon ne cadre pas avec la pensée constante de Kant durant cette période. Ce que Kant veut dire, c'est que seule la maxime qui peut être érigée en loi universelle de la nature peut être jugée compatible avec l'agir moral. Or on comprend que cette forme légale de l'agir moral engendrera des effets, des conséquences valant eux-mêmes universellement, contrairement aux actions qui procèdent de considérations privatistes et qui engendrent des conséquences privées ou contingentes. Dans le même sens, voir la R. 6968.

6968. φ ? (λ–ρ ?) Pr 16. Dans le § 37 :

Ce ne sont pas les conséquences physiques des actions, lesquelles rejaillissent sur le sujet, qui forment la moralité, mais la constitution intérieure ; la bonne conduite resplendit davantage sur le noir fond du malheur.

6969. υ ? (μ ? ρ ?) Pr 17.

La première question est : pourquoi une certaine conformité à la règle des actions rend-elle digne du bonheur ?

La seconde question est : pourquoi devons-nous agir de façon à nous rendre dignes de ce bonheur si on ne présuppose aucun Être qui distribue le bonheur selon la dignité ?

Puisque notre bonheur est seulement possible par l'accord du tout avec notre volonté naturelle universelle et que nous ne pouvons gouverner le tout, alors nous considérons le tout comme soumis à une volonté universellement valide, qui comprend tout en elle, et l'accord de notre volonté avec [interruption].

6970. υ ? (μ ? ρ ?) Pr 17. À côté du § 38 « *Comme – probablement* » :

La présupposition d'une volonté ne peut nous promettre que le bonheur.

6971. υ ? (μ ? ρ ?) Pr 17.

Le bonheur, qui est seulement possible par la relation de tout ce qui est dans le monde avec la volonté privée de la personne, est aussi simplement possible ([g] dans un tout) selon une idée. En cela, cependant, la volonté privée de chacun | doit être contenue, et conséquemment, seule une volonté 217
universellement valide peut procurer le principe de l'assurance du bonheur. Aussi, soit nous ne pouvons pas du tout espérer être heureux, soit nous devons mettre nos actions en accord avec la volonté universellement valide. Car en ce cas, nous sommes seuls capables du bonheur selon l'idée, c'est-à-dire la représentation du tout, et puisque cette capacité est une suite de notre volonté libre, nous en sommes dignes. L'étendue de notre bonheur repose sur le tout, et notre volonté doit se substituer à l'*originaire*.

6972. φ ? (ρ–σ ?) Pr 17. Dans le § 39 :

Seul est bien ce qui plaît conditionnellement ou inconditionnellement au jugement universel.

Impératifs tautologiques.

1. *La question du jugement: qu'est-ce que le bien?* 2. *Celle de l'exécution : pourquoi ce bien doit-il être fait par moi*[1] ?

Ne fais pas ce qui t'est agréable ou ce qui t'est utile, mais ce qui est bien, c'est-à-dire ce qui plaît dans un rapport universel.

6973. υ ? (μ ? ρ ?) Pr 18.

Pourquoi le désir naturel universel (pour le bonheur) selon l'idée est-il sous la volonté originelle suprême aussi bien de la nature que de la liberté, et lui est-il lié comme sa condition ? Nous nous représentons en effet que doit arriver ce que nous demanderions selon notre arbitre impartial, si les autres étaient soumis à notre volonté. Leurs volontés devraient s'accorder les unes avec les autres et avec notre volonté suprême. Nous demanderions qu'ils se conduisent eux-mêmes en conformité avec l'idée de leur existence, que toutes les volontés aient une unité.

Le bonheur ne peut se rencontrer que chez des êtres pourvus d'entendement. La liberté est le premier *principe* du contingent. La manière d'être heureux dépend du libre choix.

218 | **6974**. υ ? (μ ? ρ ?) Pr 18.

S'agissant de nous-mêmes, nous avons un plaisir sensible à l'égard de ce que nous subissons, et un plaisir intellectuel à l'égard de ce que nous faisons (mais non en raison d'une inclination), donc de ce que nous faisons d'après une idée de la préférence humaine soit originaire, soit universelle.

6975. υ ? (μ ? ρ ?) Pr 18.

L'homme en tant qu'être qui possède l'entendement doit être à ses propres yeux très insatisfait lorsque son entendement est soumis aux inclinations et ne se range pas sous une règle en ce qui a trait à sa fin. Cette règle doit être une règle de la raison, c'est-à-dire *a priori*, et soumettre l'homme à la fin universellement valide, car ce n'est que sous cette condition que son bonheur peut avoir une règle.

6976. υ ? (μ ? ρ ?) Pr 18.

Lorsque j'ai écarté tout avantage, toute visée personnelle et que mon auditeur observe, et avec une plus grande intensité, la force motrice de la

1. C'est dire que la morale véritable doit être à la fois un *principium diiudicationis* et un *principium executionis*, une règle objective du jugement et un motif qui nous incite à agir selon cette règle. Ce sera l'un des problèmes les plus difficiles qu'affrontera Kant : comment expliquer qu'une règle purement rationnelle du jugement puisse en même temps produire le motif de l'action, sans considération de quelque avantage ou intérêt ?

moralité : alors il s'en trouve touché. C'est une admiration qui renferme un grand respect pour de telles lois suprêmement nobles.

6977. υ ? (μ ? ρ ?) Pr 19.

Le principe moral est le motif des actions découlant des fins originaires des êtres raisonnables, c'est-à-dire de ces fins par lesquelles seule leur existence est possible. Tout ce qui y contredit, contredit ces fins elles-mêmes, car cela s'oppose au *principe d'être* de celles-ci. Si le bonheur ne peut être qu'une œuvre des êtres raisonnables les uns envers les autres, c'est alors leur devoir ou leur fonction propre d'y pourvoir. Ils existent dans le but d'avoir soin de la fortune d'autrui en même temps que de la leur. Les fins spontanées constituent encore un plus grand motif. Car l'accord des volontés est une condition nécessaire de l'unité des volontés, ce qui est la forme essentielle du monde intelligible.

| **6978**. υ ? (μ ? ρ ?) Pr 19. **219**

Il y a au fondement de tout ce qui est une idée. Je dois fonder les actions humaines sur une idée propre.

6979. υ ? (μ ? ρ ?) Pr 19. À côté et entre les § 41 et 42 :

La morale ne dit pas que je dois préserver la vie, mais bien que je dois préserver ce qui seul me rend digne de vivre. Mais je ne serais pas digne de la vie si je rejetais celle-ci, et si je plaçais la valeur de la vie en-dessous de l'agrément de la vie.

([g] Non pas préserver la vie, mais préserver ce par quoi on est digne de la vie, même au prix du sacrifice de la vie. Par exemple : confesser un crime scandaleux sous l'effet de la torture).

On n'a qu'un droit négatif sur la vie, à savoir de laisser libre cours au moyen qui n'est pas permis de sa préservation, mais aucun droit positif d'utiliser la perte de celle-ci comme un moyen.

6980. υ ? (μ ? ρ ?) Pr 19. À propos du § 43 :

Perfectionne-toi signifie : accrois tous tes pouvoirs et toutes tes forces, mais de manière proportionnelle. D'abord et avant tout la force directrice de leur usage : l'arbitre libre et raisonnable.

6981. φ. Pr 19. Dans le § 43, à propos des première et deuxième phrases :

Il y a plusieurs perfections prises comme moyens, mais une seule perfection prise comme fin totale.

6982. φ ? (ρ–σ ?) Pr 20. Entre les § 43 et 44 :

L'exactitude morale est : lorsqu'on ne se sert pas des permissions morales. Rigoureusement : quand on ne se les permet pas.

6983. φ ? (ρ–σ ?) Pr 20. Dans le § 44 :

Sois affecté pour le bien, et non simplement par le bien, c'est-à-dire comme acteur, et non simplement comme spectateur.

6984. υ ? (μ ? ρ ?) Pr 21. À propos du § 45 « *vit conformément à la nature* » :

Indique la règle de la *philosophie morale appliquée* et ce qui appartient
220 à la | perfection d'un sujet ; tous les *principes* empruntés à la nature sont empiriques et ne relèvent donc pas de la *philosophie pure*.

([g] La perfection essentielle des choses ne peut être connue qu'à partir de leur nature.)

6985. φ. Pr 21. À propos du § 45 « *vit conformément à la nature* » :

Cette règle vaut beaucoup pour les devoirs envers soi-même et en général là où les concepts universels de la raison ne sont pas suffisamment sus. Par exemple : la monogamie.

6986. φ. Pr 21. À propos du § 46 « *Vis conformément à la nature* » :

à l'unité de la nature. Accorde-toi avec la nature, et la nature s'accordera avec toi.

6987. υ ? (κ ? μ ? ρ ?) Pr 19. À propos de la conclusion du § 48 : « *Aime le meilleur, autant que tu le peux* » :

C'est une règle universelle de la *philosophie pratique appliquée*. La règle morale est une règle de la volonté pure ; elle concerne ainsi les actions pour lesquelles on peut ou non avoir une inclination ; en fait, elle concerne même une demande de produire une inclination, et affirme donc ici : cherche aussi à produire une inclination pour le bien. ([s] Seulement des principes de jugement, non d'exécution).

6988. φ ? (κ–ρ ?) Pr 22. À côté du § 49 :

On exige du philosophe moral :

1. des doctrines du jugement moral, de connaître ce qui est bien et mal, ce qui est digne d'aversion, et par conséquent les principes de l'approbation et de la désapprobation ;

2. des principes d'exécution, *des causes qui meuvent subjectivement*, afin que l'on aime vraiment ce qu'on approuve et qu'on ait vraiment en aversion ce qu'on trouve digne d'aversion ;

3. des prescriptions indiquant comment l'inclination peut être en accord avec les principes ou peut leur être soumise.

([s] Dans l'instruction morale, il ne doit jamais être fait mention de l'intérêt personnel en lien avec la règle morale ; car ainsi l'esprit est humilié, au lieu de | s'élever, de s'enthousiasmer et de s'ennoblir lorsqu'il 221
observe ses devoirs à partir des principes suprêmes du bien essentiel et universel. La simple expression d'aversion devant le mensonge fait beaucoup plus d'impression que tous les torts qu'on se représente ou que le mépris d'autrui dont on peut bien se cacher, mais auquel on ne peut échapper à ses propres yeux.)

6989. φ. Pr 22. Entre les § 48 et 49 et dans le § 49. Aussi à propos de la fin du § 48 :

Fais volontiers le bien. Cherche ton bonheur sous les conditions universellement valides de celui-ci, c'est-à-dire * celles qui tendent vers le bonheur et la liberté de chacun, et qui sont aussi valides pour les fins essentielles de la nature.

* ([g] L'action s'accorde avec toi-même et tes fins essentielles.)

Cherche ton bonheur sous la condition d'une volonté universellement valide (aussi bien pour toi-même que pour les autres, et ceci aussi bien pour l'inclination des autres que pour leur arbitre). Cette règle ne montre pas le chemin vers le bonheur, mais limite les efforts vers celui-ci aux conditions qui nous en rendent dignes, en ce qu'elle fait s'accorder un tel bonheur avec le système universel.

6990. φ. Pr 22. À propos du § 49 « *obligation universelle* » :

ou bien une règle qui oblige tous, ou bien une règle qui oblige chacun envers tous.

LA CONTRAINTE MORALE
§ 50-59

6991. φ ? (ο–ρ ?) Pr 22.

Dans une volonté naturellement bonne, les motifs moraux sont des principes de nécessité, dans une volonté bonne de manière contingente, des principes de nécessitation, dans une volonté affectée par des inclinations, des principes de contrainte [1].

222 | **6992**. φ ? (ρ ?) Pr 22.

Certes, nous devons faire le bien de plein gré, mais nous devons souvent être contraints [2].

6993. υ. Pr 23.

Les *stimuli* sont les causes des *actions morales involontaires*. Par conséquent, seul Dieu est saint, l'être fini est vertueux et a besoin d'une *contrainte intérieure*.

6994. υ. Pr 23.

Lorsque *le jugement sur la force motrice du motif moral est entre mes mains,* alors la *contrainte morale* est *intérieure.*

Lorsqu'elle est dans *l'arbitre d'autrui*, alors elle est *extérieure.*

6995. υ. Pr 23.

La *force* du *motif* moral *qui meut subjectivement* n'est qu'en proportion de la bonté de l'âme.

Le méchant est subjectivement *hors la loi*.

6996. υ. Pr 24.

On doit aussi reconnaître le droit des autres, quelle que soit leur culpabilité ; et même prendre sur soi leur innocence, dans le cas où ils sont innocents.

1. On comprend que pour une volonté bonne en elle-même, les motifs sont tout entiers unis à cette volonté et en expriment la nécessité. Il n'y a que pour des êtres finis, dont la volonté n'est pas identique à la règle objective de la morale, mais qui peut subjectivement y faire défaut par la préférence des penchants et des inclinations, que la morale revêt la forme d'un impératif qui commande catégoriquement. La différence que Kant introduit par ailleurs entre volonté bonne de manière contingente et volonté affectée par des inclinations n'est pas claire. Autant l'une que l'autre est en effet une volonté qui peut subjectivement se dérober à la règle morale objective, et doit donc se contraindre moralement selon une règle catégorique. Les R. 6999 et 7000 laissent entendre que cette distinction concerne la nécessitation externe de celui qui a une obligation de dette (et qui n'est pas moralement disposé à y satisfaire) et l'autocontrainte de celui qui a une obligation éthique (et dont le mobile n'est pas en accord avec cette exigence morale).

2. À lire avec la R. 6998.

6997. υ. Pr 24.

Le devoir d'entreprendre des choses communes avec les autres à cause de leur oppression est plus qu'un simple devoir de bonté.

6998. υ. Pr 24. 25.

Pr 24 :

On doit se contraindre soi-même à des actions prudentes et moralement bonnes. D'où les *impératifs*. La cause en est que l'arbitre est également sensible, et de là vient le premier mouvement. Plus on est en mesure de se contraindre, et même par une contrainte pragmatique, plus on est libre. Cette contrainte a lieu cependant *par stimuli*, mais *indirectement*, à savoir qu'on agit en accord avec la | réflexion. La contrainte morale est extérieure **223**
par l'arbitre étranger ; et lorsque Pr 35 : nous sommes libres à l'égard de celui-ci, alors il reste encore la contrainte intérieure ; libres de tout devoir de dette, nous pouvons encore être obligés ; celui qui ne fait rien de bien n'est pas digne du bien librement voulu par autrui. Celui qui fait le mal n'est pas digne d'être toléré ou épargné.

6999. φ. Pr 23. À propos des § 50 à 52 :

Est nécessité celui qui n'a pas en lui un *principe* moral suffisant ; contraint, celui qui a une impulsion contraire à ce principe.

7000. φ. Pr 23. À propos des § 50 à 52 :

La nécessitation est en fonction d'une action pour laquelle nous ne trouvons en nous-mêmes aucun mobile ; la contrainte, pour laquelle il y a des mobiles qui lui sont contraires.

La contrainte légale est pathologique, mais est une contrainte conforme à l'obligation.

7001. φ. Pr 23. À propos des § 51 et 52 :

La volonté humaine est pathologiquement libre, mais non pas entièrement libre moralement.

7002. φ. Pr 23. À propos des § 51 et 52 :

Des actions moralement nécessaires, mais qui ont lieu de plein gré, sont moralement libres.

L'obligé n'est pas libre.

Mais dans la mesure où il est obligé non pas *passivement*, mais *activement*, il est libre *extérieurement*. Il est libre *intérieurement*, lorsqu'il n'est pas nécessité *absolument*, mais seulement *par le degré de bonté*.

Lorsque l'obligation *disparaît, l'obligé est libéré.* La contrainte pragmatique de soi n'a certes aucune valeur morale, mais elle exerce toujours une discipline de la sensibilité et est propédeutique à l'égard de la moralité, en ce qu'elle accroît la puissance de l'arbitre supérieur sur les impulsions sensibles.

7003. φ. Pr 25. Dans le § 55 :

La contrainte envers soi-même est ou bien pragmatique, ou bien morale. Les motifs de l'intellect s'opposent toujours aux stimuli.

224 | **7004**. φ. Pr 26. 27. Dans le § 56 (deuxième moitié) :

Pr 26 :
Obligation par devoir ou par contrainte.
La nécessitation morale par l'arbitre d'autrui.
L'obligation est ou bien spontanée ou bien contrainte. ([s] Pr 27 : Celui qui ne peut être contraint moralement doit l'être pathologiquement. Ce dont le motif est l'extorsion n'est pas juste.)
Pr 26 :
Nous sommes nécessités par la volonté commune.
Nous sommes empêchés par le manque ([g] nécessaire) de la volonté commune : conflit.
Ce qui est possible par la forme de la volonté commune est juste ; ce qui est possible par la matière du bonheur commun est [interruption]
([g] Le premier s'accorde avec la forme, le second avec la matière de la volonté de chacun.)
Le devoir de dette est le devoir auquel nous sommes moralement contraints par autrui ; voilà pourquoi la contrainte pathologique est aussi permise.
On peut non seulement être contraint à l'*obligation extérieure*, mais aussi, lorsqu'on la transgresse, être puni ; ceci découle de cela.

7005. φ. Pr 26. Dans le § 57 :

Le besoin d'autrui ne limite pas mon droit. Personne ne peut m'affranchir de mon devoir de dette, si ce n'est autrui ; la tache de l'injustice est indélébile. Quelque chose d'humiliant ; contre cela, non pas la dureté du cœur.

Chacun cherche son bonheur, comme il le peut, mais seulement de telle sorte qu'un arbitre s'accorde avec des conditions universellement valides.

7006. φ. Pr 27. Dans le § 58, à propos du début :

Celui qui possède un droit envers quelqu'un peut lui nuire dans toutes ses joies, l'éloigner de l'autel. Toute puissance du ciel est du côté du droit.

| **7007**. φ. Pr 27. **225**

La contrainte pratique externe est la *détermination par l'arbitre d'autrui*. La contrainte morale selon des lois universelles.

7008. φ. Pr 27. Dans le § 58 (deuxième moitié) :

On ne doit implorer personne pour son droit, ne pas implorer la *clémence*, mais s'en tenir à l'obligation. Respect devant le droit d'autrui.

On peut le pousser à la droiture.

Des actions éthiquement bonnes sont méritoires.

Le pouvoir de contraindre est la force.

Un homme d'un bon naturel n'est pas pour autant un homme bon, par exemple celui qui est bienfaisant, mais qui est un mauvais payeur.

7009. φ–ψ. Pr 27-29. Dans les § 59 à 61 :

Pr 27 : *L'obligation est soit active* (g *de mérite) soit* passive* (g *de dette). (*g *La première par la situation, la seconde par l'arbitre d'autrui).* La dernière soit *seulement extérieurement en droit* ou bien *valide extérieurement (arbitre).* Celle-là équité, celle-ci droit strict. L'arbitre valant extérieurement est celui dont on peut être extérieurement sûr de l'accord commun. Par exemple : un *homme d'affaires* qui, à son préjudice, accomplit quelque chose à mon avantage. Un serviteur qui par mégarde brise quelque chose, ou un artisan qui brise mon bol de porcelaine. L'équité n'a pas de loi déterminante. Le droit strict a l'autorité de contraindre.

Pr 28. Dans le § 60 :

*(g *L'obligation passive** par l'arbitre d'autrui concerne le droit d'autrui ; et l'obligation active (*g Pr 29 : *la volonté nécessitante de celui qui oblige par son arbitre est appelée droit) Pr 28: par son arbitre | est le droit ; l'obligation passive par l'arbitre* **226** *d'autrui est la dette. Il y a le droit au sens strict et le droit au sens large (extérieur ou intérieur). Le premier est l'obligation déterminée par l'arbitre d'autrui. Le second est l'obligation vague par l'arbitre d'autrui. Le premier est contraignant, le second est intérieurement nécessitant, c'est-à-dire devant la conscience.*

L'obligation passive, mais non par l'arbitre d'autrui, est la gratitude ; l'obligation active est la bienveillance.)

Pr 29. ** (g [L'obligation] *est ou bien définie ou bien indéfinie. La première, par l'arbitre de l'obligeant est la dette, et la nécessitation par l'arbitre d'autrui du côté de l'obligeant est le droit, du côté de l'obligé est la dette. Le droit valide extérieurement est strict ou contraignant, le droit valide intérieurement est l'équité.*)

7010. φ. Pr 28.

Pour toutes les obligations issues de devoirs facultatifs, je puis prendre en compte mon propre désavantage, mais pas dans le cas du devoir de dette.

7011. φ–ψ. Pr 28.

L'obligation par l'arbitre d'autrui définie strictement (extérieurement) est l'obligation stricte, à laquelle répond le droit contraignant.

Si elle est indéfinie extérieurement, elle est le droit au sens large : l'équité.

7012. φ–ψ. Pr 29.

Toute obligation ([g] envers un autre) est ou bien indéfinie ([g] à l'égard de la personne ou de l'action) *ou bien définie. La première est morale, la seconde est juridique ; celle-ci au sens strict ou au sens large. Dans le premier cas, elle est valide extérieurement, dans le second cas, elle est valide seulement intérieurement.*

7013. φ–ψ. Pr 29.

L'obligation indéfinie tant active que passive est [morale] éthique (par l'arbitre propre).

7014. φ. Pr 29.

L'obligation éthique passive est infinie, mais est plus petite que l'obligation définie. Toute obligation qui découle du droit d'autrui est
227 passive. | L'*obligation éthique* est comparativement toujours active, c'est-à-dire méritoire. Mais en elle-même ou bien active, ou bien passive.

Le *droit au sens strict* dit seulement ce qui est juste, c'est-à-dire ce qui doit arriver relativement à l'*arbitre commun* ([g] problématiquement). La *nécessitation subjective* est ici pathologique. L'éthique affirme qu'il est bon, c'est-à-dire nécessaire à partir de *motifs intérieurs*, d'agir de manière juste. Voilà pourquoi le droit se range sous la moralité.

LA LOI
§ 60-75

7015. φ ? (ρ ?) Pr 28. Au-dessus du § 60 :

Des lois pratiques objectives. De l'obligation d'agir conformément à celles-ci. C'est-à-dire de l'obligation interne.

7016. υ ? μ ? (κ ?) (ρ ?) Pr 28. À côté du § 60, 1. 2. :

Certaines [actions] concernent la rectitude du libre arbitre, qui ne concernent pas la perfection : d'un côté, les actions sont justes, de l'autre, elles sont conformes à la perfection. D'où l'idée pure du droit et l'idéal de perfection.

Honnête, franc, droit, fiable.

7017. υ ? μ ? (κ ?) (ρ ?) Pr 28.

Quiconque est indécis dans le choix entre le droit et l'utilité, quiconque attribue à son mérite une action de probité n'est pas un homme juste. Celui qui est indécis entre le juste et la bonté du cœur est un homme bon mais faible. A-t-il déjà de tels principes, alors il n'est pas un homme résolu.

7018. υ ? μ ? (κ ?) (ρ ?) Pr 29.

Toutes les lois sont ou bien des lois de la nature, ou bien des lois de la liberté ; | celles-là sont physiques, pathologiques ou pratiques. 229

([g] *physico*-mécaniques ou *physico*-pneumatiques) ([g] principes subjectifs – principes objectifs)

La loi pratique est ou bien pragmatique, ou bien morale.

L'homme est libre de la contrainte pathologique.

([g] les règles pratiques sont ou bien : 1. *des conseils*, pragmatiques ; 2. *des avertissements*, éthiques ; 3. *des lois*, juridiques.)

7019. υ ? μ ? (κ ?) (ρ ?) Pr 30. Au-dessus et à côté du début du § 63 :

Lorsque je demande : dois-je ou non mentir ?, il n'est alors pas question d'un motif, mais bien de la règle. Mais si je demande : dois-je ou non manger ?, il n'est alors pas question de la règle, mais bien du motif. Pour les motifs sensibles, je n'ai jamais besoin de la règle pour agir, mais bien de l'impulsion. De là la règle peut être tirée. Mais pour les motifs moraux, j'ai besoin de la règle.

7020. υ ? μ–ρ ? Pr 29.

Lorsque le motif n'affecte pas la règle, alors celle-ci est une règle inconditionnée. La règle inconditionnée de l'arbitre est une règle morale. Les *impératifs* sont catégoriques.

Lorsque le motif affecte la règle, alors celle-ci est ou bien une règle universelle de l'amour-propre (pragmatique), ou bien une règle des inclinations particulières de l'amour-propre (problématique), laquelle ne vaut pas pour tous, mais est restreinte. La cause motrice qui fait que nous agissons sans règle est le *stimulus*.

7021. υ ? μ–ρ ? Pr 30.

En général, toute inclination ne fournit que des règles d'habileté pour leur satisfaction. Lorsque ce sont les inclinations qui donnent le principe, alors il n'y a pas du tout de lois. Notre liberté doit se ranger sous des lois, conséquemment n'être subordonnée à aucune inclination pour quelque plaisir, car sans loi et par la simple inclination, aucune harmonie ni unité n'est possible dans nos actions.

7022. υ ? μ–ρ ? φ ?? Pr 29.

Parmi tout ce qui plaît, ce qui engendre la plus haute satisfaction doit être ce par quoi toute satisfaction se range sous une règle. La règle de complaisance satisfait elle-même le plus, car elle subordonne le plus le plaisir à l'usage de la liberté. Ici la règle n'est pas une règle particulière, mais la règle de l'arbitre en général d'après les conditions du plus grand accord avec la liberté.

7023. υ–φ. Pr 29. À propos du début du § 62 :

Règle conditionnée et inconditionnée.
Médiate et immédiate.

7024. υ ? μ ? (κ ?) (ρ ?) Pr 30. À côté du § 64 :

La compétence morale produit *des choses indifférentes de droit*, le droit, des *choses nécessaires*.

1. Car ma volonté n'est tout simplement pas nécessitée par autrui.
2. Car elle nécessite même la volonté d'autrui.

Possibilité d'après la règle du droit. Impossibilité et nécessité.

7025. υ ? μ ? (η ?) (ρ ?) Pr 30.

Le droit est de deux sortes : ou bien négatif, pour autant qu'en lui je n'agis pas injustement envers autrui, (^{g}2) ou bien positif, dans la mesure où autrui commettrait une injustice s'il omettait d'agir.

Le premier cas signifie : dans la mesure où autrui ne peut pas m'empêcher d'agir ; le second cas : dans la mesure où autrui est obligé d'agir.

7026. υ ? μ ? ρ ? Pr 31.

Le droit consiste dans le principe de la limitation de la liberté de chacun par les conditions de la validité universelle de l'arbitre de tout un chacun.

Le droit est ou bien *permissif*, ou bien *obligeant*.

| **7027.** υ ? μ ? ρ ? Pr 31. 230

Les principes empiriques de notre choix n'ont pas de certitude, parce qu'ils n'ont pas de fil conducteur universel et que par là des contradictions peuvent survenir entre eux. La règle de leur accord : la plus haute est l'unité dans un tout. La plus extrême insatisfaction est lorsque tout est abandonné simplement aux sens et qu'on ne rencontre aucun gouvernement de la raison.

7028. υ ? μ ? ρ ? Pr 31. À côté du § 65 :

Ma volonté ou bien ne va pas à l'encontre des *règles de droit*, ou bien est nécessaire par elles, ou bien contraint autrui par elles.

On peut agir injustement sans commettre d'injustice envers autrui. On peut commettre une injustice envers autrui sans l'offenser, c'est-à-dire sans qu'autrui puisse contraindre.

7029. υ ? μ ? ρ ? Pr 31.

La raison seule ne peut donner aucune fin, ni aucun mobile ; c'est la raison, cependant, qui limite toutes les fins sans distinction, de sorte qu'elles se rangent sous une règle unique et commune. Elle seule détermine les conditions sous lesquelles le libre arbitre se range sous une règle indépendante. Car les pulsions, le goût, les inclinations ne possèdent pas d'accord et ont besoin d'une règle.

La raison génère ici une satisfaction *a priori*, c'est-à-dire une satisfaction qui survient même lorsque l'objet n'est pas comparé avec mon inclination ou avec la satisfaction de mes pulsions, parce qu'alors mes inclinations en général sont contenues sous l'universel. Que cette considération de la satisfaction *a priori* ou dans l'universel ait préséance repose sur

le fait que le *principe* de l'ordre et de la forme est essentiellement nécessaire et vient en premier, sans quoi il n'y a pas de cohésion entre mes plaisirs privés, ni entre ceux-ci et ceux des autres. Le régulatif vient en premier et rien ne doit y contredire ; autrement, il n'y a pas de cohésion dans le multiple, aucune sécurité. Tout est tumultueux. La satisfaction
231 *a priori* subsiste avec | cela même qui procure un ordre à tout ce qui peut plaire, afin d'en faire ainsi un tout.

7030. υ ? μ ? ρ ? Pr 32.

Les lois absolues ([g] *a priori*) sont des sanctions ; ainsi la morale ne fournit pas des règles, mais des sanctions. La doctrine de la prudence fournit quelques lois en lesquelles il nous faut placer le bonheur ; et par le fait même des règles pour y parvenir.

7031. υ ? μ ? ρ ? Pr 33. À côté du milieu du § 68 :

Par la *loi impérative* une action est nécessaire, par la *loi prohibitive*, une action est impossible, par la *loi permissive*, une action est possible, c'est-à-dire qu'elle est une *chose moralement indifférente*.

7032. φ. Pr 28.

La règle concerne des actions d'entendement possibles. Moyens.
La loi concerne ce qui doit arriver.
Les normes sont des règles qui ici déterminent.
La prudence a des règles. La moralité, des lois apodictiques.

7033. φ ? ψ ? Pr 29. Dans le § 61 :

Les impératifs moraux peuvent seuls s'appeler des lois, et sous celles-ci la rigueur [interruption].

7034. φ ? ψ ? Pr 30. Entre les § 62-63 :

Lorsque quelqu'un vend quelque chose qu'il a volé, alors il cède à autrui son droit relatif. Il n'est pas question ici du droit absolu envers autrui.

7035. φ. Pr 30. Dans le § 64, à propos du début :

Le droit des actions est ou bien la rectitude ou bien la justice.

7036. φ ? Pr 30. Dans le § 64 :

Ce qui est conforme à une règle est juste. La règle est que l'action soit déterminable par l'arbitre commun, ou qu'elle puisse, prise de manière universelle et réciproque, servir de règle pour la nécessitation des arbitres entre eux.

Ce qui s'accorde avec une règle du jugement (théorique) est exact. Ainsi la solution d'un problème est-elle exacte. Il reste à savoir | sous 232
quelles conditions ([g] universelles) les arbitres peuvent se nécessiter de manière réciproque. Dans le cas du droit, tout doit être déterminé et certain. Une bonne action pourrait être Pr 31 : meilleure, mais une action juste ne pourrait pas être plus juste.

7037. φ ? υ ? Pr 31.

L'avantage et l'amour-propre ne constituent pas en soi un fil conducteur, mais seulement dans la mesure où ils suscitent des plaisirs ; il doit en outre y avoir un *principe* du jugement.

Une règle empirique est celle dont la condition est empirique et qui aussi ne relève que du jugement des sens. Par exemple, ce qui te procure le plus de plaisirs, le plus grand avantage.

Les règles empiriques ne sont pas des lois, parce qu'elles n'ont aucune véritable nécessité ni universalité.

7038. φ ? ψ ? Pr 31. Dans les § 65 et 66 (première moitié) :

Division. Tous les devoirs sont ou bien extérieurs: envers d'autres hommes, ou bien intérieurs : c'est-à-dire non pas envers d'autres hommes (lesquels donc ne peuvent pas être exigés ou réclamés par d'autres hommes). Tous ces devoirs sont ou bien passifs, ou bien actifs. Les devoirs passifs [extérieurs] le sont par l'arbitre d'autrui. Les devoirs actifs : sans les considérer comme déterminés par l'arbitre d'autrui. Les devoirs actifs et extérieurs sont des devoirs libres, les passifs sont des devoirs de contrainte envers les hommes. Le devoir actif et intérieur est un devoir envers soi-même. Le devoir passif et intérieur est un devoir envers le législateur universel. À l'égard de Dieu, tous nos devoirs sont passifs. Si donc j'exclus ceux-ci, il ne reste alors que les devoirs de dette, de mérite et de convenance. Est moralement convenable ce qui est conforme à la dignité d'un être raisonnable. Envers Dieu, nous n'avons pas d'autres devoirs que des devoirs passifs, non seulement moralement, mais aussi physiquement (nous ne pouvons exercer un effet sur Dieu)[1]. Nos obligations actives

1. On part d'une conception quadripartite des devoirs pour aboutir subtilement ici à une conclusion tripartite. Tous les devoirs sont soit extérieurs, soit intérieurs. Et ces deux genres du devoir sont ou bien passifs, ou bien actifs. En clair: le *devoir passif et extérieur* est nécessité par l'arbitre d'autrui : la dette que je dois lui rembourser ; le *devoir actif et extérieur* est un devoir libre envers autrui : venir en aide à autrui qui est dans le besoin. Le *devoir actif et*

envers d'autres hommes sont méritoires. Mais celles envers nous-mêmes sont de dette, bien qu'elles ne soient pas des devoirs de contrainte. Ceux-ci sont donc des devoirs de dette envers autrui.

7039. φ ? Pr 32. Au-dessus et dans le § 67 :

En quoi avoir droit (g *chose de la faculté pure*) de faire quelque chose,
233 ou bien : | avoir un droit de faire et de s'abstenir, c'est-à-dire de faire usage d'un objet de mon arbitre, est permis.

7040. φ ? (ξ ?) Pr 33. À côté et dans le § 69, à propos du début :

*La volonté universelle donne la loi, car sans celle-là la liberté, prise comme un tout, est une absence de loi et donc sans règle, et par là la raison ne peut rien déterminer dans l'agir.

Même à notre propre égard, nous avons besoin d'une volonté universelle et suprême, car sinon le divers des inclinations n'aurait aucune règle *a priori*. Mais la volonté est [interruption].

* (g Mais cette règle universelle est l'*hypothèse* universelle sous laquelle seule la volonté de l'homme peut être bonne.)

7041. υ. Pr 35. Dans et à propos du § 71 :

Nous devons comprendre la bonté absolue des lois divines afin de connaître *a priori* la volonté de Dieu et aussi de l'accomplir de plein gré.

7042. υ. Pr 37. Au-dessus et à côté du § 74 :

Il ne doit jamais être question du sentiment moral dans le cas du jugement (ce n'est pas une question de sens, mais de choix), mais uniquement dans le cas des actions ou des participations.

Intuition, sens et sentiment constituent toute la sensibilité.

7043. υ. Pr 38. À propos du § 75 :

La *lettre de la loi* est l'action elle-même (*matière*), l'*esprit* est la forme ou l'accord avec le motif. *L'esprit de la loi morale* est le motif moral. Celui

intérieur est un devoir envers soi-même : développer mes talents, ne pas attenter à ma vie, ne pas mentir, etc. Quant au *devoir passif et intérieur*, il concerne le devoir que nous aurions envers Dieu. Or Kant va conclure que nous n'avons pas directement de devoirs envers Dieu, mais plutôt un devoir de religion envers lui, au sens où nous devons considérer toutes les obligations envers nous-mêmes comme si elles étaient aussi exigées par Dieu, bien que la raison suffise par elle-même à nous les révéler. Dans le même sens, mais beaucoup plus tard, voir *Métaphysique des mœurs. Doctrine de la vertu*, § 18, Ak, VI, 443-444 ; OP, III, 734.

qui s'abstient d'agir simplement par crainte des peines ne satisfait à la loi que *pragmatiquement* et non *moralement*.

7044. υ. Pr 38. À propos du § 75 :

Les lois pragmatiques ont bien un sens, mais aucun esprit ; car elles ne concernent pas l'intention.

| **7045**. υ. Pr 38. À propos du § 75 : **234**

La lettre de la loi morale est l'action elle-même, *l'esprit*, le *motif moral*. Il commande la moralité des actions. Ce qui commande l'action est la loi civile.

7046. φ. Pr 38. À propos du § 75, « *Toute loi – principes matériels* » :

La loi elle-même est la première des prémisses, l'action subsumée est la seconde.

7047. φ. Pr 38. À propos du § 75 :

La *lettre de la loi morale* réside dans l'*effet* de l'arbitre, par exemple le bonheur que les hommes se procurent les uns les autres (et que Dieu n'a assurément pas servi comme but final à ce moyen, car autrement il aurait pu suppléer au défaut de celui-ci). L'*esprit de la loi morale* réside dans l'intention, c'est-à-dire dans le *motif moral*. Celle-ci est ce qu'il y a de plus noble. Il y va davantage ici d'être bien intentionné que du bien-être d'autrui, et le bienfait vaut plus que le bonheur. Celui qui inculque simplement la *lettre* de la loi religieuse, à savoir de s'abstenir de ce qui est l'objet des interdictions divines, le vol par exemple, et fait de la peine le *motif*, n'enseigne pas la religion mais la police. Les lois religieuses qui prescrivent les moyens sont simplement conformes au *motif* pragmatique de ceux-ci et non au motif moral, et les moyens ne sont que la *lettre de la loi divine*. L'*esprit* est l'intention vouée à Dieu.

L'EXPÉRIENCE DU DROIT
§ 76-86

7048. υ. Pr 39. À propos du début du § 77 :

Règle (g Prescription)*. *Loi*. *Règle*. *Maxime*.

* (g Le type *in concreto* de l'exécution, dans la mesure où il n'est pas connu *a priori* par la raison mais empiriquement, et dans la mesure où il n'a pas de vraie universalité.)

Les lois ou bien du droit ou bien morales.

235 | **7049**. υ. Pr 39.

Il y a deux principes de satisfaction dans les actions. : 1. l'accord avec l'objet du désir ; 2. l'accord des actions libres avec une règle de satisfaction en général, c'est-à-dire avec un principe universellement valide, par conséquent aussi l'accord de toutes les actions les unes avec les autres. Celui-ci est le *principe régulateur*, celui-là le *principe constitutif* de tout usage de la liberté [1]. Les *principes* du premier sont empiriques et les usages de la liberté ne s'accordent pas les uns avec les autres. La satisfaction éprouvée dans la conformité de toutes nos actions à la règle est la plus grande.

La dignité d'être heureux est la possibilité de prendre part au bonheur selon des lois universelles.

7050. υ. Pr 40.

Des devoirs des hommes à l'égard des actions : *le droit*. À l'égard des intentions, c'est-à-dire des motifs d'accomplir ces devoirs : *l'éthique*. Le motif est ici intérieur, là, il est la contrainte. *Les devoirs des actions selon la lettre ou selon l'esprit* (intentions), *ceux-ci, dans l'éthique*. Le devoir des intentions est moral. Toute moralité repose sur les intentions. Aussi lorsque je pose une action obligatoire, mais non par l'impulsion de la contrainte, mais bien par intention, alors l'*action* est *spontanée*, et ainsi elle est éthiquement bonne

Les intentions reposent sur la bonté intérieure ([g] nécessité) de l'action, les devoirs de contrainte sur la nécessité extérieure. Celle-là : que l'on mérite d'être contraint à cette action ; celle-ci : qu'on peut pourvoir une contrainte à l'égard de cette action et qu'elle est légitime.

7051. υ ? Pr 41.

Une action qui est nécessaire par l'arbitre universel est juridiquement nécessaire et est soumise à l'arbitre universel, et par conséquent à la contrainte.

1. Selon cette réflexion, la loi morale aurait donc un usage régulateur et non constitutif, ce qui peut paraître étrange dans la mesure où Kant affirme partout ailleurs que la raison pratique légifère pour la liberté et en referme le principe constitutif dans la loi morale. C'est qu'ici le constitutif est compris uniquement à partir des conditions constitutives de la nature. À cet égard la liberté n'est pas un principe constitutif, mais nous ne pouvons qu'en faire un usage régulateur en tentant d'élever notre conduite à la même légalité que de la nature physico-mathématique. Kant reviendra dans la *Critique de la faculté de juger* sur cette idée d'un usage régulateur de la liberté : voir § 76, Ak, V, 404 ; OP, II, 1201-1202.

7052. υ. Pr 41.

Tout est permis qui, de manière générale, ne contredit pas l'arbitre, et qui par conséquent ne va pas à l'encontre de l'universalité de l'arbitre.

| Ce qui est nécessaire d'après l'idée de l'arbitre commun est nécessaire 236
a priori, et est donc aussi permis. Or, la contrainte concernant ce qui est nécessaire par l'arbitre universel ne va à l'encontre d'aucun arbitre et est donc permis. L'autorité particulière de contraindre est donnée par l'idée de l'arbitre commun. En effet, une volonté particulière ne donne aucune autorité puisqu'elle peut être en conflit avec d'autres volontés.

7053. υ. Pr 42.

Toute obligation (envers nous-mêmes et envers autrui) est interne ou externe ; les deux sont parfaites ou imparfaites (dans la mesure où elles sont conformes aux lois morales essentielles ou à ce qui va au-delà de ces lois essentielles). Les obligations externes parfaites sont juridiques, toutes les obligations imparfaites sont éthiques.

7054. υ. Pr 42.

Les lois pratiques qui découlent de la simple idée de la liberté sont morales.

Celles qui découlent de l'idée de la liberté intérieure concernent toutes les actions et sont éthiques ; celles qui découlent simplement de l'idée de la liberté extérieure sont juridiques et concernent uniquement les actions extérieures.

7055. υ. Pr 42.

Le principe de la morale ne peut être dérivé ni du plaisir immédiat de l'action, dans la mesure où celui-ci appartient aussi à mon bonheur, ni du plaisir procuré par les effets ([g] sur le sujet), et dont les actions sont la cause.

7056. υ. Pr 43.

Toutes les obligations sont ou bien externes, ou bien internes. Celles-là nécessitent *par l'arbitre d'autrui*, celles-ci *indépendamment de l'arbitre d'autrui.*

Le motif consistant à satisfaire à une obligation (*nécessitant subjectivement*) est ou bien externe (contrainte), ou bien interne (devoir). La première obligation est juridique, la deuxième, éthique ; ainsi l'éthique concerne-t-elle toute obligation, mais seulement à partir du motif du devoir. Le droit concerne pour sa part l'obligation par contrainte externe. Les lois morales sont celles qui contiennent des obligations par devoir.

237 | **7057**. φ. Pr 38. Dans et à propos du § 76 :

Comment peut-on concevoir l'expérience du droit, alors que tout droit doit reposer simplement sur des principes de raison, même le droit statutaire, dont les lois doivent aussi être conformes aux principes du droit ? L'expérience du droit concerne la recherche de la précision et de la détermination plus fine, qui pourraient encore faire défaut dans l'application de la loi. Ressortit à cela l'expérience de plusieurs cas.

7058. φ. Pr 41.

Il n'y a pas d'autre règle déterminée des fins que la validité universelle des fins de la nature et des fins humaines. C'est-à-dire du tout de la nature et des fins humaines. Par là la relation au bonheur à partir des actions personnelles des hommes, aussi bien à l'égard de la nature qu'à l'égard des hommes entre eux, se voit-elle ramenée à des principes déterminés. Est digne du bonheur celui dont les actions libres se règlent sur l'accord de ces actions avec leurs principes universels, donc celui qui est capable de ceci par sa propre action. Le bonheur de chaque partie est ici déterminé à partir de l'idée du tout.

La fin universelle des hommes est le bonheur ; ce qui les y prépare pratiquement est l'habileté ; ce qui régit l'habileté est la prudence ; ce qui, enfin, limite et régit la prudence est la moralité.

LES PRINCIPES DU DROIT

§ 87-89

7059. υ. Pr 48.

On appelle préférence (prédilection) le souhait de se voir soi-même heureux, ou de voir (^{g} un) autre heureux, sans relation au jugement qui consiste à savoir si l'on est digne de ce bonheur. Celui qui juge sans préférence (sans être par là intéressé) juge impartialement. Notre souhait pour nous-mêmes est toujours partial (^{g} d'amour-propre). Voilà pourquoi nous concevons un tiers en tant que juge, qui n'a rien à voir avec nous et les autres. En dépit du souhait perpétuel, du souhait d'amour-propre, nous ne pouvons pourtant pas étouffer le jugement de la raison, car bien que le désir
238 de bonheur précède naturellement la dignité | d'être heureux, celle-ci doit néanmoins précéder celui-là dans le jugement de la raison. La première

question doit être de savoir si la personne est bonne, et la seconde seulement de savoir si son état est bon et heureux. Nous mépriserions un monde et un gouvernement du monde qui serait autrement ordonné. La dignité d'être heureux n'est certes pas notre souhait immédiat, mais la première et rigoureuse condition sous laquelle la raison l'approuve.

Il semble cependant que dans ce commandement, la raison nous promette aussi quelque chose. À savoir que l'on peut espérer être heureux lorsqu'on se conduit de manière à ne pas être indigne du bonheur. Car celui-là serait sans doute un fou ([g] rêveur, un lunatique) qui se soumettrait obstinément à une règle alors qu'il sait qu'il parviendrait bien mieux à sa fin s'il y faisait à l'occasion exception ; il s'ensuivrait qu'on pourrait bien être alors un dupe de la vertu : une pensée insupportable et absurde. De là aussi le fait que, souvent, il vient à l'esprit de personnes réfléchies de s'indigner, principalement contre les hommes qui veulent renier la vertu, et qui, parce que celle-ci ne tient pour ainsi dire pas sa parole envers eux, mais les trompe, n'écoutent pas ses exhortations.

7060. υ. Pr 48.

Le maître de l'*Évangile* établit à juste titre que les deux *principes* de la conduite, la vertu et le bonheur, étaient originellement différents. Il montra que leur liaison ne résidait pas dans la nature (de ce monde). Il dit pourtant qu'on pouvait y croire sereinement. Mais il en situa la condition très haut et d'après la loi la plus sainte. Il mit en évidence la fragilité et la méchanceté humaines, écarta la présomption morale (abaissement) et, ayant aiguisé ce faisant le jugement, il ne laissa rien d'autre que le ciel et l'enfer, c'est-à-dire Pr 49 : des verdicts d'après le jugement le plus rigoureux. Il écarta également tous les expédients immoraux des observances religieuses et fit au contraire de la bonté de Dieu en tout ce qui n'est pas en notre propre pouvoir l'objet de la foi, lorsque nous nous efforçons d'accomplir avec sincérité tout ce qui est en notre pouvoir. Il purifia donc la morale de toutes les limitations de l'indulgence et de l'amour-propre ; | le cœur, de la 239
présomption morale ; l'espérance du bonheur, des attentes fantasmagoriques ; le concept de la divinité, des concepts faiblards de la bonté indulgente, et en cela d'une volonté demandant à être servie par des observances ; il purifia le concept de la divinité de la légèreté puérile d'une espérance vide et d'une piété servile et rampante de peur, et fit de la sainteté de ses intentions la norme de bonté de ses intentions. Par conséquent, la morale fut pourvue d'un fondement sur lequel s'appuient fermement tous

les leviers qui doivent mouvoir le cœur, mais de manière pure, sans l'adjonction d'intentions égoïstes ou de moyens de substitution étrangers [1].

7061. φ. Pr 48. Dans le § 87 :

L'arbitre est limité ou non par la moralité. Dans le premier cas, il est un arbitre sensible et sans règles, dans le second cas, un arbitre intellectuel et parfait : vertu et sainteté.

7062. φ. Pr 48. Dans le § 87 :

Le *principe* de la moralité consiste en [interruption]

Toute action dont les conditions peuvent servir la loi universelle de l'arbitre (interne, externe) est moralement bonne. Une condition empirique (le bonheur), par conséquent l'accord ([g] avec) l'inclination, ne peut la servir, mais bien la forme de la liberté.

Moralité – légalité ; celle-ci naturelle ou civile.

L'*aptitude* des actions pour les lois externes est la *légalité ou bien naturelle ou bien civile.*

La liberté en général sous des lois est la moralité.

La nature sous des lois est un concept tautologique. On ne peut donc pas affirmer qu'elle doit être sous des lois. Le concept de la liberté, dans la mesure où il s'oppose à la nature, est ici entendu comme chacun le présuppose qui soulève des questions pratiques, puisque l'on doit faire quelque chose ; les difficultés peuvent valoir uniquement dans la bouche de celui qui nie ceci pratiquement.

240 |**7063**. φ. Pr 49. Dans le § 87 :

Dans les doctrines pragmatiques, la liberté se range certes sous des règles, mais non sous des lois. Car la règle prescrit les conditions sous lesquelles une fin choisie peut être atteinte. La loi, par contre, détermine inconditionnellement la liberté.

Les lois de la liberté en général sont celles qui contiennent les conditions sous lesquelles il est seul possible pour elles de s'accorder les unes avec les autres : conditions de l'unité dans l'usage de la liberté en général. Elles sont ainsi des lois de raison, et non empiriques ou arbitraires, mais des lois qui renferment plutôt la nécessité pratique absolue. Les règles

1. Les réflexions plus longues de cette période (1776-1778) et des années subséquentes sont plus finement rédigées que les réflexions plus lapidaires qu'on retrouve généralement dans le texte de Kant. Elles manifestent même un certain souci d'élégance stylistique, comme si Kant les avait jetées sur papier non seulement pour ses cours, mais en vue de ses publications futures.

de la liberté en général sont des lois de commandements contingents. La volonté libre, qui s'accorde avec elle-même selon les lois universelles de la liberté, est une volonté absolument bonne.

7064. φ ? ξ ? Pr 49. Au-dessus et dans le § 88 :

Le *principe* de la moralité est intérieur, et quand le mobile des actions est précisément ce même *principe*, alors les actions sont éthiquement bonnes ; ou le mobile n'est pas intérieur au *principe*, mais procède d'une contrainte, et alors l'action est juridiquement bonne. On peut donc agir conformément à la loi à partir de principes ou par contrainte : parce qu'on le veut ou parce qu'on le doit (*muss*).

7065. φ. Pr 49. Dans le § 88 :

Conformité à la loi à partir de principes.
Conformité à la loi avec contrainte en cas de manque de principes.
Conformité à la loi de soumission sous la contrainte universelle.
1.La liberté intérieure sous des lois intérieures.
2.La liberté extérieure sous des lois intérieures.
3.La liberté extérieure sous des lois extérieures.

La liberté sous des lois de nature est impossible, car liberté et nature sont opposées l'une à l'autre. Par conséquent les lois ne sont pas physiques, mais pratiques ([g] non pas ce qui arrive, mais ce qui doit arriver). Deuxièmement : non pas la liberté conditionnée, mais la liberté en général sans condition, | simplement comme liberté, au contraire des actions libres 241
conditionnées problématiquement ou pragmatiquement.

7066. υ ? κ ? Pr 54.

L'honnêteté ne possède, à proprement parler, aucun degré. Mais la bonté, oui. Parce que les lois de celle-là ordonnent avec précision. L'exactitude dépend beaucoup ici du tempérament. On peut donc toujours dire : « Tel ou tel a une disposition à l'honnêteté. » Elle exige l'exercice et la connaissance de la règle[1].

1. L'honnêteté ne connaît pas de degré, mais la bonté, si. Qu'est-ce à dire ? Kant anticipe ici la distinction, qu'il précisera plus tard, entre devoir parfait et devoir imparfait. Cette division des devoirs, dont Kant dit qu'elle est ordinaire en philosophie morale, est déjà formulée dans une note des *Fondements de la métaphysique des mœurs* : « Au reste, j'entends par devoir parfait celui qui n'admet aucune exception en faveur de l'inclination, et ainsi je reconnais non seulement des *devoirs parfaits* extérieurs, mais encore des *devoirs parfaits* intérieurs, ce qui est en contradiction avec l'usage du mot reçu dans les écoles [...] » (Ak, IV, 421 ; OP, II, 285). Mais c'est dans sa *Métaphysique des mœurs* que Kant précisera ce qui différencie le devoir parfait et le devoir imparfait : « Les devoirs éthiques sont d'obligation large

7067. υ ? κ ? Pr 54. À côté et à propos du § 93 :

On peut agir injustement envers quelqu'un simplement *matériellement* (*dommage*), ou simplement *formellement* (par exemple, un mensonge anodin), ou les deux à la fois : *tort*.

« Tu dois tenir ta promesse » est une règle de la matière du droit. « Tu ne dois pas faire de promesse avec l'intention de ne pas la tenir » est une règle de la forme. Celle-ci est beaucoup plus grande.

Par là, l'usage du poison en temps de guerre est *formellement* une injustice, même s'il ne contredit pas le droit de l'ennemi.

7068. υ ? κ ?? Pr 55. À propos du § 94 :

Différence entre l'honnêteté et la respectabilité. Discipline. Amour de l'honneur.

Probité. Droiture. Respectabilité. Bienséance. Cette bonne opinion concerne la personne.

7069. υ ? κ ? Pr 55. À propos du § 94 :

Vis de telle sorte que tes actions paraissent bonnes aussi du point de vue d'autrui.

tandis que les devoirs de droit sont d'obligation stricte. [...] en effet, si la loi ne peut ordonner que la maxime des actions, non les actions elles-mêmes, c'est signe qu'elle laisse au libre arbitre une certaine latitude (*latitudo*) quant à l'exécution (l'observance), c'est-à-dire qu'elle ne peut indiquer avec précision comment et jusqu'où doit être exercée l'action en vue de la fin qui est en même temps un devoir. Cependant, par devoir large on n'entend pas une permission de se soustraire à la maxime des actions, mais seulement un devoir dont la maxime est limitée par les autres (par exemple l'amour général du prochain par l'amour des parents), ce par quoi en fait le champ de la pratique vertueuse se trouve élargi. Plus le devoir est large, plus aussi est imparfaite l'obligation d'agir pour l'homme, plus néanmoins il rapproche la maxime d'observance du devoir large (dans son intention) de celle du devoir *strict* (du droit), et plus son action vertueuse est parfaite » (*Introduction à la doctrine de la vertu*, VII, Ak, VI, 390 ; OP, III, 668-669). Pour revenir à notre réflexion : l'honnêteté ne connaît pas de degré, car elle est une obligation stricte de droit : la somme que j'ai empruntée à autrui, je dois la lui rembourser exactement selon les termes de mon contrat avec lui. Mais il en va autrement de la bonté : celle-ci est une obligation éthique, mais la raison ne prescrit pas directement le degré de réalisation de l'action conforme à la maxime de venir en aide à autrui ; mon libre arbitre a à cet égard une latitude, qui ne le dispense pas d'obéir à l'obligation, mais qui lui permet d'en juger le degré de réalisation, ce qui va supposer une casuistique. Il faut cependant éviter de conclure que toutes les obligations éthiques sont larges et imparfaites. Car il y a bel et bien pour Kant des devoirs éthiques parfaits (ce qui est une idée forte de sa philosophie morale) : ce sont ceux qui interdisent strictement à l'homme de porter atteinte à l'humanité en sa personne, des devoirs négatifs envers soi-même donc, tels que l'interdiction du suicide. Sur la distinction entre devoirs parfaits et devoirs imparfaits, voir encore les R. 7264 et 7309.

7070. υ ? ξ ? κ ? Pr 55. À propos du § 93 :

Ce qui est modifiable pratiquement par l'arbitre d'un homme concerne le sien pratiquement tel, par exemple, la terre, l'eau.

Ce qui est modifiable moralement et dont la modification est assujettie à l'arbitre d'autrui, c'est-à-dire nécessitée [interruption].

| **7071**. υ. Pr 55. À propos du § 94 : **242**

Fais ce qui te rend digne de respect et te rend honorable. C'est-à-dire des actions qui s'attendraient à l'accord de tous si elles étaient universellement connues. L'honnêteté est la valeur de l'honneur négatif. Le mérite, la valeur de l'honneur positif. Que le jugement universel soit ton juge, non pas le jugement réel mais le jugement nécessaire. « Fais ce qui te fait acquérir l'honneur » est une proposition pragmatique. Aimer l'honneur est quelque chose de moral.

7072. υ ? κ ?? Pr 56. À propos du § 94 :

Est honnête celui qui ne fait rien contre le droit d'autrui. Probe, celui qui ne dit rien de faux. Respectable, celui qui déteste la ([g] mauvaise) apparence.

7073. υ ? κ ?? Pr 56. À propos du § 94 :

La transgression des devoirs envers soi-même entraîne le mépris de soi, la transgression des devoirs éthiques envers autrui : la haine des hommes en général, la transgression des devoirs juridiques : la force.

7074. υ. Pr 56. À propos du § 94 :

Ne déshonore pas la valeur de l'humanité dans ta propre personne (devoir envers soi-même) ; fais ce qui est honorable à l'égard d'autrui (devoir méritoire).

La règle du droit est : *attribue à chacun le sien* ; or parce que *son bien* est soumis à l'*arbitre* d'autrui, alors ceci signifie : fais ce qu'autrui a le droit de te contraindre de faire. Ceci n'est digne d'aucun honneur, mais seulement de l'approbation d'autrui.

Il revient aux autres de savoir si nous sommes injustes envers eux, mais non de savoir si nous péchons par rapport à nous-mêmes. C'est pourquoi, lors d'une transgression, nous nous exposons nécessairement dans le premier cas à la haine d'autrui ; dans le deuxième cas autrui peut être indifférent.

7075. φ. Pr 54. Dans et à propos du § 92 :

Fais en sorte que chacun soit assuré de son bien à l'égard du tien. Pr 55 : ([g] ceci est le devoir de société civile, la condition universelle de tous les droits et de la propriété des hommes).

243 | Pr 54 : Assure tout un chacun de son droit à l'égard du tien (*à chacun le sien*) ; car alors seulement celui-ci peut dire que quelque chose est à lui, et ce non seulement *de droit*, mais aussi *de fait*, quand il est assuré de sa possession. Ceci est l'unique devoir naturel affirmatif et extérieur : *il faut sortir de l'état de nature*.

7076. φ. Pr 55. Dans le § 93 :

Certaines règles appartiennent déjà à l'éthique *matériellement*, comme les devoirs d'amour ([g] devoirs envers soi-même), d'autres seulement *formellement*, comme le devoir de satisfaire par intention au droit d'autrui.

7077. φ. Pr 55. À propos de la dernière phrase du § 93 :

La formule *à chacun le sien* relève assurément de l'autorité publique, mais il revient à tout homme de s'y conformer.

7078. φ. Pr 55. À côté des § 93 et 94, et dans le § 93 :

Il ne peut exister d'homme sans droit, et donc réciproquement sans devoir et aussi sans contrainte.

Soumets-toi aux conditions par lesquelles le sien de chacun peut être déterminé. Telle est la contrainte. Le principe « *vis honnêtement* » est le *principe* éthique et exige *la rectitude intérieure des actions*, la droiture (de l'intention). Le principe « *ne fais de tort à personne* », la *rectitude extérieure* et *la justice négative*. Le principe « *attribue à chacun le sien* » la *justice positive*, c'est-à-dire « assure à chacun son droit » (*justice distributive*), *le principe de l'état civil* : « entre dans l'état de citoyen ou soumets-toi aux conditions d'une constitution civile ». À *chacun le sien* ne peut être obtenu que pour autant qu'il existe des lois positives extérieures auxquelles chacun se soumet*. Soumets-toi au pouvoir qui procède des lois.

244 | Pr 54. Dans le § 92 : *([g] je n'ai *naturellement* rien à donner ni à accorder à quiconque ; car chacun doit attendre de lui-même le sien. Mais je suis toutefois obligé de tendre la main à cet état dans lequel chacun peut obtenir le sien avec assurance. Tel est le *principe du droit public*, comme « *ne fais de tort à personne* » l'est du *droit privé*. Je dois donc assurer à chacun le sien par rapport à mon bien. Si la *justice distributive* peut être partiale, c'est-à-dire pardonner à une personne et punir les autres ?

L'éthique concerne non pas les actions que je dois poser, mais le *principe* à partir duquel je dois agir. La maxime.)

7079. φ ? ψ ? Pr 55.

Conforme-toi à ce qui détermine le sien de tout un chacun. Le « *vis honnêtement* » d'Ulpien, etc.

7080. φ. Pr 54.

Que l'humanité en notre propre personne possède des droits certains, lesquels sont inviolables et inaliénables, et qui limitent notre liberté à disposer de nous-mêmes, et pareillement de celle d'autrui.

7081. φ. Pr 55.

Les actions (ou leurs principes) qui, si elles étaient universellement connues, m'accableraient de mépris, me rendraient non aimable ou me priveraient de toute indulgence, sont interdites. La cause en est qu'il est ici un juge libre de passion et de partialité.

Honore le droit, même lorsqu'il n'y a pas de droit de contrainte. Éthique.

Soumets-toi aux lois civiles ou fuis la société humaine.

7082. φ. Pr 54. Dans le § 93 :

Sois droit *. Ne te déshonore pas toi-même ** ; sois actif envers chacun et assure à chacun le sien. Agis de telle sorte que, si tu étais vu publiquement, tu serais respecté, aimé et considéré avec bienveillance.

|Pr 55. Dans le § 94 : *(g Vis de telle sorte que tu puisses faire connaître publiquement ton action et que tu ne doives pas dissimuler à autrui la maxime de ton action.) **245**

Pr 54. Dans le § 93 : **(g ne sois pas indifférent au bonheur d'autrui et n'offense le bien de personne.

Le vol offense autrui et nous déshonore. Le mensonge nous déshonore, car il réduit à rien notre humanité à l'égard de la parole).

7083. φ. Pr 55. Dans le § 94 :

Agis publiquement : parce que seul ce qui convient universellement est bon [1].

La proposition : *Vis honnêtement, ne néglige personne, attribue à chacun le sien*, concerne le respect, l'amour et la paix avec autrui. Devoir envers soi-même, envers le bonheur d'autrui (ne sois pas indifférent), et envers le libre arbitre d'autrui [interruption].

1. Cette réflexion laisse clairement entendre que l'agir selon le principe moral est un principe de publicité, au sens où tout ce qui est entrepris à partir de lui peut être déclaré publiquement sans contradiction.

([s] Devoir de vertu. Devoir de contrainte. Devoir de soumission (par quoi une contrainte est possible). Le dernier est unanime et universel.

([s] Sois honorable. Respectable à tes propres yeux).

([s] Mérite le respect et l'amour (et non : acquiers).

7084. φ. Pr 56. Dans le § 94 :

Tout le droit de la nature est, en l'absence d'un ordre civil, une simple doctrine de la vertu et il ne reçoit le nom de droit qu'en tant que plan en vue de possibles lois contraignantes extérieures, donc en vue d'un ordre civil.

Puisque l'expression « naturellement juste » est utilisée de manière si équivoque, nous devons recourir à une subtilité afin d'échapper à cette équivoque. Nous distinguons le droit de la nature du droit naturel. Celui-là s'oppose aussi bien au droit universel qu'au droit arbitraire ; celui-ci repose sur la nature, mais il est ou bien le droit privé ou le droit public naturel.

7085. υ. Pr 60. À côté du § 98 :

Le droit est ou bien intérieur : il est valide devant le tribunal de la conscience, afin que je puisse résister à autrui qui veut m'enlever mon
246 *bien ; ou bien extérieur : afin que | mon propre arbitre nécessite autrui. En effet, le droit, à l'exigibilité duquel il est permis à autrui d'opposer une résistance, n'est pas contraignant extérieurement. Or, à l'état de nature, et aussi juste que soit ma cause, comme je ne suis toutefois pas un juge compétent à propos de ce qui m'est propre, il est permis à quiconque d'opposer une résistance contre la force employée par moi. Par conséquent, cette dernière ne nécessite pas autrui. Donc, le premier acte juridique dans l'état de nature est la constitution de la justice extérieure, c'est-à-dire de la forme selon laquelle le droit et la façon d'attribuer à chacun le sien sont constitués validement à l'égard de tous.*

7086. υ. Pr 60. À côté de la fin du § 98 :

Les *principes du droit à l'état naturel* sont seulement le modèle et la norme selon lesquels la forme de la justice extérieure doit être érigée.

7087. υ. Pr 60. Dans le § 98 :

Il se peut qu'autrui me résiste non pas parce que j'ai tort, mais parce que j'ai la prétention de le juger de manière contraignante. Je ne peux rien attendre alors de lui que son approbation ; autrui commet une injustice, mais seulement *devant le tribunal de la conscience*.

([s] Pour le droit strict, il sera requis de l'obligé qu'il puisse être reconduit à son obligation par des preuves externes).

7088. φ ? ξ ? Pr 60. Entre les § 98 et 99. À propos du § 99 :

Le *principe* de la moralité est toujours la raison. Je dois juger aussi d'après lui la raison du *principe subsidiaire*, par exemple la révélation. L'instinct produit des *analoga moraux*.

LE LÉGISLATEUR
§ 100-105

7089. υ ? κ ? Pr 61.

Dieu ne fait pas (g il les donne) les lois morales ou l'obligation, mais dit seulement qu'elles sont les conditions de la bonté de sa volonté. Dans cette mesure, la volonté divine est sainte et juste dans son exécution.

| **7090.** υ ? Pr 61. **247**

Seul le *législateur* de lois arbitraires en est l'*auteur*.

7091. υ ? Pr 61.

Dieu est *législateur* par la sainteté, la bonté et l'omnipotence de cette volonté.

L'omnipotence exige en soi toutes les propriétés physiques de cette volonté, à savoir l'éternité, l'omniscience et la toute-puissance.

7092. υ ? ξ ? φ ? Pr 62.

Dieu n'est pas l'auteur de la loi morale par sa volonté, mais la volonté (g divine) est la loi morale, à savoir l'archétype de la volonté la plus parfaite, et aussi le *principe* de toutes les conditions de détermination de nos volontés en accord avec la sienne, et par conséquent de toutes les conditions d'un consentement nécessaire ; par conséquent, il y a une unité nécessaire de la subordination de notre volonté à la volonté divine, mais pour les créatures, il s'agit d'une simple unité contingente de deux volontés.

Il a aussi *le pouvoir exécutif.*

Un *législateur, dont la force exécutoire seule oblige,* est *un despote.*

7093. υ ? κ ? Pr 62.

L'homme ne peut pas espérer être heureux s'il ne devient pas un meilleur homme. Le souhait du bonheur et du pardon est un souhait intéressé, le souhait de l'amélioration est un souhait moral. Seul le souhait

moral est digne d'être entendu. Il est impudent de prier pour le bonheur ou même pour son impunité si l'on n'est pas un meilleur homme. Par là, la volonté divine est considérée non pas comme sainte, mais comme égocentrique et despotique, comme une volonté qui ne respecte pas les lois de la convenance intérieure, mais n'a d'ouïe que pour les flatteries[1]. Nous pouvons, cependant, attendre l'assistance bienveillante à l'égard de l'amélioration de notre volonté si, autant que cela est en notre pouvoir, nous agissons et nous conduisons avec humilité envers la loi sainte, dont nous sommes par ailleurs si éloignés. Celui qui exprime de cette façon ses
248 suppliques n'est pas par là un meilleur | homme. Un meurtrier qui, par pitié, sauve la vie d'un homme qui a perdu connaissance était bon à ce moment précis.

7094. υ ? κ ? Pr 63.

La doctrine de l'*Évangile* enseigne aussi que l'on ne doit espérer être heureux que par la bonne conduite et la sainteté, mais que l'on ne doit espérer cette sainteté que pour autant que l'on s'applique, avec tout le sérieux, à être bon autant qu'on le peut, conformément aux forces qui nous ont été imparties.

7095. υ ? Pr 63.

Il y a des causes pragmatiques des lois pour prévenir l'abus, et des causes morales ou juridiques, dont le principe est simplement le droit. Parce que chacun qui cherche son droit veut aussi avoir le moyen de celui-ci, par lequel il se trouve assuré, il se soumet à des lois pragmatiques. C'est pourquoi il y a des lois transcendantales, par exemple de ne jamais dire de contrevérités, pratiques et pragmatiques.

7096. υ ? Pr 63.

Que la moralité ait aussi un législateur signifie : qu'à l'égard de ce qui est moral et de toutes les conséquences qui en découlent, nous sommes soumis à une volonté supérieure.

7097. υ ? Pr 63.

Les lois morales n'ont en elles-mêmes aucune *force obligatoire*, mais ne renferment que la règle. Elles renferment les conditions objectives du

1. Sur la signification morale de la prière, voir *Moralphilosophie Collins*, Ak, XXVII, 323-327 ; trad. fr. (d'après le manuscrit Menzer) : *Leçons d'éthique*, p. 203-209. Plusieurs de ces développements seront repris dans *La religion dans les limites de la simple raison*, Ak, VI, 195-198 ; OP, III, 234-238).

jugement, mais non les conditions subjectives de l'exécution. Ces dernières résident dans l'accord avec notre désir du bonheur. Les lois morales ont besoin d'un législateur, dont la volonté est une bonne (^{g} une sainte) volonté, mais qui est aussi une volonté toute-puissante. Premièrement : qu'il ait le dessein du bonheur des hommes ; deuxièmement, que la condition d'attribution de ce bonheur soit la perfection morale ; troisièmement : qu'il ait le pouvoir là-dessus. Sur cela repose le *pouvoir législatif*.

| **7098**. υ ? Pr 63. 249

Si Dieu est l'auteur des lois morales[1], alors nous ne sommes à proprement parler redevables à aucun autre homme, mais seulement à Dieu, et pouvons donc lui demander pardon.

7099. υ. Pr 66.

Nous pouvons considérer Dieu comme un législateur moral ou pragmatique. Dans le premier cas, nous lui obéissons comme ses enfants, par conviction morale ; dans le deuxième cas, comme des sujets, dans une visée pragmatique.

7100. υ. Pr 66. À côté des troisième et quatrième phrases du § 105 :

L'observation de la loi est l'obéissance morale.

LES RÉCOMPENSES
§ 106-114

7101. υ. Pr 66.

Les récompenses morales sont les plus grandes.

7102. υ ? κ ? Pr 66.

La *récompense* (^{g} est un bien), ce qui est lié à une action libre soit comme le principe, soit comme la conséquence.

7103. υ ? κ ? Pr 66.

Le bien physique que l'on a l'obligation d'accorder s'appelle le *salaire*. La *récompense gratuite* est en même temps un *mérite*. *Récompense ou bien gratuite ou bien due.*

1. Une hypothèse que Kant rejette, encore une fois, car elle reviendrait à réduire la morale au culte extérieur, à la flatterie et à l'arbitraire.

7104. υ ? ξ ? κ ? Pr 66.

L'acquittement d'une dette ne mérite aucune récompense, mais rend digne d'une générosité gratuite.

7105. υ ? κ ? Pr 67.

Toutes les actions bonnes pour autrui sont méritoires, dans la mesure où je n'ai pas d'obligation de dette à cet égard, et une récompense leur revient nécessairement (d'après des règles de justice). C'est pourquoi Dieu
250 | complète lui-même, comme *supplément*, ce que les hommes ne peuvent accomplir au mérite.

7106. υ ? κ ? Pr 67.

La rétribution est le prix. Un prix proposé. *La récompense proposée. La rémunération* est la *récompense qui vient comme conséquence.*

7107. υ ? κ ? Pr 68.

Le salaire est mesuré. La récompense est arbitraire.

7108. υ ? φ ? Pr 66.

Si les lois de la nature auraient *une force obligatoire* si elles n'engendraient pas aussi par elles-mêmes, de manière naturelle, une promesse. La menace ne peut pas avoir de *force d'obligation*. La promesse n'oblige pas, elle enlève seulement le faux-fuyant de l'amour-propre dans son droit d'exiger que tout soit en accord avec son bonheur.

7109. φ ? ξ ?? Pr 67. Dans le § 106 :

Le *mérite* au sens négatif, lorsqu'on n'est pas simplement indigne du bonheur, n'est qu'en rapport avec un Être bon et puissant, et non simplement juste. Nos actions ne sont pas, au sens positif, méritoires à l'égard de Dieu ; nous ne pouvons pas l'obliger.

7110. φ ? ξ ?? Pr 67. Dans le § 106 :

La compensation – est due.
La dette – la rémunération est elle-même obligeante.
Le prix est ce qui fut le motif. *La récompense pragmatique.*
La récompense n'est pas le motif. *La récompense morale.*

251 | **7111**. φ ? ξ ?? Pr 67. Au-dessus et dans le § 107 :

Les récompenses ou bien incitatives ou bien rémunératrices.

Le bienfait obligatoire ([g] au sens strict ou large) à l'égard d'autrui est le mérite.

Le premier est le mérite de droit.

La récompense répond au mérite.

La récompense est soit éthique, soit juridique : le salaire.

La récompense, qui contient en elle-même le motif de l'action, est pragmatique.

7112. φ. Pr 68. À propos de l'avant-dernière phrase du § 107 (« *la récompense du mérite* »), Kant ajoute : *la promesse est comme le seul motif de l'action d'autrui. Celui qui promet est ici obligé.* Parce que nous sommes purement et simplement obligés, même sans ces promesses, à des actions qui plaisent à Dieu, en raison du bien que nous goûtons, alors nous ne pouvons nous attendre à une récompense comme si c'était un salaire. Mais Dieu dit qu'il accepte de la part de tous ceux qui, dans le monde, ne nous récompensent pas pour nos bienfaits, l'assignation pour soi, et donc qu'il prend sur soi un *analogon* de la dette d'autrui. Faire le bien uniquement en vue de ce *salaire*, c'est *l'esprit mercenaire* ; malgré cela, on peut pourtant s'attendre à un salaire, mais seulement du point de vue de la justice et non pas du point de vue de l'infinité des biens, laquelle correspond à un motif moral.

7113. φ ? υ ? ψ ? Pr 68.

Les récompenses sont ou bien des rétributions ou bien des rémunérations.

incitatives

rémunératrices

LES PEINES
§ 115-124

7114. υ ? φ ? Pr 75. Dans le § 117 :

La bonne conduite est digne d'une récompense sous la condition de la bonté, le vice sous la condition de la justice[1]. La différence | est que la 252
première ne rend pas nécessaire la récompense, mais renferme seulement la réceptivité à la récompense, alors que le second rend nécessaire la peine.

1. La phrase est évidemment fautive. Il faut sans doute lire « La bonne conduite est digne d'une récompense sous la condition de la bonté, le vice [*mérite une peine*] sous la condition de la justice ».

L'IMPUTATION DE L'ACTE

§ 125-148

7115. υ ? κ ? Pr 80.

Faire le bien et omettre de faire le mal (le premier sans causes motrices d'amour-propre, le second en plaçant en dessous les causes motrices de l'amour-propre) sont tous les deux moralement bons, donc semblables dans le tout de la moralité. Nous pouvons donc considérer comme des actions les omissions du contraire.

7116. υ ? κ ? Pr 80.

Seules les actions qui sont le contraire de l'obligation peuvent être imputées : soit *comme des actes éminents* à l'égard du bien (*différents*), soit comme *des actes diamétralement opposés.*

Seul le criminel est *l'auteur*.

1. Ce qui peut être imputé ;

2. (g conditions pratiques universelles) conditions de la forme de l'imputation.

7117. υ ? κ ? Pr 80.

Les actions dont la subsomption sous la loi de l'obligation est idéale ne peuvent pas être imputées ; elles peuvent à vrai dire être négatives et aussi être subsumées négativement, ou positives et aussi être subsumées positivement.

7118. υ ? κ ? Pr 80.

Une action, dans la mesure où elle n'est par aucune loi d'obligation [interruption].

7119. υ ? κ ? Pr 80.

Ce qu'on ne fait pas ne peut pas être imputé.

7120. υ ? κ ? Pr 80.

Des actions moralement idéales n'impliquent aucune imputation.

253 | Ce qu'on ne fait pas, mais à quoi on n'est pas non plus obligé.

Ce qu'on fait, et à quoi on est aussi obligé.

Les deux ne sont aucunement des *actes propres*, mais *les conséquences des lois contraignantes.*

La loi fait ceci et la contrainte extérieure.

([g] Ce que je fais de bien, quoique je n'étais pas obligé de le faire (davantage de bien que ce qui était obligé).

Lorsque je remplis mon obligation, les bonnes comme les mauvaises conséquences ne me concernent en rien.)

7121. υ ? κ ? Pr 80.

Les omissions éthiques ne sont pas des actions.

Les omissions juridiques, cependant, en sont.

7122. υ ? κ ? Pr 80.

La cause morale dont il est l'*auteur*.

Le jugement par lequel quelqu'un [interruption].

Seul peut être imputé ce qu'on fait ([g] de bien) en plus ou en moins que ce à quoi on est obligé.

7123. υ ? κ ? Pr 81.

L'attribution de l'action n'est pas l'imputation de l'acte[1].

7124. υ ? κ ? Pr 82. À côté des § 125 et 126 :

1. Ce que je fais de bien, même si je n'y suis pas obligé, peut m'être imputé.

2. Le bien que je ne fais pas mais que je suis pourtant dans l'obligation de faire peut m'être imputé. ([s]*modes* positifs)

Les *modes* négatifs sont :

1. Le bien que je ne fais pas et que je ne suis pas dans l'obligation de faire ne peut pas m'être imputé.

| 2. Ce que je fais de bien et que je suis dans l'obligation de faire ne peut 254
([g] pas) m'être imputé.

7125. υ ? κ ? Pr 82. Entre les § 125 et 126 :

L'imputation concerne seulement le mérite et la faute. L'obligation de ne pas faire une action ou de faire le contraire d'une action est pour moi la même chose.

7126. υ ? κ ? Pr 84. À côté et entre les § 128 et 129 :

L'identité de l'action libre avec l'obligation n'engendre aucune imputation.

1. Autrement dit, une action peut m'être attribuée sans entraîner l'imputation au mérite ou au démérite, car comme le précisent les R. 7122 et 7124 à propos du bien, seul peut être imputé ce qu'on fait en plus ou en moins que ce à quoi on est obligé.

L'opposition de l'action et de l'obligation engendre l'imputation.

7127. υ ? κ ?? Pr 84. À côté du début du § 129 :

Il n'y a d'imputation qu'au *mérite* ou au *démérite*.

7128. υ. Pr 84. À côté de la deuxième phrase du § 129 :

Les raisons et appréciations subjectives de l'imputation sont: l'intention, le savoir, le pouvoir, l'aptitude, l'occasion.

7129. υ. Pr 84. À côté du § 129 et dans la marge inférieure :

Les conditions pratiques de l'imputation sont celles par lesquelles une action est possible selon des lois de liberté. Pouvoir savoir à l'avance. Même les motifs de ce qui est préalablement annoncé. Pouvoir de l'entendement et des forces.

Les conditions morales de l'imputation présupposent celles-là, résident cependant dans la *disconvenance* avec les lois de l'obligation. Car de telles actions à elles seules ne nous lient pas aux lois de l'obligation et constituent des actions de liberté.

255 | **7130**. υ ? ψ ? Pr 85. Marge supérieure :

Les conditions de l'imputabilité sont, du point de vue moral subjectif, la liberté, et, du point de vue moral objectif, la loi.

Les conditions de la première sont le savoir et peuvent ([g] ce pour quoi je n'ai aucun motif et aucun pouvoir). De la seconde [interruption].

7131. υ. Pr 85. À côté de la fin du § 129 et du § 130 :

Une action, dans la mesure où elle peut être considérée comme découlant du libre arbitre, sera ([g] avec son effet) imputée. Les principes d'attribution d'une action doivent être particulièrement considérés. L'action libre, dans la mesure où elle peut être subsumée sous une loi morale, est un *acte*. La subsomption d'un *acte* sous la loi morale est l'imputation, qui ne concerne jamais l'action, mais plutôt son effet.

7132. υ. Pr 85. À côté de la fin du § 130 :

Les conséquences pratiques d'une action sont celles qui ont pu s'introduire dans l'action libre en tant que moments. Les autres conséquences sont contingentes.

7133. υ. Pr 85. Entre les § 130 et 131 :

L'action a une valeur précise ou éminente. Dans le premier cas, elle ne peut pas être imputée, mais elle peut certainement l'être dans le second.

7134. υ. Pr 85.

La subsomption d'une action sous les lois universelles d'un libre arbitre est l'*imputation de l'acte.*

La subsomption d'une action sous les lois morales d'un libre arbitre est l'*imputation légale*

|**7135.** υ. Pr 86. **256**

L'imputation pratique : attribuer d'après des lois de liberté.

L'imputation (*pragmatique*: attribuer sous les conditions de la prudence.)

L'imputation morale : imputer d'après les lois de la moralité.

([s] Les conditions 1. pratiques, 2. morales de l'imputation).

7136. φ. Pr 80.

L'omission d'une action qui n'est ni commandée ni interdite, par exemple être aimable envers quelqu'un, ne peut pas être imputée puisqu'elle n'est placée sous aucune loi. Car toute imputation concerne des actions soumises à des lois.

7137. φ. Pr 80.

Toute imputation pratique concerne simplement l'effet et sa cause, l'imputation morale : le mérite et la faute. L'action n'est acte que dans la mesure où il y a à son sujet commandement ou interdiction.

7138. φ. Pr 80.

Du point de vue juridique, les accomplissements moraux ne peuvent être imputés à personne et les accomplissements juridiques doivent être imputés.

7139. φ ? ψ ? Pr 80.

Ce que je ne fais que subir (par exemple lorsque je suis contraint de faire quelque chose), cela ne peut pas m'être attribué, et lorsque je subis moralement, cela ne peut pas m'être imputé ; par conséquent, lorsque je ne fais que subir, il n'y a aucun acte.

7140. φ ? ψ ? Pr 81.

Tout ce à l'égard de quoi l'esprit est libre peut être imputé, mais pas le contraire*.

De tout ce à l'égard de quoi l'esprit n'est pas moralement libre, le contraire peut être imputé, mais pas l'action**.

*([g] car l'omission de ce à l'égard de quoi je suis libre n'est pas un *acte*. Mais certainement l'omission de ce à l'égard de quoi je suis contraint. L'accomplissement d'une action à laquelle je suis contraint n'est pas un acte, mais l'accomplissement d'une action à laquelle je ne suis pas contraint l'est assurément.)

257 | Pr 80 :

**([g] L'homme n'a rien accompli lorsqu'il a agi conformément à la nécessité, par exemple dans l'obligation de dette. Il a accompli quelque chose lorsqu'il est allé à l'encontre de la nécessité, il est alors auteur. Lorsqu'il a agi conformément à la règle contingente, il a accompli quelque chose. Il n'accomplit rien lorsqu'il n'agit pas conformément à la règle contingente.)

7141. φ ? ψ ? Pr 81. Dans le § 125

L'imputation n'a lieu qu'à l'égard de ce qui peut être considéré comme *mérite ou démérite*. L'autre est l'*attribu-* [interruption].

7142. φ ? ψ ? Pr 81. Dans le § 125, à propos de la deuxième phrase :

Lorsqu'une action est considérée en tant que *cas possible d'une certaine loi*, alors on l'examine comme *un acte*.

7143. φ ? ψ ? Pr 81. Dans le § 125, à propos des phrases 2 à 4 :

Au sens juridique, il n'y a que les *actes* qui vont à l'encontre des lois, et au sens moral ou éthique, que les *actes* qui sont conformes aux lois. *Mérite* et *démérite*. De ceux-ci se distinguent ce qui est juste et ce qui est indifférent envers autrui.

7144. φ ? ψ ? Pr 81. À propos du § 125 « *imputabilité* » :

L'imputation repose sur la légalité.

7145. φ ? ψ ? Pr 81. Dans le § 125, à propos des cinquième et sixième phrases :

L'imputation ou bien de l'action ou bien de l'acte
L'imputation ([s] ou bien pratique ou bien légale)

7146. φ ? ψ ? Pr 81.

Il faut distinguer l'*imputation* pratique de l'*imputation* morale, celle-là *de l'acte*, celle-ci *légale*, et chez cette dernière, l'*auteur*.

| **7147.** φ ? ψ ? Pr 82. Dans le § 125 : 258

Ce que je fais conformément à une loi (g prescription, règle, norme) à l'égard de laquelle je suis libre est le mérite et cela peut m'être imputé. Ce que je ne fais pas ne peut pas m'être imputé. Ce que je fais à l'encontre d'une loi à l'égard de laquelle je ne suis pas libre est la faute, et ce qui s'y conforme est juste.

7148. φ ? ψ ? Pr 82. Dans le § 126, à propos des deuxième et troisième phrases :

Le droit déclare coupable ou innocent.
La morale en général : coupable, ou innocent, ou méritoire.

7149. φ ? ψ ? Pr 83. Dans le § 128, à propos de la première phrase :

Seul le bonheur qui peut nous être imputé a une valeur morale.

7150. φ. Pr 86. Entre les § 131 et 132, et dans le § 132 :

Quelqu'un est libre par rapport à une action quand cette action et son contraire sont possibles d'après certaines lois. Libre ou bien pratiquement, ou bien juridiquement, ou bien moralement. On exige le plus de la liberté morale. Là où je suis libre pratiquement, je demeure toutefois moralement obligé.

7151. φ. Pr 87.

Seul le (g bien) que je fais en plus ou en moins que ce à quoi je suis obligé (*mérite*, *démérite*) peut m'être imputé, l'un éthiquement, l'autre juridiquement. Le bien que je ne fais pas en plus ou en moins que ce à quoi je suis obligé ne peut pas m'être imputé.

Une action, dans la mesure où elle est considérée sous une loi : soit *impérative*, soit *prohibitive*, soit *permissive*, est *un acte pratique en tant que tel*.

7152. φ. Pr 87. À côté du § 133, à propos des phrases 2 à 5 :

Imputer un *acte* à quelqu'un ne signifie pas : le mettre à son compte, mais : le lui attribuer, le lui assigner ; lorsque l'*acte* est fait, assigner à quelqu'un | ses conséquences légales signifie les mettre à son compte. 259

C'est-à-dire le considérer comme une action de la liberté en lien avec des lois [1].

7153. φ ? υ ? Pr 87.

Une action est attribuée, l'effet est imputé.

7154. φ ? υ ? Pr 87.

Juridiquement, quelque chose ne peut être imputé qu'au *démérite* (faute). *Éthiquement*, seulement *au mérite*.

7155. φ ? υ ? Pr 87.

Lorsque quelqu'un est acquitté selon la loi, rien ne lui est à vrai dire imputé. C'est donc une *imputation négative*.

7156. φ ? υ ? Pr 87. Sous le § 133 :

Les lois juridiques n'obligent pas en raison de la propriété interne de l'action mais, tout en se conformant à celle-ci, par contrainte. Mais lorsqu'une contrainte plus grande me pousse au contraire, alors je ne peux plus être nécessité par la loi. On peut être contraint *juridiquement*, et même au mal, ce qui va à l'encontre de la loi, de telle sorte qu'on est affranchi de la loi. Mais cette contrainte ne suffit justement pas au point de vue éthique.

7157. φ ? υ ? Pr 87. Dans le § 133 :

Lorsque je fais plus que ce qui est requis par l'obligation, il est alors présupposé que l'action ne va pas à l'encontre de l'obligation.

7158. φ ? υ ? Pr 87. Dans le § 133 :

1. Si une certaine action libre a lieu : *l'imputation pratique*.
2. *L'acte* et ses conséquences : si elles doivent être considérées comme le *cas d'une loi donnée* ([g] d'une loi pénale) : *l'imputation juridique*.
3. *L'imputation morale en général.*

1. Cette réflexion distingue les verbes *imputiren*, *zurechnen*, *beimessen* et *zuschreiben*, qu'il est difficile de rendre parfaitement en français. La *Zurechnung* est généralement traduite par imputation, en proximité avec *imputiren*, la *Zuschreibung* par attribution et *beimessen* par assigner. Pour la distinction entre *Zuschreibung* et *Zurechnung*, voir *Praktische Philosophie Powalski*, Ak, XXVII, 152-153.

7159. υ. Pr 90. À côté de la fin du § 136 et du § 137 :

Celui qui ose quelque chose même avec le danger de conséquences plus graves (par exemple l'ivrognerie, la débauche, la luxure), doit en porter toute responsabilité et en rendre compte.

| Il doit savoir la loi immédiatement ou *indirectement* (savoir qu'il y a 260
de telles lois) ; lorsqu'il ne le sait pas, quand bien même il lui était physiquement possible de le savoir, lorsqu'il n'est assurément pas mû par l'obligation, mais ne rechercherait la loi que par curiosité, alors cela peut lui être imputé.

L'*ignorance de la loi* n'excuse qu'en tant qu'ignorance des *conséquences. De l'acte.*

Nous sommes libres à l'égard de toute obligation éthique ; c'est-à-dire qu'il y a des *motifs* qui n'incitent pas nécessairement. Nous accomplissons donc l'action par libre préférence : nous donnons à autrui une part de ce qui est nôtre et pouvons nous réjouir autant que nous le voulons des bonnes suites de celle-ci (sans inconvénient de soumission).

S'agissant des devoirs envers soi-même, il y a aussi des obligations, car on ne peut pas s'imputer les bonnes conséquences, pas plus que des mérites, par exemple l'amélioration de l'entendement.

7160. υ. Pr 91. Au-dessus et à côté du § 138 :

À l'égard des actions éthiques, on ne peut avoir qu'un mérite, mais aucune dette.

À l'égard des actions juridiques, seulement une dette, mais aucun mérite. Voilà pourquoi seuls les biens, dans le premier cas, et seuls les maux, dans le second cas, peuvent être imputés, avec leurs conséquences. L'*imputation pratique* consiste dans la subsomption sous les lois de la liberté en général. Voilà pourquoi les actions qui sont nécessaires par les lois ne sont pas imputées, ni celles qui sont permises, de même que les actions contraires (parce qu'elles n'ont aucune conséquence juridique), mais uniquement celles qui sont interdites, et ce parce qu'on exerce à travers elles une *action* de son propre arbitre.

L'attribution de *l'acte* ([g] *imputation historique de l'acte*) n'est pas une imputation, car celle-ci doit avoir des conséquences juridiques positives.

L'*imputation historique de l'acte* n'a aucune conséquence juridique.

7161. υ. Pr 91. Dans le § 138 ; au-dessus, à côté et sous le § 139 :

Une action éthiquement mauvaise n'a pas de conséquences légales, c'est-à-dire des peines. Une action juridiquement bonne non plus, c'est-à-dire des récompenses. Ce qui n'a pas de conséquences déterminées par la

loi ne peut pas être imputé, c'est-à-dire ni les actions éthiquement
261 mauvaises ni les actions juridiquement bonnes. Leur valeur = 0. | Lorsque je ne donne à personne (du mien) et que je ne prends à personne (du sien), tout demeure alors comme si tout un chacun s'occupait de lui-même, et ma valeur proportionnelle = 0. À l'inverse, le bien éthique = +, et le mal juridique = –, et celui-là a comme conséquence légitime la récompense, celui-ci la punition.

L'*imputation historique de l'acte* est différente de l'*imputation pratique de l'acte* (ignorance, égarement, impuissance), et celle-ci est différente de l'imputation morale.

7162. υ. Pr 91. Sous le § 139 :

Une loi d'obligation ne promet aucune récompense et une loi du devoir d'amour ne menace d'aucune peine.

À l'égard de soi-même. De la livre enfouie.

7163. φ ? υ ? Pr 91. Dans le § 139 :

Une action qui augmente ou diminue le *bien d'autrui* (^{g} *mérite* et *démérite*) a des conséquences légales ; celle qui ne fait rien n'a aucune conséquence légale. Voilà pourquoi ce qui se produit conformément aux lois éthiques et contrairement aux lois juridiques peut être imputé *au mérite* ou *au démérite*.

7164. υ. Pr 91. Dans le § 138 :

Ni la mauvaise action au plan éthique, ni la bonne action au plan juridique ne constitue quelque chose de positif et donc un acte, mais elle est dans le premier cas l'omission d'un bienfait et dans le second l'omission d'une injustice ; voilà pourquoi l'*agent* ne peut être envisagé comme l'*auteur* des conséquences.

7165. φ ? υ ? Pr 91. Dans le § 138 :

L'action éthiquement mauvaise = 0.

L'action juridiquement mauvaise = – 2.

Le bien éthique = + 2.

Le bien juridique = 0, seulement parce que je ne prends pas à autrui ce qui est sien, et ainsi je ne fais rien de positivement mauvais.

262 | La droiture juridique est ainsi sans valeur positive, mais elle est assurément de la plus grande importance, comme condition de toute valeur.

7166. υ. Pr 92.

Nous n'avons aucun mérite envers Dieu, mais seulement une pure obligation. C'est là la cause de l'humilité, mais non pas un déni de l'espérance, car seule la dignité ressortit à celle-ci (ne pas être indigne), afin d'atteindre par la grâce le bonheur qu'on ne mérite pas.

7167. φ ? ψ ? Pr 92.

Nous avons en nous la propriété que, lorsqu'une action se produit à l'encontre de notre intention de prudence, nous pouvons au moins ne pas nous l'imputer à nous-mêmes, et pouvons par là au moins nous rassurer que nous ne sommes pas fautifs. Les reproches à soi de la prudence sont très amers, tout autant que ceux de la conscience.

7168. υ. Pr 93. Au-dessus et à côté du § 141 :

L'ignorance réduit davantage l'imputation que l'irréflexion.

Si l'on peut attribuer cela à un penchant naturel et s'excuser ?

Si l'on peut imputer à quelqu'un quelque chose qui est resté sans conséquence à l'égard de son amélioration ou de sa dégradation ?

Dans quelle mesure les vices que l'on aurait commis sous le coup de la séduction peuvent-ils être imputés ?

Les degrés d'imputabilité
§ 159-170

7169. υ ? κ ? Pr 112. À propos du début du § 168 :

On ne doit jamais en appeler aux faiblesses de la nature humaine s'agissant des manquements à la droiture ; car en cela on peut être parfait.

7170. υ. Pr 112. À propos du § 168 :

Impuissance morale. Nous sommes impuissants à devenir bons par nous-mêmes* ; | car pour cette fin nous devrions déjà être bons. Mais nous 263
sommes capables d'accomplir chaque bien particulier ; car pour cela il n'est pas nécessaire d'être bons, mais de se contraindre. Il est possible que je parcoure chaque étape de la ligne droite à partir du point où je suis et ce jusqu'au but (car j'ai toujours devant moi de nouveaux points de mire). Mais il n'est pas possible que j'accomplisse ainsi toutes les étapes. Il est possible qu'à chaque lancer de dé je fasse un six, c'est aussi possible que tout autre cas ; mais il est impossible que je fasse toujours un six, car pour

cela il faudrait un principe de nécessité. Ainsi faut-il un principe de nécessité et non pas de simple possibilité pour être bon. La simple possibilité, prise en même temps que la possibilité du contraire, rend impossible que cela se passe toujours ainsi (il ne s'agirait pas alors de contingence).

Pr 113 : * (^{g} La bonté de la volonté a sa mesure dans la nature tout comme la perfection du talent.)

7171. υ. Pr 112. À propos du § 168 :

Au jeu de dé, je peux considérer chaque lancer (si les trois côtés avaient un point) comme si c'était le premier lancer. Mais il est impossible que je lance toujours la même chose s'il ne réside pas de principe à cet effet dans les dés. Cela indique que les actions sont certes en mon pouvoir par liberté, mais pas la liberté elle-même. Quand celle-ci n'est pas entièrement bonne ou mauvaise, alors ses actions sont assurément possibles comme pouvoir de justement toujours lancer du même côté, mais ceci non pas en tant que forces.

7172. υ ?. Pr 113. À propos des § 168 et 169 :

Devant le tribunal humain, la moralité n'a pas un aussi grand effet que l'avantage. Parce qu'en *cas de nécessité*, la permission de s'occuper de soi apparaît plus avantageuse à chacun, on se considère alors l'un l'autre d'après cette règle. En Dieu, la moralité est beaucoup plus importante que tous les avantages.

7173. υ ?. Pr 113. À propos des § 168 et 169 :

L'acte irréprochable devant le tribunal humain. La faveur du cas de nécessité. Non devant le tribunal divin.

264 | Il est étrange que, bien qu'on reconnaisse notre impuissance à l'égard du bien pur, on se reproche néanmoins d'y faire défaut. Cela fait qu'on ne tire pas cette impuissance de la conscience immédiate; car c'est le contraire qu'on y trouve, à savoir que toute cette impuissance dépend de nos préférences; on tire plutôt une conclusion sur nous-mêmes à partir de notre expérience; on voit donc par là seulement que notre volonté est si mauvaise qu'elle ne peut pas devenir parfaitement bonne. Mais par là même elle est justement d'autant plus punissable. Il ne nous est pas permis de nous excuser en raison des pulsions, car nous sommes libres. Dieu ne nous a pas dévoilé comment il dirige la nature humaine, et nous ne devrions pas commettre l'impiété d'anticiper son jugement.

7174. υ ?. Pr 113.

Un juge aimable est une *contradiction dans les termes*[1].
La loi sainte. La bonne prévoyance. Le juste tribunal.

7175. υ ?. Pr 112. À propos des § 168 et 169 :

Une bonne âme, un bon cœur, un bon caractère (g manière de penser). L'âme et le cœur dépendent simplement des pulsions qui sont morales. L'âme consiste simplement en la manière dont on reçoit de bonnes impressions : infamie, ingratitude, désobligeance. Le cœur dépend des mouvements actifs de l'âme : hospitalité, charité. Le caractère réside dans des principes : le caractère vil, celui qui est sans caractère. L'âme est méchante, le cœur, mauvais, le caractère, vil.

7176. φ. Pr 112. Dans le § 168 :

Nous ne devons pas penser les lois à partir de la *faiblesse humaine*. Ni examiner le criminel à partir de la *fragilité*. Mais bien nous attendre à quelque chose des hommes à partir de la première et les juger à partir de la seconde. La loi doit être sainte et le jugement doit être juste pour la conscience.

|**7177**. φ. Pr 112. Dans le § 168 : **265**

Les cas de nécessité ressortissent à l'indulgence accordée à la faiblesse humaine. Les lois divines ne sont pas indulgentes. La clémence en raison de la nature inconstante des vertus humaines est un cas d'impunité de faute légère.

7178. υ. Pr 113.

Tout ce pour quoi les raisons du contraire peuvent être réellement trouvées ne peut pas toujours se produire. Cela est contingent. C'est justement parce que notre liberté n'est pas rangée sous une loi qui lui est propre que son influence est incertaine. La liberté n'est en nous rien de plus qu'un pouvoir, et non une force agissant d'après des lois constantes. Voilà pourquoi il ne faut pas compter en toute certitude sur les maximes de notre liberté. Le pouvoir de choisir le contraire est toujours là, mais l'*action* fait défaut.

1. Le *juge* ne doit pas être aimable, en effet, mais juste. Les trois perfections morales des pouvoirs judiciaire, législatif et exécutif, qui résument tout le rapport de la volonté finie à la loi morale, se projettent dans l'Idéal de Dieu comme *juste juge*, *saint législateur* et *bon (ou aimable) gouverneur*. À cet égard Dieu est le *maximum* de toutes les compétences pratiques. Voir *Critique de la raison pratique*, Ak, V, 131 ; OP, II, 767-768.

7179. υ. Pr 113. Dans le § 169 :

Il n'y a pas de mauvaise intention immédiatement innée, mais simplement l'inclination, qui cependant n'est pas encore moralement mauvaise.

7180. υ. Pr 113. Dans le § 169 :

L'impureté supposée de la nature humaine : d'où *le probabilisme, la faute philosophique* et *la restriction mentale.*

LE TRIBUNAL
§ 180-185

7181. υ. Pr 122.

L'homme n'est à vrai dire pas un juge compétent à l'égard de ses propres actions, car le juge doit avoir le pouvoir de contrainte, ce qui signifie qu'il doit être un autre que soi.

Ainsi l'homme peut certes s'examiner lui-même, mais non pas condamner, ni passer jugement exécutoire ou juger ; car il peut ou non se citer devant ce tribunal, y comparaître ou non, défendre ou accuser, prendre en cela comme il veut le parti qui l'avantage.

Par l'entendement, il a le pouvoir de juger (loi), par le cœur, il possède la réceptivité de sentir les simples conséquences morales de la loi :
266 | satisfaction (acquittement) ou repentir, reproche (condamnation). Avant l'action, ceci s'appelle le sentiment, après l'action, la conscience.

La conscience doit cependant être un instinct, et donc ne doit pas soumettre négativement son *action* à l'arbitre, car autrement elle ne pourrait exercer aucune contrainte sur nous. Elle est la manifestation du blâme que nous ne pouvons pas éviter. Est consciencieux celui qui craint cette responsabilité et ce tribunal intérieurs. Les sans scrupules et les sans conscience peuvent donner entièrement congé à ce *tribunal.*

Ce tribunal ne reçoit pas son pouvoir * [interruption].

* ([g] Les *motifs* ont une force objective, mais la force subjective de ceux-ci dépend du sentiment).

7182. υ. Pr 123. À propos de la dernière phrase du § 183 :

Il n'y a à proprement parler pas d'autre *tribunal* que *celui extérieur*, car là où quelqu'un porte un jugement sur lui-même il n'y a pas de contrainte ; mais la [interruption].

7183. φ ? ψ ? Pr 121. À propos du § 182 :

Si la conscience, à l'égard des actions obligatoires, se contente de justifier, mais si, à l'égard des actions méritoires, elle se contente de récompenser. Si elle se contente simplement de punir en ce qui concerne la transgression de l'obligation de dette, et si, en ce qui concerne la transgression du devoir d'amour, elle ne fait que se déclarer inutile. Il semble que la conscience récompense tout bien et punisse tout mal, mais à des degrés divers.

7184. φ ? ψ ? Pr 122. À propos du § 183 :

Il semble que la conscience ne puisse suffisamment punir, car il dépend de notre volonté de déterminer si nous voulons nous soumettre ou non à sa morsure. Ainsi la conscience est-elle uniquement un *tribunal suppléant*. Elle réside ainsi davantage dans la crainte de la peine méritée que dans la peine elle-même.

7185. φ. Pr 124. À côté du § 185 :

Si la vertu peut être apprise ? Peut être pris en une double signification. 1. Si, en l'absence de tout sentiment moral, c'est-à-dire de détermination de la volonté par une règle pratique de la raison, quelqu'un comprendrait ce qui est vertueux ? | Réponse : non. Deuxièmement, si l'aptitude qui **267**
constitue la vertu peut être acquise par les prescriptions et l'imitation ? Oui, par l'exercice fréquent, non simplement par des prescriptions, mais par sa propre impulsion.

LE TRIBUNAL EXTÉRIEUR
§ 186-199

7186. υ. Pr 126.

Il existe pour ainsi dire en nous un magistrat, qui nous impute les manquements ou les mérites de la prudence ; ses réprimandes sont souvent tenues pour des sentences de la conscience.

7187. υ. Pr 126.

1. Le juge intérieur ; 2. Le juge éthique* extérieur (le *public*, qui méprise, déteste, ou estime et aime) ; 3. Le juge civil et institué.

Le juge éthique est en même temps un juge naturel ; car nous essayons de voir dans l'idée de son jugement si nos actions sont bonnes ou mauvaises. Jugements après la mort. Qui suit la mort du corps. *Il est connu ex socio*[1].

*(g Un juge appelé par Dieu, mais sans pouvoir. Il ne peut donc pas condamner, mais simplement refuser le bien positif qu'il dispense volontairement en tant que compagnon, ami, etc.)

7188. υ ? φ ? Pr 126.

Pourquoi nous indignons-nous davantage lorsque la tromperie, la violence, la déloyauté se manifestent sans gêne ? Parce qu'elles se protègent de la loi ; parce qu'il s'agit d'un scandale, et ce parce que la loi elle-même, au-delà de laquelle il n'existe aucun autre moyen de contenir le vice, est par là traitée avec mépris.

7189. υ ? Pr 129. À côté de la troisième phrase du § 191 :

Projet d'établissement d'un *tribunal* moral, juridique.

268 | **7190.** φ ? χ ? Pr 135. À propos des § 198 ? et 200 ? :

Toute *nécessitation morale* est *stricte* ou *large*. La première est *par l'arbitre d'autrui* (et *passive*), la seconde *par l'état d'autrui* (*je me contrains moi-même*). Aucun *motif pragmatique* ne peut faire obstacle à la première, mais à la seconde, si. Car je ne suis pas contraint moralement *par l'arbitre d'autrui* à la préservation du pauvre ; ainsi suis-je extérieurement libre, mais intérieurement obligé. Mais le bonheur est aussi une obligation intérieure.

7191. φ ? χ ? Pr 135. À propos du § 198 ? :

Plus quelqu'un peut être objectivement nécessité et contraint, plus il est subjectivement libre.

Les motifs pragmatiques ne mettent aucunement en danger les motifs moraux. Si je ne peux plus vivre en homme honnête, alors je ne peux plus continuer de vivre. *Cas de nécessité* (il ne vaut véritablement que pour le droit de légitime défense *dans l'état de nature*). La vie n'est pas en soi un bien, mais seulement dans la mesure où l'on est digne de celle-ci.

7192. φ ? χ ? Pr 135. À propos du § 198 ? :

Les juristes ont raison lorsqu'ils affirment que l'on peut tuer quelqu'un afin de préserver sa vie. C'est qu'on ne peut être contraint de renoncer à cette possibilité, car la punition que l'on doit craindre ne peut pas être plus

1. *Noscitur ex socio* : celui qui n'est pas connu directement par lui-même peut être connu par « son associé » ou par son entourage.

grande que ce à quoi on échappe en posant cette action qui nous menace de très près. Aussi, seule la préservation de la vie est la condition du *cas de nécessité*, car la grande force de la loi pénale réside dans la peine de mort. Mais un tel homme qui préserve une vie qu'il ne mérite pas devrait être traité avec mépris.

7193. υ ? Pr 134.

On a cependant un droit de contraindre les autres à préserver nécessairement notre vie en même temps qu'ils préservent la leur, puisque la propriété n'est qu'un titre de participation à la dotation commune de la nature.

|**7194**. φ ? χ ? Pr 135. À propos du § 198 ? : 269

Le droit, parce qu'il est réciproque, autorise la riposte et la prévoyance. En cela, celui qui attente aux jours d'autrui afin de se garder en vie pourrait légitimement être tué par l'autre avant de passer à l'acte. Et ceci, lorsque pris préalablement comme maxime, rend tout accord impossible.

7195. φ ? χ ? Pr 135. À propos du § 198 ? :

La légitime défense est l'unique *cas de nécessité* contre l'offenseur. Les autorités qui interdisent la défense de soi entraînant un dommage grave pour autrui doivent savoir qu'elles enlèvent à l'homme son droit le plus sacré, afin pourtant de régir ce droit et en tant dépositaires de celui-ci [interruption].

| PHASE ψ [1] 270

EN GÉNÉRAL

7196. ψ ? ρ–φ ? L Bl. M 8. P. II :

La vertu rendrait heureux si elle était universellement pratiquée ; mais ce bonheur n'a pas autant de valeur que la vertu, et celle-ci a sa valeur intérieure sans le bonheur.

La liberté est un pouvoir créateur. Le bien par liberté est par conséquent originaire.

Toutefois, la conformité de la liberté à la loi est la plus haute condition du bien, et l'absence de loi le mal véritable et absolu, la création du mal. Cette dernière doit ainsi déplaire d'emblée absolument et sans restriction à la raison, et ce déplaisir doit être plus grand que celui envers les maux ou les erreurs.

La légalité consiste dans l'accord avec l'arbitre universellement valide, dans la mesure où nous sommes déterminants ou déterminables.

7197. ψ ? ρ–σ ? φ–χ ? (ω ??) L Bl. E 62. P. I et II. R II 225-226.

P. I

La moralité est la conformité intérieure de la liberté à la loi, dans la mesure en effet où elle est elle-même une loi. Si nous faisons abstraction de

1. Les réflexions de la phase *psi* couvrent une large période, s'étendant de 1780 à 1789. Elles sont tirées pour plusieurs des *Lose Blätter*, des « feuilles volantes » conservées à la Bibliothèque de Königsberg et intégrées à l'Édition de l'Académie. On remarquera qu'elles sont généralement beaucoup plus longues que celles de la phase *upsilon*, qui elles-mêmes étaient plus développées que celles des phases précédentes. Il est clair que ce souci du détail et la longueur des développements ne limitent plus les *Réflexions* à l'enseignement de Kant en philosophie morale, mais s'inscrivent dans les projets de publication sur la philosophie pratique après la *Critique de la raison pure*.

toute inclination, alors il reste les conditions sous lesquelles la liberté peut seule s'accorder avec elle-même : 1. que l'usage de la liberté s'harmonise avec la détermination de sa propre nature sous une condition universellement valide ; 2. avec les fins d'autrui, pour autant qu'elles s'harmonisent en un tout ; 3. avec la liberté des autres en général. Cette perfection
271 de la liberté est la condition sous laquelle | la perfection de tous les autres et le bonheur d'un être raisonnable doivent être source d'une satisfaction universelle (dignité) et est tout ce qui reste lorsque les objets de notre inclination présente nous sont tous devenus indifférents.

Les conditions du monde sensible ([g]comme phénomène) ne sont pas en même temps les conditions du monde de l'entendement, et bien que le monde sensible soit sans limites et qu'ainsi la totalité de celui-ci ne soit pas déterminable, ce n'est cependant pas le monde de l'entendement, etc. Bien que tout changement des phénomènes en d'autres soit déterminé, les actions de l'entendement ne sont pas déterminées par les phénomènes et n'appartiennent pas à la chaîne.

Devoir envers les hommes : 1. comme membre de la nature, 2. comme propriétaire (*propriétaire, propriétaire possible*), 3. comme citoyen. Le bonheur d'autrui est pour nous important et estimable, mais la propriété d'autrui est sacrée. La propriété à l'égard de tout ce qui appartient à la substance est le *domaine*. Ainsi l'homme est un *propriétaire désigné par la nature*.

P. II

La passion initie l'émotion, n'est cependant pas comme celui-ci un état, mais bien une disposition de l'âme. La passion est plus nuisible que l'émotion [1].

L'impression du sens supprimant le pouvoir de l'esprit ([g] jusqu'à l'intellect) est l'émotion.

Le stimulus supprimant le pouvoir de l'esprit (de la volonté) est la passion.

Appartient au *pouvoir de l'esprit* d'abord l'*équilibre de l'âme*.

Ce qui rend impossible l'*équilibre*, c'est-à-dire le pouvoir de comparer une partie de la sensibilité proportionnellement avec le tout, supprime *le pouvoir de l'esprit*.

1. Sur la distinction entre les passions et les émotions, voir l'*Anthropologie du point de vue pragmatique*, § 74, Ak, VII, 252-253 ; OP, III, 1068-1069.

7198. ψ ? υ–φ ? L Bl. Ha 30.

Une prescription à être indépendant est celle qui dicte qu'il faut s'habituer à se passer de ce qu'on peut attendre uniquement de la disposition arbitraire des hommes, par exemple se faire inviter ([g] on doit être heureux à la maison), et à n'avoir besoin tout au plus que des services que l'on attend simplement de l'intérêt personnel d'autrui ([g] de ses besoins personnels). Mais pour ceci | est exigé un pouvoir, que ce soit une **272**
puissance ou un honneur ou une richesse, *en somme* le pouvoir d'avoir une influence.

Le deuxième degré consiste ainsi à pouvoir se passer également du concours d'autrui en général. ([g] Car il n'est pas certain qu'autrui aimerait avoir besoin de nous ; autrui peut aussi bien se détacher de nous que nous de lui.)

Le troisième degré consiste à pouvoir se passer de tout ce qui dépend de la fortune et à situer notre satisfaction et notre valeur dans le fait de ne jamais pouvoir se voir soi-même diminué.

7199. ψ ? υ–χ ? L Bl. E 61. P. I et II. R II 223-225.

P. I :

Vers la philosophie pratique

La première et la plus importante remarque que l'homme fait à propos de lui-même est que, déterminé par la nature, il doit être lui-même l'auteur de son bonheur et même de ses propres inclinations et aptitudes, qui rendent ce bonheur possible. Il en conclut qu'il a à ordonner ses actions non pas d'après des instincts, mais selon des concepts qu'il se fait de son bonheur, et la plus grande préoccupation qu'il a pour lui-même est ici de savoir s'il forme faussement son concept ou bien s'il s'en laisse détourner par sensibilité animale, avant tout par un penchant à agir habituellement à l'encontre de ses concepts. En tant qu'être agissant librement, et cela selon cette indépendance et cette maîtrise de soi, il sera à lui-même l'objet le plus noble, afin que ses désirs s'accordent les uns avec les autres avec son concept du bonheur, et non avec des instincts ; dans cette forme réside la conduite conforme à la liberté de l'être raisonnable. D'abord, son action devra être dirigée en accord avec la fin universelle de l'humanité en sa propre personne et aussi en accord avec des concepts, et non des instincts, de façon à ce que ceux-ci s'accordent les uns avec les autres, parce qu'ils s'accordent avec l'universel, c'est-à-dire avec la nature. Ce n'est donc pas l'amour de soi empirique qui doit être le motif d'un être raisonnable, car celui-ci va des éléments particuliers vers le tout, mais l'amour de soi

273 rationnel, qui dérive la règle | de l'individu de et par l'universel. De cette façon, il s'aperçoit que son bonheur dépend de la liberté des autres êtres raisonnables, *II* : et que quand tout un chacun n'a que lui-même comme objet, cela ne peut pas s'accorder avec l'amour de soi, et il s'aperçoit ainsi que son propre bonheur doit venir des concepts et être restreint par les conditions exigeant qu'il soit l'auteur du bonheur universel ou qu'au moins il ne contredise pas les autres, qui doivent être considérés comme les auteurs de leur propre bonheur.

La moralité réside dans les lois de production du ([g] véritable) bonheur à partir de la liberté en général. Ainsi, au commencement, lorsque la volonté est dirigée seulement vers la satisfaction des instincts et du bien-être, tout le mal naît précisément de la liberté, puisque l'homme ne doit pas être régi par l'instinct, lequel a néanmoins un sage auteur. La liberté ne peut être déterminée que d'après des règles d'une volonté universellement valide, parce qu'elle serait autrement sans aucune règle.

I : ([g] Causalité. La propriété de la liberté (pure), par laquelle elle est elle-même la cause du bonheur ; elle est cependant la cause du bonheur par l'accord de l'arbitre universel. La bonne nature intérieure de la volonté. Est bonne en elle-même la volonté qui s'accorde avec la volonté universelle.

P. II :

Le Christ n'enseignait pas les longs psaumes de David, ni à prier comme les pharisiens pour la vengeance contre les ennemis.

Un certain bien-être politique pouvait assurément avoir lieu par l'obéissance fidèle aux observances imposées, dans une certaine discipline constante et sous un gouvernement sacerdotal, qui avait un tel pouvoir sur les âmes qu'il était plus ferme que le pouvoir de leurs voisins réunis. ([g] Les prêtres attribuaient la cause de tous les fléaux et maux publics à la transgression des devoirs du culte, c'est-à-dire au manque d'obéissance obligatoire envers eux. Est-ce que cette religion a jamais fait des hommes bons ?). Seulement, le bien-être domestique fut sans aucun doute alors, comme à chaque époque, non pas la récompense des actions du culte et de l'accomplissement des usages sacrés, mais pour une large part, comme
274 aujourd'hui, le résultat des efforts de | l'habileté et de simples coups de chance. De là vient naturellement que les Juifs, à qui il était en fait ordonné d'exercer le culte simplement comme paiement comptant en cette vie, s'essayèrent avec des dieux étrangers lorsqu'ils virent leurs espoirs déçus.

7200. ψ ? L Bl. E 64. P. I. R II 228.

Dignité d'être heureux.

Principes de la moralité tirés de l'accord de la liberté avec les conditions nécessaires du bonheur en général, c'est-à-dire tirés du *principe* universel et spontané du bonheur.

Si la liberté, abstraction faite de l'état en lequel l'être libre se trouve, donc indépendamment des conditions empiriques (des impulsions), doit être une cause nécessaire du bonheur, alors elle doit 1. déterminer l'arbitre à partir de principes, 2. à partir de principes d'unité non seulement avec sa propre personne mais aussi du point de vue de la communauté avec autrui, car la liberté qui ne s'accorde pas extérieurement d'après des lois universelles se nuit à elle-même dans le bonheur, mais lorsqu'elle s'accorde avec elle-même, elle le favorise tout à fait.

Principes de l'unité de toutes les fins en général (antérieurement à toutes les conditions empiriques des fins). Donc principes de la raison pure.

Les *impératifs* de la moralité contiennent les conditions restrictives de tous les impératifs de prudence. On ne peut chercher le bonheur que sous les seules conditions qui peuvent nous en rendre dignes, c'est-à-dire sous lesquelles on participerait nécessairement au bonheur, car le bonheur est quelque chose d'universel à l'égard de la satisfaction des fins. Sinon il ne s'agit que du simple plaisir. Donc pathologiquement ou pratiquement nécessaire.

7201. ψ. L Bl. G 9. P. I. R III 30-31.

[C'est en effet une entreprise qui en vaut vraiment la peine : si ce | qu'on 275
prétend savoir, spécialement ce qu'on prétend savoir *a priori*, peut être l'objet d'une science en général ; car il serait absurde de vouloir parler en un tel cas de probabilités, et même encore de probabilités qui seraient aussi bonnes que certaines, lorsque l'on abandonne la loi de l'expérience et que l'on s'aventure, avec les Idées, dans le champ sans fin des simples possibilités qui n'ont rien en commun avec les objets de l'expérience, et dont ainsi les jugements ne peuvent ni de près ni de loin s'approcher des lois de l'expérience] [1].

La faculté de désirer, dans la mesure où elle est déterminable sous la représentation d'une règle, s'appelle la volonté. Lorsque la règle est considérée comme le principe de détermination immédiat de la volonté, la déter-

1. Ce long passage, biffé par Kant, mérite tout de même d'être lu avec la *Critique de la raison pure*, A 820 *sq.*/B 848 *sq.* ; OP, I, 1376 *sq.* : *De l'opinion, du savoir et de la foi.*

mination de la volonté par cette règle est alors l'obligation objective, c'est-à-dire l'obligation considérée par la raison. Lorsqu'elle inclut seulement ([g] l'universel de) la liaison d'un autre principe de détermination avec la volonté, alors la détermination de la volonté en accord avec cette règle ([g] objectivement) par la raison est la nécessitation pragmatique. Les deux sont des impératifs. Si le principe de détermination, distingué de la règle, est vu comme un simple objet possible de la faculté de désirer, alors il n'est aucunement un principe de détermination de la volonté, mais simplement de l'action comme moyen, par la raison, et le désir détermine la volonté. Ceci est alors la nécessitation pratique formelle.

La critique de la raison pratique a pour base la distinction entre la raison pratique empiriquement conditionnée et la raison pure, quoique pratique, et demande s'il y a une telle chose que cette dernière. La critique ne peut pas percevoir *a priori* la possibilité de celle-ci, car elle concerne la relation d'un principe réel à une conséquence, en sorte que quelque chose doit être donné qui puisse simplement en découler ; et de la réalité, la possibilité peut être inférée. Les lois morales sont de cette sorte, et cela doit être prouvé de la même façon que nous avons prouvé que les représentations de l'espace et du temps sont des représentations *a priori*, à cette différence près que celles-ci concernent les intuitions et celles-là de simples concepts de la raison. La seule différence est que dans la connaissance théorique les concepts n'ont de signification, et les principes d'autre usage qu'à l'égard des objets de l'expérience, alors que dans la connaissance pratique, par contre, ils ont un usage beaucoup plus large, c'est-à-dire qui s'applique à tous les êtres raisonnables en général et indépendamment de tous les
276 principes de détermination empiriques, | car en effet, lors même qu'aucun objet de l'expérience ne leur correspond, la simple manière de penser et l'intention selon les principes sont déjà suffisantes.

7202. ψ. L Bl. Duisburg 6. P. I-IV. R I 9-16.

P. I :

Nous éprouvons une satisfaction à l'égard des choses qui touchent nos sens, car elles affectent notre sujet de manière harmonieuse et nous permettent de sentir notre vie sans entraves ou son animation. Toutefois, nous voyons bien que la cause de cette satisfaction ne réside pas dans l'objet, mais dans la constitution individuelle ou spécifique de notre sujet, par conséquent qu'elle n'a aucune validité universelle et nécessaire : les lois qui concilient la liberté de choix avec elle-même à l'égard de tout ce qui plaît, contiennent en revanche pour tout être raisonnable qui possède une faculté de désirer le principe d'une satisfaction nécessaire ; voilà pourquoi le bien selon ces lois ne peut nous être indifférent, tout comme, par exemple, la beauté ; de plus, nous devons éprouver une satisfaction envers son existence, car le bien s'accorde de manière universelle avec le bonheur, et de là également avec mon intérêt.

La matière du bonheur est sensible, mais sa forme est intellectuelle : or celle-ci n'est possible qu'en tant que liberté sous des lois *a priori* de l'accord avec soi-même, et ceci non pas, certes, en vue de réaliser le bonheur, mais en vue de sa possibilité et de son idée. Car le bonheur consiste en un bien-être, dans la mesure où celui-ci n'est pas extérieurement contingent, ni dépendant empiriquement, mais repose sur notre propre choix. Ce choix doit déterminer et non pas dépendre d'une détermination naturelle. Or ceci n'est rien d'autre que la liberté bien ordonnée.

Seul celui dont l'usage de l'arbitre ne va pas à l'encontre des *données* que lui fournit la nature en vue du bonheur est en mesure d'être heureux. Cette propriété du libre arbitre est la *condition sine qua non* du bonheur. Le bonheur n'est pas à proprement parler la ([g] plus grande) somme de l'agrément, mais le plaisir découlant de la satisfaction de la conscience à l'égard de sa propre force, du moins est-ce là la condition formelle essentielle | du bonheur, bien que d'autres conditions matérielles (puisées dans 277
l'expérience) soient nécessaires.

La fonction de l'unité *a priori* de tous les éléments du bonheur est la condition de possibilité nécessaire et l'essence de celui-ci. Or l'unité *a priori* est la liberté sous des lois universelles de l'arbitre, c'est-à-dire la moralité. Ceci rend possible le bonheur en tant que tel, qui ne dépend pas de lui en tant que fin, et est en soi-même la forme originelle du bonheur, par laquelle on peut très bien se passer d'agréments et endurer au contraire plusieurs maux de la vie, et ce sans diminution de notre satisfaction, et même en fait avec un accroissement de celle-ci.

Le fait de trouver sa condition agréable repose sur la fortune, mais le fait de se réjouir des agréments de cette condition comme bonheur, voilà qui ne convient pas à la valeur de ce dernier ; car le bonheur doit plutôt procéder d'un principe *a priori* approuvé par la raison. Être misérable n'est pas la conséquence nécessaire des maux de la vie.

Aucune satisfaction complète ne peut être trouvée pour les sens, pas plus qu'il n'est possible de déterminer avec certitude et de manière universelle ce qui serait approprié à leur besoin ; les sens accroissent sans cesse leurs exigences et demeurent insatisfaits, sans que nous puissions dire ce qui pourrait les contenter. Et la possession de ces plaisirs est encore moins certaine, à cause de l'inconstance de la fortune, de la contingence des circonstances favorables et de la brièveté de la vie. Mais l'intention instruite par la raison de bien se servir ou de se servir de manière harmonieuse des matériaux en vue du bien-être est certaine *a priori*, se laisse entièrement connaître et nous appartient en propre, de telle sorte que même la mort, comme état passif, ne diminue pas sa valeur.

P. II :

Il est vrai que la vertu a cet avantage qu'elle pourrait produire le plus grand bien-être à partir de ce qu'offre la nature. Mais sa haute valeur ne consiste pas à servir pour ainsi dire de moyen. Sa valeur intérieure réside en ce que nous-mêmes, comme auteurs, la produisons sans égard aux conditions empiriques (qui ne peuvent fournir que des règles de vie particulières), et en ce qu'elle entraîne une satisfaction de soi.

278 | Une certaine base (fonds, propriété) de satisfaction est nécessaire dont personne ne doit manquer et sans laquelle aucun bonheur n'est possible, le reste étant accidentel (*produits de la fortune*). Cette base est la satisfaction de soi (pour ainsi dire *l'aperception agréable primitive*). Car cette base ne doit dépendre ni d'un don naturel ni d'une chance ou d'un hasard, parce que ceux-ci ne doivent pas par eux-mêmes être en accord avec nos fins essentielles et les plus hautes. Et puisque la satisfaction doit nécessairement s'accorder avec ces fins, et cela *a priori* et non pas seulement d'après des lois empiriques qui ne sont jamais certaines apodictiquement, alors elle doit 1. reposer sur le libre arbitre, afin que nous puissions l'établir d'après l'idée du souverain Bien. 2. cette liberté doit certes être une indépendance à l'égard des nécessitations sensibles, mais elle ne doit pas l'être sans aucune loi. Aussi, puisqu'aucun autre motif plus élevé ni un bien supérieur ne sont donnés, il s'ensuit que cela doit consister dans la liberté d'après des lois, dans un accord entier avec soi, lequel déterminera la valeur et la dignité de la personne.

L'homme a dans sa conscience la cause lui permettant d'être satisfait de lui-même. Il a la réceptivité de tout bonheur, le pouvoir d'être satisfait et même de se rendre heureux sans jouir des agréments de la vie. Tel est ce qu'il y a d'intellectuel dans le bonheur.

Il n'y a aucun élément réel dans cette base, aucun autre plaisir que la matière du bonheur, mais il y a néanmoins la condition formelle de l'unité, laquelle est essentielle au bonheur et sans laquelle le mépris de soi nous retire l'essentiel de la valeur de la vie, c'est-à-dire la valeur de la personne. Celle-ci est en tant que spontanéité du bien-être.

Le bien de la vie ou le bonheur : ou bien tel qu'il nous apparaît, ou bien tel qu'il est. On se le représente tel qu'il est par les catégories morales, qui ne portent toutefois pas sur des objets particuliers mais sur les objets de la vie et du monde afin de déterminer leur unité en un unique bonheur empirique possible. Ils ne représentent en eux-mêmes rien de bon, mais simplement la forme de la liberté, les *données* empiriques dont on doit faire usage en vue du bien véritable et autonome.

([g] Le bonheur n'est pas quelque chose de senti mais quelque chose de pensé. Ce n'est pas non plus une pensée que l'on peut tirer de l'expérience,
| mais une pensée qui d'abord et avant tout rend l'expérience possible. Non 279
pas certes comme s'il fallait d'abord connaître le bonheur dans le détail de ses éléments, mais seulement la condition *a priori* sous laquelle seule on peut être capable du bonheur.

Toutes nos actions qui visent le bonheur empirique doivent se conformer à ces règles, sinon leur unité est introuvable, laquelle [interruption]).

P. III :

Un homme ayant de telles intentions morales est digne d'être heureux, c'est-à-dire d'être en la possession de tous les moyens par lesquels il puisse produire son bonheur et celui d'autrui.

———

Mais afin que la moralité plaise par-dessus tout et même absolument, il est nécessaire qu'elle plaise non pas du point de vue de la convenance singulière et personnelle, mais d'un point de vue universel *a priori*, c'est-à-dire pour la raison pure, et ce parce que celle-ci est universellement nécessaire au bonheur et également digne de lui. La raison pure ne cause néanmoins aucun plaisir, car elle ne promet pas la part empirique du bonheur ; elle ne contient donc en elle-même aucun mobile ; car pour cela des conditions empiriques, à savoir la satisfaction des besoins, sont toujours requises.

———

La moralité est l'idée de la liberté comme d'un principe du bonheur (principe régulateur *a priori* du bonheur). Voilà pourquoi les lois de la liberté doivent être indépendantes de toute intention orientée vers son bonheur personnel et doivent contenir néanmoins la condition formelle *a priori* de celui-ci.

———

J'entends l'interdiction suivante : Tu ne dois pas mentir ! Mais pourquoi pas ? Parce que le mensonge t'est nuisible, c'est-à-dire qu'il contrevient à ton propre bonheur (Épicure). Seulement voilà, je suis suffisamment prudent et avisé pour m'en tenir à la vérité chaque fois que cela est

à mon avantage, mais aussi pour faire exception à la règle chaque fois où le mensonge peut m'être utile. Mais ton mensonge contrevient au bonheur universel ! En quoi cela me concerne-t-il ?, réponds-je, que chacun se soucie de son propre bonheur. Mais ce bonheur te tient à cœur, ou ce mensonge cause en toi un mépris (le stoïcien). Seul moi peux en juger,
280 réponds-je. D'autres peuvent bien être d'un goût si tendre que | le fait de proférer un mensonge les retourne intérieurement, mais il en va autrement pour moi ; je ris bien quand j'ai réussi à duper quelqu'un, et d'autant plus quand je pense au fait que mon mensonge n'a pas été découvert. Votre sentiment peut bien être déterminant à vos yeux, mais vous ne pouvez pas me l'imposer comme une loi. Toutefois, affirme une troisième personne, tu peux assurément envisager le mensonge comme n'étant ni nuisible à ta personne ni méprisable en lui-même, mais alors tu n'es pas libre de faire ce que tu veux. Vois au-dessus de toi le souverain Bien, lequel, d'après ses idées que ta raison peut apercevoir, bannit le mensonge et la personne qui s'y livre et exclut cette dernière du bonheur. Le platonicien. D'où connaissez-vous les idées de cet être souverain ? Je ne me souviens pas d'avoir jamais fait connaissance avec une seule de ces idées. Ces idées ne sont-elles pas plutôt des produits contingents d'une éducation selon les coutumes établies ? Et d'où savez-vous qu'un tel être souverain, que vous ne connaissez que par l'intermédiaire de votre raison, abhorre le mensonge parce qu'il n'est digne en lui-même que d'être abhorré, voilà ce que je mets en doute, un doute que vous n'avez pas pu éradiquer.

([g] Le concept doctrinal de la moralité à partir du principe de l'arbitre pur.

Ce principe est le principe de la satisfaction de soi *a priori* en tant que condition formelle de tout bonheur (parallèle à l'aperception).

La première chose que l'homme doit faire est d'amener la liberté sous les lois de l'unité ; car sans cela ses actions et omissions sont une pure confusion.

Donnez à un homme de grand entendement tous les moyens en vue du bonheur, et les inclinations continueront malgré tout de jouer leur jeu et de tirer vers elles son entendement –)

P. IV :

Après avoir rejeté de cette façon toutes les persuasions extérieures, je me retire en moi-même et je constate qu'il existe en moi, et ce bien que j'étais libre de le dissimuler à autrui et que personne n'ait pu m'en fournir de preuves convaincantes, un principe de désapprobation et de dégoût

intérieur inextinguible, qui peut certes à l'occasion être supplanté par des excitations opposées, mais qui ne peut jamais être anéanti. Sur quoi repose cette désapprobation ? Est-ce un sentiment immédiat | de honte, est-ce une 281
réflexion cachée sur la honte, est-ce la crainte d'un juge invisible ? Il ne peut en tout cas s'agir d'une habitude, car l'habitude ne saurait être universelle et invincible.

Comme la question porte sur le fait de savoir si, sur ce point, ma liberté n'est restreinte par rien, je suppose donc un principe fournissant la solution à cette question, qui ne concerne pas seulement ce cas, mais la liberté en général. La liberté est en soi un pouvoir d'agir ou de s'abstenir d'agir indépendamment des causes empiriques[1]. Ainsi, il ne peut exister de principes ayant assez de poids pour nous déterminer empiriquement dans tous les cas semblables. La question est donc la suivante : comment puis-je me servir de ma liberté en général ? Or je ne suis libre qu'à l'égard de la contrainte de la sensibilité, et je ne puis être en même temps libre par rapport à des lois restrictives de la raison ; car c'est précisément parce que je suis libre par rapport à celle-là que je dois me soumettre à celles-ci, puisque sinon je ne puis rien affirmer à propos de ma propre volonté. Or la licence par laquelle je puis vouloir ce qui est en soi contraire à ma volonté et à cause de laquelle je n'ai pas de principe sûr me permettant de compter sur moi-même doit me déplaire au plus haut point, et par suite une loi doit m'être connue comme nécessaire *a priori*, selon laquelle la liberté est restreinte aux conditions sous lesquelles ([g]la volonté) s'accorde avec elle-même. Je ne peux renoncer à cette loi sans aller à l'encontre de ma raison, laquelle seule peut établir l'unité pratique de la volonté selon des principes. Ces lois déterminent une volonté, que l'on peut appeler la volonté pure, antérieure à tout élément empirique, et un bien pratique pur, qui est le bien le plus haut, quoiqu'il soit seulement formel, parce que ce bien est engendré par nous-mêmes, est par là en notre pouvoir, et rend aussi possible tout ce qui est empirique dans la mesure où cela est en notre pouvoir, selon l'unité par rapport au bien complet, c'est-à-dire celui du bonheur pur[2]. Aucune action ne doit contredire cette règle ; car dans ce cas elle contredirait le principe de la satisfaction de soi qui est la condition de tout bonheur, qu'elle soit

1. Mais il ne s'agit là que de la définition négative de la liberté, comme le précisera les *Fondements de la métaphysique des mœurs* (Ak, IV, 446 ; OP, II, 315-316). Dans sa définition positive, la liberté est conçue comme une causalité agissant selon une loi qui est la sienne propre, en tant qu'autonomie de la volonté.

2. Ce développement annonce la distinction entre le bien suprême (*bonum supremum*) et le bien accompli ou achevé (*bonum consummatum*), que l'on retrouvera dans la *Critique de la raison pratique* (Ak, V, 110-111 ; OP, II, 742-7443).

obtenue *a posteriori* ou qu'elle repose *a priori* dans notre manière de penser, qu'elle concerne autrui ou qu'elle nous concerne nous-mêmes. Cette constitution du libre arbitre détermine la valeur personnelle et absolue de l'homme. Tout le reste qui lui est intérieur ne détermine que sa valeur conditionnée, dans la mesure où il fait bon usage de ses talents. Aussi n'est-ce que dans cette mesure qu'il est digne des moyens en vue du
282 bonheur | (car le bonheur est un produit de la raison humaine de chacun), parce qu'il ne peut s'accorder avec les concepts rationnels du bonheur que selon ces lois. *En marge* : Mais en quoi consiste cette loi morale ? 1. Dans l'accord des désirs naturels avec sa propre nature.

2. dans l'accord des désirs arbitraires et contingents avec la nature et entre eux ; par conséquent dans l'idée d'une volonté universelle et dans les conditions sous lesquelles une telle volonté, qui contient et restreint sous elle-même chaque volonté particulière, est possible.

Sans cette unité, la liberté doit apparaître à nos propres yeux comme le plus grand mal, et nous aurions alors tout motif de n'exister que par instinct et par là comme des animaux dépourvus de raison. Avec cette unité, la liberté est le plus grand bien et à proprement parler le bien absolu à tous égards [1].

L'idée hypostasiée de la volonté universelle est le souverain Bien autosuffisant, qui est en même temps la source suffisante de tout bonheur : l'idéal de Dieu.

Les lois pratiques ou bien à partir de concepts, ou bien à partir d'expériences. Celles-là soit des concepts purs, soit des concepts empiriques. Les lois pratiques pures sont ou bien analytiques, ou bien synthétiques. Comment ces dernières sont-elles possibles ?

7203. ψ. Pr VII. VIII.

Philosophie : 1. théorique : doctrine de la connaissance et doctrine du goût ; 2. pratique : doctrine *a posteriori* du bonheur ; doctrine morale *a priori*.

Philosophie 1. comme science, 2. comme sagesse dirigée vers la totalité des fins.

Logique, esthétique et philosophie pratique (dans la mesure où elles ont des *principes a priori*). ([g] des objets) : métaphysique et morale.

1. Dans le même sens, voir les *Leçons d'éthique*, où Kant affirme de la liberté qu'elle est la valeur du monde, p. 233 et 408.

Connaissance, sentiment, désirs. L'entendement, le goût et la volonté ont des connaissances *a priori*. Logique, esthétique, morale.

| Pr VIII : 283

Nature et liberté. La morale enseigne les conditions objectives de la conduite, l'anthropologie, les conditions subjectives.

Doctrine morale du souverain Bien.

7204. ψ ? υ ? φ ? Pr 127. 126.

Pr 127 :

Le problème le plus élevé de la morale est le suivant : la raison montre que l'unité complète [universelle] de toutes les fins d'un être raisonnable, aussi bien à son égard qu'à l'égard d'autrui, donc l'unité formelle dans l'usage de notre liberté, c'est-à-dire la moralité, engendrerait, si elle était pratiquée par chacun, le bonheur par liberté et dériverait le particulier de l'universel, et qu'inversement, si l'arbitre universel devait déterminer tout arbitre particulier, il ne saurait procéder autrement que suivant des principes moraux. Mais il est en même temps évident que si un seul homme voulait se soumettre à ces règles, sans avoir la certitude que les autres le feront également, il ne saurait parvenir au bonheur par cette voie. La question se pose donc de savoir ce qu'il reste permettant de déterminer néanmoins la volonté de toute personne (bien-pensante) à se soumettre à cette règle en tant que règle inviolable* : soit le bonheur selon l'ordre de l'éternelle Providence, ou la simple dignité d'être heureux (d'après le jugement de tous qu'il a fait tout ce qu'il pouvait pour contribuer au bonheur de tous), ou encore la simple idée de l'unité de la raison dans l'usage de la liberté. Ce dernier principe ne doit pas être sous-estimé. Car seule l'autodétermination à partir de principes fournit un principe d'unité à la précognition de toutes les actions et, puisque la raison en tant que cause déterminante indépendante de tout temps et de toute condition de la sensibilité concerne l'existence entière de l'être raisonnable, alors ceci est un *principe* des actions libres relativement à la durée éternelle. Si cependant les hommes devaient vivre éternellement, alors cette bonne conduite les rendrait aussi heureux. La satisfaction de soi de la raison, par ailleurs, récompense la perte à l'égard des sens.

Pr 126 :

De même que l'identité de l'aperception est une ([g] un *principe* de la)
| *synthèse a priori* pour toute expérience possible, de même l'identité de ma 284
volonté selon sa forme est-elle un *principe* du bonheur à partir de moi-même, par lequel toute satisfaction de soi est déterminée *a priori*.

Seul lorsque j'agis suivant des principes *a priori* puis-je toujours demeurer le même dans le caractère de mes fins, intérieurement et extérieurement. Les conditions empiriques engendrent des différences.
([g] unité transcendantale dans l'usage de la liberté.)

Pr 127 :

*([g] comment ce *principe* ([g] *a priori*) de l'accord universel de la liberté avec elle-même peut-il m'intéresser[1] ? La liberté d'après des principes de fins empiriques ne possède aucun accord complet avec elle-même ; à partir de là, je ne peux rien me représenter de fiable à l'égard de moi-même. Il n'y a aucune unité de ma volonté. Voilà pourquoi des conditions restrictives de l'usage de cette liberté sont absolument nécessaires. Moralité à partir du *principe* de l'unité. À partir du principe de la vérité. Que l'on observe le *principe* que l'on peut déclarer publiquement, qui vaut ainsi pour tout un chacun. La perfection selon la forme : l'accord [universel] de la liberté avec les conditions essentielles de toutes les fins, c'est-à-dire la finalité *a priori*.)

7205. ψ ? φ ? Pr 133.

La morale est la science qui contient *a priori* les principes de l'unité de toutes les fins possibles des êtres raisonnables[2]. 1. Conditions de cette unité. 2. Nécessité pratique de cette unité. L'unité est pragmatiquement (empiriquement) déterminée à partir des concepts du bonheur. Elle est déterminée rationnellement à partir de ce bonheur dans la mesure où celui-ci est simplement un effet de la liberté.

1. La question se pose en effet de savoir pourquoi je devrais agir moralement, et en quoi l'agir moral rejoint mon intérêt ? Voir à ce sujet les *Fondements de la métaphysique des mœurs* (Ak, IV, 413 (note) ; OP, II, 275) : « On appelle inclination la dépendance de la faculté de désirer à l'égard des sensations, et ainsi l'inclination témoigne toujours d'un *besoin*. Quant à la dépendance d'une volonté qui peut être déterminée d'une façon contingente, à l'égard des principes de la raison, on l'appelle un *intérêt*. Cet intérêt ne se trouve donc que dans une volonté dépendante qui n'est pas d'elle-même toujours en accord avec la raison ; dans la volonté divine on ne peut pas concevoir d'intérêt. Mais aussi la volonté humaine peut *prendre intérêt* à une chose sans pour cela *agir par intérêt*. La première expression désigne l'intérêt *pratique* que l'on prend à l'action ; la seconde, l'intérêt *pathologique* que l'on prend à l'objet de l'action. [...] Dans le premier cas, c'est l'action qui m'intéresse ; dans le second, c'est l'objet de l'action (en tant qu'il m'est agréable). ». Voir aussi *Critique de la raison pratique*, Ak, V, 119-121 ; OP, II, 754-756.

2. La morale est une science, une *Wissenschaft*, ce qui signifie que la certitude de ses principes ne le cède en rien à celle des sciences physico-mathématiques : l'impératif catégorique est aussi certain qu'une équation mathématique.

7206. ψ ? φ ? χ ? Pr II'.

Le bonheur n'est bon que sous la restriction que l'on en soit digne, et la condition de la dignité est la bonne volonté. ([s] Cette dernière est absolument bonne, à tous égards et sans restriction.)

Les talents et les dons de la fortune ne sont bons que dans la mesure où l'on possède une volonté de bien s'en servir. Ainsi la bonne volonté est-elle
| la condition sans laquelle rien ne serait bon sans restriction, c'est-à-dire **285**
absolument bon.

7207. ψ ? υ ? φ ? Pr II'.

L'*impératif* problématique n'a aucune *cause d'impulsion*, parce que la fin est problématique. Voilà pourquoi les *impératifs* de cette sorte sont simplement hypothétiques. Les pragmatiques sont catégoriques, mais avec restriction, dans la mesure où cette action est bonne en elle-même. L'*impératif* moral commande absolument.

7208. ψ ? φ ? Pr I'.

Le scrupule moral est la maxime consistant à se régler soi-même sur la propriété morale des intentions (lesquelles sont au fondement des actions). De bonnes actions peuvent bien se produire aussi par intérêt personnel ou même si l'on n'admet aucun Dieu ; mais personne ne peut être moralement scrupuleux sans religion.

7209. ψ ? φ ? Pr IV'.

Principes de l'obligation

Hormis les lois subjectives par lesquelles les actions se produisent, il y a des lois objectives de la liberté et de la raison, qui renferment les conditions d'actions bonnes possibles et qui disent aussi ce qui doit arriver. Celles-ci sont des impératifs. Les impératifs nécessitent la liberté par des principes de préférence rationnelle, donc par elle-même. Une action, cependant, est nécessaire d'une double manière : ou bien parce que je veux quelque chose d'autre comme un moyen de ma propre volonté, ou bien par la nature de l'arbitre lui-même. Dans le premier cas, soit comme un moyen pour une fin simplement possible ([g] et contingente), dans le second cas, comme un moyen pour une fin subjectivement nécessaire. Les premiers impératifs sont problématiques, les seconds, pragmatiques (ceux-là : de l'habileté en rapport avec diverses tâches ; ceux-ci : de la prudence, qui se rapporte au bonheur propre à tout un chacun). Il y a aussi, cependant, des lois objectives, qui déterminent ou restreignent la liberté par elle-même, c'est-

à-dire immédiatement. Ces nécessitations s'appellent obligations. Elles ne peuvent reposer sur rien d'autre que sur la liberté, dans la mesure où celle-ci s'accorde avec elle-même à l'égard de toutes les fins en général. 1. Sur la
286 liberté comme un *principe* | en rapport avec sa propre personne, qui est restreinte par les conditions de la personnalité, de manière à ce que la liberté ne contredise pas l'humanité en sa propre personne (devoirs envers soi-même). 2. Sur la liberté comme *principe* du bonheur universel, c'est-à-dire l'accord avec toutes les inclinations privées selon une règle (bonté envers autrui)[1].

7210. ψ ? φ ? ω ? Pr IV'.

La plus grande perfection consiste dans le libre arbitre, et de celle-ci peut naître le plus grand bien comme le plus grand mal peut naître de l'absence de règle. Voilà pourquoi la condition essentielle est la soumission du libre arbitre aux règles de son usage réciproque, à savoir comment celui-ci se relie à nouveau à la liberté. ([g]Deuxièmement la restriction de la liberté par la nature, troisièmement, son efficace pour les fins de chacune.)

Je laisse la fin d'autrui indéterminée. Mais je n'empêche personne de se rendre heureux autant qu'il le peut suivant sa volonté, dans la mesure où il ne va pas à l'encontre de mon arbitre. La loi négative (restrictive) de la liberté est la *condition sine qua non* essentielle à l'égard d'autrui. Les conditions négatives sont des conditions essentielles.

7211. ψ ? φ ? ω ? Pr IV'.

La moralité est la condition pratique universelle du bonheur, et elle est un système du bonheur par la liberté consistant à se rendre digne du bonheur ; triple unité de l'arbitre à partir d'une triple universalité :

1. Universalité inconditionnée envers chacun et en tout temps.

2. Universalité conditionnée dans la mesure de son pouvoir et de son propre bonheur, à l'égard de l'un ou de l'autre.

3. L'universalité collective envers l'*universalité* (celle-ci étant quelque chose d'individuel).

287 | **7212**. ψ ? φ ? Pr VI'.

Il doit y avoir des règles de l'usage de la liberté en général qui précèdent les impulsions sensibles. Elles concernent une liberté conforme aux règles,

1. À lire avec les *Fondements de la métaphysique des mœurs* (Ak, IV, 413-416 ; OP, II, 275-279), où Kant précise la distinction entre les impératifs hypothétiques et l'impératif catégorique.

qui est donc conforme aux conditions sous lesquelles seulement la liberté peut être un bien. Aucun bien ne saurait suppléer à leur violation ; la domination de la raison cesse et l'usage de celle-ci selon les attraits sensibles est incertain. De plus, il ne s'agit pas d'une liberté véritable là où le *principe*, indépendant des sens, ne donne pas à tous ceux-ci une loi.

7213. ψ ? φ ? Pr VI'.

La moralité est la *légalité de l'arbitre pur*, conséquemment la conformité de la liberté à une loi indépendamment de toutes les impulsions sensibles. Elle n'a par là absolument aucun principe empirique. Mais tous les principes empiriques ne sont légaux que dans la mesure où ils ne contredisent pas les lois de l'*arbitre pur*.

La *nomothétique* de l'arbitre pur a une *force motrice* dans la valeur qu'elle peut poser pour soi-même. Qui en soi-même aucune cause du mal [interruption].

7214. ψ ? φ ? Pr VII'.

Il y a des règles auxquelles on devrait sans doute faire exception afin d'atteindre son but dans certains cas ; mais comme ces exceptions sont empiriques, donc déterminées par l'inclination, il n'y a par là aucune certitude d'une issue totalement bonne. C'est pourquoi de telles règles doivent être inviolables, car elles confèrent une certitude à l'égard de ce qui est essentiel.

7215. ψ ? φ ? Pr VIII'.

L'honneur est l'unique inclination qui peut être édifiée sur des principes, parce que l'assentiment impartial des autres repose seulement sur des principes, et de là vient que l'amour de l'honneur s'apparente à la vertu.

7216. ψ ? φ ? Pr VIII'.

Au commencement de la morale, il faut tout d'abord agir : à partir du bien en soi ou du mal en soi. Rien n'est ([g] absolument) bon en soi si ce n'est une bonne volonté. C'est d'après elle qu'on juge si un homme est bon. Même l'Être suprême | n'est bon que par elle. Le malheur est un mal 288
(*Übel*), mais en plusieurs cas un objet d'approbation ; le bien au point de vue physique est toujours relatif.

7217. ψ ? φ ? Pr VIII'. VII'.

Pr VIII' :

L'*empirisme* de la moralité prouve seulement que personne n'approuve un mensonge ; le *rationalisme* de la moralité cependant, que personne ne peut l'approuver *, et cela certes seulement pour soi-même ; en ce dernier cas seul, par conséquent, les impératifs moraux sont apodictiques. La cause en est qu'une liberté sans règles se contredit elle-même lorsque prise comme autorité universelle. Le système est ainsi un système rationnel de la liberté s'accordant universellement avec elle-même.

Pr VII' :

Parce que la bonne volonté renferme la dignité d'être heureux, elle ne peut pas être bonne parce qu'elle vise son propre bonheur, ni même simplement le bonheur des autres, puisque leur bonheur n'est pas toujours bon.

La liberté est le plus grand bien et le plus grand mal (*Übel*). Les règles de la liberté doivent par conséquent être les plus importantes qui soient. Cela est confirmé de la manière suivante : que seule une bonne volonté est bonne en soi. Même en l'Être suprême la bonne volonté est elle-même la condition au nom de laquelle nous voulons en outre les autres propriétés.

Pr VIII' :

* ([g] Cette désapprobation n'est aucunement de l'agitation, mais un blâme, et survient au moyen du jugement selon l'arbitre universel. Elle survient sans relation à une fin dernière privée, mais seulement par la raison. La raison est ainsi le *principe* des principes constitutifs ou objectifs. Et ce qui ne s'accorde pas avec les principes rationnels de la liberté est objectivement (pratiquement) impossible. Autrement, les principes rationnels n'ont qu'une validité subjective. La cause : parce que la liberté est un pouvoir d'agir *a priori*.)

7218. ψ ? φ ? Pr VII'.

[ne déshonore] n'avilis pas l'humanité dans ta propre personne.

7219. ψ ? φ ? Pr VIII'.

289 | Le mal physique (*Übel*) est ce que nous abhorrons en tout temps du point de vue sensible, c'est-à-dire selon la sensation, mais qui peut néanmoins souvent trouver l'assentiment d'après la raison. Le mal moral (*Böses*) cependant est ce qui suscite nécessairement la désapprobation. Aussi les maux physiques de la vie ne constituent pas un mal moral, mais bien une pierre de touche du bien.

L'OBLIGATION EN GÉNÉRAL
§ 10-49

7220. ψ ? (υ–χ ?) Pr 11. À propos du titre du chapitre I : *L'obligation*.

On se représente la liberté, c'est-à-dire un arbitre qui est indépendant des instincts ou en général de la conduite de la nature. Ainsi la liberté est en elle-même une absence de règles et l'origine de tout mal et de tout désordre lorsqu'elle ne se donne pas à elle-même une règle. La liberté doit par conséquent se ranger sous la condition de la conformité universelle à la règle et être une liberté intelligente, sinon elle est aveugle ou sauvage.

Ce qui est le *principe* des règles dans l'usage de la liberté en général est moral.

Le goût est le *principe* des règles de la sensation, que ce soit des sens ou de l'aperception, ou plus encore la satisfaction tirée de la conformité de la sensation des objets ou de l'aperception à la règle. La règle peut concerner l'accord des représentations entre elles ou simplement avec le sujet ; dans ce dernier cas il s'agit du sentiment.

7221. ψ. Pr 6. Dans le § 15 :

Les *motifs moraux* ne se distinguent pas de tous les autres selon le degré, mais selon l'espèce.

7222. ψ. Pr 7. Dans le § 19 :

On ne doit mélanger les *stimuli* et *les motifs* ni dans la règle, ni dans la *pratique*.

7223. ψ. Pr 8. Sous le § 22 :

Celui qui est obligé à l'égard d'un non-obligeant, par exemple à l'égard du devoir envers soi-même ; donc *l'obligation n'est ni active ni passive parce qu'elle n'est pas une relation.*

| **7224**. ψ. Pr 9. Dans le § 23 : 290

L'ajout d'un élément immoral aux motifs moraux n'améliore ni n'accroît sa valeur, mais la déprécie plutôt. Il en résulte une appréciation ambiguë issue de la valeur intrinsèque et de la question de savoir si Dieu ou l'esprit mauvais rétribue davantage. Celui-ci rétribue promptement en ce monde, celui-là plus tard mais pour l'éternité. Plus il y a de motifs égoïstes, moins il y a de moralité. La pureté constitue ici la valeur.

7225. ψ. Pr 11.

Les *raisons de l'obligation* sont distinctes selon *l'espèce* de toutes les *causes d'impulsion* qui sont dérivées d'un objet de l'arbitre. Elles résident purement et simplement dans la forme de la volonté, laquelle doit être en soi légale.

7226. ψ. Pr 11. À propos du début du § 28 :

Les lois morales ne doivent pas valoir empiriquement, mais apodictiquement.

7227. ψ ? (υ–χ ?) Pr 12. À propos du § 31 :

Les accomplissements physiques ne sont souvent que des omissions morales, par exemple dépouiller un pauvre qui a une dette envers moi. Une action qui va à l'encontre du droit est positivement mauvaise ; si elle est conforme au droit, elle est négativement bonne. Une action qui va à l'encontre de la bonté est négativement mauvaise ; si elle découle de la bonté, elle est positivement bonne.

7228. ψ ? (υ–χ ?) Pr 13.

Toute obligation subjective se fonde toutefois ultimement dans l'obligation objective. Car en vertu de quoi suis-je obligé d'obéir à la volonté d'autrui ?

7229. ψ. Pr 12.

Toute obligation repose sur la forme de la maxime ; sa matière ne peut pas constituer une règle universelle, car elle est arbitraire. Même le concept de perfection, s'il doit signifier une réalité ou bien simplement *l'accord* du divers en un, présuppose un sentiment contingent de satisfaction. Mais la volonté en tant que libre doit être déterminée, par conséquent seulement dans la mesure où elle peut servir de règle à tout vouloir[1].

291 | **7230**. ψ. Pr 13. Dans la marge supérieure, au-dessus du § 29 :

Les règles (pratiques sans la nécessité absolue, mais seulement les conseils tirés de l'objet).

Les lois – les impératifs (statuts).

1. À lire avec la R. 7238.

7231. ψ ? (φ–χ ?) Pr 13. Dans le § 29 :

Si nous devons observer les lois morales pour cette raison que Dieu les a commandées, alors l'*obligation* est *positive*. S'il en va à l'inverse, alors elle est *naturelle*.

7232. ψ ? (υ–χ ?) Pr 13. À propos du § 31 :

L'omission d'une règle nécessaire est la *faute*.

L'omission d'une règle arbitraire et contingente : le *défaut d'être* ou *de mieux être*. À l'égard des devoirs extérieurs, je suis moralement contraint ou bien uniquement par mon arbitre, ou bien également par l'arbitre d'autrui ; à l'égard d'autrui, mon omission est dans le premier cas une réaction, dans le second une simple omission.

7233. ψ ? (υ–χ ?) Pr 13. À propos du § 31 :

Là où une force motrice de la raison est à l'œuvre (*motif moral*) mais où aucun effet n'en résulte, il doit y avoir une réaction. Ainsi toute omission physique est par là une commission au sens moral :

7234. ψ ? (υ–χ ?) Pr 15. Dans le § 36 :

À l'égard de la moralité, a est le bien, – a le mal et 0 l'action indifférente. Mais à l'égard des conséquences, a est le mérite, – a la faute et 0 ce qui est juste.

7235. ψ. Pr 16. Dans le § 36 :

On doit distinguer la moralité et la légalité de l'action.

7236. ψ ? (υ–χ ?) Pr 20.

Il ne doit y avoir d'autre accès au cœur que par l'entendement. | Le cœur 292
ne juge point, il a simplement une force motrice. En lui réside le sentiment, mais la faculté de juger doit distinguer ce qui lui appartient légitimement. Ceux qui se réfèrent constamment au bon cœur, les auteurs de romans qui le remuent, engendrent en lui des emportements imaginaires ou simplement vides et le rendent mou et faible. L'âme honnête est plus digne d'éloge que le meilleur des cœurs.

7237. ψ ? (υ–χ ?) Pr 20.

S'il n'y a qu'un seul vice et une seule vertu.
Que la douleur n'est rien de mauvais (*Böses*) (mal (*Übel*)),
Que le plaisir n'est rien de bon (agrément).

Que « *vivre honnêtement* » et « *vivre heureusement* » sont une seule et même chose.

En quoi consiste l'élément moral de la satisfaction de soi et en quoi consiste la puissance de cet élément moral comme mobile, laquelle peut croître beaucoup.

7238. ψ. Pr 21. Au-dessus du § 45 :

Le concept de perfection qui est antérieur au concept de finalité est théorique et correspond au concept de l'intégralité dans la liaison du divers en un[1]. Toutefois le concept de perfection qui doit être pratique doit présupposer le concept d'une fin, par conséquent le concept d'un bien, car l'impératif dictant que quelque chose doit être fait affirme qu'une action possible par moi serait bonne.

7239. ψ. Pr 21. Dans le § 46 :

Suis la nature, c'est-à-dire cherche à atteindre les fins de la nature entière.

7240. ψ. Pr 21. Dans le § 47, au-dessus de « *en ce sens – conformément* :

Du conditionné sensible ou de la volonté pure
Hétéronomie ou autonomie[2].

7241. ψ. Pr 21.

La moralité n'est toutefois pas à elle seule tout le souverain Bien, mais elle est la condition souveraine.

293 |**7242**. ψ. Pr 21. Au-dessus, dans et sous le § 48 :

Tous les principes de la moralité sont ou bien ceux d'une volonté obéissant aux influences de la nature et administrant la loi, ou bien ceux d'une volonté qui est en elle-même législatrice. Le premier cas est le

1. Kant paraît reprendre ici la définition wolffienne de la perfection comme un « *consensus in varietate* » (*Deutsche Metaphysik*, § 152), c'est-à-dire comme unité et accord d'éléments variés.

2. C'est la seule mention explicite du principe de l'autonomie dans les *Réflexions sur la philosophie morale*, même si l'on devine qu'avant d'être nommée, cette idée habitait déjà la philosophie morale de Kant. De fait, ce n'est que dans les *Fondements de la métaphysique des mœurs* qu'il sera pour la première fois fait mention de l'autonomie. Ce concept apparaît pourtant dans les *Leçons de métaphysique (Mrongovius)*, 1782-1783 (Ak, XXIX, 900), dans les *Leçons sur le droit naturel (Feyerabend)*, 1784 (Ak, XXVII, 1326) et dans la R. 5995 des *Réflexions sur la métaphysique*, phase *psi-2* (1783-1784) (Ak, XVIII, 419).

principe du bonheur, le second celui de la dignité d'être heureux. Celui-là le principe de l'amour de soi (de la bienveillance envers soi-même), celui-ci de l'estime de soi (c'est-à-dire de la satisfaction envers soi-même). Celui-là est le principe de la valeur de la condition personnelle à ses propres yeux, celui-ci de la valeur de la personne elle-même et même de son existence dans le jugement de la raison pratique en général. Celui-là d'après le jugement d'une raison qui aspire au bonheur, celui-ci d'après le jugement d'une raison distribuant universellement le bonheur. Celui-là situe la condition suprême du souverain Bien dans ce qui dépend beaucoup du hasard, celui-ci dans ce qui est à chaque instant en notre pouvoir. Celui-là exige pour son application beaucoup d'expérience et de prudence, celui-ci rien de plus que de rendre universelle sa volonté et de voir si elle s'accorde avec elle-même [1].

La contrainte morale
§ 50-59

7243. ψ. Pr 22.

La nécessitation de l'action non arbitraire serait une contrainte physique.

7244. ψ. Pr 22.

L'obligation est une nécessitation non pas toujours à une action contre son gré, mais bien à une action non volontaire. La disposition à satisfaire à l'obligation est la vertu, si les stimuli s'y opposent.
L'arbitre humain n'est pas brut, mais libre.

7245. ψ. Pr 22.

Si un être était déterminé à quelque chose par le biais de sa volonté, c'est la volonté elle-même qui serait déterminée, et alors elle agirait volontiers quoique nécessitée physiquement ; la nécessitation pratique, qui n'est pas physique, n'est possible que par liberté.

1. Les R. 7240 et 7242 montrent qu'il y a une parenté profonde dans l'esprit de Kant entre les concepts d'autonomie, de volonté pure, de volonté en elle-même législatrice, et même les concepts de la dignité d'être heureux et de l'estime de soi. On aurait donc tort, encore une fois, de croire que le principe cardinal de l'autonomie de la volonté est une découverte tardive : ce principe travaille et organise la philosophie morale de Kant bien avant d'être expressément nommé.

7246. ψ ? (υ–χ ?) Pr 24.

Celui que je peux contraindre moralement, je peux également le
294 contraindre pathologiquement, | mais sans plus. Les saints du ciel ne sont soumis à aucune contrainte pathologique.

7247. ψ ? (υ–χ ?) Pr 25. Dans le § 56 :

Nous sommes obligés ou bien par les autres ou bien envers les autres. Dans le premier cas, soit

au sens strict soit au sens large.

La nécessitation par l'arbitre – par la volonté immanente.

7248. ψ. Pr 25. Dans la fin du § 55 :

La liberté a de la dignité en raison de son indépendance ; elle possède également un haut prix, car nous pouvons devenir par elle les auteurs du bien selon nos propres concepts que nous pouvons étendre et multiplier bien au-delà des instincts naturels des animaux.

7249. ψ. Pr 25. Dans le § 56 :

L'obligation est la limitation de la liberté, ou bien une limitation négative : afin d'éviter le conflit, ou bien une limitation positive : afin de favoriser l'amour de l'humanité par la limitation de l'amour de soi.

7250. ψ. Pr 26. Dans le § 58 :

Toute obligation est la limitation de la liberté aux conditions de l'accord universel avec soi-même. Voilà pourquoi tout ce qui fait obstacle à l'universalité de la liberté est soumis à une contrainte légitime ; car est permis ce qui est conforme à l'universalité de la liberté.

7251. ψ. Pr 27.

Le principe régulateur de la liberté est : seulement que la liberté ne se contredise pas ; le principe constitutif : qu'elle se promeuve réciproquement, à savoir la fin : le bonheur.

7252. ψ. Pr 27.

Seules les actions extérieures peuvent être injustes, et ce dans la seule mesure où elles vont à l'encontre de la liberté d'autrui, qui est possible selon des lois universelles.

| La loi 295

§ 60-75

7253. ψ. Pr 33. Au-dessus et dans le § 68 :

Nous ne devons indiquer qu'un seul principe objectif de notre jugement selon lequel quelque chose doit arriver, et celui-ci est l'accord avec un principe de la raison. Le principe subjectif du sentiment moral, si on estimait qu'il est plus fort que tout, expliquerait comment quelque chose d'insigne arrive Seule la raison peut prescrire le devoir. La limitation de la volonté particulière par les conditions de la validité universelle est un principe de la raison dans le domaine pratique. Car autrement il n'y aurait aucune unité inconditionnée au sein des actions [1].

La raison a des règles pour un usage conditionné de nos forces et des principes pour un usage inconditionné de la liberté en général. Ces derniers sont nécessaires et donnent *a priori* une détermination à ce qui est contingent.

7254. ψ. Pr 33. Dans le § 69 :

La proposition : « *perfectionne-toi* » est tautologique. On veut savoir en quoi consiste la perfection qui est l'objet de l'impératif catégorique. La perfection morale est la condition sous laquelle seulement toute autre perfection peut être dite une perfection. Or, je veux savoir en quoi elle consiste. Elle est une perfection de la volonté ; mais en quoi consiste-t-elle ? Celui qui n'a pas une bonne volonté n'est pas digne de l'entendement.

7255. ψ. Pr 34. Dans le § 69 :

Nous avons un agrément pur et inconditionné que nous dérivons de l'universel. Car celui-ci vaut nécessairement et à tous égards ; par conséquent, le sens moral est à vrai dire le plaisir sensible rendu universel, lequel est libre de limitation.

7256. ψ. Pr 33. Dans et à propos de la fin du § 68 :

Il ne peut exister que *la loi arbitraire* et *la loi permissive*. Car de la *chose indifférente* il n'existe aucune loi. On ne peut pas non plus affirmer qu'une action peut être imputée à son auteur lorsqu'on l'envisage comme
étant simplement permise. Mais | *l'exception à la loi* par une autre loi est 296
elle-même à proprement parler une loi qui supprime la précédente.

1. À lire avec la R. 7265.

7257. ψ. Pr 35. Dans et à propos du § 71 :

Que les lois morales sont des commandements (*impératifs*) divins, mais pas des *statuta* : des statuts.

Des principes non matériels, mais formels, non hétéronomes.

Si la morale n'est possible qu'en tant que religion ?

Des maximes, qui sont en même temps des principes universels en tant que *lois, impératifs, sanctions*.

La simple forme de la maxime doit être le principe de détermination.

7258. ψ. Pr 37. Dans et à propos du § 74 :

Le principe de l'obligation est bien dans la volonté divine, car seul peut être obligatoire ce qui s'accorde avec notre bonheur, ce que seul Dieu peut faire. Ainsi la moralité est-elle, en tant que règle, selon la nature, en tant que loi, selon la volonté divine. Une idée réalisée dans la théologie.

L'EXPÉRIENCE DU DROIT

§ 76-86

7259. ψ. Pr 34. À côté et à propos du § 76 :

Une loi ne doit rien abandonner à l'arbitre, mais au contraire elle doit le déterminer précisément.

La règle largement déterminante n'est pas une loi. Comme celles de la bonté à l'égard de l'éthique.

Le latitudinaire. C'est pourquoi la légalité s'appelle aussi l'accord avec les règles du droit, mais la moralité l'accord avec les règles du devoir d'amour.

7260. ψ ? υ ? φ ? Pr 39.

Le principe de l'unité de la liberté sous des lois établit un *analogon* avec le principe que l'on appelle nature, ainsi qu'une source intérieure du bonheur que la nature ne peut offrir et dont nous devons nous-mêmes être les auteurs. Nous nous trouvons de la sorte liés à un monde de l'entendement d'après des lois spéciales qui sont morales. Et nous nous plaisons en cela.

297 |L'unité du monde intelligible d'après des principes pratiques, tout comme l'unité du monde des sens d'après des lois physiques.

7261. ψ. Pr 47.

La rectitude extérieure des actions ne concerne que l'acte et s'appelle la légalité, la rectitude intérieure concerne l'intention dont découlent ces actions et le principe, et s'appelle la moralité. Le *droit de la nature* ne considère les actions que d'après leur légalité, donc comment elles seraient si elles devaient être toutes imposées sous la contrainte. L'éthique : comment elles devraient être si elles devaient découler simplement d'intentions morales, sans aucune contrainte.

LES PRINCIPES DU DROIT
§ 87-99

7262. ψ. Pr 48. À propos du début du § 87 :

Le principe subjectif de la morale est la raison en tant que législation de la liberté et il ne doit pas dépendre de conditions empiriques.

7263. ψ ? Pr 50.

Il ne peut y avoir aucun devoir de jouissance, par conséquent aucun devoir à partir du principe du bonheur. Tous les devoirs sont en vue de l'agir, et non en vue de la jouissance.

7264. ψ ? υ ? Pr 51.

Le devoir parfait est celui qui n'est pas restreint à la condition de ne pas transgresser un autre devoir. Il équivaut donc à un devoir inconditionné envers soi-même et envers autrui. Il est le droit de l'humanité ou des hommes. Le devoir imparfait concerne les fins de l'humanité en notre personne et les fins des hommes [1].

Le premier présuppose le respect des hommes, le second l'amour. La bienveillance sans satisfaction, et inversement, le droit requérant la satisfaction dans la loi sans bienveillance.

Le droit de l'humanité dans notre propre personne ne peut pas avoir le droit des hommes comme condition limitative. Mais l'inverse n'est pas vrai non plus. | Car autrui ne peut avoir aucun droit sur moi en tant que je 298
suis une personne ; ainsi la possibilité du premier se fonde-t-elle sur la personnalité et n'a pas celle-ci, avec tous les droits de l'humanité qui en découlent, comme condition limitative.

1. Sur la distinction entre devoirs parfaits et devoirs imparfaits, voir, *supra*, la note relative au § 7066.

La fin de l'humanité en ma propre personne est la promotion des dispositions naturelles, c'est-à-dire la perfection. Je ne peux avoir cette perfection comme fin pour autrui ; car chacun juge avec approbation sa culture d'après sa situation particulière et sa convenance.

7265. ψ ? φ–χ ? Pr 52.

La raison pour laquelle on situe le *principe* du jugement moral dans le sentiment est que le plaisir ou le déplaisir ne sont pas des connaissances et que, lorsque quelque chose est représenté comme étant agréable, on ne se représente par là aucune propriété dans l'objet, mais seulement la relation à notre sensation intérieure. Toutefois, notre jugement sur ce qui nous plaît moralement [le bien] n'est pas à l'effet que cela nous est agréable (car c'est là la simple conviction), mais parce que cela est bon ; on retrouve ici, certes, un rapport au sentiment de plaisir, mais pas de manière immédiate, plutôt un rapport au plaisir en général d'après des règles, dont le jugement ne ressortit pas aux sens, mais à l'entendement.

7266. ψ ? Pr 52.

Nous devons distinguer les devoirs éthiques du principe éthique de tous les devoirs ou de la conformité éthique au devoir.

7267. ψ. Pr 53.

Les *principes* pathologique, esthétique, ontologique et théologique du bonheur ne sont tous que médiatement pratiques. Le *principe* moral est immédiatement pratique.

7268. ψ. Pr 53. À propos du § 91 :

La proposition : « *perfectionne-toi* », lorsqu'elle ne signifie rien d'autre que : « sois bon, rends-toi digne du bonheur, sois un homme bon et pas seulement un homme heureux », peut être considérée comme le *principe* de l'éthique.

7269. ψ ? υ ? Pr 53.

299 * *Principe objectif* : l'accord de la liberté avec la | légalité universelle de la nature. 1. Cet accord doit être volontaire ; 2. Non pas avec les lois de la nature, mais seulement avec la légalité universelle de la nature, de telle sorte que la maxime de nos actions puisse être avec notre volonté une loi universelle de la nature.

Pr 52 :

Car ce que la raison commande, elle ne le commande pas partialement. Ainsi, lorsque ma volonté est déterminée par la raison, je dois l'envisager en même temps comme une loi universelle valant pour tous et chacun.

Pr 53 :

* (^{g} la moralité à partir du principe de la liberté, dans la mesure où elle est en même temps (dans tout son vouloir) législatrice. *Principe de la liberté nomothétique* : je dois agir selon une volonté qui puisse être en même temps législatrice. Je suis donc soumis à une loi afin d'être moi-même loi dans mes actions).

7270. ψ. Pr 56. Sous le § 94 :

Toute *obligation* est *stricte*, c'est-à-dire qu'aucune *exception* à celle-ci n'est valable, mais toutes les *lois qui obligent* ne sont pas *strictes*, quelques-unes sont aussi *larges*, car elles ne déterminent pas l'action mais le motif de celle-ci, mais sous des limitations. Des devoirs, non des obligations de dette.

7271. ψ ? υ ?? Pr 57.

Le devoir (*Pflicht*) n'est pas le motif du commandement extérieur. C'est le devoir (*Sollen*) qui est ici la contrainte. On ne nous demande pas de faire à partir de motifs intérieurs ce qui nous est ordonné de manière contraignante. L'*impératif juridique* est *ce qui oblige seulement de manière extérieure* et pas du tout moralement. C'est l'*impératif* de la puissance légale, et sa force nécessitante n'est qu'en proportion avec cette puissance. Ainsi le jugement de ce législateur est-il fondé sur la *force obligatoire* de sa volonté.

Le *principe juridique* dit : fais librement ce que la puissance légale exige (ou peut exiger).

Le principe éthique : agis d'après les motifs d'une volonté intérieure universellement valide, c'est-à-dire de telle sorte que tu sois amené à tolérer, à aimer et à respecter.

LE LÉGISLATEUR
§ 100-105

300 | **7272**. ψ. Pr 60. Dans le § 98 :

Le législateur est celui qui a l'autorité d'allier la contrainte à une loi.

7273. ψ. Pr 61.

La règle des actions doit être partout morale, c'est-à-dire de telle sorte que ma volonté puisse en même temps servir universellement de loi ; or, le motif n'est pas toujours cette conformité à la loi, mais il peut être tout autre, il peut même être la contrainte en tant que mobile.

7274. ψ. Pr 62.

Ou bien les lois ou bien les sanctions – ces dernières soit pragmatiques (selon la lettre) soit morales (selon l'esprit). La loi divine ou bien arbitraire ou bien naturelle.

7275. ψ. Pr 63.

Il y a une obligation envers un législateur humain, car autrement nous rendrions incertains les droits d'autrui, et c'est pourquoi la puissance lui donne un droit contre l'injuste, et il ne peut avoir tort qu'en rapport à un autre législateur.

7276. ψ. Pr 65. À côté du § 104, 2b, c :

Les lois de la volonté divine absolument nécessaire ou les lois de la volonté sainte sont les lois morales.

Les lois de la volonté divine nécessaire seulement de manière conditionnée ou les lois de la volonté sage sont les lois gouvernantes.

7277. ψ ? (φ ?) Pr 66.

De la satisfaction morale comparée avec la satisfaction pathologique. Je peux dire à bon droit : je me réjouis davantage à l'idée qu'autrui ait fait un certain gain qu'à l'idée que j'aurais pu moi-même faire ce gain, et ce, bien que si cette dernière possibilité s'était avérée, je n'aurais pas eu à lui
301 remettre mon gain. Car dans le premier cas, je juge du point de vue | d'un spectateur moralement impartial, dans le deuxième cas, de mon point de vue physique, et moralement je peux justifier cette dernière manière de pensée, car il n'est pas nécessaire de faire du bien à autrui parce qu'il a perdu.

Les récompenses
§ 106-114

7278. ψ. Pr 67.

Le mérite relativement tel est ce par quoi nous obligeons autrui à une récompense, ou bien *l'honneur* ou bien *le salaire*.

7279. ψ ? (φ ?) Pr 66.

Les lois morales ont bel et bien en elles le *principe d'obligation*, mais elles n'obligent pas sans religion, car elles ne conduisent pas de par leur nature à la promesse du bonheur.

7280. ψ ? φ ? Pr 71. À propos de l'avant-dernière phrase du § 111 :

Principe de l'intérêt personnel. Une [bonne] action conforme au devoir qui a lieu en présence d'obstacles que la nature y oppose est un *analogon du mérite*. Comment l'espérance en la bonté divine peut-elle être liée au désintéressement ? Lorsqu'elle n'est pas considérée en tant que *récompense*, mais seulement en tant qu'approbation qui confirme notre choix.

7281. ψ ? φ ? Pr 72. À côté du § 112 :

L'attente de récompenses ne diminue la valeur morale que lorsque celles-ci forment le motif, mais pas lorsqu'elles servent uniquement à lever les obstacles de la moralité reposant sur la peur de la perte de tout bonheur.

Les récompenses envisagées comme *gratuites* obligent plus fortement. Mais, en tant que *salaire*, elles diminuent la moralité.

7282. ψ^4–ω^1 Pr 73.

Degrés de la valeur pratique des actions :

1. À partir de la moralité objective.

|2. À partir de la moralité subjective à l'égard de la volonté divine et 302
sainte de laquelle nous recevons en même temps tout bien. Gratitude.

3. À partir des causes motrices pragmatiques de la promesse des récompenses. Amour envers Dieu, bien qu'intéressé.

4. À partir de l'impulsion engendrée par la peur des peines. Crainte de Dieu, liée servilement à la haine. À n'utiliser que *subsidiairement*.

Les peines
§ 115-124

7283. ψ^4–ω^1 Pr 74.

Les peines pragmatiques n'ont pour but que l'effet extérieur, à savoir de conserver à chacun ce qui est sien, bien qu'elles doivent d'abord être justifiées moralement, à savoir en tant que *peines punitives*, car la conscience en prononce le jugement.

Mais les peines morales ont pour fin soit l'amélioration personnelle, soit ce qui la précède : l'expiation, laquelle a aussi pour but, *parce qu'il y a faute*, qu'on se purifie d'abord de sa faute, avant de promettre une amélioration ou même de pouvoir espérer une assistance pour celle-ci ; les peines morales ne sont donc pas seulement *punitives*, excepté devant le *tribunal* humain, afin de reconnaître que justice est faite, car celle-ci n'exige pas l'amélioration. Mais les expiations sont nécessaires *devant le tribunal divin*, car Pr 75 l'amélioration, qui ne peut provenir de nos propres forces, exige au préalable une purification de la faute afin qu'on soit digne de cette amélioration.

7284. ψ ? υ ? Pr 78. À côté de la troisième phrase du § 121 :

Il existe des *actes* n'ayant aucune valeur morale ([g] intérieure), des choses *moralement indifférentes*, ou des *actes moraux indifférents*.

7285. ψ ? υ ? Pr 78.

À l'égard du droit d'autrui (devoirs juridiques), je ne peux avoir que des *démérites*, mais jamais un *mérite* ; à l'égard du devoir d'amour, seulement un *mérite*, et jamais un *démérite*.

303 | **7286**. ψ ? υ ? Pr 78.

Dans les *peines pragmatiques*, il n'y a pas de *justice*, mais une *prudence punitive*.

7287. ψ ? χ ? Pr 78. Marge inférieure :

Quand je dois quelque chose à quelqu'un, cela est = – au sens pratique ; lorsque je le paie, alors cela = +, c'est-à-dire le tout pris ensemble = 0. Mais lorsque je suis en faute envers quelqu'un, alors il ne suffit pas de réparer le tort ; l'injustice doit encore être compensée, et alors le – juridique avec le + éthique = 0, c'est-à-dire quitte de dette.

7288. ψ ? χ ? Pr 79. Marge inférieure :

Tous les *actes* ont un + ou un – pour signe et ne sont jamais de simples omissions. Il en résulte un bien ou un mal. L'omission est = zéro, par où rien n'arrive. Seuls les *actes* éthiques peuvent avoir un +, les juridiques un –. Tout le reste est = 0.

7289. ψ. Pr 79.

Le *principe* des peines punitives (à l'égard des crimes contre autrui) repose sur le fait que chacun est à tout moment conscient que ce qu'il fait à autrui, il se l'inflige à lui-même d'après la règle de la justice. Mais c'est un devoir d'amour, qui peut bien être aussi un devoir de dette à l'égard du tout dans *l'état civil*, que la justice publique fasse de toutes les peines des peines correctives ou exemplaires ([s] pragmatiques). Seulement, si elles n'étaient pas déjà conçues comme des peines punitives, elles ne pourraient pas servir d'avertissement pour autrui. On ne peut faire de mal à personne qui ne s'est pas lui-même mis en faute afin de procurer un avantage à autrui.

7290. ψ. Pr 78.

Celui qui fait tort à l'humanité en sa propre personne et par conséquent s'en sépare ou rompt avec elle, celui-là l'humanité l'abandonne à son tour. C'est-à-dire qu'il ne peut avoir à ses propres yeux la dignité d'un homme. Le mépris est aussi sa peine extérieure, mais non civile.

|**7291**. ψ ? φ ? Pr 78. Dans le § 121 : **304**

Les peines ne peuvent être justes que dans la mesure où elles sont exercées par un être bon, mais elles ne doivent pas être déduites de la bonté.

7292. ψ ? φ ? Pr 78. Dans le § 121 :

Les choses indifférentes ne sont ni *des mérites* ni *des démérites*, ni dignes de récompenses ni dignes de peines, elles ne relèvent ni de commandements ni d'interdictions, comme dans le cas des *lois permissives* ; ce ne sont pas du tout des *actes*, parce qu'elles ne sont pas soumises à des lois morales.

7293. ψ ? φ ? Pr 79. Au-dessus et dans le § 123 :

Lorsqu'on dit : Dieu punit par bonté, alors on devrait également dire, puisque le crime fait que l'on mérite d'être puni, que l'on mérite par là la bonté de Dieu. De même le père qui punit son enfant doit d'abord présupposer que l'enfant mérite la peine ; ce n'est qu'après qu'il peut aussi se régler sur la bonté.

7294. ψ. Pr 80. Dans le § 124, troisième phrase :

Si les conséquences naturelles des vices peuvent être appelées des peines ?

L'IMPUTATION DE L'ACTE
§ 125-148

7295. ψ. Pr 79.

Seule l'action à l'égard de laquelle le sujet est physiquement, pratiquement et moralement libre peut être imputée. C'est pourquoi seule l'omission de son obligation peut lui être imputée, mais pas l'accomplissement de celle-ci. Et ceci pour la raison suivante. L'omission doit être un *acte* par lequel le *bien d'autrui* est lésé, et de cette sorte est l'*omission de dette*. En revanche, là où l'omission n'est pas un *acte*, comme dans le cas des actions de bonté, elle ne peut pas être imputée. À l'égard du paiement de sa *dette*, ce n'est pas un *acte* ; car on s'abstient alors simplement de léser autrui.

305 | Tous les devoirs juridiques sont moralement négatifs : on s'abstient seulement de porter atteinte au *bien d'autrui*, on ne lui donne rien d'autre que ce que lui appartient déjà de droit, et on ne lui prend rien. En revanche, les devoirs éthiques sont positifs : on y donne du nôtre.

7296. ψ. Pr 82. Dans le § 126 :

Celui qui attribue l'acte n'est pas *l'imputant*.
Attribuer – et imputer.
En considérant quelque chose comme un homicide involontaire, j'attribue.
En considérant quelque chose comme un meurtre (*sous la loi*), j'impute en même temps la loi.

7297. ψ. Pr 83. Dans le § 127 :

L'*imputation* est la détermination de la causalité de la liberté à l'égard d'une action sous des lois pratiques universelles. Lorsque les lois déterminent l'action, alors la causalité conforme à la loi ne réside pas dans la liberté, peu importe que les conséquences soient bonnes ou mauvaises. Si la volonté est libre à l'égard de la loi, alors les conséquences déterminent la causalité. Je pouvais m'abstenir de commettre un meurtre, et cela aussi d'après la loi. Donc cet agissement est imputable. Mais je ne pouvais pas m'abstenir de me défendre ; aussi la mort de mon assaillant ne peut pas m'être imputée.

7298. ψ. Pr 83. Dans le § 128 :

La *question de fait* ne peut jamais concerner autre chose que le degré de liberté dans une action ; car tout le reste n'est pas un *acte*, mais est soit une causalité physique, soit relève de la *question de droit*. Quand la question porte sur un homicide involontaire, je ne dois donc pas considérer celui-ci comme un meurtre.

L'imputation concerne toujours l'effet ayant une conséquence légale. On peut attribuer à un homme la mort d'un autre sans la lui imputer pour
autant. S'il s'agissait d'un bœuf et non d'un homme, | alors aucune **306**
imputation n'aurait lieu. Mais puisque la conséquence physique a dans le cas présent en même temps une conséquence légale, alors celle-ci lui est également imputée.

Bref un *acte* est d'abord attribué et ensuite imputé.

7299. ψ. Pr 83. À côté des phrases 3 à 5 du § 128 :

Ce à l'égard de quoi je suis libre selon la loi peut m'être imputé s'il s'agit d'un acte, mais non s'il s'agit d'une omission.

Là où je suis obligé, seule l'omission peut m'être imputée, mais non l'acte.

7300. ψ ? χ ? Pr 86.

Une action à l'égard de laquelle je ne suis pas libre pratiquement en général ne peut m'être imputée. À l'égard de laquelle je suis certes moralement libre [interruption].

7301. ψ. Pr 89. À côté des § 135 et 136 :

*En somme** : on ne peut imputer à quelqu'un que l'action conforme aux lois en tant qu'acte, mais non en tant qu'omission. Or, les bienfaits éthiques ne sont rien d'autre que des actes, et la sécheresse de cœur, qu'une omission. Les actes juridiques ne sont que des transgressions, *torts faits à autrui* ; les actions qui sont droites du point de vue juridique ne sont que l'omission d'enlever à autrui ce qui est sien.

* ([g] Dans tout *syllogisme*, il doit y avoir une *mineure affirmative*, donc le *syllogisme imputatoire* doit contenir un *acte*, mais pas de *non-acte*).

7302. ψ. Pr 89. Au-dessus et dans le § 136 :

Telle est l'imputation extérieure, mais je m'impute aussi intérieurement comme un *acte* le motif des *actions justes*, du moins *au démérite*, de même que le motif de l'omission des bienfaits. Chacun d'eux est un *acte* du point de vue de l'intention. De plus, je m'impute les *actes intérieurs* en tant qu'obligations ou encore en tant que mérites, par exemple les péchés de luxure ou l'omission de cultiver ses talents.

307 |**7303**. ψ. Pr 94. 95. À propos de la cinquième phrase du § 143 :

Pr 94 : Le juge ne peut suspendre son jugement ; il doit dire : un tel est coupable ou il est innocent ; la législation prend sur soi la responsabilité. Il est par conséquent moralement certain lorsqu'il déclare coupable ou innocent. De toutes les certitudes Pr 95 : pratiques, la certitude morale est la plus grande. 1. Les mobiles que nous devons présupposer pour toute moralité (Dieu et la vie future) : chacun en est moralement certain, mais pas pour autant apodictiquement et dogmatiquement. Je ne peux jurer qu'il existe un Dieu, mais je dois toujours agir comme s'il en existait un ; car il sert seulement à fortifier la *moralité*, 2. ce qui de manière générale suffit à ma compétence.

7304. ψ. Pr 95. À côté des phrases 2 à 5 du § 144 :

Les propositions (il existe un Dieu et une autre vie) sont moralement certaines subjectivement pour celui qui fait des principes de la moralité les maximes de ses actions.

Légalement (selon la loi statutaire), quelque chose peut être certain, lorsqu'il a été juré, etc.

LES DEGRÉS D'IMPUTABILITÉ
§ 159-170

7305. ψ. Pr 110. Au-dessus du § 165 :

La dignité de l'humanité dans sa propre personne est la personnalité elle-même, c'est-à-dire la liberté ; car l'homme est seulement une fin en lui-même, dans la mesure où c'est un être qui peut lui-même poser des fins. Les êtres dépourvus de raison, qui en sont incapables, n'ont que la valeur de moyens.

7306. ψ. Pr 113.

De la *lettre* et de l'*esprit de la loi morale*. La *loi juridique* n'ordonne que l'action légale *selon la lettre.*

7307. ψ. Pr 112. Dans le § 168, à propos des § 168 et 169 :

L'impureté de toute vertu humaine et sa [faiblesse] fragilité ; on peut retrouver en chacune un degré de tentation qui les ébranle.

| L'IMPUTATION LÉGALE 308
§ 171-179

7308. ψ. Pr 119. À propos du § 177 « *sacrée* » ?

Il n'y a rien de sacré en ce monde sauf les droits de l'humanité en notre propre personne et le droit des hommes. Leur caractère sacré réside en ceci que nous ne les utilisons jamais simplement comme moyens, et l'interdiction d'un tel usage est fondée sur la liberté et la personnalité.

Là où ces deux devoirs s'opposent, le premier prend le dessus.

Ces devoirs sont *des devoirs de nécessité.*

Les *devoirs d'humanité* sont ceux où les deux objets (non pas simplement comme moyens) valent pour nous, mais aussi en tant que fins, et là notre fin est notre propre perfection et le bonheur d'autrui [1]. Les deux dernières : l'intérêt de l'humanité dans notre propre personne et l'intérêt des hommes.

1. Cette formulation annonce la division des devoirs de vertu – perfection de ma personne et bonheur d'autrui, lesquels sont des fins qui sont en même temps des devoirs – qu'on retrouvera dans la *Métaphysique des mœurs* (*Doctrine de la vertu, Introduction*, IV-V, Ak, VI, 385-388 ; OP, III, 664-668).

7309. ψ. Pr 119. 118. À propos du § 178 :

La doctrine du droit ([g] en tant que droit des hommes) est l'ensemble des lois sans lesquelles la liberté ne peut pas coexister extérieurement avec la liberté d'autrui. La doctrine de la vertu est l'ensemble de tous les devoirs ou lois dans la mesure où l'idée de ceux-ci contient à elle seule la détermination suffisante pour l'action. Celle-là est le devoir des actions, celle-ci, le devoir des intentions. Pr 118 : les deux peuvent être conçues à partir de la division entre les devoirs parfaits et imparfaits. Ceux-là reposent uniquement sur la forme des actions, à savoir de la liberté qui, considérée dans son universalité extérieure et intérieure, peut subsister en soi-même. Ceux-ci consistent dans le rapport de la liberté à des fins : 1. fins en soi, 2. fins humaines.

7310. ψ ? τ ? Pr 119.

La fin des hommes est le bonheur, et le devoir consistant à promouvoir ce bonheur pour autrui inclut en soi le devoir de sa fin objective, à savoir la
309 moralité, afin qu'autrui en devienne digne et par là y prenne part ; | pas seulement pour soi-même, mais pour le bonheur d'autrui, car il s'agit d'un devoir imparfait auquel on ne peut substituer un devoir parfait.

Le tribunal

§ 180-185

7311. ψ ? φ ? τ ? Pr 124. À côté du § 185 :

Le bonheur est la conscience d'une satisfaction incessante en ce qui concerne notre état. Or, on peut être heureux par la vertu en soi quand on tient pour indifférent son état physique et quand on situe toute la valeur de son existence dans la conscience de son état moral, dans la mesure où ce dernier est un progrès incessant vers le meilleur.

7312. ψ. Pr 125. À propos du § 185 ?

L'idéal chrétien est l'idéal de la sainteté, c'est-à-dire de la pureté des mœurs pouvant soutenir le regard de Dieu, lequel est une pierre de touche grâce à laquelle la raison peut seule éprouver la pureté de l'intention et suivant laquelle notre conscience, comme représentant d'un juge souverain (intérieur) en tant que scrutateur des cœurs, juge les actions ; car au point de vue humain, nous faisons entrer en ligne de compte, même quand nous voulons penser la loi, la faiblesse humaine afin d'atténuer son exigence, et ce bien que cette faiblesse et impureté doivent être peu à peu supprimées et purifiées par la sainteté de la loi. De cette manière, la loi chrétienne ne peut exiger qu'un progrès incessant du bien vers le meilleur et promet l'assurance de ce progrès, mais seulement grâce à l'esprit bon, lequel, si nous le voulons de tout cœur, nous habitera.

L'idéal chrétien se distingue sur ce point de l'idéal stoïcien de la sagesse, qui n'exige pas une telle pureté des intentions, mais seulement la confiance en ses forces à l'égard de toutes les tentations et qui par là fait naître la présomption, laquelle est très nuisible et fait obstacle au progrès.

| PHASE ω 310

En général

7313. ω^1–ω^2. L. Bl. Papiers posthumes de Scheffner. A. M. vol. XXXVII, 327.

Du souverain Bien dans le monde sensible

Le bien absolu peut être et doit être pensé comme principe de ce qui advient par liberté, mais du fait qu'il est lui-même inconditionné, il ne forme pas encore le tout de ce qui est exigé pour le souverain Bien. Deuxièmement : la présentation de ce bien dans le monde sensible n'est pas en soi possible, car là ce bien absolu consiste dans la conformité de notre conduite à la loi, dans la mesure où nous sommes en conflit avec le principe subjectif du mal absolu : cela est en effet la vertu (et non la sainteté) [1]. Le péché doit être ici représenté comme s'il ne reposait pas sur de simples limites, mais comme ayant lui-même à son fondement un principe efficient, lequel ne peut être cependant qu'une séduction extérieure.

7314. ω^2. L. Bl. *Opus postumum*, IV. Feuillet 44.

Remarque : l'homme ne peut être heureux s'il ne peut s'approuver soi-même en raison de son caractère. Mais il ne le peut pas quand il voit dans la moralité une valeur absolue. | Quand il n'y fait pas attention, quand le bien- 311
être tiré de la sensation physique lui suffit, alors il peut être heureux, sans se préoccuper le moins du monde de l'accord de sa conduite avec la morale,

1. Le titre de cette réflexion, *Du souverain Bien dans le monde sensible*, prête donc un peu à confusion, dans la mesure où la finitude morale de l'homme rend impossible selon Kant la présentation intégrale du bien total et accompli dans la sensibilité. À lire, encore une fois, avec la *Critique de la raison pratique*, Ak, V, 110-111 ; OP, II, 742-743.

dont il n'exploite que l'apparence extérieure ou l'observance selon la lettre, comme une morale constituée de règles de prudence, mais sans l'intention de lui accorder quelque valeur intrinsèque que ce soit.

7315. ω^2. L. Bl. Reicke Xa. P. III, IV.

P. III :

Catéchisme[1]

1) Quel est le plus grand souhait, celui qui contient en lui-même tous les autres souhaits ? – – que tout ce que je désire me soit octroyé et que tout ce que je veux me réussisse ; en un mot, que toutes mes inclinations soient satisfaites.

2) Tu souhaites donc que, lorsque tu veux faire accroire des choses à quelqu'un, celui-ci soit toujours assez aveugle pour te croire et, en même temps, que ce mensonge ne soit jamais révélé au grand jour, ou bien que, lorsque tu envies quelqu'un qui va bien, tu puisses, si tu le veux, lui marcher sur les pieds à ta guise ou encore lui ravir par la force ce qui lui appartient, et ce, bien qu'il ne te doive rien ? – – Non, certainement pas ça. ([g] C'est odieux de penser ainsi.)

3) Qu'est-ce qui est odieux : c'est pourtant perspicace de penser ainsi, car n'es-tu pas satisfait quand ton souhait est exaucé ? – – Pas vraiment.

4) Je veux t'amener à ceci. Tu es bel et bien content de ce que tu as obtenu, car c'est ce que tu souhaitais, mais tu n'es pas content de ce que tu as fait pour l'obtenir, c'est-à-dire tu n'es pas content de toi-même. Car si tu te demandais des comptes à toi-même, tu devrais t'avouer que tu es infâme
312 et méprisable comme un menteur, indigne | comme un imposteur ou pendable comme un voleur, et ce, bien que personne n'en ayant eu conscience, tu ne sois pas sur-le-champ méprisé, évité par les hommes et pendu comme tu le mériterais pourtant.

5) Comment appelle-t-on l'état dans lequel tous les souhaits d'un homme sont satisfaits ([g] à la limite sans qu'il n'y soit pour rien) ? – – Je ne sais pas – – le bonheur ; car tout ce qui est tel provient de la fortune.

6) Alors pourrais-tu être heureux au plus haut point tout en étant en même temps insatisfait avec toi-même au plus haut point, et pourquoi ? Car tu es conscient et dis toi-même que tu n'es pas digne de ce bonheur.

1. On trouve un autre enseignement catéchétique de ce genre – du verbe grec κατηχεῖν (*katékhein*) qui signifie « enseigner » et « informer » – dans les *Ébauches de la Doctrine de la vertu* (*Vorarbeiten zur Tugendlehre*, Ak, XXIII, 413-415).

7) Une personne autre qui te rend heureux peut-elle te rendre également digne du bonheur, ou bien dois-tu être celui qui, par sa conduite, se rend digne du bonheur ? -- Je dois l'être moi-même.

8) Quel devrait donc être le premier de tous tes souhaits, être heureux ou être digne du bonheur ? Être digne du bonheur, c'est-à-dire agir de telle sorte que je n'en sois pas du moins indigne. -- Parce que tu dois le faire toi-même, alors tu es libre.

9) Il existe donc en toi et en ta raison une loi qui lie tous tes souhaits à l'exigence d'agir de telle sorte que etc. et ce que tu dois faire à cette fin se nomme le devoir, P. V. : ce mot signifie que tu dois faire ce que cette loi exige, sans te soucier de l'avantage que tu aimerais en retirer, et ce, même si tu devais pour ce faire sacrifier les plus grands avantages, et que l'action exigée était somme toute fort pénible et désagréable ; -- car une telle loi dicte que tu ne dois pas mentir ! -- Tu peux toutefois encore te questionner ainsi : quel tort pourrais-je subir si je mens ?, ou encore : n'y a-t-il pas de temps à autre un beau profit à faire en mentant ? Si tu ne peux atteindre ta fin autrement que par des mensonges, et que tu n'aimes pas mieux renoncer immédiatement et sans hésitation à en dire, mais que tu délibères en toi-même pour savoir si tu dois te décider à mentir, alors tu es un être indigne.

Désormais, n'écoute plus, mon enfant, les sirènes du bonheur, quand la voix du devoir se fait entendre. Celle-ci est une chose sainte.

| 10) Maintenant, si tu avais tout le bonheur entre tes mains afin de le 313
distribuer, le donnerais-tu à chacun dans la pleine mesure où il peut seulement le souhaiter ? -- Oui.

11) Ceci montre que tu as un bon cœur. Fais-nous voir maintenant si tu ferais également preuve ici d'un bon entendement ! Tu donneras donc tout ce qu'il souhaite au paresseux, sans qu'il fasse d'effort pour l'obtenir, de l'éloquence au menteur pour qu'il trompe les autres, et à l'avare, qui s'accapare tout, pour qu'il prive autant que possible les autres du nécessaire, au gaspilleur un trésor inépuisable, générant pour toujours de lui-même une nouvelle affluence, au sans-cœur les moyens de faire du tort etc. ? Non, je ne ferais certainement pas cela.

12) Et pourquoi pas, puisque tu cherches à satisfaire tous les souhaits des hommes (et la santé de chacun) ? Je veux te dire ([g] seulement) ce que c'est que tu demandes, à savoir que celui à qui tu veux témoigner tous ces bienfaits doit s'avoir soi-même afin d'être digne de les recevoir. [C'est la dignité] à savoir la bonne volonté d'utiliser tout ce bien.

13) Mais cette bonne volonté est pourtant aussi comprise dans ce que celui-là souhaite, à savoir qu'elle lui soit donnée en même temps. Puisque tu as tout le bonheur entre tes mains, pourquoi ne devrais-tu pas lui donner

également la bonne volonté, afin qu'il ne soit pas seulement satisfait de son état, mais aussi de lui-même ? – – N'as-tu pas dit : il doit d'abord être un homme bon pour être digne d'être rendu heureux ? Oui.

14) Alors il doit produire la bonne volonté de lui-même ; personne d'autre ne peut la lui donner, car tu dois toujours présupposer une bonne volonté afin qu'il soit digne d'obtenir l'accomplissement de son souhait. La bonne volonté est par conséquent le premier bien, lequel ne peut (^{g}t') être donné par autrui, puisque tu ne peux pas souhaiter sérieusement l'avoir si tu ne l'as pas déjà du moins en bonne partie.

7316. ω^4. L. Bl. G. 10. P. II, I. R III 34-36.

P. II :

314 |Nous avons des connaissances *a priori* des objets. Ce sont des concepts (ou des intuitions) : les concepts *a priori* qui ne sont subordonnés à aucune intuition sont les catégories, qui par eux-mêmes n'ont absolument aucun sens ni aucun objet, mais sont seulement des formes de pensée. Par exemple qu'une multiplicité prise ensemble forme une unité ; comment cela est possible, on ne peut le saisir sans exemple dans l'intuition.

Toutefois on ne peut rien connaître intuitivement *a priori*, sauf dans la mesure où nous percevons les objets simplement dans le phénomène. Car nous pouvons encore nous rendre compte avant toute expérience de la manière dont les objets vont nous apparaître, lorsque nous avons conscience des formes subjectives de notre sensibilité, et ces formes sont l'espace et le temps. Ceci est la connaissance (de nous-mêmes et des choses hors de nous (*a priori*)).

Mais nous avons aussi en nous un devoir *a priori* (le devoir absolu) au moyen de l'idée de la liberté, lequel ne serait pas possible sans la présence en notre volonté d'un impératif catégorique. – Sans l'idéalité posée au fondement de l'espace et du temps, par conséquent des objets en tant que phénomènes, nous ne pourrions aucunement penser pratiquement la réalité de la liberté, parce qu'autrement le devoir serait toujours empiriquement conditionné.

Les propositions synthétiques *a priori* qui appartiennent à la connaissance théorique ne sont possibles que par l'intuition dans l'espace et le temps en tant qu'objet naturel, par conséquent des choses en tant que phénomènes. Les propositions synthétiques *a priori* qui appartiennent à la connaissance pratique ne sont possibles que par l'idée de la liberté [1].

1. La possibilité de cette connaissance synthétique *a priori* de la raison pratique est pour la première fois évoquée dans le *Canon de la raison pure* (*Critique de la raison pure*, A795/B823 *sq.* ; OP, I, 1358 *sq.*).

P. I :

Nous ne pouvons avoir aucun impératif de devoir (catégorie, dynamique, de causalité) que sous la présupposition de la liberté, à savoir d'un pouvoir indépendant des conditions naturelles dans ses actions et omissions, donc seulement dans la mesure où nous admettons une essence ou une propriété (de causalité) de ce pouvoir.

| B. Nous pouvons parvenir dans le champ pratique à la connaissance de la fin souveraine *a priori*, c'est-à-dire sans chercher cette fin dans l'expérience (g du bonheur), grâce à l'impératif catégorique, qui nous révèle la liberté, mais qui aussi, parce qu'il fonde de façon inébranlable le concept du devoir en vue de ce but final qui est lui-même un devoir, fonde (g suffisamment) les idées de Dieu et de l'immortalité du point de vue pratique. 315

– Nous ne pouvons parvenir à la connaissance des choses en soi (du suprasensible), de Dieu et de l'immortalité, que par la réalité du concept de liberté[1], donc seulement d'un point de vue pratique, et l'impératif catégorique est une proposition synthétique *a priori* sans laquelle nous ne connaîtrions rien d'*a priori* pour ce qui concerne nos fins en général. Car nous devons aussi nous proposer de telles fins que nous connaissons *a priori* (et non empiriquement), parce qu'elles concernent le suprasensible, et ces concepts *a priori* doivent précéder toute révélation du suprasensible et en constituer le principe.

7317. ω^4. B. K. B. 14 II. R.-Sch. XI, 2. Section 163.

Que des devoirs nous sont imposés (obligations), c'est ce que montre l'impératif catégorique dans tous les cas où nous utilisons notre liberté.

7318. ω^5. B. K. B. 13.

Il y a en soi quelque chose de détestable que de se représenter un enthousiasme militaire, une impulsion et une dignité à rendre détestable l'humanité par le fait des hommes. Le caractère abstrait du courage, qui consiste à se sacrifier pour le bien d'un État en général, ne doit être envisagé que sous la condition de la corruption de la nature humaine, mais on ne doit pas y trouver en soi de l'honneur et une source d'approbation. Il y a

1. Sur la réalité de l'idée de la liberté, voir, dans le même sens, la *Critique de la raison pratique* : « [...] le concept de la liberté, en tant que la réalité en est prouvée par une loi apodictique de la raison pratique, forme la *clef de voûte* de tout l'édifice d'un système de la raison pure, y compris de la raison spéculative [...]. Mais la liberté est aussi la seule de toutes les idées de la raison spéculative dont nous *connaissions a priori* la possibilité, sans toutefois la comprendre, parce qu'elle est la condition de la loi morale, que nous connaissons » (Ak, V, 3-4 ; OP, II, 610).

pourtant en cela quelque chose qui fait de la guerre elle-même un état d'honneur, même s'il s'agit d'une guerre de mercenaires, car elle est toujours un état d'honneur.

7319. ω^5. L. Bl. L 1. P. I :

316 L'impératif catégorique est exprimé par quiconque | a du pouvoir : non pas sur lui-même, car dans ce cas le sujet peut se relâcher ou se pardonner, mais bien à partir d'un maître en moi-même.

7320. ω^5 (1800). L. Bl. G. 20. P. I.

Si, dans la détermination de l'arbitre, le plaisir précède la loi, alors le plaisir est pathologique. Mais si, dans cette détermination, c'est la loi qui précède le plaisir et est un principe de détermination de celui-ci, alors le plaisir est moral. Ils sont ainsi des mobiles objectivement déterminants.

7321. ω^5 (1800). L. Bl. L. 20. P. II.

Le concept de la liberté et sa réalité ne peuvent être prouvés d'aucune autre façon que par l'impératif catégorique. De même, le concept de Dieu ne peut être prouvé théoriquement et inconditionnellement, mais seulement conditionnellement, d'un point de vue pratique, à savoir du point de vue moral-pratique. Il est contradictoire de chercher à acquérir de Dieu la faveur et le bonheur d'un point de vue technique-pratique, car la volonté de Dieu d'accorder ces choses ne s'accorde pas avec cette fin.

La foi cherchant récompense : la Bible.

7322. ω^5 (assurément en 1801). L. Bl. Musée Völkerschlacht à Leipzig-Thonberg. P. I. R.-Sch. XI. 2. Section 164.

On ne peut admettre de devoir de conscience particulier ; car la conscience est la pureté et la fermeté des promesses et des déclarations relevant d'elle-même. On n'interroge pas ici l'objet de la promesse que je
317 fais | moi-même, s'il est bon ou mauvais, mais seulement la fiabilité de la déclaration de tenir parole, comme si une puissance supérieure était invoquée comme garantie –; *la conscience absolue* est ici *opposée à l'hypothétique* = distinguée. La condition est logique ; n'appartient pas à la morale ou à l'esthétique. La fermeté de la résolution consiste à tenir parole.

GLOSSAIRE

Baumgarten
PRINCIPES DE LA PHILOSOPHIE PRATIQUE PREMIÈRE

Abnégation : *abnegatio* (§ 41)
Accomplir : *committere*
Accomplissement : *commissio* (§ 31)
Accord : *consensus*
Acte : *actus* (§ 191), surtout *factum*
  commissif : *commisivum*
  extérieur : *externum* (§ 180)
  intérieur : *internum* (§ 180)
  omissif : *omissivum*
  habituel : *consuetudinarium*
Action : *actio*
Agent : *agens*
Analogon de la raison : *analogon rationis* (§ 95)
Antécédents : *antecedentia*
Application : *applicatio* (§ 125)
Aptitude : *aptitudo* (§ 64), *habitus* (§ 167)
Arbitre : *arbitrium*
Assentiment : *assensus*
Athée : *atheus*
  théorique : *theoreticus*
Attribuer : *tribuere*
Auteur : *auctor*

Bien : *bonum*
  immortel : *immortale* (§ 32)
  métaphysique : *metaphysicum*
  moral : *morale* (§ 32)
  physique : *physicum*
  de la fortune : *bonum fortunae*
Bienfait : *beneficium*
Bonté : *bonitas*

Calcul : *connumeratio*
Caractère spécifique de l'acte : *species facti* (§ 128)
Cause : causa
  déficiente : *deficiens*
  efficiente : *efficiens*
  immédiate : *immediata*
  instrumentale : *instrumentalis*
  occasionnelle : *occasionalis*
  principale : *principalis*
  d'implusion : *causa impulsiva* (§ 12)
  plus puissante : *potior* (§ 12)
Certain : *certum*
Certitude : *certitudo*
  complète : *completa* (§ 28)
  incomplète : *incompleta* (§ 28)
  géométrique : *geometrica*
  mathématique : *mathematica*
  morale : *moralis*
Champ de la loi : *campus legis* (§ 72)
Châtiment : *castigatio*
Collaborateur : *concurrens*

coordonné : *coordonatus*
subordonné : *subordonatus*
Complaisance : *complacentia*
Complément heuristique : *subsidium heuristicum*
Compte : *numeratio*
Concept : *conceptus*
Connaissance : *nobilitas, cognitio*
exacte : *exacta*
grossière : *crassa*
mathématique : *mathematica*
judiciaire : *forensis*
motrice : *movens*
rudimentaire : *rudis*
Conscience : *conscientia* (§ 126)
feinte : *simulata*
imparfaite : *imperfecta*
inerte : *iners*
languissante : *languida*
légère : *levis* (§ 202)
leptologique : *leptologica*
libre : *libera* (§ 205)
micrologique : *micrologica* (§ 202)
non proportionnelle : *improportionalis* (§ 202)
parfaite : *perfecta*
pharisienne : *pharisaica*
plus instruite : *insctructior* (§ 201)
plus rudimentaire : *rudior* (§ 201)
proportionnelle : *proportionalis* (§ 202)
servile : *serva* (§ 205)
vive : *viva*
Conseil : *consilium*
Consentir : *consentire* (§ 156)
Conséquence : *consectarium* (§ 33, 133), *consequentia* (§ 75)
Contraindre : *cogere*
Contrainte : *coactio* (§ 51, 52)
Contraire : *oppositum*
Corps du délit : *corpus delicti* (§ 128)
Correction : *animadversio* (§ 116)
Corriger : *corrigere* (§ 116)
Corruption : *corruptio*
Couleur esthéticopratique : *color aestheticopracticus*
Crainte : *metus* (§ 52)
Crainte servile : *timor servilis* (§ 117)
Culture : *cultura*

Dam : *damnum*
Décision : *decretum*
Déclaration : *declaratio* (§ 103)
Déduire : *deducere*
Degré : *gradus*
Délibérations : *consilia*
Délit de la fortune : *delictum fortunae* (§ 132)
Démérite : *demeritum* (§ 115)
Démonstration : *demonstratio*
Dépravation : *pravitas*
Désir : *appetitio*
Désirer : *appetere*
Détermination libre : *libera determinatio*
extorquable : *extorquenda* (§ 56)
imputable : *imputabilis*
Devoir : *officium* (§ 92)
intérieur : *internum* (§ 92)
extérieur : *externum* (§ 92)
de complaisance : *officium commoditatis*
de nécessité : *officium necessitatis*
Dignité : *dignitas*
Disculpation : *exculpatio* (§ 198)
Disproportion : *disproportio*
Dissuasion : *dissuasio*
Distinction : *distinctio*
Division (par) : *divisim* (§ 152)
Dommage : *detrimentum*

Données : *data*
Douceur (par) : *blande* (§ 52)
Douteux : *dubius*
Droit : *ius*
  au sens large : *late dictum* (§ 67)
  au sens strict : *stricte dictum* (§ 64, 67)
  complet : *completum* (§ 98)
  contraignant : *cogens*
  divin : *divinum* (§ 67, 100)
  extérieur : *externum*
  humain : *humanum* (§ 67)
  naturel : *naturale* (§ 65, 67)
  nomothétique : *nomotheticum* (§ 105)
  de commandement : *ius mandati* (§ 68)
  d'interdiction : *ius vetiti* (§ 68)

Effet : *effectus*
Éléments concomitants : *concomitantia*
  formel : *formale*
  matériel : *materiale*
Embrouiller (s') : *implicare*
Émotion : *affectus*
Empêchement : *impeditio*
Enfance : *infentia*
Enfant : *infens*
Enfreindre : *violare*
Ensemble : *complexus*
Enthymème imputatoire : *enthymema imputatorium*
Épisyllogisme : *episyllogismus*
  imputatoire : *imputatorius*
Équité : *aequitas*
Erreur : *error*
  de fait : *error facti* (§ 128)
  légale : *error legis* (§ 171)
Esprit de la loi : *anima legis* (§ 75)
Esprit mercenaire : *animus mercennarius*
État : *status*
Étendue : *extensio, latitudo*
Être brut : *brutus*
Examen : *quaestio*
Exception en droit : *exceptio in iure* (§ 195)
Exception morale : *exceptio moralis*
Excusation : *excusatio* (§ 198)
Exécuter : *praestare*
Exécution : *exsecutio*
Exercice : *exercitus*
Expérience du droit : *iuris peritia* (§ 76)
Expert en droit : *iurisperitus*
Extension : *extensio*
Extorquer : *extorquere*
Extorsion : *extorsio*

Faculté : *facultas*
  de désirer : *appetiva*
    inférieure : *inferior*
    supérieure : *superior*
  morale : *moralis*
Faiblesse : *infirmitas* (§ 168)
Faire une loi : *legem ferre* (§ 100)
Faire du tort : *laedere*
Faire l'expérience : *experiri*
Faute : *peccatum*
Félicité : *felicitas*
  extérieure : *externa* (§ 98)
  intérieure : *interna* (§ 98)
Fin : *finis*
Foi : *fides*
Force d'obliger : *vis obligandi*
Fragilité : *fragilitas* (§ 169)

Garantir : *spondere*
Grandeur : *magnitudo*
Gravité : *gravitas*

Habitude : *consuetudo*
Herméneutique : *hermeneutica*
  générale : *generalis* (§ 177)
  juridique : *juris* (§ 177)
  plus générale : *generalior* (§ 177)

sacrée : *sacra* (§ 177)
spéciale : *specialis* (§ 177)
Honnêteté : *honestas* (§ 94)
Hypothèse : *hypothesis*

Ignorance : *ignorantia*
essentielle : *essentialis* (§ 128)
invicible : *invincibilis* (§ 187)
non essentielle : *extraessentialis* (§ 128)
partielle : *partialis*
qui peut être vaincue : *vincibilis* (§ 187)
totale : *totalis*
de fait : *ignorantia facti* (§ 128)
légale : *ignorantia legis* (§ 171)
Impératif : *praeceptum*
Improbable : *improbabilis*
naturelle : *naturalis*
physique : *physica*
Impulsion : *instinctus*
Impunité : *impunitas* (§ 124)
Imputatibilité : *imputatibilitas* (§ 125)
Imputation : *imputatio*
de l'acte : *imputatio facti* (§ 125, 126)
légale : *imputatio legis* (§ 125, 126)
Imputativité : *imputativitas*
Incertain : *incertum* (§ 28)
douteux : *dubium* (§ 28)
improbable : *improbabile* (§ 28)
probable : *probabile* (§ 28)
Incertitude : *incertitudo* (§ 28)
Inclination : *inclinatio*
Inconstance : *lubricitas*
Indivision (par) : *pro indiviso* (§ 152)
Induction : *inductio*
Infortune : *infortunium*
Insondabilité : *imperscrutabilitas*

Intellect : *intellectus*
Interdiction : *prohibitio*
Intension : *intensio*
Intention : *intensio*
Interdire : *vetare*
Interprétation : *interpretatio*
Interprète : *interpres*
équitable : *aequus*
respectueux : *reverens*
Intuition : *intuitus*

Joie : *gaudium*
Jugement : *iudicium*
Juger : *iudicare*
Jurisprudence : *iurisprudentia* (§ 76)
consultatoire : *consultatoria* (§ 178)
Naturelle : *naturalis* (§ 78, 79)
Nomothétique : *nomothetica*
Rémunératrice : *brabeutica*
Jurisconsulte : *iureconsultus* (§ 76)
pratique : *practicus*
théorique : *theoreticus*

Législateur : *legislator* (§ 100)
Lexique : *lexicon*
Liberté : *libertas*
Libre arbitre : *arbitrium liberum*
Lien : *connexio, nexum*
Limite : *terminus*
Logique : *logica*
Loi : *lex*
arbitraire : *arbitraria*
au sens le plus large : *latissima dicta* (§ 62)
au sens strict : *late dicta* (§ 62)
contraignante : *cogens*
dérivée : *derivativa* (§ 84)
divine : *divina* (§ 63, 100)
impérative : *praeceptiva* (§ 68)
naturelle : *naturalis* (§ 84)
obscure : *caeca* (§ 105)

Observance : *observantia*
Observation : *custodia*
Obstacle : *impedimentum*
Occasion : *occasio*
Offense : *laesio*
 au sens large : *late dicta* (§ 83)
 intérieure : *interna* (§ 92)
 extérieure : *externa* (§ 92)
 d'amour : *laesio amoris*
 de droit : *laesio iuris*
Omission : *omissio* (§ 31)
Omniscience : *omniscientia*

Parallélisme : *parallelismus*
Paralogisme : *paralogismus*
Peccadille : *peccatillus*
Pécheur : *peccator*
Peine : *poena*
 arbitraire : *arbitraria*
 certaine : *certa*
 cruelle : *crudelis* (§ 124)
 divine : *divina*
 humaine : *humana*
 immortelle : *immortalis*
 incertaine : *incerta*
 inique : *iniqua*
 médicinale : *medicinalis* (§ 116)
 miraculeuse : *miraculosa*
 naturelle : *naturalis*
 partielle : *partialis*
 privative : *privativa*
 surnaturelle : *supernaturalis*
 du dam : *poena damni* (§ 124)
 du sens : *poena sensus* (§ 124)
Penchant : *pronitas*
Pensée : *cogitatio*
Perception : *perceptio*
Perfection : *perfectio* (§ 43)
Permission : *permissio*
Perséité : *perseitas*
Personne : *persona* (§ 10)
Persuasion : *suasio, persuasio* (§ 137)
Petitesse : *exilitas*
Philosophie : *philosophia* (§ 1)
Pratique : *practica* (§ 1)
Plaisir : *lubitus*
Pondération : *ponderatio*
Porismatique : *porismatus* (§ 90)
Possibilité : *possibilitas*
Pouvoir : *potestas, imperium* (§ 105)
Pragmatique : *pragmaticum* (§ 90)
Pratique : *praxis*
Prédicat : *predicatum*
Préjugé : *praeiudicium* (§ 113)
Prémisse : *praemissa* (§ 75)
Prendre soin : *curare*
Préparation : *praeparatio*
Présage : *praesagium*
Prescrire : *praecipere*
Présomption : *praesumptio*
Preuve : *probatio*
Prévision : *praevisio*
Prévoir : *praevidere*
Principe : *principium*
 adéquat : *adaequatum*
 dérivé : *derivatum*
 démonstratif : *demonstrativum*
 extérieur : *externum*
 objectif : *obiectivum* (§ 87)
 domestique : *domesticum* (§ 87)
 dérivé : *derivatum* (§ 87)
 étranger : *peregrinum* (§ 87)
 épisodique : *episodicum* (§ 87)
 propédeutique : *propedeuticum* (§ 87)
 premier : *primum* (§ 87)
 subjectif : *subiectivum* (§ 87)
Probabilité : *probabilitas*
Procédurier : *leguleius* (§ 76)
 du droit naturel : *naturalis* (§ 78)
Procès : *processus* (§ 191)
 précipité : *tumultuarius*
Produire : *actuare*
Prohibition : *prohibitio*
Prolégomènes : *prolegomena*
Promulgation : *promulgatio* (§ 103)
Proportion : *proportio*

Supplément : *supplementum*
Supprimer : *tollere*
Syllogisme : *syllogismus*
imputatoire : *imputatorius* (§ 171)
fautif : *peccans*
faux : *falsus*
vrai : *verus*

Témoignage : *fides*
Terme de la loi : *verbum legis*
Territoire : *territorium* (§ 95)
connu : *cognitum* (§ 95)
inconnu : *incognitum* (§ 95)
Tort : *nexa*
Transgression : *transgressio* (§ 83)
Tribunal : *forum* (§ 180), *tribunal*
céleste : *poli*
civil : *civile*
compétent : *competens* (§ 181)
divin : *divinum* (§ 185)
extérieur : *externum* (§ 180)
humain : *humanum* (§ 182)
au sens large : *late dictum* (§ 182)
au sens le plus strict : *strictissime dictum* (§ 184)
au sens strict : *stricte dictum* (§ 182)
incompétent : *incompetens* (§ 181)
intérieur : *internum* (§ 180)
naturel : *naturale*
terrestre : *soli*
de la conscience : *forum conscientiae* (§ 182)
de la raison : *forum rationis* (§ 182)
extérieur : *externum* (§ 183)
intérieur : *internum* (§ 183)

Union : *conubium*

Vaincre : *vincere* (§ 85)
Valeur : *valor*
Vérité : *veritas*
Vice de forme : *vitium formae*
Vice de subreption : *vitium subreptionis* (§ 113)
Violation : *violatio*
Vividité : *vividitas*
Volontaire : *voluntarius*
Volonté : *voluntas*
Volupté : *voluptas*
Vouloir : *volitio*
Vraisemblance : *verisimilitudo*

Kant
Réflexions sur la philosophie morale

Absence de règles : *Regellosigkeit*
Accomplir : *ausüben*
Accomplissement : *Begehung*
Accord : *Billigung, Einstimmung, Zusammenstimmung*
Acte : *That*
Action : *Handlung*
Affirmation : *Behauptung*
Agréable : *angenehm*
Agrément : *Annehmlichkeit*
Âme : *Seele, Gemüth* (voir aussi : esprit)
Analytique : *analytisch*
Aperception : *Apperception*
Apparence : *Schein*
Application : *Anwendung*
Approbation : *Beyfall, Billigung*
Aptitude : *Fertigkeit, Tauglichkeit*
Arbitraire : *willkührlich*
Arbitre : *Willkühr*
Archétype : *Urbild*
Assentiment : *Beyfall*
Assigner : *beimessen*
Attrait : *Reitz*
Attribution : *Zuschreibung*
Autorité (morale) : *Befugnis* (voir aussi : compétence)
Aversion : *Abscheu*

Besoin : *Bedürfnis*
Bien-être : *Wohlbefinden, Wohlergehen, Wohlfahrt*
Bienfait : *Wohltat*
Bienveillance : *Wohlwollen*
Bonheur : *Glückseligkeit*
Bonne conduite : *Wohlverhalten*
Bonté : *Güte, Bonität*
Bonté du cœur : *Gutherzigkeit*
But : *Absicht, Zweck, Ziel*
But final : *Endzweck*

Capacité : *Fähigkeit*
Causalité : *Causalität*
Châtiment : *Züchtigung*
Chose : *Ding*
Citoyen : *Bürger*
Civil : *Bürgerlich*
Civilisé : *Gesittet*
Commandement : *Geboth*
Commencement : *Anfang*
Communauté : *Gemeinschaft*
Compassion : *Mitleiden*
Compétence (morale) : *Befugnis* (voir aussi : autorité)
Comprendre : *einsehen*
Concept : *Begriff*
Concevoir : *begreifen, denken, einsehen*
Condition : *Bedingung, Zustand*
Conditionné/conditionnellement : *bedingt*
Conforme aux règles : *regelmässig*
Conformité à la loi : *Gesetzmässigkeit*
Conformité à la règle : *Regelmäßigkeit* (voir aussi : régularité)
Connaissance : *Erkenntnis*
Connaître : *erkennen*
Conscience : *Bewußtsein, Gewissen*
Conséquence : *Folge*

Constitution : *Beschaffenheit*
Contentement : *Zufriedenheit*
Contrainte : *Zwang*
Contraire : *Gegentheil*
Convenance : *Anstand*
Coupable : *schuldig*
Crainte : *Furcht*
Culture : *Cultur*

Début : *Anfang*
Décision : *Entschliessung*
Déduit : *abgeleitet*
Délivrance : *Befreyung*
Dépassement : *Überwindung*
Dérivé : *abgeleitet*
Désir : *Begehren, Begierde*
Détermination : *Bestimmung*
Dette : *Schuld*
Devoir : *Pflicht, sollen*
Dignité : *Würdigkeit*
Divertissement : *Ergötzung*
Division : *Einteilung*
Doctrine : *Lehre*
Droit : *Recht*
Droiture : *Rechtschaffenheit*

Éducation : *Erziehung*
Empirique : *empirisch*
Entendement : *Verstand*
Éprouver : *empfinden*
Équité : *Billigkeit*
Erreur : *Fehler*
Érudition : *Gelehrsamkeit*
Espèce : *Art*
Esprit : *Geist, Gemüth* (voir aussi : âme)
État : *Stand, Zustand*
Excitation :*Reitz*
Exercer : *ausüben*
Expérience : *Erfahrung*
Extérieur : *äusserlich*

Façon : *Art*
Faculté de désirer : *Begehrungs-vermögen*
Faire et s'abstenir : *thun und lassen*
Fanatique : *Schwärmer*
Faute : *Sünde* (voir aussi : péché)
Favoriser : *befördern*
Félicité : *Seeligkeit*
Figure : *Gestalt*
Fin : *Zweck, Absicht, Ende*
Fini : *endlich*
Fondement : *Grund*
Forme : *Form*
Fragilité : *Gebrechlichkeit*
Franc : *redlich*

Genre : *Art, Gattung*
Goût : *Geschmack*
Grâce : *Anmuth*
Gratitude : *Dankbarkeit*

Honnêteté : *Ehrlichkeit*
Honneur : *Ehre*

Image : *Bild*
Imagination : *Einbildung*
Impression : *Eindruck*
Impulsion : *Antrieb*
Imputation : *Imputation, Zurechnung*
Inclination : *Neigung*
Influence : *Einfluss*
Innocence : *Unschuld*
Intention : *Absicht, Gesinnung*
Interdiction : *Verboth*
Intérêt personnel : *Eigennütz*
Intuition : *Anschauung*

Joie : *Freude*
Jugement : *Beurtheilung*
Jugement (moral) : *Dijudication, Urteil*
Juste : *gerecht*
Justice : *Gerechtigkeit*

Légalité : *Legalitaet*
Législateur : *Gesetzgeber*
Législation : *Gesetzgebung*
Liberté : *Freyheit*
Libre arbitre : *Freye willkühr*
Lié : *gebunden, verbunden*
Limitation : *Einschränkung*
Loi : *Gesetz*

Mal (moral) : *Böse*
Mal (physique) : *Übel*
Manière : *Art*
Manière de penser : *Denkungsart*
Mauvais : *böse*
Méchanceté : *Bosheit, Bösartigkeit*
Méchant : *boshaft, bösewicht*
Mérite : *Verdienst*
Méritoire : *Verdienstlich*
Mobile : *Triebfeder*
Modération : *Gnugsamkeit*
Mœurs : *Sitten*
Morale : *Moral, Sitten*
Moralité : *Sittlichkeit, Moralitaet*
Motif : *Bewegungsgrund*
Mouvement : *Bewegung*

Nature : *Natur*
Nécessitation : *Nötigung*

Obéissance : *Gehorsam, Befolgung*
Obligation : *Schuldigkeit, Obligation, Verbindlichkeit*
Obligation de dette : *Schuldigkeit*
Obligé : *obligirt, verbindlich, schuldig, verbunden*
Observance : *Befolgung*
Observation : *Beobachtung*
Objet : *Gegenstand, Objekt*
Offense : *Beleidigung*
Omission : *Unterlassung*
Ordre : *Befehl, Ordnung*

Participation : *Anteil*
Particulier : *einzeln*
Péché : *Sünde* (voir aussi : faute)
Peine : *Strafe*
Pensée : *Gedanke*
Penser : *denken*
Perfection : *Vollkommenheit*
Permis : *erlaubt*
Permission : *Zulassung*
Phénomène : *Erscheinung*
Pitié : *Mitleiden*
Plaire : *gefallen*
Plaisant : *angenehm*
Plaisir : *Lust, Vergnügen, Wohllust*
Possession : *Besitz*
Pouvoir : *Gewalt, Vermögen*
Prescription : *Vorschrift*
Preuve : *Beweis*
Principe : *Grund, Grundsatz*
Probe : *Redlich*
Production : *Erzeugung*
Progrès : *Fortschritt*
Promouvoir : *befördern*
Propriété : *Beschaffenheit, Eigenschaft*
Prudence : *Klugheit, Weltklugheit*
Puissance : *Gewalt*
Pulsion : *Trieb*
Punition : *Bestrafung*

Raison : *Vernunft*
Raisonnable : *vernünftig*
Reconnaître : *erkennen*
Redevable : *schuldig*
Régularité : *Regelmässigkeit* (voir aussi : conformité à la règle)
Relation : *Beziehung*
Représentation : *Vorstellung, Anschauung*
Respect : *Achtung*
Ressentir : *empfinden*

Sagesse : *Weisheit*

Saisir : *einsehen*
Sainteté : *Heiligkeit*
Satisfaction : *Befriedigung, Wohlgefallen*
Scrupule (moral) : *Gewissenhaftigkeit*
Sensation : *Empfindung*
Sensibilité : *Sinnlichkeit*
Sentiment : *Gefühl, Empfindung, Empfindsamkeit*
Signification : *Bedeutung*
Simplicité : *Einfalt*
Sociabilité : *Geselligkeit*
Société : *Gesellschaft*
Spontané : *selbsttätig*
Superstition : *Aberglauben*

Tout : *All, Ganze*
Transgression : *Übertretung*

Unanime : *einig*
Unité : *Einheit*
Universel : *allgemein*
Universellement valide : *allgemeingültig*
Universalité : *Allgemeinheit*
Usage : *Gebrauch*

Validité universelle : *Allgemeingültigkeit*
Vertu : *Tugend*
Vice : *Laster, Untugend*
Violence : *Gewaltthätigkeit*
Volontaire : *freywillig*

BIBLIOGRAPHIE

TEXTE ORIGINAL DE LA PRÉSENTE TRADUCTION

BAUMGARTEN A. G., *Initia philosophiae practicae primae*, Halle, 1760, réimprimé dans le tome XIX (sous la direction de Friedrich Berger) des *Kant's gesammelte Schriften*, hrsg. von der Preussischen Akademie der Wissenschaften (Édition de l'Académie : désormais, Ak), Berlin, Walter de Gruyter, 1934, p. 7-91.

KANT I., *Reflexionen zur Moralphilosophie*, hrsg. von der Preussischen Akademie der Wissenschaften, Berlin, Walter de Gruyter, 1934, Ak, XIX (sous la direction de Friedrich Berger), p. 9-317.

LITTÉRATURE PRIMAIRE

BAUMGARTEN A. G., *Ethica philosophica*, Halle, 1763 (première édition en 1740), réimprimé dans Ak, XXVII, 735-869 (seconde édition de 1751) et Ak, XXVII, 871-1015 (troisième édition de 1763).

– *Metaphysica*, Halle, 1757, quatrième édition (première édition en 1739), réimprimé dans Ak, XVII, 5-206 et Ak, XV, 5-54 (*Psychologia empirica*).

KANT I., *Untersuchung über die Deutlichkeit der Grundsätze der natürlichen Theologie und der Moral* (« *Preisschrift* »), 1763, Ak, II, 273-301 ; trad. fr. J. Ferrari, *Recherche sur l'évidence des principes de la théologie naturelle et de la morale*, dans Kant. *Œuvres philosophiques* (désormais OP), I, Paris, Gallimard, 1980, La Pléiade, p. 215-249.

– *Nachricht vor der Einrichtung seiner Vorlesungen in dem Winterhalbenjahre von 1765-1766*, Ak, II, 303-313 ; trad. fr. J. Ferrari, *Annonce de M. Emmanuel Kant sur le programme de ses leçons pour le semestre d'hiver 1765-1766*, OP, I, p. 511-523.

– *Beobachtungen über das Gefühl des Schönen und Erhabenen*, Ak, II, 205-256 ; trad. fr. B. Lortholary, *Observations sur le sentiment du beau et du sublime*, OP, I, p. 449-523.
– *Bemerkungen zu den Beobachtungen über das Gefühl des Schönen und Erhabenen (1764-1767)*, Ak, XX, 1-192 ; trad. fr. B. Geonget, *Remarques touchant les Observations sur le sentiment du beau et du sublime*, Paris, Vrin, 1994.
– *Traüme eines Geistersehers, erläutert durch Träume der Metaphysik*, Ak, II, 315-373 ; trad. fr. B. Lortholary, *Rêves d'un visionnaire expliqués par des rêves métaphysiques*, OP, I, p. 527-592.
– *De mundi sensibilis atque intelligibilis forma et principiis (Dissertatio 1770)*, Ak, II, p. 385-419 ; trad. fr. F. Alquié, *La Dissertation de 1770 : De la forme et des principes du monde sensible et du monde intelligible*, OP, I, p. 629-678 ; trad. fr. A. Pelletier, *La dissertation de* 1770, Paris, Vrin, 2007.
– *Kritik der reinen Vernunft*, Ak, III (1787) et Ak, IV, 1-252, (1781) ; trad. fr. J.-L. Delamarre et F. Marty (à partir de la traduction de J. Barny), *Critique de la raison pure*, OP, I, p. 719-1470.
– *Grundlegung der Metaphysik der Sitten* (1785), Ak, IV, 385-463 ; trad. fr. V. Delbos (modifiée par F. Alquié), *Fondements de la métaphysique des mœurs*, OP, II, 1985, p. 241-337 ; trad. fr. V. Delbos, *Fondements de la métaphysique des mœurs,* Paris, Vrin, 1992.
– *Kritik der praktischen Vernunft* (1788), Ak, V, 1-163 ; trad. fr. L. Ferry et H. Wismann, *Critique de la raison pratique*, OP, II, p. 607-804.
– *Kritik der Urtheilskraft* (1790), Ak, V, 165-485 ; trad. fr. J.-R. Ladmiral, M. B. de Launay et J.-M. Vaysse, *Critique de la faculté de juger*, OP, II, p. 913-1299 ; trad. fr. A. Philonenko, *Critique de la faculté de juger*, Paris, Vrin, 1993.
– *Die Religion innerhalb der Grenzen der blossen Vernunft* (1793), Ak, VI, 1-89 ; trad. fr. A. Philonenko, *La religion dans les limites de la simple raison*, OP, III, 1986, p. 15-242 ; trad. fr. J. Gibelin, *La religion dans les limites de la simple raison,* Paris, Vrin, 1994.
– *Die Metaphysik der Sitten. Erster Theil : Metaphysische Anfangsgründe der Rechtslehre ; Zweiter Theil : Metaphysische Anfangsgründe der Tugendlehre* (1797), Ak, VI, 203-491 ; trad. fr. J. Masson et O. Masson, *Métaphysique des mœurs. Première partie : Premiers principes métaphysiques de la doctrine du droit ; Deuxième partie : Premiers principes métaphysiques de la doctrine de la vertu*, OP, III, p. 447-791.
– *Eine Vorlesung Kants über Ethik*, Paul Menzer éd., Berlin, 1924 ; trad. fr. L. Langlois, *Leçons d'éthique*, « Le Livre de Poche », Paris, Librairie Générale Française, 1997.
– *Vorlesungen über Moralphilosophie : Praktische Philosophie Herder, Praktische Philosophie Powalski, Moralphilosophie Collins, Metaphysik der Sitten Vigilantius, Naturrecht Feyerabend, Moral Mrongovius,* Ak, XXVII.
– *Reflexionen zur Anthropologie*, Ak, XV, 55-899.

– *Vorlesungen über Anthopologie : Collins* (semestre d'hiver 1772-1773), *Parow* (semestre d'hiver 1772-1773), *Friedländer* (1775-1776), *Pillau* (1777-1778), *Menschenkunde* (semestre d'hiver 1781-1782 (?)), *Mrongovius* (semestre d'hiver 1784-1785), *Busolt* (semestre d'hiver 1788-1789 (?)), Ak, XXV, 1-1691.

WOLFF C., *Philosophia practica universalis, mathematica methodo conscripta* (*Dissertatio*, 1703), réimprimé dans *Meletemata mathematico-philosophica cum erudito orbe literarum commercio communicata*, Halle, 1755, reproduction dans C. Wolff, *Gesammelte Werke*, sous la direction de J. École *et al.*, II.35, Sect. II, 189-223, Hildesheim-New York, Olms, 1974.

– *Philosophia practica universalis, methodo scientifica petractata*, deux tomes, Frankfurt a. M.-Leipzig, 1738-1739, reproduction dans *C. Wolff, Gesammelte Werke*, sous la direction de J. École *et al.*, II. 10-11, Hildesheim-New York, Olms, 1971-1979.

LITTÉRATURE SECONDAIRE

ALQUIÉ F., *Leçons sur Kant. La morale de Kant* (sténéotype, 1957), Paris, La Table Ronde, 2005.

AUBENQUE P., « La prudence chez Kant », dans Revue de *Métaphysique et de Morale*, 80 (1975), p. 156-182.

BRANDT R., « Kants pragmatische Anthropologie : Die Vorlesung », dans *Allgemeine Zeitschrift für Philosophie*, 19/1 (1994), p. 41-49.

CARNOIS B., *La cohérence de la doctrine kantienne de la liberté*, Paris, Seuil, 1973.

DELBOS V., *La philosophie pratique de Kant*, Paris, Alcan, 1905, réédition : Paris, P.U.F, 1969.

ÉCOLE J., « De la connaissance qu'avait Kant de la métaphysique wolffienne, ou Kant avait-il lu les ouvrages métaphysiques de Wolff ? », dans *Archiv für Geschichte der Philosophie*, 73 (1991), p. 261-276.

HENRICH D., « Hutcheson und Kant », dans *Kant-Studien*, 49 (1957-1958), p. 49-69.

– « Über Kants früheste Ethik. Versuch einer Rekonstruktion », dans *Kant-Studien*, 54 (1963), p. 404-431.

HÖFFE O., *Introduction à la philosophie pratique de Kant*, Fribourg, Castella, 1985.

KÜENBURG M., *Ethische Grundfragen in der jüngst veröffentlichten Ethikvorlesung Kants. Studie zur Geschichte der Moralphilosophie*, Innsbruck, Rauch, 1925.

KRÜGER G., *Philosophie und Moral in der Kantischen Kritik*, Tübingen, J.C.B. Mohr, 1931 ; trad. fr. M. Régnier, *Critique et morale chez Kant*, Paris, Beauchesne, 1961.

LABERGE P., « Du passage de la philosophie morale populaire à la métaphysique des mœurs », dans *Kant-Studien*, 71 (1980), p. 418-444.

LANGLOIS L., « Wolff et les débuts de la philosophie morale de Kant : l'héritage oublié », dans *Kant et Wolff. Héritages et ruptures*, S. Grapotte et T. Prunea-Bretonnet (éd.), Paris, Vrin, 2011, p. 173-185.

MENZER P., « Der Entwicklungsgang der Kantischen Ethik in den Jahren 1760 bis 1785 », dans *Kant-Studien*, 2 (1898), p. 290-322 et 3 (1899), p. 41-104.

PICHÉ C., « Rousseau et Kant. À propos de la genèse de la théorie kantienne des idées », dans *Revue philosophique de la France et de l'Étranger*, 115 (1990), p. 625-635.

SCHILPP P. A., *Kant's Pre-Critical Ethics*, Evanston, Northwestern University Press, 1938.

SCHMUCKER J., *Die Ursprünge der Ethik Kants in seinen vorkritischen Schriften und Reflektionen*, Meisenheim am Glan, Verlag Anton Hain KG, 1961.

SCHNEEWIND J. B., *The Invention of Autonomy. A History of Modern Moral Philosophy*, Cambridge, New York, Cambridge University Press,1998 ; trad. fr. J.-P. Cléro, P.-E. Dauzat et É. Meziani-Laval, *L'invention de l'autonomie. Une histoire de la philosophie morale moderne*, « NRF essais », Paris, Gallimard, 2001.

SCHRÖER C., *Naturbegriff und Moralbegründung. Die Grundlegung der Ethik bei Christian Wolff und deren Kritik durch Immanuel Kant*, Stuttgart-Berlin-Köln-Mainz, Münchener philosophische Studien, Neue Folge, Bd. 3, 1988.

SCHWAIGER C., *Kategorische und andere Imperative.Zur Entwicklung von Kants praktischer Philosophie bis 1785*, Stuttgart-Bad Cannstatt, Frommann-Holzboog Verlag, 1999.

– *Alexander Gottlieb Baumgarten : ein intellektuelles Porträt*, Stuttgart-Bad Cannstatt, Frommann-Holzboog Verlag, 2011.

STARK W., *Nachforschungen zu Briefen und Handschriften Immanuel Kants*, Berlin, Akademie Verlag, 1993.

TONELLI G., « Ecclettismo di Kant precritico », dans *Filosofia*, 10, 1959, p. 560-573.

VELKLEY R. L., *Freedom and the End of Reason. On the Moral Foundation of Kant's Critical Philosophy*, Chicago-London, The University of Chicago Press, 1989.

ZAC S., « Le prix et la mention : les *Preisschriften* de Mendelssohn et de Kant », dans *Revue de Métaphysique et de Morale*, 79 (1974), p. 473-498.

TABLE DES MATIÈRES

E. KANT

RÉFLEXIONS SUR LA PHILOSOPHIE MORALE